南方医科大学思想政治理论课国家统编教材（2018年版）之辅助教材

"医学人文精神培育"丛书 / 任映红　邹　飞 ◎ 主编

民族复兴的医学梦
——《毛泽东思想和中国特色社会主义理论体系概论》（2018年版）教学案例集

傅义强　主编

MINZU FUXING DE YIXUEMENG

·广州·

版权所有　翻印必究

图书在版编目（CIP）数据

民族复兴的医学梦：《毛泽东思想和中国特色社会主义理论体系概论》（2018年版）教学案例集/傅义强主编. —广州：中山大学出版社，2019.12

（"医学人文精神培育"丛书/任映红，邹飞主编）

ISBN 978-7-306-06741-8

Ⅰ. ①民… Ⅱ. ①傅… Ⅲ. ①毛泽东思想—教案（教育）—高等学校 ②中国特色社会主义—社会主义建设模式—教案（教育）—高等学校 Ⅳ. ①A84 ②D616

中国版本图书馆CIP数据核字（2019）第240491号

出 版 人：王天琪
策划编辑：嵇春霞
责任编辑：翁慧怡
封面设计：曾　斌
责任校对：王　燕
责任技编：何雅涛
出版发行：中山大学出版社
电　　话：编辑部 020-84111996，84113349，84111997，84110779
　　　　　发行部 020-84111998，84111981，84111160
地　　址：广州市新港西路135号
邮　　编：510275　　　传　真：020-84036565
网　　址：http://www.zsup.com.cn　E-mail：zdcbs@mail.sysu.edu.cn
印 刷 者：佛山市浩文彩色印刷有限公司
规　　格：787mm×1092mm 1/16 23.5印张 447千字
版次印次：2019年12月第1版　2019年12月第1次印刷
定　　价：68.00元

如发现本书因印装质量影响阅读，请与出版社发行部联系调换

"医学人文精神培育"丛书

顾　问

张雷声：中央马克思主义理论研究和建设工程首席专家，中国人民大学首批"大华讲席教授"

王宏波：教育部马克思主义理论研究和建设工程专家，西安交通大学马克思主义学院原院长

陈金龙：教育部长江学者特聘教授，华南师范大学马克思主义学院院长

王永贵：教育部长江学者特聘教授，南京师范大学教授

主　任

陈敏生："全国五一劳动奖章"获得者，南方医科大学党委书记

黎孟枫：教育部长江学者特聘教授，南方医科大学校长

副主任

昌家杰：南方医科大学党委副书记

文民刚：南方医科大学副校长

主　编

任映红：南方医科大学马克思主义学院院长

邹　飞：国家级教学名师，南方医科大学公共卫生学院原院长

委　员（均为南方医科大学教师）

李俊平　邹　莹　段俊杰　余克强　陈士良　陈旭坚

夏欧东　谢传仓　曾　楠　傅义强　肖　健　吉志鹏

罗海滢　朱文哲

本书编委会

主　编　傅义强

委　员　宋　剑　王静雅　王　微　杨　林

总　序

　　教育是国之大计、党之大计，承担着立德树人的根本任务。思想政治理论课（简称"思政课"）是落实立德树人根本任务的关键课程，发挥着不可替代的作用。2016年12月底，习近平总书记在全国高校思想政治工作会议中强调："要用好课堂教学这个主渠道，思想政治理论课要坚持在改进中加强，提升思想政治教育亲和力和针对性，满足学生成长发展需求和期待。"2019年3月18日，习近平总书记亲自主持召开学校思政课教师座谈会，从"培养什么人、怎样培养人、为谁培养人"的根本问题出发，特别强调了思政课作用的不可替代性，提出必须按照"八个统一"的要求，理直气壮开好思政课。2019年8月14日，中共中央办公厅、国务院办公厅印发了《关于深化新时代学校思想政治理论课改革创新的若干意见》，提出"思政课建设只能加强、不能削弱，必须切实增强办好思政课的信心，全面提高思政课质量和水平"的要求。可见，把立德树人作为中心环节，理直气壮开好思政课是高校的重要任务，也是时代的要求。

　　青少年阶段是人生的"拔节孕穗期"。这一时期，他们的心智逐渐健全，思维开始进入最活跃的状态，最需要精心地引导和栽培，思政课不可或缺。特别是在科学技术日新月异、移动互联网以及人工智能发展的背景下，青少年在面对海量信息时，容易产生困惑与迷茫，甚至会受到错误思想的冲击和渗透。面对各种思潮的纷扰，思政课教师必须承担起精心引导和栽培青年学生，帮助他们廓清思想迷雾，用马克思主义及其中国化的马克思主义理论成果武装新时代青年头脑的重任，使他们能够把爱国情、强国志、报国行统一于坚持和发展中国特色社会主义事业、建设社会主义现代化强国、实现中华民族伟大复兴的

奋斗之中。

习近平新时代中国特色社会主义思想是当代中国的马克思主义，是马克思主义中国化的最新成果。党的十九大报告指出："要加强理论武装，推动新时代中国特色社会主义思想深入人心。"为深入贯彻落实习近平新时代中国特色社会主义思想和党的十九大精神，贯彻落实习近平总书记关于教育的重要论述，全面贯彻党的教育方针，解决好"培养什么人、怎样培养人、为谁培养人"这个根本问题，中宣部、教育部全面修订了2018年版思政课教材，为习近平新时代中国特色社会主义思想"三进"（进教材、进课堂、进头脑）奠定了基础。

"三进"的关键是进头脑，入脑入心，引发学生共鸣，使学生对党的创新理论从认知、接受、理解到认可、认同、践行。然而，一些高校的思政课仍然存在着教学方法不够生动鲜活、教学案例资源缺乏、教学对象研究不足等问题，以至于出现政治性和学理性存在间距、价值性和知识性存在鸿沟、理论性和实践性存在脱节等问题。尤其是与学生专业学习结合不足，让学生对思政课产生"空洞感""陌生感"和"疏离感"，影响了教学针对性和实效性的提升。因此，根据新时代要求和大学生思想实际，不断地探索教学新内容、新形式、新规律，是保证思政课吸引力、实效性的重要环节。如何从学生的专业实际、现实诉求和知识场域出发，拉近学生与思政课的距离，活化教学内容，增强思政课教学的思想性、理论性和亲和力、针对性是思政课教学迫切需要面对与解决的问题。作为专业性较强的院校，如何结合医学生自身特点，从医学专业或是医学生熟悉的领域切入，开展思政课教学，是医学院校思政课教学迫切需要面对与解答的难题。

医学是人学，健康中国背景下医学院校理直气壮开好思政课尤其重要。教育部等六部门于2014年出台的《关于医教协同深化临床医学人才培养改革的意见》，教育部、国家卫生健康委员会、国家中医药管理局于2018年发布的《关于加强医教协同实施卓越医生教育培养计划2.0的意见》均提出医学院校卓越医生教育培养计划。其中，医学院校卓越医生教育培养计划的第一项任务就是"全面加强德医双修的素质能力培养"。事实上，中国自古以来已有以医事论国事的文化传统。例如，《国语·晋语》中："文子曰：'医及国家乎？'对曰：'上医医国，其次疾人，固医官也。'"唐代著名医学家孙思邈在《备急

总 序

千金要方》中更是明确说道："古之善为医者，上医医国，中医医人，下医医病。"当前，卓越医生教育培养要求与中国古代对医者的定位有异曲同工之处，也指明医学人才培养中思政课的不可替代。

南方医科大学前身是中国人民解放军第一军医大学，一直以来保持着军队讲政治的好传统。2008年，南方医科大学成立了广东省第一家独立设置的马克思主义学院。多年来，该学院不断探索医学院校思政课教育教学的特色发展之路。该学院根据多年的教学积累，组织编写了与2018年最新版思政课教材相配套的医学生思政课教学案例集，分别是本科生"马克思主义基本原理概论"课的《医学殿堂中的大道行思》、"毛泽东思想和中国特色社会主义理论体系概论"课的《民族复兴的医学梦》、"思想道德修养与法律基础"课的《新时代医者的形塑》、"中国近现代史纲要"课的《国家命运与医学变革》，以及研究生"中国特色社会主义理论与实践研究"课的《卓越医学人才的思想政治修炼》，形成了一套五本内容丰富、逻辑严密的"医学人文精神培育"丛书。

这套丛书以立德树人、提升医学人文精神为目标，以在各门思政主干课程中融入与医药卫生相关的元素为主线，选用与医药健康、卫生事业相关的典型案例，从理论到思想、从国家到社会、从历史到现实、从国外到国内、从政策到个人，内容丰富、资料翔实、解析到位。有些看似不相关的案例，经过独特的视角观察点评和对教学内容的深入理解阐释，使医学生有"豁然开朗"之感，拓展了知识视域，碰撞出了思想火花，让思想理论入脑入心。

这套丛书是医学院校提升思政课的思想性、理论性和亲和力、针对性的宝贵教学素材，也是医学院校开展课程思政的独创性成果。这套丛书体现了南方医科大学的政治站位、家国情怀和责任担当，凝聚了马克思主义学院老师们的大量心血，在对各类案例成果进行广泛收集、分析整理以及与教材内容的衔接中呈现了这支队伍独特的教学理念和较高的业务素质。

希望这套丛书的出版，对全国医学院校思政课教学质量提升、对医学专业教师推进课程思政都有较大帮助，以确保思政课程与课程思政的同向同行，充分发挥各门课程的育人功能，将思想政治教育元素"润物细无声"地融入专业课程的教育教学，落细、落实在每一堂课中，帮助学生成为德才兼备、全面发展的人才，成为中国特色社会主义伟大事业的建设者与接班人。

丛书出版之际，喜逢中华人民共和国成立70周年，因此本丛书也是南方医科大学庆祝中华人民共和国成立70周年的献礼之作。我欣喜地看到，南方医科大学正在通过实施多元化教育教学改革，强化"医学人文精神培育"，构建"大思政"格局，推进"三全育人"，形成卓越医学创新人才培养体系，为推进健康中国建设服务，为祖国的繁荣昌盛贡献自己的智慧和力量！

2019年10月

作者简介：张雷声，中国人民大学首批"大华讲席教授"、博士生导师，国家"万人计划"首批哲学社会科学领军人才，全国文化宣传系统"四个一批"人才，享受国务院政府特殊津贴专家，担任中央马克思主义理论研究和建设工程首席专家、国务院学位委员会马克思主义理论学科评议组召集人、教育部社会科学委员会马克思主义理论学部委员、教育部思想政治理论课教学指导委员会委员、全国马克思列宁主义经济学说史学会副会长、全国高校马克思主义理论学科研究会副会长、《马克思主义理论学科研究》常务副主编等职。

目　　录

前　言 1

第一编　毛泽东思想

第一章　毛泽东思想及其历史地位 3
- 案例一　"东亚病夫"的由来 3
- 案例二　毛泽东提出军队建设中的卫生发展方针 5
- 案例三　医学论文因造假而被国际期刊撤稿事件 8
- 案例四　毛泽东关于在红军中优待伤病兵的论述 11
- 案例五　中国首次人工合成牛胰岛素结晶 14
- 案例六　骂中医：五四新文化运动的话语场 16
- 案例七　毛泽东"送瘟神" 20
- 案例八　毛泽东送医书的故事 25

第二章　新民主主义革命理论 29
- 案例一　侵华日军第七三一部队从事人体实验铁证如山 29
- 案例二　梁启超被协和医院"误诊致死"引发争议 32
- 案例三　开放成就协和 36
- 案例四　"自投梁山"的医务人员 39
- 案例五　苏区卫生防疫运动 42
- 案例六　抗日战争时期晋察冀边区的医疗卫生工作 47
- 案例七　何穆二进延安 50

第三章　社会主义改造理论 55
- 案例一　新中国的爱国卫生运动 55
- 案例二　奸商王康年骗取志愿军购药巨款 58
- 案例三　一个私营药业者对社会主义改造的体会 60

案例四 常德市吉春堂药店的社会主义改造	63
案例五 武汉医药全行业公私合营	67
案例六 公私合营前后的北京同仁堂	70
案例七 从旧产婆到社会主义接生员	74
案例八 中药产业	77

第四章 社会主义建设道路初步探索的理论成果ㆍㆍㆍㆍㆍㆍ81

案例一 苏联印记：片面强调专科治疗	81
案例二 良医良药治恶疾	84
案例三 农村三级医疗服务体系的建立	87
案例四 "赤脚医生"是怎样产生的	90
案例五 "中国脊髓灰质炎疫苗之父"顾方舟	93
案例六 毛泽东领导爱国卫生运动	97
案例七 马寅初"新人口论"遭批判	100

第二编 邓小平理论、"三个代表"重要思想、科学发展观

第五章 邓小平理论ㆍㆍㆍㆍㆍㆍ107

案例一 医护人员怀念邓小平	107
案例二 邓小平关于医疗卫生工作的论述	111
案例三 "微博控"卫生厅厅长期待"有争议没骂名"	115
案例四 湖北为中医药发展再添一把火	120
案例五 中医药在医药卫生事业改革中发挥重要作用	123
案例六 台湾医疗团队在福建平潭开展骨桥听觉重建手术	125
案例七 邓小平同志关于赤脚医生谈话	128
案例八 邓小平的临终时刻与身后事	131

第六章 "三个代表"重要思想ㆍㆍㆍㆍㆍㆍ137

案例一 江泽民与中国人民解放军总医院的建设	137
案例二 我国医学专业学位的建立和发展	140
案例三 一位农民讲述切身体会："三个代表"好	143
案例四 西部大开发与藏医药大发展	145
案例五 市场经济下的同仁堂	148

　　案例六　安徽查办医药大案，纠正购销不正之风……………………… 152
　　案例七　江泽民发展中医药的思想……………………………………… 154
　　案例八　"三个代表"重要思想在医院管理中的应用………………… 157
第七章　科学发展观………………………………………………………… 160
　　案例一　药物污染可能导致野生动物数量下降………………………… 160
　　案例二　恶化的生态环境呼唤生态医学………………………………… 162
　　案例三　"杏林春雨行动"……………………………………………… 166
　　案例四　撑起护卫人民健康的保护伞…………………………………… 168
　　案例五　胡锦涛在汶川地震一周年的讲话……………………………… 171

第三编　习近平新时代中国特色社会主义思想

第八章　习近平新时代中国特色社会主义思想及其历史地位………… 177
　　案例一　数说《中国健康事业的发展与人权进步》白皮书…………… 177
　　案例二　中国多家互联网公司进军智能医疗领域……………………… 180
　　案例三　《人间世》背后的那些事……………………………………… 184
　　案例四　汤钊猷院士：西医＋中医将诞生"新医学"………………… 187
第九章　坚持和发展中国特色社会主义的总任务………………………… 191
　　案例一　孙中山弃医从政………………………………………………… 191
　　案例二　"强磁场"引来哈佛"凤"…………………………………… 194
　　案例三　中国的"蓝盔天使"…………………………………………… 199
　　案例四　利用现代传媒平台开展健康科普……………………………… 202
　　案例五　"全面放开二孩"政策的五个原因…………………………… 205
　　案例六　"气出来的病"………………………………………………… 210
第十章　"五位一体"总体布局…………………………………………… 213
　　案例一　台州：如何打造新的医药竞争力……………………………… 213
　　案例二　中美贸易战中的我国医药行业………………………………… 215
　　案例三　倾情奉献西藏护理事业的医学专家…………………………… 218
　　案例四　台湾医学生来天津交流中医文化……………………………… 221
　　案例五　一位女科学家的医学梦想……………………………………… 223
　　案例六　国家中医药管理局局长王国强谈中医药与文化自信………… 227

民族复兴的医学梦
——《毛泽东思想和中国特色社会主义理论体系概论》
（2018年版）教学案例集

  案例七 广东"最美援外医生"…………………………………… 231
  案例八 国家医保局推出关于"抗癌药进医保"的新方案 ………… 234
  案例九 社会办医进入2.0时代………………………………………… 236
  案例十 总理就电影《我不是药神》引热议做批示 …………………… 239
  案例十一 重庆"最美"的社区基层医生 …………………………… 243
  案例十二 第九届世界中医药大会的主题 ………………………… 246
  案例十三 一个药企的"美丽中国"之路 ………………………… 248

第十一章 "四个全面"战略布局 ……………………………………… 251
  案例一 新农合大病保险减轻农民负担 ……………………………… 251
  案例二 全民健康助力全面小康 …………………………………… 254
  案例三 克隆猴诞生：生命科学领域的里程碑 …………………… 258
  案例四 多管齐下共治包虫病 ……………………………………… 262
  案例五 福建三明实行"三医联动"改革 …………………………… 266
  案例六 广东推进家庭医生签约服务 ……………………………… 271
  案例七 全科医生培养再提速 ……………………………………… 274
  案例八 "厚德行医"的徐克成 ……………………………………… 279
  案例九 法医秦明：用刑侦小说普法的"网红" ……………………… 282

第十二章 全面推进国防和军队现代化 ……………………………… 286
  案例一 海军军医大学用新思想指引转型发展 …………………… 286
  案例二 解放军总医院的"军医院士群" …………………………… 288
  案例三 陆军军医大学开展核应急医学救援联教联训演练 ……… 293
  案例四 让中国的防原医学走在世界前列 …………………………… 295
  案例五 福建成立首家"军民融合医联体" …………………………… 298
  案例六 军医打造医务社工的"长征模式" …………………………… 300
  案例七 提升卫勤军民融合保障能力 ……………………………… 304

第十三章 中国特色大国外交 ………………………………………… 307
  案例一 电影《刮痧》透视中西方文化的差异 ……………………… 307
  案例二 人工智能在医学领域的应用 ……………………………… 311
  案例三 国际医疗援助：中国外交的一块金字招牌 ………………… 314
  案例四 南非"克隆"艾滋病药无罪 ………………………………… 318

　　案例五　埃博拉病毒肆虐全球 …………………………………… 322
　　案例六　南苏丹战乱中的中国维和医疗队 …………………… 324
　　案例七　打造"健康丝绸之路" ………………………………… 328
　　案例八　中国携手哈佛大学医学院培养顶尖医疗人才 ……… 332
第十四章　坚持和加强党的领导 ………………………………… 335
　　案例一　北京治理龙须沟 ……………………………………… 335
　　案例二　沙漠边缘迎来了"国家医疗队" ……………………… 338
　　案例三　"中国肝胆外科之父"吴孟超 ………………………… 342
　　案例四　雄安新区：让群众家门口享受优质医疗资源 ……… 345
　　案例五　"网红大医"骆抗先 …………………………………… 349

后　　记 ………………………………………………………………… 354

前　　言

中国特色社会主义进入新时代，高校思想政治理论课（简称"思政课"）的春天也到来了。2019年春，习近平总书记在学校思想政治理论课教师座谈会上发表重要讲话。他指出："我们办中国特色社会主义教育，就是要理直气壮开好思政课，用新时代中国特色社会主义思想铸魂育人。"在对思想政治工作规律、教育育人规律和学生成长规律精准把握的基础上，习近平总书记从"培养什么人、怎样培养人、为谁培养人"这一根本问题出发，科学阐述了高校思政课的地位，为高校思政课的发展指明了方向，就是要坚持立德树人，培根铸魂，正本清源，守正创新。思政课是思想政治工作的主渠道，要增强思政课教育教学的有效性，就要守正创新，在改进中加强，并且还要潜移默化渗透到专业课程当中，挖掘"课程思政"的内涵，使各类课程与思政课同向而行，形成"协同效应"。

医科院校的思政课要针对医学生的专业和特点进行教学，找准医学生成长发展的需求和思维，提升亲和力与吸引力，真正使教学内容入脑入心。其实，医学与思政课并不是无关的，它们都有一个共同的目标指向——人。医学不仅是从人的自然属性来救人，医学所关注的身体、健康、伦理、医疗、卫生等其实早已突破人的自然属性，进入人的社会属性层面，涉及经济、政治、文化、社会、生态的各个领域。因此，医学与政治、国家、社会有着密不可分的关联。事实上，医学生的医学梦就承载着中华民族伟大复兴的中国梦。

实现中华民族伟大复兴的中国梦是当今新时代的最强音，也是近代以来中华民族最伟大的梦想，中国共产党自成立以来就义无反顾地肩负起实现中华民族伟大复兴的历史使命。自鸦片战争以来，中华文明就由持续了两千年的辉煌走向衰败，中国也经历了近代百年的屈辱历史，这也激起了近代以来先进知识分子的民族国家意识，开始将个人与国家的命运紧密结合起来，提出了各种救国方案与主张，诸如"实业救国""教育救国""乡村建设"等各种方案，几乎涵盖了经济、政治、文化、社会等各个层面。因此，中国梦最初的表现就是救国梦。

回顾中国近代的百年屈辱历史，中国人被冠以"东亚病夫"，这是国家积贫积弱在国人身上的表现。因此，救国与救人是相一致的，富国强民是中国梦始终不变的追求。一些先进的中国人如鲁迅、孙文最初都有着治病救人的医学梦，他们之所以后来弃医从文、弃医从政，是为了实现更大意义上的救国救民的中国梦。由此可见，医学梦是通往中国梦的重要途径。

20世纪20年代，中国的教育家晏阳初认为，中国的大患在于"贫、愚、弱、私"，因此，他提出通过"四大教育"来解决这"四大患"：通过生计教育培养生产力，解决"贫"的问题；通过文艺教育培养知识力，解决"愚"的问题；通过卫生教育培养健康力，解决"弱"的问题；通过公民教育培养团结力，解决"私"的问题。可见，医学卫生教育是作为一个重要的社会发展问题，与经济、政治、文化组成一个系统的工程。因此，医学梦始终伴随着民族复兴的中国梦。

虽然在半殖民地半封建的社会背景下，包括晏阳初所提倡的平民教育在内的各种救国救民的方案都失败了，但这些方案所内含的"富国强民"的家国情怀被中国共产党人继承，这就是中国共产党人的初心与使命——为中国人民谋幸福，为中华民族谋复兴，其成为激励中国共产党人不断前进的根本动力。中国共产党最终找到了一条马克思主义与中国实际相结合的独特的中国革命道路，我们才结束了近代以来半殖民地半封建的历史，成立中华人民共和国（以下简称"新中国"），实现了民族独立、人民解放、国家统一、社会稳定。中国共产党深刻认识到，要实现中华民族伟大复兴，必须建立符合我国实际的先进社会制度，只有社会主义才能救中国，才能发展中国。中国共产党人不忘初心，砥砺前行，团结带领人民完成社会主义革命，确立社会主义基本制度，推进社会主义建设，勇于改革开放，开辟了中国特色社会主义道路，实现了中华民族由近代不断衰落到根本扭转命运、持续走向繁荣富强的伟大飞跃。实践证明，只有中国特色社会主义才能实现民族复兴的中国梦。党的十九大报告明确指出，中国特色社会主义进入新时代，意味着近代以来久经磨难的中华民族迎来了从站起来、富起来到强起来的伟大飞跃，迎来了实现中华民族伟大复兴的光明前景。今天站在新的方位上，我们比历史上任何时期都更接近、更有信心和能力实现中华民族伟大复兴的目标。

"毛泽东思想和中国特色社会主义理论体系概论"课是高校思想政治理论的主干课，开设这门课的主旨就在于让当代大学生掌握党的基本理论，运用马克思主义立场、观点和方法认识问题、分析问题和解决问题，坚定马克思主义的信仰，牢固树立"四个自信"，努力成为中国特色社会主义事业的建设者和接班人，自觉为实现中华民族伟大复兴的中国梦而奋斗。对于医科院校的学生来说，医学梦更能凸显新时代医学青年的使命与担当，从而使他们将之化为行

前言

动,在实现民族复兴的中国梦的生动实践中放飞青春梦想,为我国医学事业发展与健康中国战略的实施做出贡献。党的十九大提出的"实施健康中国战略",是以习近平同志为核心的党中央从长远发展和时代前沿出发,做出的一项重要战略安排。它基于人民对美好生活的需求,旨在全面提高人民健康水平、促进人民健康发展,为新时代建设健康中国明确了具体落实方案。健康中国战略特别强调要加强医疗卫生队伍建设,认为其是我国医疗体制改革的关键。为了强化医学人才是卫生事业发展的第一资源的理念,就要遵循医学教育规律和医学人才成长规律,从我国国情出发,立足长远制度建设,着眼当前突出问题,以提高人才培养水平为核心,改革人才培养模式,创新体制机制,培养适应我国医药卫生事业发展的高水平医学人才,提升我国医疗卫生服务能力、水平和国际竞争力。

正是基于这样的思考与目的,我们编写了《民族复兴的医学梦——〈毛泽东思想和中国特色社会主义理论体系概论〉(2018年版)教学案例集》,这是针对医科院校"毛泽东思想和中国特色社会主义理论体系概论"课(简称"概论课")的医学教学案例集萃,按照2018年版的"马克思主义理论研究和建设工程重点教材"中的概论课教材的14章内容,根据每章的内容和知识点,从经济、政治、法律、文化、生态、历史、军事、外交等多领域搜集与之相关的医药、卫生、健康的素材编写教学案例,共有14章103个案例。针对医科院校专业性强与课程多等特点,将概论课内容与医学各专业有机融合,通过医学案例、案例解析、案例启思与教学建议等板块进行案例教学,提高医学生学习思政课的兴趣,有针对性地活化教学内容、强化知识点,从专业层面拓宽、深化学生的思考,达到乐学真信的教学效果,为探索"思政课程"与"课程思政"同向同行提供参考,因此本书在探索针对性和实效性上具有一定的创新性。

本书作为医科院校概论课的教学案例集,既能够清楚透视出寻梦、追梦、圆梦的历史进程,又能够从一个侧面准确地把握马克思主义中国化两大理论成果的重要内容及历史地位;既能够领略中国共产党几代领导人和广大医务工作者的精神风貌,也能够折射出伴随着医学发展的社会的全面进步。本书鲜明的特色是历史与现实、理论与实践、医学与政治、科学与人文的统一。相信本书有利于医学生从医学领域中拓展视域、提升思维,有利于医学院校思政教师深化教学改革、储备特色教学资源,更有利于推进"课程思政",真正做到全员、全过程、全方位育人。

从更高的要求看,本书还有一些值得提升改进的地方。例如,笔者在选取教学素材的过程中,注重挑选生动鲜活、与教材的契合度高的案例,但在案例

分析上可能缺乏深广度；笔者引用的教学案例都注明了出处，但因案例数量众多，无法一一与原作者取得联系，谨在此对原作者表示真诚的谢意，敬请谅解！

感谢南方医科大学将此丛书纳入"三全育人"项目并给予全额资助出版，感谢马克思主义学院对本书的大力支持，感谢"概论"教研室全体同人的辛勤劳动，感谢中山大学出版社编辑认真细致、精益求精的"工匠精神"！

本书编委会

2019 年 5 月 20 日

第一编 毛泽东思想

第一章 毛泽东思想及其历史地位

▶ 案例一 "东亚病夫"的由来

案例

"东亚病夫"一词缘起于"东方病夫",中日甲午战争后,源于欧洲,是根据英文翻译而来的外来词。

从现有资料看,"东方病夫"一词最早出现于英国。1896年,《伦敦学校岁报》就有专文论及"东方病夫"问题。同年10月17日,由英人在中国上海办的英文报《字林西报》转载其中一文。是年11月1日出版的第十四册《时务报》转译了该文:"夫中国——东方之病夫也,其麻木不仁久矣。然病根之深,自中日交战后,地球各国,始悉其虚实也。"

这是迄今为止,所见"东方病夫"一词的最早记载。

"东方病夫"早期并非单纯指中国国民体质之弱,而是从国家政治具体时势来讲的,即中国"麻木不仁""国虚""兵败""民弱"。

自《时务报》的译文出现后,"东方病夫"一词便陆续在中国一些报刊中出现,并引起了国内舆论界的强烈反响。1903年,陈天华在《警世钟》一文中,愤怒写道:"耻!耻!耻!你看堂堂中国,岂不是自古到今,四夷小国所称为天朝大国吗?为什么到于今,由头等国降为四等国呀?外洋人不骂为东方病夫,就骂为野蛮贱种,中国人到了外洋,连牛马也比不上。"陈天华对当时国家不兴,民族不振,被洋人骂为"东方病夫",感到愤恨,耻辱,因而发出"救亡图强"的呼声。

辛亥革命时期,文化界重要人物陈去病,以汉代大将霍去病为榜样,取

民族复兴的医学梦
——《毛泽东思想和中国特色社会主义理论体系概论》
（2018年版）教学案例集

"去病"为名，用以激励自己雪耻"东方病夫"，担起天下兴亡之重责。

晚清小说《孽海花》的作者曾朴，中日甲午战争激起了他"一腔热血，满腹牢骚"，外国的侮辱使他"受不住刺激"，他于1904年接写《孽海花》时，就用"东亚病夫"作为其笔名，以中国人的才能和智慧回击外国人的讥笑、嘲弄。他是迄今所知国内第一个采用"东亚病夫"这一名词的人。

"东方病夫"一词在流传过程中，还出现过"华夏病夫""东方病人"的提法。

在词义方面，随着时间的推移，"东亚病夫"的含义逐渐由指国力衰弱、政治麻木不仁，而转向指国民的体质、体力虚弱，以致后来演变为外国人称中国人体质衰弱的专称和中国体育落后的代名词。我国近代著名体育家徐一冰，于1908年秋创办我国近代最早的体育专门学校——中国体操学校时，就明确把"增强中华民族体质，洗刷'东亚病夫'耻辱"作为其校训。这是近代中国振发增强民族体质的先声。

纵观"东亚病夫"缘起与演变过程，它从一个侧面反映了旧中国任人宰割的艰辛历程。帝国主义的侵略，旧政权的腐败，是造成中国"东亚病夫"悲剧的根本原因。

案例出处

李宁：《"东亚病夫"的缘起及其演变》，载《体育文史》1987年第6期。（有删改）

案例解析

近代以来，中国人的身体与政治是紧密联系在一起的。"东亚病夫"这一名词是自鸦片战争以来中国的屈辱符号。从最初指帝国的衰落到指代国民体质孱弱，持续了几千年的中华文明变得黯然失色。

"东亚病夫"形象反映了中国近代以来山河破碎、内忧外患、国衰民哀的状况。这一名词已成为中国人历史记忆的伤痛。在1936年德国柏林举办的奥运会中，西方的媒体制作了一幅讽刺漫画，用嘲笑的口吻报道了中华民国代表团的全军覆没：一群留着长辫、身穿长袍马褂、样貌枯瘦的中国人在奥运"五环"下扛着一个大鸭蛋。这幅漫画题为"东亚病夫"。从那时开始，"东亚病夫"就成了外国人对中华民族的蔑称。因此，这一名词在民族集体记忆中有着深刻而强烈的烙印，成为近代民族共同体想象的重要内容。

正是中华文明曾经的辉煌到近代以来的衰败，才强烈刺激着国人喊出"振兴中华"的口号。"东亚病夫"这一名词激励鞭策中华民族自尊、自爱、

自立、自强。以毛泽东为代表的中国共产党人就是以为中国人民谋幸福、为中华民族谋复兴为初心,砥砺前行。毛泽东早在其青年时期就提出,中国人要"文明其精神,野蛮其体魄",从身体与精神上得以解放。

百年屈辱历史是毛泽东思想形成的历史条件之一,其根本任务就是通过革命,把马克思主义与中国实际相结合,致力于民族独立、人民解放,让沉睡百年的"东方睡狮"站起来。

案例启思

1. "东亚病夫"体现了由帝国的衰败到国人身体的衰败的转变,"东亚病夫"一词对近代以来"民族国家"意识的构建有什么作用?
2. "东亚病夫"从某种意义上揭示出近代以来中国的社会性质,是什么?

教学建议

本案例可以通过"东亚病夫"的由来说明中国近代以来的"半殖民地半封建社会"的性质与主要矛盾,指出中国衰败的原因是外有帝国主义入侵、内有封建帝制的专制统治,能够形象地凸显近代国家、人民的命运,激发学生的家国情怀与振兴中华的使命意识,认清毛泽东思想就是在这样的历史条件下形成和发展起来的,从而明确中国只有在马克思主义中国化的毛泽东思想指导下才能通过革命实现民族独立、国家统一、人民解放。

适用于第一节"毛泽东思想的形成和发展"之"毛泽东思想形成发展的历史条件"。

案例二 毛泽东提出军队建设中的卫生发展方针

案例

井冈山革命斗争时期,战争特别需要医学文化,群众迫切需要医学文化。在异常激烈残酷的战争中,在疾病横行的环境中,中国共产党人和红军清楚地认识到,为了革命战争的胜利、革命根据地的巩固和发展,必须尽一切努力保

护劳动力，发展劳动力，保护战斗力，壮大红军队伍。而要做到这点，重要的一环是要想方设法发展自己的卫生事业，并且还据此制定了发展卫生事业的若干方针政策。

毛泽东认为，进行革命战争，即以革命的武装反对反革命的武装，是共产党人和红军在相当长的历史时期的根本任务。决定这场战争胜负的因素很多，但人的因素特别重要。现实状况是，战争的伤亡、横行的疾病即"苏区中一大仇敌"，严重地"减弱我军的革命力量"，因此，"组织军事的卫生疗治"和"发动广大群众的卫生运动"，保障广大指战员和群众的健康，"同是对于革命战争有决定意义的事业"，是每个乡苏维埃的责任。在提出这一根本思想的基础上，毛泽东还具体地提出了建立和发展党和红军的卫生事业的重要作用。首先，他指出："巩固此根据地的方法：第一，修筑完备的工事；第二，储备充足的粮食；第三，建设较好的红军医院。把这三件事切实做好，是边界党应该努力的。"这就阐明了发展革命卫生事业对于巩固和发展革命根据地的特殊作用。其次，他指出："对敌军的宣传，最有效的方法是释放俘虏和医治伤兵"，"医治敌方伤兵，效力也很大。"这就阐明了发展革命卫生事业对于瓦解敌方的重要作用，说明敌军力量的减弱，也就是增强了我们自己的力量。最后，他还指出，解决好群众的疾病卫生问题，减少以至于消灭疾病，这是"最能取得群众的方法"。这种方法，能够使我们真正成为群众生活的组织者，使"群众就会真正围绕在我们的周围，热烈地拥护我们"，从而使得我们红军的来源不成问题了。这就把发展卫生文化与争取和动员群众积极投入到革命战争中的重要作用的关系阐述清楚了。为了将这种思想变成行动，毛泽东针对当时卫生文化工作存在的具体问题，提出了对党的卫生文化工作的具体要求。他强调指出，卫生问题在战争中具有决定意义，因此，必须发展和搞好卫生事业。"军政机关对于卫生问题，再不能像从前一样不注意，以后各种会议，应该充分讨论卫生问题。""卫生机关的组织应特别使之健全，办事人要找有能力的，不要把别的地方用不着的人塞进卫生队去，并要增加办事人，达到照料完备之目的。医生少和药少的问题，要尽可能设法解决。对于医生，应注意督促他们看病详细一点，不要马马虎虎。"他着重提出，除了中共中央和有关省委送西医和一些碘片来之外，根据地要举办自己的卫生学校，训练自己的卫生干部，并且要求医学文化工作者要"政治坚定，技术优良"。他还针对革命根据地病人多、伤员多，而西医生和西医药缺乏的情况，中医中药仍是广大群众赖以治病治伤的主要力量的现实，提出医院要聘请中医师，要成立中医科，组织人员采中草药。并且着重说，草医草药要重视起来，敌人是封锁不了我们的，应该"用中西两法治疗"伤病员。在这里值得注意的是：第一，毛泽东所讲的医学事业，就当时的实现情况看，包括了中医中药文化这个方面；第二，他在重视党的卫生事业建设的基础上提出了"用中西两法治疗"伤病员的观点。

案例出处

张国新：《毛泽东与中国医学文化发展的道路》，人民网，2003年12月23日，http://www.people.com.cn/GB/shizheng/8198/30446/30451/2210698.html。（有删改）

案例解析

毛泽东思想是一个完整的科学思想体系，回答了中国革命和建设中的一系列相互关联的重要问题，其主要内容有新民主主义革命理论、社会主义革命和社会主义建设理论、革命军队建设和军事战略的理论、政策和策略的理论、思想政治工作和文化工作的理论、党的建设理论等。

在革命军队建设和军事战略的理论中，毛泽东确立了人民军队的性质、宗旨、原则和一系列军队建设和军事战略的方针和方法，发展和壮大了人民军队，赢得一场又一场革命战争的胜利。本案例着重阐述了土地革命时期，毛泽东特别重视革命军队中的卫生工作，提出了发展卫生事业的一些方针，这些方针可以从一个侧面反映他的革命军队建设思想及一些军事战略原则。例如，人民军队是一支无产阶级性质的、具有严格纪律的、同人民群众保持亲密联系的新型人民军队。毛泽东强调，在革命战争中要解决好群众的疾病卫生问题。他认为，这不仅能够赢得群众，更是人民军队性质和全心全意为人民服务的宗旨的体现。他的人民战争的思想强调人的因素的重要性，因此，他特别强调要"组织军事的卫生治疗"，这是转化俘虏、瓦解敌军、壮大自己、保障战斗力，对"革命战争具有决定意义的事业"，而且卫生事业的发展对于巩固革命根据地，依靠广大人民开展游击战争具有重要作用。因此，本案例通过对毛泽东在井冈山革命斗争时期提出的军队卫生建设的一些方针的阐述，可以较为深入地理解他的革命军队建设思想和军事战略的基本理论。

案例启思

1. 毛泽东关于革命军队建设和军事战略的理论是毛泽东思想的主要内容，它有哪些重要的观点和原则？
2. 在人民军队中发展卫生事业对革命军队建设有什么重要作用？

民族复兴的医学梦
—《毛泽东思想和中国特色社会主义理论体系概论》
（2018年版）教学案例集

教学建议

本案例详细介绍了毛泽东在井冈山革命时期制定的关于加强军队的卫生事业若干具体方针，使学生能够认识到军队卫生工作其实是革命军队建设的重要一环，军队的卫生建设方针反映了毛泽东的军队建设思想和军事战略原则，从而能够从专业和卫生工作重要性的角度来增强医学生的使命感，并且能够深化对毛泽东思想这一重要内容的认识。

适用于第二节"毛泽东思想的主要内容和活的灵魂"之"毛泽东思想的主要内容"之"革命军队建设和军事战略的理论"。

案例三　医学论文因造假而被国际期刊撤稿事件

案例

2017年4月，学术出版商施普林格·自然出版集团一次性撤销了涉嫌造假的107篇文章，论文作者均来自中国。涉及的单位不乏全国知名的三甲医院和重点高校。此次撤稿事件让学术界深感震惊，也在社会上引发广泛关注。

撤稿消息发布前，中国科学技术协会（简称"中国科协"）立即与施普林格·自然出版集团进行了接触。据了解，撤稿的原因是多方面的。其中，不少作者是将论文交给所谓的"第三方机构"，由它们再向学术期刊进行推荐。这些"第三方机构"在推荐过程中未将论文进行同行评审，而是暗度陈仓作假。应该说在这个问题上，论文作者、出版集团和期刊编辑都负有责任。但公平地讲，我们不能因为其他问题就拒绝检视自己存在的问题，涉事作者应该对此认真反思、承担应负的责任。

事实上，近年来中国论文连续多次被国际期刊大规模撤稿。认真思考背后的原因，有学术品格的问题，更有体制机制的背景。

学术造假并不是中国的特有现象，但相比之下，国外对造假者的惩治力度非常大，真正起到了震慑作用：科研人员的造假行为一旦被查实，就会受到严厉惩处，其学术生涯基本终止，不管其名望有多高、潜力有多大。被追捧为有望冲击诺贝尔奖的"日本居里夫人"小保方晴子,因论文造假被单位除名,可谓身败名裂;被尊为韩国"克隆之父"的黄禹锡,学术造假东窗事发后被检察机关起诉,最后锒铛入狱。尽管主管部门和高校、科研机构都设有"学术道德委员会""科研诚信办公室"等学术监督机构,但对于学术不端行为往往是"民不告官不究",没能达到震慑心怀侥幸者的效果。

惩处不力,也表现在对造假帮凶——"第三方机构"的处理乏力上。一些利欲熏心的国内外机构打着"语言润色""咨询服务"的幌子,为那些急于发表学术论文的人代写、代投,甚至伪造同行评审,提供"一条龙服务"。早在几年前,就有学者发布研究报告指出,我国的代写论文交易市场庞大,"产值"高达10亿元。对于这些帮忙造假的"第三方机构",有关部门并非不知情,但受到查处的恐怕只是极少数。

以论文论英雄的评价体系,也在很大程度上加剧了论文造假。长期以来,论文成了科学研究最为重要的"硬杠杠""金标准",不管是职称评定、年终考核还是申请课题、评选院士,都要"数论文"。就连以治病救人为第一要务的临床医生也被套上了发论文的"金箍",评职称时"做一千台手术不如发一篇SCI论文"。不同于医疗资源充足、医生时间相对充裕的发达国家,我国的医疗资源紧张,临床医生光看病就忙得身心俱疲,难有充足时间和精力潜心研究、撰写论文。这次撤稿主要集中在医疗领域,客观而言,扭曲的考评体系也是诱因之一。

科学研究是揭示真相、发现真理的神圣事业,真实诚信是其基本准则。论文造假的危害不仅在于损害了中国科技界在国际上的声誉,也不仅在于导致低水平研究重复、垃圾论文成堆,更为严重的后果是消解了求真求实的科学精神,破坏了公平竞争的学术规则,侵蚀着建设世界科技强国的基石。可以说,捍卫真实就是捍卫科学的生命,纵容造假就是损害科学的未来。

中国科协相关人士指出,随着中国科技体制改革的不断深入,特别是科研评价机制的不断改革完善,为评职称、获奖励而滥发论文的现象正从源头得到治理。当前,我国的科研经费不断增加、科研队伍日益庞大、对科研的需求前所未有,科技界正视问题、对症下药、标本兼治,真正解决学术不端行为,我们完全有能力涤荡浮躁之气、建设科技强国。

案例出处

赵永新:《捍卫真实就是捍卫科学的生命(人民时评)》,载《人民日报》2017年4月24日第5版。(有删改)

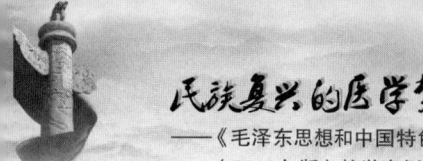

——《毛泽东思想和中国特色社会主义理论体系概论》
（2018年版）教学案例集

案例解析

毛泽东思想是被实践检验并证明的科学真理。实事求是、群众路线、独立自主，是贯穿于毛泽东思想各个组成部分的立场、观点和方法，是毛泽东思想活的灵魂。"实事求是"一词出自东汉史学家班固撰写的《汉书·河间献王传》，记载了西汉景帝第三子河间献王刘德"修学好古，实事求是"，也就是指这是一种严谨好学、务求真谛的认真治学态度。1941 年，毛泽东在《改造我们的学习》一文中对实事求是做出了全新的解释，使马克思主义中国化，内涵精义得到升华："实事"就是客观存在的一切事物，"求"就是我们去研究，"是"就是客观事物的内部联系，即规律性。实事求是是马克思主义唯物论、认识论与辩证法的综合体现，是科学的世界观和方法论。毛泽东遵循这一原则找到了解决中国革命问题的办法，使中国革命取得了成功。

实事求是是马克思主义的根本观点，不仅是中国共产党人认识世界、改造世界的根本要求和方法，也是科学真理的基本原则。本案例通过对 2017 年我国大规模医学论文造假被国际期刊撤稿事件的分析，指出了科学研究是揭示真相、发现真理的神圣事业，真实诚信是其基本准则。医学论文造假背离了实事求是的科学精神，损害了医学的未来。近年来，在临床上特别重视循证医学，就是"遵循证据的医学"，其核心思想是在医疗决策中将临床证据、个人经验与患者的实际状况和意愿三者结合，体现的就是实事求是的科学追求，决定着未来医学发展的方向。

案例启思

1. 医学论文造假有哪些危害？
2. 为什么说医学也要讲求实事求是的科学精神？

教学建议

本案例通过引起社会广泛关注的医学论文因造假而被国际著名期刊撤稿事件，可以较为深入地引发医学生探讨科学的实事求是精神，了解背离这个原则的重要危害性，从而强化对实事求是的认识，在内涵、本质与意义都有重要的延伸，与作为科学真理的毛泽东思想活的灵魂之一的实事求是是相一致的。学生在医学领域也需要坚持实事求是这一原则，才能正确解决医学实践中的实际问题，不断提高自己的医学水平。

适用于第二节"毛泽东思想的主要内容和活的灵魂"之"毛泽东思想活的灵魂"之"实事求是"。

案例四　毛泽东关于在红军中优待伤病兵的论述

优待伤病兵的问题

一、伤病兵痛苦的现象及影响

（一）全军各部队卫生机关不健全，医官少，药少，担架设备不充分，办事人少与不健全，以致有许多伤病兵，不但得不到充分的医疗，即大概的初步的医疗，有时都得不到。

（二）全军军事政治机关对伤病兵的注意不充分，如：

1．对于卫生机关的健全，不但没有尽得很大的努力，而且简直不加注意，各种会议对卫生问题讨论很少。

2．官长对伤病兵没有尽其可能去随时安慰他们，而官长替伤病兵送茶水、盖被窝、随时慰问等习惯，在红军中简直没有。官长对伤兵病兵，采一种不理问态度，甚至表示讨厌他们的态度。

3．行军时，官长以至士兵对沿途落伍的伤兵完全不表示一点同情，不但不为他们想法子，反而一味怒骂，或无情地驱逐他们。

（三）重伤病兵给养和用费不够，伤兵伤后七八天还没有衣服换，调养费病官有，病兵没有。

（四）蛟洋医院的缺点：

1．无组织状态。

2．医官和药太少。

3．医官卖私药。

4．不清洁。

5．御寒衣服被不够。

6．看护兵太少。

7. 饮食恶劣。

8. 房子窄。

9. 与当地群众关系不良,以致伤病兵看医院如牢狱,不愿留在后方。

上列各种对伤病兵待遇不良,便发生下列影响:

1. 使士兵不满意红军,"红军好是好,就只不要带花,不要病",这种舆论简直普遍全体士兵以至下级官长之中。

2. 士兵对官长不满意,越发增加官兵间悬隔。

3. 士兵及下级官长都怕带花,因此,减少红军的战斗力。

4. 逃兵多。

5. 影响工农群众,减少他们加入红军的勇气。

二、解决的办法

(一)军政机关对于卫生问题,再不能像从前一样不注意,以后各种会议,应该充分讨论卫生问题。

(二)卫生机关的组织应特别使之健全,办事人要找有能力的,不要把别的地方用不着的人塞进卫生队去,并要增加办事人,达到照料完备之目的。医生少和药少的问题,要尽可能设法解决。对于医生,应注意督促他们看病详细一点,不要马马虎虎。

(三)官长,特别是和士兵接近的连上官长,应当随时看视伤病兵,送茶水给他们吃,晚上替他们盖被窝,他们觉得冷,要替他们想办法,如想向别人借,增加衣服。以上这些招呼伤病兵的方法,要定为一种制度,大家要实行起来,因为这是最能取得群众的方法。

(四)对行军时沿途落伍的伤病兵:

1. 禁止任何人对他们的怒骂或讥笑。

2. 要伤病兵让路的时候,要好好对他们说,不要一把推开他。

3. 无论哪一个部队或机关,凡有因伤或病落伍下来的,不论是战斗兵非战斗兵,均要立即派一个人去招呼他,如系重伤重病,并要尽量设法雇夫抬来。

4. 每次行军,后卫要耐烦带上落伍的病伤兵,必须要时还要替他们背回枪弹。

(五)发给伤病员的零用钱,要酌量伤病的轻重,重伤重病的要比轻伤轻病多给一点。调养费一项,对于特别重伤重病的,应该不分官兵夫酌量发给。

(六)伤病兵衣服被窝问题,除公家尽力置备外,应该在各部队中官兵中发起募捐,此外还应该在各部队官员中发起募款,这不仅为了增加伤病兵的零用钱，而且是唤起全军互助济难精神的好方法。

（七）蛟洋后方医院许多缺点，应该有计划去纠正。此外，还应该在闽西工农群众中发起募捐（衣被、现款、粮食），以密切联系工农群众与红军。

案例出处

毛泽东：《中国共产党红军第四军第九次代表大会决议案》，见中共中央文献研究室编《毛泽东文集》（第一卷），人民出版社1993年版。（有删改）

案例解析

毛泽东思想活的灵魂的一个重要内容是群众路线，贯穿于毛泽东思想的始终。所谓群众路线，就是一切为了群众，一切依靠群众，从群众中来，到群众中去，把党的正确主张变成群众的自觉行动。群众路线是党的生命线和根本工作路线，坚持群众路线才能壮大力量，无往不胜。

毛泽东在1929年12月主持起草的《中国共产党红军第四军第九次代表大会决议案》（又称《古田会议决议》），总结了南昌起义以来红军建设的经验，批评了各种非无产阶级思想，坚持以无产阶级思想来建设党和人民军队。其中，在"优待伤病兵的问题"一节中阐述了红四军中存在着对待伤病员不良的一些情况，分析了其带来的不好影响，强调要改善和优待红军中的伤病员，并提出一系列解决的办法，这是群众路线的重要体现。毛泽东深入红军基层当中，了解到伤病员问题是影响红军战斗力的重要问题，提出优待伤病员的办法，就是抓到了红军基层士兵的关切点，明确强调"这些招呼伤病兵的方法，要定为一种制度，大家要实行起来，因为这是最能取得群众的方法"。只有这样，党和红军的政策才能化为广大战士的自觉行动。

案例启思

1. 为什么毛泽东强调在红四军中要解决伤病兵的问题？他提出了哪些具体的办法？

2. 毛泽东关于在红军中优待伤病兵的论述体现了毛泽东思想活的灵魂的哪些内容？

教学建议

此案例通过著名的《古田会议决议》的经典文献，让学生回到具体的历史场景中了解红军初建时期的具体问题，阅读毛泽东生动又具体的关于优待红军伤病兵的论述，能够非常直观地体会到毛泽东思想活的灵魂之一的群众路线

所诠释的内涵，从而加深对群众路线的理解。明确坚持群众路线，就要坚持以人民为中心的发展观，坚持全心全意为人民服务的根本宗旨，始终保持党和人民群众的血肉联系。

适用于第二节"毛泽东思想的主要内容和活的灵魂"之"毛泽东思想活的灵魂"之"群众路线"。

▶ 案例五 中国首次人工合成牛胰岛素结晶

 案例

人和动物胰脏内有一种呈岛形分布的细胞，分泌出一种叫胰岛素的激素，具有降低血糖和调节体内糖代谢的功能。胰岛素是一种蛋白质，蛋白质是生物体的主要功能物质，生命活动主要通过蛋白质来体现。1889年，德国的敏柯夫斯基首次发现了胰脏和糖尿病的关联后，就不断有人研究胰脏的"神秘内分泌物质"。1921年，加拿大的弗雷德里克·班廷等因首次成功提取到了胰岛素，并成功地应用于临床治疗，获得了1923年诺贝尔医学奖；英国化学家弗雷德里克·桑首次阐明了胰岛素分子的氨基酸序列，获得了1958年诺贝尔化学奖。

作为一种蛋白质，胰岛素由 A、B 两条肽链，共 17 种 51 个氨基酸组成。人工合成胰岛素，首先要把氨基酸按照一定的顺序连接起来，组成 A 链、B 链，然后再把 A、B 两条链连在一起。这是一项复杂而艰巨的工作，在 20 世纪 50 年代末，世界权威杂志《自然》曾发表评论文章，认为人工合成胰岛素还有待于遥远的将来。

1958 年 12 月底，我国人工合成胰岛素课题正式启动。中科院生物化学研究所会同中科院有机化学研究所、北京大学联合组成研究小组，在前人对胰岛素结构和多肽合成的研究基础上，开始探索用化学方法合成胰岛素。中科院上海有机化学研究所和北京大学化学系负责合成 A 链，中科院生物化学研究所负责合成 B 链，并负责把 A 链与 B 链正确组合起来。

概括起来，研究过程可以分成三步：第一步，探索把天然胰岛素的 A、B 两条链，重新组合成为胰岛素的可能性。研究小组在 1959 年突破了这一关，

第一章　毛泽东思想及其历史地位

重新组合的胰岛素结晶和天然胰岛素结晶的活力相同、形状一样。第二步，分别合成胰岛素的两条链，并用人工合成的 B 链同天然的 A 链结合生成半合成的牛胰岛素。这一步在 1964 年获得成功。第三步，经过半合成考验的 A 链与 B 链相结合后，通过小鼠惊厥实验证明了纯化结晶的人工合成胰岛素确实具有和天然胰岛素相同的活性。

研究小组经过 6 年多坚持不懈的努力，终于在 1965 年 9 月 17 日，在世界上首次用人工方法合成了结晶牛胰岛素。原国家科委先后两次组织著名科学家进行科学鉴定，证明人工合成牛胰岛素具有与天然牛胰岛素相同的生物活力和结晶形状。

随后，1965 年 11 月，这一重要科学研究成果首先以简报形式发表在《科学通报》杂志上，1966 年 3 月 30 日，全文发表。

自 1966 年 3 月"人工全合成结晶牛胰岛素"的研究工作在《科学通报》杂志上对外发表后，许多国家的电视台和报纸先后做了报道。各国科学家纷纷来信表示祝贺。诺贝尔奖获得者、英国剑桥大学教授托德的来信为这一伟大的工作向研究者致以最热忱的祝贺。

人工牛胰岛素的合成，标志着人类在认识生命、探索生命奥秘的征途中迈出了关键性的一步，促进了生命科学的发展，开辟了人工合成蛋白质的时代，在我国基础研究，尤其是生物化学的发展史上有巨大的意义与影响。

案例出处

《新中国档案：我国首次人工合成结晶牛胰岛素蛋白》，新华社，2009 年 9 月 27 日，http://www.gov.cn/test/2009－09/27/content_1427654.htm。（有删改）

案例解析

独立自主，就是坚持独立思考，走自己的路，就是坚定不移地维护民族独立、捍卫国家主权，把立足点放在依靠自己力量的基础上，同时积极争取外援，开展国际经济文化交流，学习外国一切对我们有益的先进事物。毛泽东思想活的灵魂之一就是独立自主，贯穿于毛泽东思想始终，是我党全部理论和实践的立足点。坚持独立自主就是坚持中国的事情必须按照中国的国情和客观实际出发，由中国自己处理。

1965 年，中国首次人工合成牛胰岛素结晶是中国走独立自主道路的典型案例。在掌握世界科技前沿的基础上，在没有任何外援的情况下，我国的科研人员经过 6 年多的实验，经历过无数次失败，并取得一次次重大突破，最终在

民族复兴的医学梦
——《毛泽东思想和中国特色社会主义理论体系概论》
（2018年版）教学案例集

世界上首次用人工方法合成了结晶牛胰岛素，不仅在生物化学领域有着重大的世界影响，而且增强了民族自尊心和自信心。

案例启思

1. 中国首次人工合成牛胰岛素结晶是在什么时代和历史背景下取得的？
2. 科技创新与自主研发之间是怎样一种关系？

教学建议

本案例通过20世纪60年代我国首次人工合成牛胰岛素结晶这一事件，让学生明白独立自主是中华民族的优良传统，是中国共产党、中华人民共和国立党立国的重要原则，是我们党从中国实际出发、依靠党和人民力量进行革命、建设、改革的必然结论。本案例能够让学生深刻领悟在中国这样一个人口众多的东方大国进行革命和建设，我们只能走自己的路，不论过去、现在和将来，我们都要把国家和民族发展放在自己力量的基点上，从而更好地认识独立自主是毛泽东思想活的灵魂的重要方面。

适用于第二节"毛泽东思想的主要内容和活的灵魂"之"毛泽东思想活的灵魂"之"独立自主"。

案例六　骂中医：五四新文化运动的话语场

案例

今天，我们讨论中医在近代的历史命运时，根本无法绕开五四，因为五四新文化运动及其派生的欧化思潮、反传统主义对传统中医的命运产生过不可估量的影响。在五四激进主义思潮的冲刷下，深受西方科学文化影响的知识分子，习惯于采用以西例中的方式，对中医理论大加批判和否定，几乎达到登峰造极的程度。其后的东西文化优劣之争导致中西医矛盾的进一步加剧，中医甚至被海归派视为被置于弱势文化的行列，备受打压，几乎沦落到了"失语"的境地。一时间，享有几千年历史荣光的中医学，一下子被推上了文化批判的公堂，成为激进主义者声讨的对象，被指责、攻击甚至谩骂，"骂中医"一时成为欧化知识分子们的一项饭后运动。

陈独秀作为新文化运动的领袖,在极力呼唤民主与科学,声讨专制与蒙昧,对中国传统文化进行鞭挞的同时,将中医列入封建糟粕予以批判,其批判中医的标准就是西医。他在《新青年》创刊号上发表的"敬告青年"中说:"(中)医不知科学,既不解人身之结构,复不事药性之分析,菌毒传染,更无闻焉。"

胡适虽然没有强烈而过火的批判中医的言辞,也没有直接介入之后的中西医论战,但他是个西化思想很浓的现代学者,自称是"信奉西医的人",并且支持他的友人批评中医。可以说,他对中医总体上是持否定态度的。他明确指出过,现代医学只能在西方文化背景上产生,"我们现在尊为'国医'的知识与技术究竟可比人家第几世纪的进步",他甚至断言中医还处在西洋文化的巫术时代。

丁文江是五四时期思想界极端排斥中医的代表人物。这位被胡适认为是"一个欧化最深的中国人,一个科学化最深的中国人",对中医憎恶和贬斥几乎到了极端。他"信仰新医学","终身不曾请教过中医"。据陈伯庄回忆:"有一次论到中医,我坚持中药具有实验效用,在君(文江——引者)极不耐烦。我说:'假如你到穷乡僻壤考探地质,忽然病了,当地无一西医,更无西药,你会让中医诊治你吗?'他断言回答说:'不!不!科学家不得毁其信仰的节操,宁死不吃中药不看中医。'"丁文江曾有一首"寿高梦旦联":"爬山、吃肉、骂中医,年老心不老;写字、喝酒、说官话,知难行亦难。"自然,这是一首谑联,不能作为历史文献去解读。但作为一种思想的表征,"骂中医"的背后暗含着五四激进主义知识分子对包括中医在内的传统文化的彻底否定。

鲁迅、周作人、傅斯年、郭沫若等人的著作里,都有很多批判传统中医的辛辣文字。至于说坚决不看中医的,绝非丁文江一人。郭沫若就直言不讳地说:"对于旧医术的一切阴阳五行,类似巫神梦呓的理论,却是极端憎恨,极端反对的。""中医和我没缘,我敢说我一直到死决不会麻烦中国郎中的。"傅斯年也说:"我是宁死不请教中医的,因为我觉得若不如此便对不住我所受的教育。"显然,在傅斯年等人的意识中,新学与旧知是格格不入的。鲁迅贬低中医,是众所周知的。从 1918 年《狂人日记》到 1936 年《花边文学·读书忌》为止,18 年内所写的大量著作中贬低中医的章节至少有 40 多处,最经典的一句要数"中医不过是一种有意的或无意的骗子"。同样留学日本的周作人甚至认为中国"成千上万的中医实在不是现代意义的医生,全然是行医的玄学家"。

在五四新文化运动中,这种以西方科学文化来比照中国科技与传统文化、

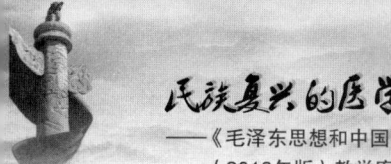

以西医来比较中医的方法在当时留洋派中几乎成为一种定式，有的甚至将此作为判断一种学术"正当与合法"的黄金标准。在五四以来所形成的以科学为准绳的话语体系中，东方文化与西方文化孰优孰劣不言自明。中学即是旧学，国粹就是垃圾。新旧的差距，就是进步与倒退、科学与迷信的差距。所谓中学、国故、经典、中医，全被归入旧的、倒退的、迷信的、必须抛弃的范围。在五四新文化运动所建立的话语霸权之下，带"中"的一切事物都失去了合法性。而唯一的合法的话语便是科学。

在这种思想氛围下，中西医被强行地推到了"新与旧"的语境中。传统中医的守卫者当然不会束手就擒，反映在医学界，就是一场沸沸扬扬的围绕"中西""新旧"名称问题的笔墨官司，中西医双方互赐恶谥，西医称中医为旧医，称自己为新医，将中西医之争视为"新旧之争"、进步与落后之争；而中医自称为国医，不承认西医是新医，称之为西医甚至洋医，将中西医之争视为"中西之争"。一时间，"新""旧""国""西"成为中西医对攻战中相互杀伤对方的飞弹，如果说中医界对西医的攻击缺乏冷静和客观的话，西医界激进人士对中医的批评则更近于苛刻和羞辱，双方讥讽谩骂之言日趋激烈。而"整个进程是以西医的主动进攻而中医防守反击为特征"。

这场名称之争暗含了中西医冲突的思想史内涵，近代以来，在中西文化的对峙中，随着中学的节节败退，不经意间，从原先的华夷之争演变为中西之争，最后又变成了新旧之争。透过单纯的斗争形式的演变，可以看到，这不是一种简单的此消彼长，从"华夷"语境中对西方文化的鄙薄，发展到"中西"语境中双方的对等，再到"新旧"语境中双方地位的倒置，其中包含了进化论意义的肯定和否定。

这场知识界对中西文化孰优孰劣的问题的激烈争论，进一步导致了"中医和西医之间的对峙升级，大量赞扬西医的文章见诸报章杂志，同时，偶有社论主张废弃中医"。不可忽视的是，整个过程从一开始就是西医主动进攻，而中医处于守势。

1923年的"科玄之争"，实际上是五四思想启蒙运动和东西文化论战的继续，吸引了几乎中国全数的知识精英参与其中，尽管参加讨论的人数、派别颇多，观点各异，讨论的范围极广，涉及古今中外诸多思想流派，但讨论的焦点还是集中在科学是什么与科学的功能（即科学与人生观及中国文化的关系）这两个问题上。而对这两个问题的回答，则反映了当时中国知识界对科学和科学精神的理解。

在这场论战中，虽然没有形成最终的理性结论，但就阵容、气势与说理的知识性、逻辑性而言，科学派占据绝对上风。科学派坚信："科学之权威是万能的，方能使玄学鬼无路可走，无缝可钻。"这种论战的格局直接影响到知识界对作为传统文化支脉的中医学的立场与姿态。可以说，这种感染力一直影响到后来中央卫生行政的决策者，并为他们确定"废止中医"或"废医存药"的政纲提供了思想和舆论依托。医学被贴上"玄学""旧学"的标签，背上了"玄学鬼"的骂名。

中医是否科学甚至有无存在的必要，是近代中国思想史上一个反复辩论的话题。显然，这些在五四时期出炉的思想和言论有着巨大的历史影响与学术影响。或许可以说，民国时期大规模的中西医论争，在五四时期就埋下了思想的根苗，因为思想界的导向对历史的影响往往是关键性的。

案例出处

郝先中：《传统与现代性：近代中西医论争的文化表征》，载《皖西学院学报》2008年第1期。（有删改）

案例解析

近代百年屈辱，先进的中国人始终在探索中国的出路，致力于走向现代化。这一探索过程始终伴随着中西文化的交锋，近代中西医的争论可看作典型案例。民国初年，国学大师俞樾著《废医论》、余云岫著《灵素商兑》提出废止中医，很快文化界名人卷入其中，纷纷站队开始了中西医争论。1927年，南京国民政府设立卫生部，以"规划现代化的卫生工作"为名意欲废止中医；1929年，废止中医案出台，引发全国性大抗争。抗争的结果是1931年，中央国医馆在南京成立。中西医之争上升为国家与政治层面。

中西医代表了不同的文化路向，内含旧与新、保守与进步、传统与现代的冲突与张力，这无疑是中国在现代化历史进程中需要面对与解决的问题。对此，寻找救国出路的中国共产党人明确认识到，中国的现代化是不能全盘西化也不能照搬别国经验的，必须有个中国化的过程，不可能不顾中国的实际，抛弃中国的传统。在20世纪30年代文化界展开现代化大讨论的背景下，1938年在延安，毛泽东提出"马克思主义中国化"的命题，他指出："没有抽象的马克思主义，只有具体的马克思主义。所谓具体的马克思主义，就是通过民族形式的马克思主义，就是把马克思主义应用到中国具体环境的具体斗争中去，而不是抽象地应用它。成为伟大中华民族之一部分而与这个民族血肉相连的共产党员，离开中国特点来谈马克思主义，只是抽象的空洞的马克思主义。因此，马克思主义的中国化，使之在其每一表现中带着中国的特性，即是说，按照中国的特点去应用它，成为全党亟待了解并亟须解决的问题。"这表明以毛

民族复兴的医学梦
——《毛泽东思想和中国特色社会主义理论体系概论》
（2018年版）教学案例集

泽东为代表的中国共产党人在探索中国革命与建设的过程中，思想上逐步成熟起来，认识到中国走向现代化其实就有一个中国化的过程。毛泽东思想就是马克思主义与中国实际相结合的第一个理论成果，强调要紧密联系中国的实践经验、历史传统，根植于中国的优秀文化之中。

案例启思

1. 中西医之争折射出近代以来关于中国出路的文化思考的哪两种路径？
2. 中国的现代化能否抛弃中国的实际与中国的传统？

教学建议

本案例通过中西医之争让学生明白中国在追求现代化的过程中所面临的文化路向，从这个意义上来看，无疑是活生生的文化标本。通过分析，可以让学生从专业和文化的关注转向政治领域，从而深刻理解只有结合中国实际，中国的现代化之路才有未来。毛泽东思想就是在深入了解中国实际的基础上逐步形成与成熟的，是马克思主义中国化的理论成果。马克思主义中国化不仅在过去、在历史上得到了充分的体现和光辉的验证，而且在现实、在未来的实践中也以真理普遍性的光芒照耀着我们前进的征程。中国特色社会主义理论体系是马克思主义中国化的又一理论成果，必将指导我们实现中华民族的伟大复兴。

适用于第三节"毛泽东思想的历史地位"之"马克思主义中国化的第一个重大理论成果"。

案例七　毛泽东"送瘟神"

 案例

1955年仲夏正当农忙时节，毛主席外出视察工作。一路从北向南，有时细察，有时访问，到了杭州，请来了几位同志开会。主席对身边的工作人员说，开会期间不搞其他活动，要求部分同志帮助他去了解杭州郊区农民的生活情况。

毛主席召集的会议开始后，我们几个同志出发，到了杭州郊区的余杭地区

第一章 毛泽东思想及其历史地位

去访问。走进一个村庄，因为是农忙时节，青壮劳动力都下了大田。我们又走到田头，群众正忙着整理稻田。只见在池塘边的树荫下，有一个粗壮的农民，仰天躺在那里。我们走近他身边，问他有什么为难的事，为什么不下田去劳动？他看看我们，摇摇头闭上了眼睛，泪水滴在胸前。这时我们才注意到，他的腹部鼓胀，颈部粗肿，可知行动困难，分明是病倒了。问他得了什么病，他只是摇头流泪。我们说明是特意来这里访问的，又问他有什么困难。他没有说话先叹了口气。为了弄清情况，大家都坐在他身边，等待他解说。他见我们诚恳的样子，想了想终于说出了自己的身世。

他抹掉泪水，勉强挺一挺身子说：家里几代人都是贫苦农民，在旧社会过着饥寒交迫的生活，自己靠打工养活父母，还要逃避国民党抓壮丁。好不容易终于盼到解放了，共产党、毛主席来了，实行土改，分到了田地，再也不受压迫、不受剥削，不愁吃不愁穿了，真是说不尽的快活，全家千恩万谢共产党、毛主席！说着说着，忽然，他刚刚兴奋起来的情绪又低沉下来，有气无力地说，可惜好日子不长，自己害了大肚子病（这是当地群众的叫法，即血吸虫病），使得他力不从心，有了田也不能种，成了废人……他一边诉说，一边流泪，竟至泣不成声。

大家听着这个老实憨厚的农民痛诉自己悲惨的身世，都十分同情他的遭遇，劝他不要难过，要先把病治好，好日子还在后边。他说："这种病是治不好的，你们外地人不知道，这是我们这里的地方病，许多人都得了这种病，就是有钱也没办法治好，本地人祖祖辈辈都受这个害！"他声泪俱下，难过极了。我们向他解释：千百年来，我国灾难深重的劳苦人民，在旧社会只有吃苦受罪。如今全国解放了，人民做了国家的主人，共产党毛主席领导全国人民战胜了各种困难，来建设咱们的国家，你们的病也会有办法治好的。

他一直耐心地听着，这时他忽然抬起头来，怔怔地看着我们，很久，竟充满激情地说："你们说的都是实情，共产党、毛主席领导人民打跑了日本鬼子和国民党反动派，帮助我们穷人翻了身，我们再也不当亡国奴了，再也不受剥削压迫了，这是我头一次佩服毛主席！后来毛主席又领导大家斗倒了地主恶霸，给我们分了土地，从此我们过上了好日子，这不但救活了我们一家，也救活了全国的穷苦老百姓。这是我又一次佩服毛主席！要是毛主席又知道我们这里的人们还受着地方病的害，再想办法帮我们治好这种从来没有办法治的害人病，他老人家可真是救命的活菩萨，人民的大救星！"说完他兴奋地露出了憨厚的笑容。

我们带着这个农民破涕为笑的心情，回来把这件事报告了毛主席。毛主席说，在我国的东北、西北和江南一些地方，长期以来，都有地方病危害人民的

21

健康，情况很严重，血吸虫病对人民的危害更大，一定要帮助人民解除苦难，一定要消灭血吸虫病！现在要和天斗争了！

于是，毛主席对此展开了进一步的调查研究，他先后同上海市委和华东地区几个省委书记座谈了解情况。据各地初步的调查了解，正如后来国务院《关于消灭血吸虫病的指示》中指出的那样：血吸虫病在我国流行已久，遍及南方12个省市，患病的人数1000多万，受感染威胁的人口超过1亿人，对于人民的危害是极其严重的，轻则丧失劳动力，重则死亡。患病的妇女不能生育，患病的儿童影响发育，病区人口减少，生产下降，少数病区甚至田园荒芜，家破人亡。

毛主席根据调查到的这些资料，于1955年11月在杭州召开了中央会议，毛主席在会上提出："对血吸虫病要全面看，全面估计，它是危害人民健康最大的疾病，1000多万人受害，1亿人民受威胁，应该估计到它的严重性。共产党人的任务就是要消灭危害人民健康最大的疾病，防治血吸虫病要当作政治任务，各级党委要挂帅，要组织有关部门协作，人人动手，大搞群众运动。一定要消灭血吸虫病！"

中央血吸虫病防治领导小组，于当年11月22日至25日在上海召开了第一次全国防治血吸虫病工作会议，参加会议的有7个省市的各级党政领导和防治科技人员及专家共100余人。会上传达了根据毛主席的提议，党中央关于成立血吸虫病防治领导小组的决定，经过研究，提出了7年消灭血吸虫病的大体部署，以及防治研究等具体问题。

中央防治血吸虫病研究委员会，也于12月在上海举行了第一次会议，总结了几年来有关血吸虫病科学研究工作的成果，专家们研究了准备防治的各种措施，指出综合性措施是今后防治血吸虫病工作的方向。

在受害地区，党和政府进行了全民动员，各种报刊、广播及农村的墙报、广播喇叭等各种宣传工具，广为宣传。深受血吸虫病之害的广大群众，都有过惨痛的亲身经历，一听说共产党毛主席派人来治血吸虫病，要为民除害，人人拍手称快。同时，全国各地也伸出了援助之手，在人力物力等方面给予了极大的无私支援，更加鼓舞了灾区人民的信心和决心。

毛主席一直在关注着这项工作的进展情况，抓住不放，一抓到底。他一面号召、部署和检查这项工作的贯彻执行情况，一面又去向有关专家学者调查研究彻底消灭血吸虫病的意见与科学方法。

1956年2月17日，毛主席在最高国务会议上发出了"一定要消灭血吸虫病"的战斗号召。1956年3月3日，毛主席接到中国科学院水生动物专家秉志2月28日写给他的信：建议在消灭血吸虫病工作中，对捕获的钉螺应采用

第一章 毛泽东思想及其历史地位

火焚的办法，才能永绝后患，土埋灭螺容易复出。毛主席看了非常高兴，当即指示卫生部徐运北同志照办。

从此，毛主席到各地视察时，都要把这项工作当作必须了解和检查的内容。1956年，毛主席接见了广东省从事血防工作的陈心陶教授，听取了他对防治血吸虫病的意见。1957年7月7日，毛主席在上海各界人士座谈会上，又特意向有关专家询问了防治血吸虫病的情况。1958年，毛主席在安徽视察工作时，专门到省博物馆察看了防治血吸虫病的规划图，查询进展情况，促其实现。

周恩来总理在1957年4月20日发布了国务院《关于消灭血吸虫病的指示》。中共中央随即于1957年4月23日发出了《中共中央关于保证执行国务院关于消灭血吸虫病指示的通知》。

1958年6月30日，《人民日报》报道了江西省余江县首先消灭了血吸虫病的喜讯。消息传来，全国人民拍手称庆。人们在欢呼：中国人民有了共产党、毛主席的领导，不管是天灾人祸还是牛鬼蛇神，什么都不怕！中国人民有力量，中国人民真幸福！到处充满了人民对党的歌颂和信赖。这是人民给予领袖的力量。

毛主席看到了《人民日报》的消息，也和全国人民一样，心情激动不已，他坐也不是，立也不是，一直在踱步浮想。微风送爽，不觉已是旭日临窗，他凭窗遥望南天，要歌颂这人间奇迹。于是，他以诗言志，欣然命笔，一挥写成《七律二首·送瘟神》的不朽诗篇。

毛主席的原诗如下：

七律二首·送瘟神
一九五八年七月一日

读六月三十日人民日报，余江县消灭了血吸虫。浮想联翩，夜不能寐。微风拂煦，旭日临窗。遥望南天，欣然命笔。

其一

绿水青山枉自多，华佗无奈小虫何！
千村薜荔人遗矢，万户萧疏鬼唱歌。
坐地日行八万里，巡天遥看一千河。
牛郎欲问瘟神事，一样悲欢逐逝波。

其二

春风杨柳万千条，六亿神州尽舜尧。
红雨随心翻作浪，青山着意化为桥。
天连五岭银锄落，地动三河铁臂摇。
借问瘟君欲何往，纸船明烛照天烧。

民族复兴的医学梦
——《毛泽东思想和中国特色社会主义理论体系概论》
（2018年版）教学案例集

案例出处

沈同：《回忆毛泽东主席亲自调查研究血吸虫病》，载《人民日报》2003年12月26日第7版。（有删改）

案例解析

党的十九大报告明确指出，实现中华民族伟大复兴，必须推翻压在中国人民头上的帝国主义、封建主义、官僚资本主义三座大山，实现民族独立、人民解放、国家统一、社会稳定。实现中华民族伟大复兴，必须建立符合我国实际的先进社会制度。毛泽东思想是被实践证明了的关于中国革命和建设的正确的理论原则和经验总结。在毛泽东思想指引下，我们党领导全国人民，找到了一条新民主主义革命的正确道路，推翻了"三座大山"，完成了新民主主义革命，又找到了一条从新民主主义向社会主义过渡的道路，确立了社会主义基本制度，实现了中国历史上最深刻最伟大的社会变革，为中国社会发展进步奠定了根本政治前提和制度基础，实现了中华民族由近代不断衰落到根本扭转命运、持续走向繁荣富强的伟大飞跃。

本案例通过1955年浙江杭州郊区的农民之口生动展示了新旧社会的对比。中国人民感谢共产党和毛泽东为人民带来的解放，也期盼着新社会、新政权能够帮助人民治好危害极大的血吸虫病。案例详细叙述了20世纪50年代在毛泽东和中国共产党的领导下，新社会有效组织并开展了大规模的血防工作，根治了千百年来一直危害劳动人民健康的血吸虫病，有力地证明了只有社会主义才能救中国。正如习近平总书记所说："为了实现中华民族伟大复兴的历史使命，无论是弱小还是强大，无论是顺境还是逆境，我们党都初心不改、矢志不渝，团结带领人民历经千难万险，付出巨大牺牲，敢于面对曲折，勇于修正错误，攻克了一个又一个看似不可攻克的难关，创造了一个又一个彪炳史册的人间奇迹。"

案例启思

1. 为什么在旧中国血吸虫病无法得以根治？
2. 毛泽东《七律二首·送瘟神》对比了新旧社会，表达了什么样的主题？

教学建议

本案例通过20世纪50年代毛泽东亲自调研血吸虫病，深入农村基层了解

第一章 毛泽东思想及其历史地位

此病对广大人民造成的危害，号召并组织人民开展消灭血吸虫病的一段故事，让学生懂得以毛泽东为代表的中国共产党人始终以"为人民谋幸福"的"初心"，才能带领劳动人民在社会主义制度下焕发出冲天干劲和改造山河的热情，战胜一切困难，根治了血吸虫病，创造了"人间奇迹"，从而更加明晰毛泽东思想的历史地位，它是中国革命与建设的科学指南。

适用于第三节"毛泽东思想的历史地位"之"中国革命和建设的科学指南"。

▶ 案例八　毛泽东送医书的故事

 案例

范明曾任西藏军区第一副政委，是毛泽东送给他的一百多本中医书，使他在政务之余苦钻中医，终于成了著名的将军"郎中"。

范明原名郝克勇，1914年12月4日出生。1939年春，中共陕西省委成立了第三十八军地下工作委员会，由蒙定军、胡振家和郝克勇三人组成。1942年12月，郝克勇在中共陕西省委派人护送下历经千难万险到了延安。毛泽东多次召见他，非常仔细问了第三十八军工委开展工作的情况，对他们的工作给予肯定，同时对他们提出的统战工作、对敌斗争策略以及应变方案，做了指示。

在一次交谈中，毛泽东问起郝克勇家的情况，得知他母亲家姓范。毛泽东问："是范仲淹的'范'，还是樊梨花的'樊'？"他回答："是范仲淹的'范'。"毛泽东说："好，那就把你的名字改成范明吧！做秘密工作的同志回到延安，都应该改名换姓。"从此，郝克勇在革命队伍中有了新名字"范明"。

新中国成立初期，范明被任命为西北西藏工委书记和西北人民解放军进藏部队司令员兼政委，西南西藏工委和西北西藏工委合并后，组成统一的西藏工委，张国华任书记，范明任副书记。西藏军区成立后，范明任第一副政治委员。1955年范明被授予少将军衔。

1980年，身为陕西省政协常务副主席的范明，与全国政协委员乔明甫一起，提出了关于振兴中医药的提案。范明这位传奇将军，为何对中医学有所研

25

究呢？

原来，1938年之后，范明到赵寿山将军率领的第三十八军开展党的地下工作，由于环境极为艰苦，他所在的教导队缺医少药，学员们患病的很多。于是，范明便利用自己小时候学的医术为一些学员治病，药到病除。消息传开后，不但教导队的学员，连第三十八军其他部门的官兵也经常找他看病，有时附近老百姓也闻讯来求医。

1944年，范明到延安中央党校学习。在哲学课学习中，范明因一个观点与同学们发生了激烈争论，毛泽东知道后召见范明，听了他的观点后说："你的看法很有见地，但论据还不够充分。我记得李鼎铭先生也和我谈论过这个问题，他举了很多中医内经中的阴阳、气运等学说，颇有新意，你不妨去拜他为师，学学中医理论，可能对你有所收益。"范明把自己少年学医的经历告诉毛泽东，毛泽东说："你有这个基础就好，我给你写个条子，你拿去找李先生拜师学艺。"范明便当即拜访了李鼎铭先生，俩人进行了彻夜长谈。李鼎铭还借给他《黄帝内经素问》《金匮要略》等书，使范明在中医学理论上有了很大的飞跃。

1953年9月，范明与著名中医张汉翔，应邀进京，毛泽东饶有兴趣地对范明说："从今以后，你用一半脑子搞政治、军事，用另一半脑子好好地研究一下中医学。"毛泽东指示中央办公厅领导，将《伤寒论》等上百本中医学书籍，用车送到范明家，要他刻苦钻研，搞出点名堂。

进军西藏以后，范明在学习藏文的同时，又接触了一些藏医方面的知识，还通读了文成公主出嫁时带到西藏的《皇宫内经》等著名中医经典，并利用工作之余，攀登到海拔4500米以上的雪山之巅，采集雪莲等名贵的中草药材。

"文革"中，范明被抄了家，但毛泽东赠送给他的那车医书却保留下来，他始终与这些书相依相伴。在农场劳改时，他把剩余的时间全部用在了对中医药的研究上。他熟读了毛泽东送的那些医学经典著作，还在自己身上摸索了指诊（用指头代针）疗法和穴位按摩法。他获得了上山采药、行医看病的特权后，不仅医治了大量千奇百怪的疾病，还把中药学方面的知识用于小麦、棉花的增产，以及对牲畜的疾病医治上，取得了显著的效果。

案例出处

杨大明、陈德杰、张仕文：《毛泽东与功臣们的故事》，载《解放军报》2007年8月7日。（有删改）

案例解析

毛泽东思想教育了几代中国共产党人，他所培养的大批骨干，在新民主主义革命、社会主义革命、社会主义建设时期都发挥了重要作用，也为新时代开创和建设中国特色社会主义发挥了重要作用。虽然毛泽东思想形成和发展的历史条件，与我们今天面临的形势和任务有很大的不同，但是，这丝毫没有减弱和降低毛泽东思想的科学价值。毛泽东思想基本原理、原则和科学方法具有普遍的指导意义，始终是中国人民不断奋进的强大精神动力，将长期激励和指导我们前进。党的历届领导人邓小平、习近平等都强调我们要永远高举毛泽东思想的旗帜前进，表明了中国共产党坚定的政治立场和鲜明的政治态度。

毛泽东是伟大的马克思主义者，伟大的无产阶级革命家、战略家、理论家。毛泽东是毛泽东思想的主要创立者，因此，毛泽东思想可以折射出他个人的领袖品格、革命精神和崇高风范。习近平在纪念毛泽东同志诞辰120周年座谈会上的讲话中指出："在为中国人民不懈奋斗的光辉一生中，毛泽东同志表现出一个伟大革命领袖高瞻远瞩的政治远见、坚定不移的革命信念、勇于开拓的非凡魄力、炉火纯青的斗争艺术、杰出高超的领导才能。他思想博大深邃、胸怀坦荡宽广，文韬武略兼备、领导艺术高超，心系人民群众、终生艰苦奋斗，为中华民族和中国人民建立了不朽功勋。"毛泽东思想是中国共产党和中国人民的宝贵精神财富，毛泽东个人的人格魅力也深深感染着一代又一代的中国人。

本案例生动说明了毛泽东对个人成长的重大影响，在范明成为著名的将军"郎中"的过程中，毛泽东根据范明少年学医的经历，用思维、方法各方面鼓励与启发他去研究中医，而且还送了一车中医书籍给他，这成为他研究中医的动力。他收获的不仅是医学成就，还有毛泽东所留下的宝贵精神财富。

案例启思

1. 毛泽东对范明成为优秀的将军"郎中"起到的是怎样的作用？
2. 如何科学评价毛泽东和毛泽东思想？

教学建议

本案例通过毛泽东给范明将军送医书的故事，从一个侧面说明了毛泽东对其成为著名的将军"郎中"的重大影响。毛泽东的人格魅力蕴含着毛泽东思想的品质，由此延伸出毛泽东思想是中国共产党和中国人民宝贵的精神财富，使学生正确认识毛泽东思想的历史地位，科学评价毛泽东和毛泽东思想，并且

民族复兴的医学梦
——《毛泽东思想和中国特色社会主义理论体系概论》
（2018年版）教学案例集

珍视这半个多世纪以来在中国革命和建设过程中,把马克思主义基本原理同中国具体实际相结合所形成的科学理论成果,并在新的实践中运用和发展。

适用于第三节"毛泽东思想的历史地位"之"中国共产党和中国人民宝贵的精神财富"。

第二章　新民主主义革命理论

案例一　侵华日军第七三一部队从事人体实验铁证如山

案例

侵华日军第七三一部队罪证陈列馆2017年8月18日通过新华社记者再次公开了一批七三一部队从事人体实验、细菌研制生产的最新证据，包括专做鼠疫菌用的电流孵卵器、细菌战犯笔供、输送"马路大"的档案以及一批七三一部队当时的照片，为七三一部队反人类暴行再添新证。

一个四方形的金属柜子保存完好，柜子内有铁丝网，外面一层金属门，里面还有一道玻璃门，顶部有灯和可调控通气阀，在外面的门上有"株式会社""电流孵卵器"的字样。据侵华日军第七三一部队罪证陈列馆馆长金成民介绍，这不是一条普通的柜子，而是七三一部队当年专门做鼠疫菌用的，是证明七三一部队进行细菌实验的一件铁证。

这件铁证出现在七三一部队细菌生产班原队员上田弥太郎供述中，上田弥太郎于1954年9月3日在太原接受了讯问。由中央档案馆编撰，中华书局出版的《细菌战与毒气战》一书记录了上田弥太郎的证言。上田弥太郎供称："培养室……每天能生产细菌10公斤，通过运输机运入培养室进行培养，经过12小时或24小时即成，然后将细菌装入瓶中分送于各班。我所在的第三班是用孵卵器造菌，共有4个电流孵卵器，是专做鼠疫菌用的。"

据金成民介绍，这件珍贵藏品是从哈尔滨民间征集而来，当年败退之际，七三一部队仓皇逃走，一些物品没来得及销毁。"这件藏品与七三一部队原队

员的供述相印证,这次日本NHK公开的录音中一名叫柄泽十三夫的战犯,正是七三一部队细菌生产班班长,这是七三一部队进行细菌实验、研制的直接证据。"金成民说。

在公布的新发现中,三份泛黄的档案真实记录了侵华日军进行人体实验和细菌战的事实。其中两份是细菌战战犯的亲笔供述材料。一份是七三一部队大连支部研究员岩下光之任职期间制造炭疽细菌的事实,另一份是同样进行细菌研制的关东军第一○○部队陆军中佐安达诚太郎的笔供材料,里面详细记录了七三一部队及第一○○部队进行细菌实验的罪行。

在一份伪哈尔滨铁路警护旅的资料档案中,七三一陈列馆研究人员发现,这份档案记录了将一名共产党员当作"马路大"输送到七三一部队做人体实验的事实。金成民说,以前发现的"特别移送"档案,多是日本关东军宪兵队向七三一部队输送"马路大",由伪哈尔滨铁路警护旅输送还是第一次发现。

此外,侵华日军第七三一部队罪证陈列馆还公开了一批近几个月以来从日本征集来的七三一部队老照片,包括原队员在冬季进行野外训练的历史照片。

侵华日军第七三一部队是"二战"期间侵华日军以研究防治疾病和饮水净化为名,实则用中国人、朝鲜人、苏联人等进行活体实验,进行细菌武器研制和生产的秘密部队。其基地建在黑龙江省哈尔滨市平房区,是世界历史上规模最大的细菌武器研究、实验及制造基地,在这里至少有3000人被用于人体实验。

案例出处

王建:《哈尔滨公开一批七三一部队从事人体实验、细菌战的新证据》,新华网,2017年8月18日,http://www.xinhuanet.com/politics/2017-08/18/c_1121504441.htm。(有删改)

案例解析

毛泽东曾指出:"认清中国社会的性质,就是说,认清中国的国情,乃是认清一切革命问题的基本依据。"近代中国,真可谓内忧外患,内有封建地主阶级、大资产阶级的专政,外有帝国主义的军事、政治、经济和文化侵略,社会化矛盾呈现出错综复杂的状况。毛泽东主张分析国情要抓主要矛盾,他说:"研究任何过程,如果是存在着两个以上矛盾的复杂过程的话,就要全力找出它的主要矛盾。捉住了这个主要矛盾,一切问题就迎刃而解了。"近代中国,在诸多社会矛盾中,占支配地位的主要矛盾是帝国主义和中华民族的矛盾、封

建主义和人民大众的矛盾,而帝国主义和中华民族的矛盾,又是各种矛盾中最主要的矛盾。中国的新民主主义革命就是在这些矛盾的基础上发生发展起来的。实现中华民族伟大复兴,必须推翻压在中国人民头上的帝国主义、封建主义、官僚资本主义三座大山,实现民族独立、人民解放、国家统一、社会稳定。

案例中的七三一部队的罪行是日本侵华的一个重要铁证,是帝国主义在华的重要罪证。1945年8月日本战败,七三一部队仓忙撤逃,尽可能地销毁罪证,但近年来七三一部队的相关罪证逐渐被发现,帮助我们最大限度地还原了这个部队的罪恶侵华史,揭露了日本帝国主义在侵华期间犯下的滔天罪行。1931年,日本关东军在东北发动"九一八"事变,霸占中国东北三省,标志着日本侵华战争的开始;1937年,七七事变掀开了日军全面侵华的序幕;直到1945年8月15日,日本天皇接受《波茨坦公告》,无条件投降;1945年9月2日,投降协议正式签订。自此,长达14年的日本侵华战争彻底结束。1931—1945年,日军在中国的土地上犯下的反人道罪行累累、名目繁多、花样百出、手段血腥、暴虐无比、不胜枚举——南京大屠杀,30万同胞惨遭毒手;重庆大轰炸,1万余名同胞遇难,上万所房屋被毁;七三一部队违反国际法,对中国人民进行大规模的毒气战、细菌战,以中国人为实验对象进行活体解剖,共造成3000多名中国同胞惨死;日军对中国女性更是犯下了超乎人类想象的、极端残酷的反人道暴行,大肆屠杀、非人凌辱、泯灭人性。侵华期间,日军对中国妇女进行了空前规模的奸污,成千上万的中国女性惨遭性暴力。据统计,仅在南京大屠杀中,不到5个星期的时间,2万多名中国妇女惨遭日军强奸。在《远东审判案》中有这样的记载:"用中国妇女做慰安妇,会抚慰那些因战败而产生沮丧情绪的士兵;他们在战场上被中国军队打败的心理,在中国慰安妇的身上,得到最有效的校正。"据统计,中国女性至少有20万人沦为"慰安妇"。日军惨无人道的罪行给中华民族的肌体留下了创痛至深的伤残,在中华民族的心灵上留下了永世难忘的耻辱记忆。这段历史是近代中华民族主要矛盾的具体体现。

案例启思

1. 近代中国国情呈何种状况?
2. 在半殖民地半封建的近代中国,错综复杂的社会矛盾表现在哪些方面?

教学建议

通过该案例,让学生了解七三一部队的罪行,回顾和牢记日本侵华的血

腥、恐怖和惨绝人寰；亦可帮助学生了解鸦片战争后，中国国破山河碎、遍地起狼烟的屈辱历史；更可使他们掌握抗战胜利对中华民族的重大意义，领悟习近平总书记所言："这一伟大胜利，彻底粉碎了日本军国主义殖民奴役中国的图谋，洗刷了近代以来中国抗击外来侵略屡战屡败的民族耻辱。这一伟大胜利，重新确立了中国在世界上的大国地位，使中国人民赢得了世界爱好和平人民的尊敬。这一伟大胜利，开辟了中华民族伟大复兴的光明前景，开启了古老中国凤凰涅槃、浴火重生的新征程。"在对该案例的学习过程中，可结合电影《黑太阳731》，帮助学生更直观地了解这段历史。

适用于第一节"新民主主义革命理论形成的依据"之"近代中国国情和中国革命的时代特征"。

案例二　梁启超被协和医院"误诊致死"引发争议

 案例

梁启超是我国近代史上杰出的风云人物，他既是驰名中外的启蒙思想家、政治活动家，又是成就斐然的史学家和文学家，同时还是戊戌变法著名领袖之一。但是，这样一位叱咤风云的学术大师，在人世间仅仅度过了57个春秋便驾鹤西去，给人留下无尽的遗憾。据记载，梁任公的英年早逝缘于一次"医疗事故"。

1926年3月，梁启超因尿血症久病不愈，住进了北京协和医院。医生检查后发现其右肾有肿物，诊断为肿瘤。鉴于梁启超的社会知名度，协和医院院长、著名的外科教授刘博士亲自为梁启超做肾切除手术。但是，手术后病人尿中依然带血。后经过对取出来的右肾进行解剖，发现右肾中有一个如樱桃般大小的黑点，但根本不是什么肿瘤。没办法，医院只好另查病因。查来查去，一会儿说病源在梁先生的牙齿上，于是，一连拔掉梁启超的七颗牙齿；一会儿又说病因出在病人的饮食上，于是，梁先生又被饿了好几天。经过几番诊断，梁启超的尿血症却仍未见好转。当时，始终未能查出梁先生的病源到底在哪里。医院最后只好诊断为"无理由之出血症"。显而易见，这是一起严重的"医疗

事故"。

　　这起"名人医疗案"发生后，社会舆论立刻大哗。尤其是当时的社会文化名流纷纷对协和医院和主治医生进行口诛笔伐。北京大学教授陈西滢很快发表了《尽信医不如无医》的文章，指出梁启超手术失败的主要原因在于医生诊断失误，"竟将健康的肾切去，而留下坏死的肾"，并对医院将病人当作西医治疗试验品的做法进行谴责。陈西滢的文章在《现代评论》刊出后，立刻在一些文人中产生共鸣。其中最有力的支持者，就是著名诗人徐志摩。他在当年的《晨报》上发表了《我们病了怎么办》一文，对协和医院的医疗态度提出了严厉批评和辛辣讽刺，要求协和医院"能给我们一个相当的解说。让我们外行借此长长见识也是好的！要不然我们此后岂不个个人都得踌躇着：我们病了怎么办"。据说，当代著名学者林语堂也对协和医院表达了不满情绪。

　　文化名人陈西滢和徐志摩等人批评协和医院的文章发表后，立刻惹恼了曾专修医学的鲁迅先生。他在《世界日报》公开发表文章驳斥陈西滢和徐志摩："自从西医割掉了梁启超的一个腰子以后，责难之声就风起云涌了，连对于腰子不很有研究的文学家也都'仗义执言'。同时，'中医了不得论'也就应运而起；腰子有病，何不服黄蓍欤？什么有病，何不吃鹿茸欤？但西医的病院里确也常有死尸抬出。我曾经忠告过 G 先生：你要开医院，万不可收留些看来无法挽回的病人；治好了走出，没有人知道，死掉了抬出，就哄动一时了，尤其是死掉的如果是'名流'。"可以看出，鲁迅以坚定的立场和犀利的文笔对两位文化名人进行了无情的嘲讽。鲁迅曾留学日本，对医学进行过专门钻研，就专业角度而言，他对这起医疗事件应当比陈西滢和徐志摩更有发言权。但是，从当时的社会舆论来看，对协和医院的谴责和攻击，仍然是社会舆情的主流声音。

　　作为这起"医疗事故"受害者的梁启超，对待这件事情的态度却十分豁达，不仅没有责难协和医院，反而替协和辩护。在众人对协和医院的一片攻击声中，躺在病榻上的梁启超在《晨报》上发表《我的病与协和医院》一文，写道："右肾是否一定要割，这是医学上的问题，我们门外汉无从判断。据当时的诊查结果，罪在右肾，断无可疑。后来回想，或者他（它）'罪不该死'，或者'罚不当其罪'也未可知，当时是否可以'刀下留人'，除了专门家，很难知道。但右肾有毛病，大概无可疑，说是医生孟浪，我觉得冤枉。"他极力为协和医院辩护说："出院之后，直到今日，我还是继续吃协和的药，病虽然没有清楚，但是比未受手术之前的确好了许多。想我若是真能抛弃百事，绝对休息，三两个月后，应该完全复原。至于其他的病态，一点都没有。虽然经过很重大的手术，因为医生的技术精良，我的体质本来强壮，割治后 10 天，精神已经如常，现在越发健实了。"这次手术后，梁启超看病仍然去协和医院。1928年11月27日，积劳成疾的梁启超再次住进协和医院，并在协和度过了人生的最后时光。

梁启超在"医疗事故"发生后，尽管认为"这回手术的确可以不必用"，但面对公众舆论，他仍然发表了为协和医院辩护的文章，并没有像有些人建议的那样对协和医院进行声讨和抗议。梁启超之所以没有选择当"医闹"，主要原因在于他对医疗技术的理解和对医生的充分信任。在梁启超看来，协和医院是当时中国最先进的西医医院，如果发生误诊就对协和大加鞭挞，将会阻碍协和医院的发展和中国医学的进步，最终吃亏的恐怕是老百姓；再者，在当时的情况下，以梁启超的名望、地位，协和医院不可能故意给他误诊。因此，不能仅仅因为一起医疗失误就对协和医院群起而攻之，那样的话将是极不公平的。

🔍 案例出处

胡夏冰：《从梁启超被误诊说起》，载《人民法院报》2012年2月24日。（有删改）

🧭 案例解析

近代以来，由于西方列强的入侵，由于封建统治的腐败，中国逐渐沦为半殖民地半封建社会。帝国主义通过政治、经济和文化侵略使中国半殖民地化，造成中国的经济、政治和文化的发展表现出极端的不平衡性。近代以来的中国现代化建设始终存在着传统与现代之争。鸦片战争后，西学东渐大盛，西医的传入规模也愈加扩大，教会医院逐渐由沿海进入内地。特别是中日甲午战争的惨败给中国人沉重一击，在此种背景下，改良主义代表人物大声疾呼向西方学习，自此西方医学传入中国的速度加快，并向现代医学过渡。传统中医被认为是落后，西医被认为是现代与科学。中医和西医两种异质医学体系冲突不断，西医在中国落地生根的同时，废除中医的声音在历史长河中不绝于耳。

本案例中梁启超被"误诊"事件发生在民国北洋政府统治时期，时局动荡，内忧外患，新文化运动蓬勃发展。在五四新旧思潮的激烈冲突中，中西医形成了泾渭分明的两大对峙阵营，中西医之争硝烟弥漫。严复、梁启超、胡适、鲁迅、郭沫若等站在时代最前列的著名思想家和学者都曾对中医持否定态度。鲁迅先生在《呐喊·自序》中曾经写道："我还记得先前的医师的议论和方药，和现在所知道的比较起来，便渐渐地悟得中医不过是一种有意的或无意的骗子，同时又引起了对于被骗的病人和他的家族的同情。"民国史学大家陈寅恪曾言："宁愿让西医治死，也不愿让中医看病。"孙中山病重不服中药：

"中医是一艘不带罗盘的船,西医是一艘有罗盘的船,中医也有可能找到目的地,西医有的时候也找不到目的地,但我宁愿乘有罗盘的船,尽管找不到目的地。"胡适曾言:"叙述的西洋医学每一个方面的演变过程,我们也可以明白我们现在尊为'国医'的知识与技术究竟可比人家第几世纪的进步。"梁启超被西医"割错腰子"事件一经传出,西医立刻成为众矢之的,折射出特定国情和时代思潮。中西医之争的本质是中西两种文化的碰撞,也是中国现代化运动在医学领域的反映与体现。梁启超、鲁迅等人都是革新派,梁启超虽然被西医"误诊",但还是为西医辩护。他说:"我们不能因为现代人科学智识还幼稚,便根本怀疑到科学这样东西。即如我这点小小的病,虽然诊查的结果,不如医生所预期,也许不过偶然例外。至于诊病应该用这种严密的检查,不能像中国旧医那些'阴阳五行'的瞎猜,这是毫无比较的余地的。我盼望社会上,别要借我这回病为口实,生出一种反动的怪论,为中国医学前途进步之障碍——这是我发表这篇短文章的微意。"当时中国的国情亟须尽快革故鼎新,破除封建残余,中国的现代化也被一些知识分子认为就是西方化,这也让中国的现代化发展经历曲折与坎坷,历经百年终于找到了中国特色的社会主义现代化发展之路。

案例启思

1. 梁启超为什么被协和医院"误诊"却还要为协和医院辩护?
2. 梁启超被"误诊"引发的中西医论战说明近代以来的中国现代化面临着什么样的问题?

教学建议

通过梁启超被西医"割错腰子"事件引发的中西医论战,说明近代中国面对西方文化、制度时,内部社会的反应和反馈。正如历史学家费正清的"冲击-反应"论:近代中国社会,外来的刺激带来的是内部的反应,无论政治、经济、文化、思想、医学都受到强烈冲击。本案例可帮助学生理解近代社会面临的文化碰撞,进而加深理解中国特色社会主义道路之选择,进一步明确传统与现代的关系,从而树立文化自觉与自信。

适用于第一节"新民主主义革命理论形成的依据"之"近代中国国情和中国革命的时代特征"。

——《毛泽东思想和中国特色社会主义理论体系概论》
（2018年版）教学案例集

▶ 案例三　开放成就协和

　　近代以来，一批批来华传教士除了努力传播他们的宗教信仰以外，还在医疗和教育这两个领域用力尤多，成绩斐然。到了20世纪，西方人已经在中国成功地兴办起了一批初具规模的新式医疗和教育机构，这其中就包括后来协和医院的前身——协和医学堂，由英美的几个教会创办。协和是英文Union的译名。

　　庚子事变是世纪之交的一件大事。中国虽然遭受了空前的惨痛遭遇，但中西关系也因此发生了重大改变。一批有见识的西方人认识到，应该在中国普及现代知识和新式教育，推动中国向现代化发展和进步。因此，进入20世纪以后，在西方人中兴起了一股到中国兴办教育机构的热潮。这其中就包括美国洛克菲勒基金会。

　　1915年，洛克菲勒基金会出资购买了"北京协和医学堂"，改名为北京协和医学院（PUMC，Peking Union Medical College）。同时，这一年，第三个考察团来到中国。这一次考察团的任务是要确定医学院的具体办学方法。

　　这一次的考察团包括了美国医学界的一些名人。他们带来了当时世界上最高水平的医学院管理办法，为协和医学院制定了很高的起点。其中包括全部用英文教学，入学标准按照美国优秀医学院的标准，开设预科，学生先进行两年基础学科的学习，为教师提供世界水准的丰厚工资和福利保障。总之，协和的创办者们将一整套美国的价值观、科技文明、管理模式移植到了中国。

　　说到这里，有必要谈谈当时美国医学教育的情况。实际上，一直到19世纪后期，美国虽然已经成为世界头号经济强国，但医学院教育水准还不能令人满意。这时，世界上最高水平的医学院教育在德国。德国教育家洪堡在柏林大学倡导的教学和学术自由以及教学、学术、研究三者统一等观念，对德国的大学影响深远。在这种现代教育观念的促进下，德国大学很快赶上并超过了欧洲其他国家，在学术研究和教育管理水平上都位居世界前列。同时期的美国医学教育则相对比较落后。德国成为全世界年轻人向往的医学殿堂。在这种情况

第二章 新民主主义革命理论

下,有志于改革本国医学教育的美国医学家们开始大力学习德国的经验。

1870—1914 年,先后有 1500 位美国医生在德国进行学习。这些学者把德国的经验搬回美国,逐渐在美国建立起了具有世界最高水平的医学院。1893年,著名的约翰·霍普金斯医学院成立。这是美国现代医学教育史上里程碑式的事件。从德国留学归来的院长和其他学者带来了先进的德国医学教育体系。这家医院成为美国医学教育的样板。院长韦尔奇甚至被称为"美国医学的校长"。直到今天,约翰·霍普金斯医学院都是美国最重要、最先进的医学教育机构。

当洛克菲勒决定在中国建立协和医学院以后,他便着手延揽欧美一流的医学教育人才。这其中当然就包括了来自约翰·霍普金斯医学院的人才。于是,协和医学院从一开始就立足于当时发源于欧洲、完善于北美的世界最高水平的医学院教育、管理体系,反映了当时美国医学教育成功改革的结果。再加上洛克菲勒基金会的雄厚财力,协和的金字招牌就是这样打造出来的。协和实际上成为世界上最先进的医学教育体系进入中国的门户和途径。

除了办学方针、管理体系这些软件建设以外,在硬件方面,协和也投资巨大。协和成立以后,确定在北京王府井附近的豫王府兴建新的办公教学楼。为此,基金会请来了当时世界一流的建筑设计师。经过实地考察,设计师在豫王府华美建筑的基础上,建起了中西合璧、用料考究、设施完善的协和建筑群。洛克菲勒基金会为此不惜重金购买地皮,从国外运进建筑材料和各种先进的医学设备。到 1919 年,所花费的资金已经达到了 750 万美元。

那么,当时的中国政府对于协和医院的建立是什么态度呢?说到这个问题就不得不说,当时的中国虽然国力不足,但在对外开放上却自有一种大国的气度,对于引进世界上的先进文明持积极欢迎和支持的态度。这种情况在后来却往往成为不可能。实际上,对于洛克菲勒基金会在北京投资建立协和医学院,当时的中国政府基本没有任何干涉。投资者和建设者有极大的自由空间,他们可以完全自主地确立医学院的办学方针、管理办法等各项事务,不必为了迎合政府官员的口味做出什么妥协和牺牲。可以说,在创办协和医学院这件事上,中外双方的合作态度非常积极。投资的外方,志在创办世界一流的医学教育机构,虽然投资巨大,但没有提出任何其他的政治和经济附加条件。而中国政府方面,则基本不予干涉,不借机进行政治上的利用和投机,放手让投资者去做事。这些表面上看不到的背景因素也许不如大笔的投资、高楼大厦那样引人注目,但其实至关重要。

协和诞生和成长的历史,在 20 世纪初叶的中国极富传奇性。那时的中国,虽然许多方面都远远落后于现在,但靠着虚心的、全面的对外开放和学习,却

成功地建立起了协和这样在任何方面都具有世界一流水准的学术教育机构。

案例出处

李子旸：《开放成就协和》，载《新世纪周刊》2008年第6期。（有删改）

案例解析

帝国主义的侵略虽然在一定程度上加速了封建社会自给自足的自然经济的解体，客观上为中国资本主义的发展创造了一定条件，但并不能使中国发展成为资本主义国家。北京协和医院创建于20世纪初，那个时代的中国内外交困，国力衰弱，社会动荡，人民贫困不堪，教育与医疗水平都处于欠发达水平。教会医院是基督教在华传教事业的重要组成部分，亦是西医东渐在近代中国社会的一个重要现象，在近代中国产生了重要影响。在近百年的时间里，教会医院在介绍西医西药、救助患者、培养西医医护人才以及医院管理者方面都做出了重要贡献，客观上也增进了西医在中国的影响与发展。1844年伯驾的报告显示，眼科医院成立6年里，共为1.2万名患者解除痛苦。伯驾的医院有许多女性患者，在医院开办的前三个月有270人，占就诊人数的1/3，为此他感到极大的鼓舞。此后，随着女传教医生的到来，开始出现为妇女和儿童专门开设的医院，很多医院都有了妇产科。美国基督教长老会女传教士 D. M. Douw 于1885年创办了道济医院，她积极推广预防接种、新法接生，还培养了许多中国医务护理人员。夏葛医学院——中国第一所女子医学院，其前身是1899年基督教美北长老会女医生富玛利创办的广东女医学堂。从创办到1936年并入岭南大学，夏葛医学院共培养28届学生，培养300多名现代医学人才，其中，女医生200多名。其中，比较有名的女医生有在妇产科被称为"南梁北林"的梁毅文。她于1925年从夏葛医学院毕业进入柔济医院工作，之后还去美国、奥地利进修，被称为"两度留洋博士"。

20世纪初，教会医院蓬勃发展，已遍及全国20多个省，教会医生数量也已达300多人。民国时期，教会医院在列强对华不平等条约的庇护下获得较大发展。据1936年《中华年鉴》统计，全国20多个省有教会医院426所，各省最好的医院大都是教会医院。北京协和医院与上海同济医院、成都华西医院、山东齐鲁医院为当时中国四大教会医院。在半殖民地半封建的中国社会，能够产生协和这样堪称典范、在世界范围内也属一流的医疗机构的原因，一方面是帝国主义列强的护佑，另一方面与封建军阀的软弱、不干预有关。正是如此，当时的北洋政府给予了西方投资者和建设者极大的自由，"他们可以完全自主地确立医学院的办学方针、管理办法等各项事务，不必为了迎合政府官员的口

第二章 新民主主义革命理论

味做出什么妥协和牺牲"。同时，也要看到，美国投资者是想通过创办医院来扩大其影响力与其他列强展开竞争。因此，投资的外方"虽然投资巨大，但没有提出任何其他的政治和经济附加条件"。可见，当时的中国现代化进程其实是在各方力量的作用下，在夹缝中艰难地发展。

案例启思

1. 北京协和医院创建的时代背景是什么？
2. 北京协和医院诞生和成长的历史说明了什么？

教学建议

本案例通过详细展现北京协和医院诞生与发展的社会背景、历史条件、主客观因素等，可帮助学生全面掌握和理解近代中国的国情。面对"三千年未有之大变局"，当时的中国社会的确有很多不适，也遭遇了政治、文化、社会诸多层面的危机。但是，同时也可以利用帝国主义之间的矛盾进行革命与现代化建设，客观上也推动了中国的发展。此案例可以让医学生对北京协和医院与民族资产阶级在帝国主义与封建主义夹缝中生存与发展有深切感受，从中领悟到民族资产阶级的革命性与软弱性、动摇性同时存在，因此，其无法成为中国革命的主要力量和领导力量。

适用于第一节"新民主主义革命理论形成的依据"或第二节"新民主主义革命的总路线和基本纲领"之"新民主主义革命的总路线"之"新民主主义革命的动力"。

案例四 "自投梁山"的医务人员

 案例

魏一斋和金茂岳是毕业于齐鲁大学医科的同伴入学的学友。1906年11月，魏一斋出生于山东省寿光市洛城乡孙家庄，其父靠种地为生，生养三子二女，他是最小的儿子，原名为魏兴谦，自幼敦厚诚实，聪敏好学，16岁考入潍县文化中学（现广文中学），中学毕业考入济南齐鲁大学医科，学习妇产

民族复兴的医学梦
——《毛泽东思想和中国特色社会主义理论体系概论》
（2018年版）教学案例集

科，1934年先于金茂岳毕业，获医学博士学位，留任妇产科医师。1936年到北京协和医院进修，结业后留任住院总医师，月薪已经是150块大洋。可是，魏一斋早在1936年就参加了中共地下党的外围组织"中华民族解放先锋队"，积极参加抗日救亡运动。1937年七七事变后，他转至安徽巢县普仁医院工作。1938年5月，他结识了共产党员刘砥夫，遂到武汉八路军办事处要求去延安，但钱之广同志却希望他进入武汉协和医院，以便协助李先念等一批新四军伤病员免费住院治疗，他照办了，做了协和医院妇产科主任。9月，武汉告急，武汉协和医院迁往重庆，他则经钱之光、王梓木介绍，在西安八路军办事处的帮助下，于1938年9月16日来到延安，受到毛主席的接见。毛主席曾诙谐幽默地说："魏大夫，人家是逼上梁山，你却是自投梁山。我们这里正缺一个安道全，欢迎，欢迎。"毛主席把他比作梁山好汉神医安道全。他更名魏一斋，被委任为军委卫生部直属所和八路军总医院医务主任。

魏一斋曾利用齐鲁校友关系，动员红十字会医疗队的侯健存、金茂岳到中央医院工作并留在延安参加了革命。金茂岳在齐鲁大学学习医科是为了回家和父亲一起行医开业，并不闻政治。金茂岳的父亲是个妇人科的老中医，在自家开设的人和堂药铺坐堂。虽然药铺规模不大，但在泰安城里已经有相当的知名度。金老先生看到中医妇科的局限性，有许多妇科疾病是中医解决不了的，需要西药或动手术来医治病人。为了扩大经营，才倾其所有让他的儿子到济南上洋学堂学习西医妇产科。金茂岳是回民，从小在村里的回民小学读书，信奉伊斯兰教。到齐鲁大学读医科，学费很是高昂，但是，信奉基督教，生活上有补助，学费可以减免。金茂岳虽然没有受过洗礼，可是，从中学到大学，基督教派开会、学习、做礼拜，他都参加，一本《圣经》也随身带到延安，当时就摆在架子上，有时也看一看。金茂岳曾经回忆说："我到了延安，看见天堂已经实现了，天堂已经在大地上建成了。在这里大家是兄弟，自己盖房子，自己打窑洞，自己生产，互相友爱，有东西互相帮助，这里是真正的天堂。"这就是金茂岳当时对延安的认识。

在中央医院，特别是科主任、护士长以上的高级专家，他们都出身于名牌大学，有博士学衔，有的留过洋，原来在大后方，都是有一定社会地位的人。面对日本帝国主义的侵略，看到国民党政府的腐败和无能、节节败退，很多人都对保家卫国信心不足，但是，看到了中国共产党抗日救国十大纲领，了解了中共要在国共两党彻底合作的基础上，动员全国人民和各方军事力量建立全国抗日民族统一战线，驱逐日本帝国主义，肃清汉奸卖国贼和亲日派，改良人民生活，为争取抗战胜利而斗争的号召。他们把抗战胜利的希望和中国的前途寄托在共产党身上，放弃了优越的生活条件而来到延安。

第二章 新民主主义革命理论

🔍 案例出处

金星：《抗日救国凝聚人心》，见《亲历延安岁月：延安中央医院的往事》，中国人民大学出版社 2015 年版。（有删改）

✏ 案例解析

1939 年，毛泽东在《中国革命和中国共产党》一文中第一次提出了"新民主主义"的科学概念。1948 年，他在《在晋绥干部会议上的讲话》中完整地表述了总路线的内容，即无产阶级领导的，人民大众的，反对帝国主义、封建主义和官僚资本主义的革命。新民主主义革命总路线反映了中国革命的基本规律，指明了中国革命的对象、动力、领导力量，是新民主主义革命的指导路线。新民主主义革命的动力包括无产阶级、农民阶级、城市小资产阶级和民族资产阶级。农民是中国革命的主力军，城市小资产阶级是无产阶级的可靠同盟者，民族资产阶级是中国革命的动力之一。其中，城市小资产阶级包括广大的知识分子、小商人、手工业者和自由职业者。中国共产党和知识分子有着密不可分的联系。在新民主主义革命时期，中国共产党与知识分子团结协作、共同奋斗，形成了最广泛的统一战线。在抗战中，中国共产党以抗日凝聚民心，动员全国人民和各方力量建立了抗日民族统一战线，大批知识分子奔赴延安，加入中国共产党领导的抗日队伍，全面抗战初期的两年间，奔赴延安的爱国青年和知识分子多达 4 万余人；抗战胜利后，在战争与和平的十字路口，知识分子在客观上形成与中国共产党配合更多、对中国共产党更为有利的局面；全面内战爆发后，国统区知识分子的反内战反专制斗争更是直指国民党，形成"反蒋第二条战线"。

在本案例中，毕业于齐鲁大学医科的魏一斋和金茂岳出于抗日热情及对中国共产党的深刻认同，都"自投梁山"来到延安参加革命，在延安的中央医院工作。当年，有许多像他们一样的医务工作者，甚至许多都是医学高级专家。他们中有名牌大学毕业生，有留洋博士，在后方都是生活比较优越的知识分子。为什么要来到延安？因为他们反感国民党政府的腐败与无能，了解中国共产党抗日救国十大纲领，明白抗日民族统一战线是真正抗日的，并且认同中国共产党"自己盖房子，自己打窑洞，自己生产，互相友爱，有东西互相帮助"这种共产主义理想，因此，他们把抗战胜利的希望和中国的前途寄托在共产党身上，才自愿放弃了优越的生活条件，"自投梁山"来到延安。可见，这些小资产阶级的知识分子是无产阶级可靠的同盟军，是中国革命的动力之一。

民族复兴的医学梦
——《毛泽东思想和中国特色社会主义理论体系概论》
（2018年版）教学案例集

案例启思

1. 为什么一些医学名家在抗战时纷纷前往延安？
2. 新民主主义革命的动力包括哪些？

教学建议

本案例通过讲述一些医务工作者在抗战中来到延安，并在中央医院工作的故事，让学生了解到中国共产党抗日救国的主张凝聚人心，以及通过建立抗日民族统一战线将知识分子团结在周围；同时，清晰理解广大知识分子作为城市小资产阶级的组成部分是无产阶级的可靠同盟军，是中国革命的动力，从而对新民主主义革命的总路线有更进一步的认识。

适用于第二节"新民主主义革命的总路线和基本纲领"之"新民主主义革命的总路线"之"新民主主义革命的动力"。

案例五 苏区卫生防疫运动

案例

20世纪30年代，面对苏区疫病肆虐、人民缺医少药的状况，中国共产党以人为本、从保护人民的根本利益——生命健康权出发，大力进行卫生事业建设和卫生防疫运动，治疗疾患，清除病源，克服陋习，提倡卫生文明，有效地改变了苏区卫生面貌，保障了人民身体健康，是党领导下的群众卫生工作的良好开端。

一、卫生防疫法规体系的建立和作用

于1931年11月成立的中华苏维埃共和国临时中央政府所颁布的《中华苏维埃共和国宪法草案》宣布："中国苏维埃政权以彻底的改善工人阶级的生活状况为目的。"这就从根本大法上保证了工农大众的权益。《中华苏维埃共和国劳动法》直接涉及人民的医药问题，规定对一切雇佣劳动者"实行免费的医药帮助，……其家属也同样享受免费的医药帮助"。在宪法和劳动法指导

下，刚刚诞生的苏维埃中央政府就积极领导了医疗卫生事业的建设活动和卫生防疫运动。

1932年3月，中华苏维埃共和国人民委员会发布"举行防疫的卫生运动"训令，同时下达《苏维埃区暂行防疫条例》，对疫病的种类、疫病的处置，防疫的范围措施及预防方法等做了明确规定。1933年1月31日，苏维埃中央人民委员会第31次常会决定"为保障鼓励群众的健康，决议责成内务部举行大规模的防疫运动"，主动预防春疫。为此，中央内务部于3月制定了《卫生运动纲要》，进一步完善了地方卫生防疫法规。

伴随着苏维埃政府颁布关于卫生防疫的法规条例，红军卫生系统也下达了一系列的决议条例法规。

1932年10月10日，中央革命军事委员会下达《关于开展卫生防疫运动的训令》。由于苏区卫生防疫工作的深入，1933年中革军委总卫生部又颁发了连一级《卫生员工作大纲》和《师以上卫生勤务纲要》，对红军卫生人员的工作职责做了统一规定。

党在领导卫生工作之初，就注重制度创设，由于颁布了相应的法规条例纲要，使得各级苏维埃政府和人民群众以及红军指战员有章可循，保证了卫生防疫运动的进行。这也是中国共产党以法执政的最初实践，把人民群众对于医药卫生的愿望、要求和利益用法规条例加以确认、规范，又是那么的明确、肯定、具体，具有可操作性，展现了中国共产党一切为民的精神，为今天我们党依法治国提供了借鉴。

二、红军和政府的卫生管理机构的建立

在党的领导下，中华苏维埃共和国成立以后，逐步建立和健全了红军和政府的卫生管理机构，还创造性地建立了卫生防疫委员会，从而在组织上保障了党的宗旨的落实和军民的身体健康。

红军初创时期并未单独设立卫生管理组织机构，红军中的医疗卫生工作由各级政治机关兼管，有时后勤机关予以协助，1931年1月，成立中共苏区中央局中央革命军事委员会，下设军医处，贺诚为处长。1931年11月25日，中华苏维埃共和国临时中央政府革命军事委员会（简称"中革军委"）正式成立，下设总军医处，贺诚为处长（后改总卫生部，贺诚为部长）。随后，红军各方面军的卫生管理机构先后成立。1933年6月15日，中革军委颁发了红军各级卫生机构的编制，方面军、军团和师设立卫生部，团设卫生队，连设卫生员，在师以上单位还建立卫生巡视员制度，这样就形成了军委—方面军—军团—师—团统一的医疗卫生管理机构，红军的医疗卫生管理组织体系基本

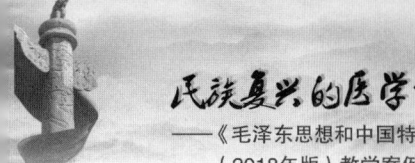

完善。

在政府系统，中央由内务人民委员部分管卫生工作，下设卫生管理局，贺诚兼任局长。1931年11月，苏维埃中央执行委员会颁布的《地方苏维埃政府的暂行组织条例》规定，省、县、区三级也要设立卫生部。随着苏区大规模的卫生防疫运动展开，在1933年3月，苏维埃中央政府对组织工作提出明确要求：要有卫生运动的组织，分为城市、乡村、机关、部队四种，都要组织卫生运动委员会和卫生小组。在基层普遍组织起来的基础上，1934年3月10日，"中央政府为着保障工农大众的生命安全，为着加强对目前防疫工作的指导，特由人民委员会通令中央一级机关各派代表一员，组织'中央防疫委员会'进行防疫工作"。以贺诚为主任，并分设宣传、设计、疗养、总务各科及隔离所。

应该指出，这种把全民从上到下都组织起来的卫生防疫体系是中国共产党的首创。党的群众路线运用于卫生防疫工作，就会有相应的组织创新。由于战争需要，苏区的医疗卫生管理机构是由军队和地方两个系统组成的，两个系统又是相互协调、统筹安排的。

三、卫生防疫运动的具体措施

苏维埃中央政府不仅颁布了保障人民生命健康，开展卫生防疫运动的法规条例，组织了系统广泛的行政管理机构和医疗卫生防疫体系，还实施了卫生防疫运动的具体措施。

第一，积极救治患者。对于疫区，苏维埃中央政府内务部负责购买相应药品，如碘酒、奎宁丸等，由政府派遣卫生运动指导员携带前往疫区，结合当地医疗的力量进行诊治，对于非疫区，则由各省和各县苏维埃卫生部负责购买中西药品，交给各指导员下乡时使用。苏维埃中央政府还要求基层政府组织临时治疗站，聘请技能优良的医师住在医疗所，对患病群众实行免费医疗。这是中国全民免费医疗的最初尝试。

第二，广泛发动群众。1932年1月12日，中央政府人民委员会第4次常会决定在苏维埃区域内普遍开展卫生防疫运动，要求苏区军民搞好个人卫生、饮食卫生和环境卫生，要求各级政府推动工会、雇农工会、贫农团、少先队、赤卫军、妇女代表大会和儿童团等机关及团体，利用各种好的机会，对各部分群众宣传，要使人人明白疾病发生的原因和讲卫生的好处。苏维埃政府创办的《健康报》《红色卫生》等刊物，大量刊载有关的评论、消息、卫生简讯和卫生知识，推动了苏区的卫生防疫运动。

第三，建立报告、隔离、预防接种和定期检查制度。《苏维埃区暂行防疫

条例》规定，发现了传染病要向上级及邻区报告；传染病人必须隔离；如果传染得十分厉害，一定要断绝交通。这体现了苏维埃政府早发现早预防的思想。苏维埃中央政府内务部指示各地要多设种痘所，要求苏区无论男女1～20岁，每年都应种牛痘以预防天花，注射防疫血清以预防霍乱和瘟疫，利用金鸡纳霜和中药常山、小柴胡汤来预防和治疗疟疾。苏维埃中央政府对卫生部门规定了严格的定期检查制度。这些制度有效地扼制了疫病的蔓延。

四、中国共产党领导卫生防疫运动的成效和意义

中国共产党领导的苏区卫生防疫运动，虽然是在战争环境中展开，但由于目标明确，组织严谨，措施切实可行，具有巨大成效和重大意义。

保护了军民健康，使发病率大幅度下降。在闽浙赣苏区，1932年与1931年相比，"对于疾病，今年减少了百分之九十"。在粤赣苏区的西江县，全县严重的时疫完全被消灭了。在红军部队，不只使疥疮基本消失了，下腿溃疡、痢疾、疟疾的发病率也大幅度下降了，其他疾病也随着减少了。

卫生科学知识的广泛宣传，使苏区军民提高了卫生文化素质，改善了生活健康。红军中，每个青年同志，经常洗衣服、被毯，洗澡，剪指甲，不卫生的东西不乱吃，"每到一地，扫除秽水，秽土，挖厕所"。农村群众积极疏通水沟，开挖水井，改善饮水。毛泽东在第二次全国苏维埃代表大会上指出，开展卫生运动使苏区卫生四个月来大有成绩，比以前清洁了一倍。

形成了"预防方法，最为上策"的思想。苏维埃临时中央政府副主席项英指出："国民党军阀用最残酷方式所制造的瘟疫，在目前缺乏药的时候，解救是非常困难的"，所以要"举行一种防疫的卫生运动"。苏区卫生防疫运动开辟了我国"预防为主"卫生工作方针和群众性爱国卫生运动的先河。

案例出处

田刚：《中国共产党领导苏区卫生防疫运动》，载《首都医科大学学报》（社会科学版）2007年增刊。（有删改）

案例解析

在一个以农民为主体的半殖民地半封建的国度里进行革命，应该选择什么样的道路，这是中国共产党在领导中国革命的过程中必须面对和回答的重大问题。党对这一问题的认识，经过了一个逐步探索的过程。1938年11月，毛泽东在党的六届六中全会上明确指出："共产党的任务，基本地不是经过长期合法斗争进入起义和战争，也不是先占城市后取乡村，而是走相反的道路。"中

民族复兴的医学梦
——《毛泽东思想和中国特色社会主义理论体系概论》
（2018年版）教学案例集

国共产党在马克思主义指导下，立足中国国情，走出了一条不同于俄国十月革命的道路，即农村包围城市、武装夺取政权的革命道路。新民主主义革命道路根本在于要处理好土地革命、武装斗争、农村革命根据地建设三者之间的关系。土地革命是民主革命的基本内容，武装斗争是主要形式，农村革命根据地是战略阵地，是进行武装斗争和开展土地革命的依托。在党的领导下，实现了土地革命、武装斗争、农村革命根据地建设三者的密切结合和有机统一。农村革命根据地的建设包括思想、组织、制度、经济、文化、教育、宣传、交通、军事等层面。革命的根本问题是政权问题，中国共产党在革命根据地建设过程中，十分重视政权建设。其他层面的建设围绕政权的巩固而展开。

本案例介绍了中国共产党在苏区开展卫生防疫的情况，这是根据地建设的重要一环。面对苏区卫生状况差、人民缺医少药、人民健康受影响的现状，中国共产党大力进行卫生防疫运动。在中央苏区时期，中国共产党领导的卫生防疫工作法规体系和卫生管理机构建立起来，对当地人民实行免费的医疗帮助，发动群众宣传卫生防疫，建立报告、隔离、预防接种和定期检查制度，对患者进行积极的救治，具有一定的先进性与科学性，形成了"预防方法，最为上策"的思想，保护了军民健康，使发病率大幅度下降，有效地保障了苏区人民的身体健康。中国共产党在苏区卫生防疫运动的实践也为抗战后华北抗日根据地和陕甘宁边区的医疗卫生建设提供了经验。抗战胜利后，华北根据地和陕甘宁边区因经济和卫生条件的落后、群众陋习以及战争环境恶劣等因素的影响，疫病流行，民众身体羸弱。为了发展根据地的医疗卫生事业、减轻人民的疾病痛楚、提高人民的健康水平，进而保障根据地建设，根据地政府采取多种措施发展医疗卫生事业，如开展防疫工作，成立民众医院和医疗合作社，招募优待医务人员，培训地方医疗技术人员，为群众施诊施药，宣传卫生知识，等等。农村革命根据地的医疗卫生事业的发展，改变了农村落后的医疗条件，不仅提高了军队的健康水平，而且改善了党政军民关系，使得根据地建设获得发展，成为土地革命与武装斗争的基本依托。

案例启思

1. 中国共产党为什么要在苏区进行卫生防疫运动？
2. 土地革命、武装斗争、农村革命根据地建设三者之间关系如何？

教学建议

本案例详细说明了20世纪30年代，面对苏区疫病肆虐、人民缺医少药的状况，中国共产党以人为本，从保护人民的根本利益——生命健康权出发，大

力进行卫生事业建设和开展卫生防疫运动。通过本案例可让学生了解中国革命走农村包围城市、武装夺取政权的道路，根本在于处理好土地革命、武装斗争、农村革命根据地建设三者之间的关系。其中，农村革命根据地是中国革命的战略阵地，是进行武装斗争和开展土地革命的依托。

适用于第三节"新民主主义革命的道路和基本经验"之"新民主主义革命的道路"。

案例六　抗日战争时期晋察冀边区的医疗卫生工作

 案例

晋察冀边区地处内陆，远离大城市，交通不便，自然环境恶劣，经济文化落后，物资匮乏，医疗条件极差。抗战前，该地区一些乡村中常有疫病流行。1920年，河北清苑县的壁阳城村，因霍乱就死了50人；1930年，西孙庄村有40人染上伤寒，其中10人死亡；1932年，温仁村霍乱流行，死亡达100余人。而这里医疗卫生资源十分缺乏，到1937年，整个晋察冀地区100多个县城，没有一所像样的医院，农村的医疗资源更是稀缺。全面抗战爆发后，由于日军对边区实行经济封锁和残酷扫荡，人民群众生活更加动荡和贫困，身体健康毫无保障，抵抗力大大下降，各种传染病流行。日军的"大扫荡"和细菌战给边区军民的生命带来极大的威胁，使根据地卫生防疫形势极为严峻。

为减少疫病对边区军民的侵扰，改善军民生存状况，使之有较为健康的体魄投入抗日战争和生产斗争，晋察冀根据地相继出台了一系列有关医疗卫生的政策，建立和逐步完善了医疗卫生机构，建立了医疗卫生体系。

1938年9月，晋察冀军区在山西省五台县河北村召开了第一次军区卫生工作会议。在这次会议上，对军区卫生机构的编制、教育、救护、转运伤员、药材补充以及医务人员的动员和医务人员的技术津贴等各项工作做出了决议。1940年，中共中央北方分局颁布了《晋察冀边区目前施政纲领》。1942年12月，晋察冀军区在平山县的寨北召开了全区的卫生工作扩大会议，初步总结了三年来的卫生工作，对下一步的卫生工作进行了布置。1944年，又在北岳区

召开卫生高干会议，主要研究制定有关卫生、医疗、教育、药材等工作方针。

晋察冀边区处在华北抗日的最前线，对敌斗争非常激烈，加强医疗卫生防疫工作十分紧迫。鉴于此，晋察冀边区以军区和边区政府为依托，首先建立起了军区卫生医疗系统，随后建立了边区卫生医疗系统。相比较而言，军区卫生医疗系统比边区卫生医疗系统更为完善一些。晋察冀边区建立的各级卫生医疗机构，主要还是服务于根据地党政机关和部队，各地的医学研究会、医救会、医药合作社成立的时间比较晚，所以各地的群众医疗卫生工作主要还是由军区卫生医疗机关来承担。军区卫生部对整体卫生工作进行指导，部队的医务人员也常常加入地方医疗卫生组织。

为了能培养更多的医务人员，满足边区医疗卫生工作的需要，晋察冀军区卫生部于1938年举办了医务干部训练班、司药训练班、看护员训练班。晋察冀边区于1939年9月18日在唐县成立了白求恩卫生学校，以开展医学教育和培养医护人才。卫生学校设立了护士班、军医班、调剂班，后又增设了妇产班、高级班，并且举办了在职卫生干部轮训班，组织在职的卫生干部定期培训。白求恩卫生学校的设立，不仅为边区培养了各类初、中级卫生人员，还培养了一批高级医务人员和卫生干部，极大充实了晋察冀边区的医务人员队伍。

在晋察冀边区，开展妇幼保健和基层群众医疗卫生工作。1940年，中共中央北方分局颁布了《晋察冀边区目前施政纲领》，其中第十四条规定：严防沦陷区敌伪淫乱恶风侵入边区，实行优良的家庭教育，养成儿童优良的生活习惯，开展孕妇儿童保健工作。在中国战时儿童保育会成立之后，1941年1月，晋察冀边区成立了分会，除办有边区保育院外，还设法推动边区的儿童卫生运动，"保育革命后代，给这些纯洁的子女以革命传统的熏陶与锻炼"。由儿童卫生保健问题联系到妇女卫生保健问题，妇幼保健成为抗战时期晋察冀边区卫生工作的重点。

晋察冀边区政府于1941年发出开展清洁卫生运动的号召，"开展清洁卫生运动，是一个集体的工作，必须全村、全区……都崇尚清洁卫生，对于疾病之免除，方克有济。因为病菌之蔓延和传播，并不只限于不讲求清洁卫生之人家。应该把这种知识，也确实解释给民众，使民众互相督促，进行这一工作。当然我们同时也必须告诉群众，这种集体的清洁卫生工作，还在于每一个人、每一家人先从自己个人和家庭做起。我们要使家家户户一致动员起来，把清洁卫生造成一个紧张的广泛的运动"。随后各地方也相继通过不同形式宣传清洁卫生运动。

抗战时期晋察冀边区开展的卫生医疗事业，是边区建设的重要内容。它是

抗战时期边区应对医疗卫生面临的严峻形势的需要，也是根据地坚持抗战的迫切要求。

案例出处

张瑞静：《抗日战争时期晋察冀边区的医疗卫生工作》，载《军事历史研究》2014年第28卷第2期。（有删改）

案例解析

中国革命必须走农村包围城市的道路，这因为中国是一个农业大国，农民占全国人口的绝大多数，中国共产党必须深入农村，从解决农民的土地问题入手，组织、发动和武装农民，使其成为无产阶级可靠的同盟军和革命的主力军，为最后夺取全国政权奠定基础。为此，中国共产党必须建设农村革命根据地，以此为依托积蓄革命力量，最终实现农村包围城市并夺取政权。新民主主义革命时期建立农村革命根据地的可能性有以下五种：第一，近代中国是多个帝国主义间接统治的经济落后的半殖民地国家，社会政治经济发展极端不平衡，四分五裂，军阀割据，存在不少的统治薄弱环节，为党在农村开展革命斗争、建设革命根据地提供了缝隙和可能；第二，近代中国的广大农村百姓深受反动统治阶级的多重压迫和剥削，人民的革命愿望强烈，加之他们经历过大革命的洗礼，革命的群众基础好；第三，全国革命形势继续向前发展，为农村革命根据地建设提供了客观条件；第四，红军为农村革命根据地的创立、巩固和发展提供了坚强后盾；第五，党的坚强有力的领导及其正确无误的政策，为农村革命根据地建设和发展提供了重要的主观条件。

在本案例中，中国共产党在抗日战争时期，于晋察冀边区开展的医疗卫生工作，有力地说明了八路军的存在为根据地的发展提供了坚强的后盾，也体现了党的正确领导为农村革命根据地建设和发展提供了重要的主观条件。早在1928年，毛泽东在《中国的红色政权为什么能够存在》一文中就认为巩固根据地的方法有三种："第一，修筑完备的工事；第二，储备充足的粮食；第三，建设较好的红军医院。把这三件事切实做好，是边界党应该努力的。"可以看出，医疗卫生工作对根据地建设的重要性。抗战时期，为了应对晋察冀边区疫病流行，保障军民身体健康，晋察冀边区积极开展医疗卫生工作，建立了较为完善的卫生医疗体系，颁布了医疗政策法规，设立新式卫生医疗机构，大力培养卫生医疗人员，积极开展妇幼保健和基层群众医疗卫生工作和清洁卫生运动与防疫工作。这些措施促进了边区卫生保健事业的发展，改善了当地的医疗条件，在很大程度上改变了农村社会多年的不良卫生习惯，提高了军民的身体健康水平。晋察冀边区提出的医疗卫生应为广大人民群众服务的思想,重视开展以群众清洁卫生运动为主的防疫方式,不仅有利于壮大抗日力量并最终取得革命胜利,而且为新中国的医疗卫生事业积累了宝贵的经验和财富。

案例启思

1. 党在抗战时期晋察冀边区开展了哪些医疗工作?
2. 为什么中国共产党能够深入农村积蓄革命力量,建设农村革命根据地,最终实现农村包围城市并夺取政权?

教学建议

本案例通过分析党在抗战时期晋察冀边区医疗卫生工作开展的具体措施,可帮助学生理解走农村包围城市道路的必然性与可能性,从而提高他们对农村革命根据地建设的重要性及农村革命根据地建设的具体层面的认识,明确党的正确领导和革命武装力量的存在是根据地发展与建设的重要条件,进一步明晰中国特色的革命道路的主要内容及其重大意义。

适用于第三节"新民主主义革命的道路和基本经验"之"新民主主义革命的道路"。

案例七 何穆二进延安

案例

有一次,魏一斋随意问毛主席:"有人说延安好进不好出,是这样吗?"话一出,便觉说得不妥。但毛主席并没有批评他,只是笑着说:"来去自由,好进也好出,为什么不好出呀?"

当时,党的知识分子政策是宽松的,其中有一条"来去自由"政策:"来则欢迎,去则欢送,再来再欢迎。"何穆是上海金山人,生于1905年,1926年赴法国留学,1935年毕业于法国都鲁士学院,回国后曾在南昌圣类思医院等处工作。抗战开始,他参加国民党后方医院工作,因不满国民党的腐败统治,经吴玉章同志介绍,何穆、陈学昭(留学法国的文学博士)夫妇于1938

第二章 新民主主义革命理论

年8月冲破国民党特务的重重封锁来到延安。何穆是肺科专家，也是进入边区的为数不多的医学博士之一。他担任了边区医院内科主任，他带来的一架手提X光机和一台治疗肺结核的气胸空气压缩机，为肺病的治疗发挥了作用。边区医院迁移后，中央留他住在组织部，让他给中央首长看病、到门诊部上班、参加中央门诊部的工作。但是，何穆夫妇对延安的艰苦环境、因陋就简的医院物质条件和制度条件难以适应，医院对他的一些建议也难以采纳，相互的不适应使这对夫妇产生了回重庆私人开业的想法。他们向卫生部部长傅连暲谈了自己的想法。中央组织部副部长李富春代表中央同他们亲切谈话，嘱咐他们在重庆有困难时去联系八路军办事处的钱之光。他们离开延安后，许多人感到惋惜。在延安交际处工作的金城同志曾经接待过何穆夫妇，有一次金城对毛主席流露出遗憾之情，毛主席对他说："你说延安的空气好，可他们还要去吸国民党统治区的空气，你留他们也没有用。他们回去后，会以亲身的经历来对比，对比后觉得解放区好，又要回来，我们再欢迎也不迟。绝不要惋惜和看不起他们。因为经过再一次的反复，他们与我们合作的信心会更足，决心会更大，也会在这里工作得更好。"这说明"来去自由"的政策是建立在对我党革命事业的充分信心，对知识分子的充分理解、宽容和信任之上的。果然，何穆回到重庆开设了一间私人诊所，刚刚开业就困难重重，物价高涨，生计艰难，日机轰炸，特务盯梢，地痞捣乱……他们在法国出生的儿子一时寄托在熟人家里，孩子生病，经济拮据，没能及时治疗而因脑膜炎夭折。一个医生连自己儿子的病都治不起，这是什么世道？然而，八路军办事处的同志却关心帮助他，经常到他的诊所看望他，使他在与周恩来副主席、博古、叶剑英等领导同志的接触中受到教育和启发。1940年秋，何穆因病住进江南一家私人医院，周恩来派人打听到他所住的医院，冒着敌机轰炸的危险给他送去慰问品，生活书店的中央地下党员也纷纷前去探视，何穆夫妇深受感动，下定决心再回延安。1940年11月，经周副主席努力，何穆决定重返延安。他还在周副主席和地下党组织的协助下，从重庆动员了一批医务人员一同前往。他们是小儿科医生王慈吾，助产士邹贞坚，化验员姚冷子，护士李新、杨先彬、王毅一。何穆曾撰文：

  受周副主席的委托，我又设法购买了一些医疗器材和一台显微镜、一副血球计、四个体温表以及少数空针针头。我自己的出诊箱里装满了用余的一些注射药品。抗战期间，医药用品十分难买，药店里连橡皮手套都没有。第一个从法国巴斯德研究院要到卡介苗的中国医生王良送了我三对天竺鼠，我视为至宝。周副主席亲切地会见了六位新同志，于是，我们换上军装，乘坐办事处所租的卡车，于12月11日出发去延安。

民族复兴的医学梦
——《毛泽东思想和中国特色社会主义理论体系概论》
（2018年版）教学案例集

何穆等人行至同官（今铜川），竟被国民党部队无理扣留。开车的司机是我党地下党员，他有意在大街上闲逛，等到八路军卡车经过时将何穆等被扣留的消息带到延安报告中央。因当时吴玉章同志正患病待诊，经周副主席在重庆亲自向蒋介石据理力争，胡宗南始得放行。12月20日，何穆一行到达延安，中央医院盛会欢迎，朱总司令和李富春同志亲临讲话，欢迎他们到延安来，并对他们与国民党特务的英勇斗争表示慰问和鼓励。

何穆住进了单独的小院，与何穆一同从重庆来的李新担任了护士训练班教员，邹贞坚在妇产科任助产士，杨先彬、王毅一分别担任科护士长，姚冷子后来担任了化验室主任。

组织上任命何穆担任了中央医院院长。他立即召开院务委员会，根据医疗任务日益增加的情况，向中央提出建议：扩大医院规模、增加床位，须开挖新的窑洞，形成每个临床科室占一排窑洞的布局；抽调人员来院，继续开办护训班；新建厨房、厕所等公共设施；新建俱乐部，改善文化生活。

陈云、李富春同志采纳了中央医院的意见，并立即筹款着手扩建事宜。同时下令从马列学院、党校、女大、青干、陕公等各校抽调政治素质好、文化水平高、身体健康的女青年来院培训做护工。

吴玉章同志患有败血症，高烧不退。何穆返院后，傅连暲偕同何穆再次率中央医院各科主要医生魏一斋、金茂岳、毕道文、刘允中、邵达、伍义泽（时兼毕道文翻译）等前往会诊。经多次诊视，对症下药，吴老的病迅速痊愈。在给吴老会诊过程中，中央领导曾数次设宴招待中央医院的大夫们。第一次由王明主持，第二次由毛主席主持。毛主席利用这个机会，对知识分子做团结教育工作，与何穆亲切谈判，询问他在"大后方"的所见所闻，并征求意见，多方鼓励。毛主席对他说道："延安需要你！欢迎你回来工作，把中央医院办好。"何穆深受感动。何穆于1945年入党后任晋冀鲁豫军区卫生部副部长。

当何穆同志带领一批医护人员从重庆返回延安，并担任中央医院院长的时候，周副主席曾严肃指出：中央医院拥有一大批中、高级医护专家，是一个统战工作任务很重的单位，医院的党政工作同志，必须做好团结他们的工作，使他们工作安心，发挥他们的积极性、创造性。如果因为我们的工作没有做好，使他们产生要离开延安的情况，有关同志就要向党负责。

🔍 案例出处

金星：《来去自由》，见《亲历延安岁月：延安中央医院的往事》，中国人民大学出版社2015年版。（有删改）

案例解析

统一战线、武装斗争和党的建设是新民主主义革命胜利的"三大法宝"。毛泽东曾形象比喻统一战线和武装斗争,是战胜敌人的两个基本武器,而党的组织,则是掌握统一战线和武装斗争这两个武器以冲锋陷阵的英勇战士。之所以要建立广泛的统一战线才能取得新民主主义革命的胜利,这是由中国半殖民地半封建社会的阶级状况所决定的。"中国社会是一个两头小中间大的社会,无产阶级和地主大资产阶级都只占少数,最广大的人民是农民、城市小资产阶级以及其他的中间阶级。"作为无产阶级先锋队的中国共产党所领导的革命力量,要战胜作为地主阶级和官僚资产阶级集中代表的国民党所领导的强大的反革命力量,就必须把农民、城市小资产阶级以及其他中间阶级都团结在自己的周围,结成最广泛的统一战线。同时,中国政治经济发展的不平衡性也造成了革命发展的不平衡性,这就使得无产阶级及其政党有必要采取正确的统一战线的策略,把一切可以团结和利用的力量尽可能团结在自己的周围,以逐步从根本上改变敌强我弱的态势,夺取中国革命的最终胜利。在半殖民地半封建的中国社会,诸多矛盾交织在一起,客观上为无产阶级及其政党利用这些矛盾建立和发展统一战线提供了可能性。

本案例通过何穆医生二进延安的故事,深刻反映了在新民主主义革命期间中国共产党对待知识分子的政策,为建立广泛的统一战线所做的努力。统一战线是无产阶级政党策略的重要内容。党的统一战线,包含两个联盟:一个是工人阶级同农民、广大知识分子及其他劳动者的联盟;另一个是工人阶级和非劳动人民的联盟,主要是与民族资产阶级的联盟。1935年华北事变后,国共两党都深刻认识到"谁抢到了知识分子,谁就抢到了天下"。全面抗战爆发后,1939年12月,毛泽东在《大量吸收知识分子》一文中指出:"在长期的和残酷的民族解放战争中,在建立新中国的伟大斗争中,共产党必须善于吸收知识分子,才能组织伟大的抗战力量,组织千百万农民群众,发展革命的文化运动和发展革命的统一战线。没有知识分子的参加,革命的胜利是不可能的。"根据毛泽东同志的这一指示,根据地打开大门"广招天下士,诚纳四海人",抗战前后,约有30万知识青年进入延安,形成耀眼夺目的延安一代。其中有不少医护工作者,案例中的何穆就是重要代表。正是有了这批工作者,根据地医疗卫生事业有了较大的发展。留法归国的医学专家何穆初到延安,对当地的艰苦环境、因陋就简的医院物质条件和制度条件难以适应,医院对他的一些建议也难以采纳,于是,何穆又离开了延安。毛泽东对何穆的离开表示"来去自由"和"随时欢迎"的态度,体现了我党革命事业的充分信心,对知识分子

民族复兴的医学梦
——《毛泽东思想和中国特色社会主义理论体系概论》
（2018年版）教学案例集

的充分理解、宽容和信任。对于何穆的离去，毛泽东并没有指责，反而处处帮助在重庆的何穆，这让他深受感动，于是，在1940年年底重返延安，还担任了延安中央医院院长，为根据地卫生事业的发展做出了重要贡献。

案例启思

1. 何穆二进延安体现中国共产党对知识分子是什么样的政策？
2. 为什么新民主主义革命要建立最广泛的统一战线？

教学建议

本案例详细讲述了何穆夫妇二进延安的历史故事，让学生理解广大知识分子是统一战线的重要一环，尤其是党外知识分子，进而让学生了解党的统一战线政策以及中国共产党为建立统一战线所做的努力，进一步深化理解新民主主义革命取得胜利的重要经验，明确无论在革命战争时期还是改革开放时期，我们都要建立广泛的统一战线，才能凝聚民心，实现伟大民族的复兴。

适用于第三节"新民主主义革命的道路和基本经验"之"新民主主义革命的三大法宝"。

第三章 社会主义改造理论

案例一 新中国的爱国卫生运动

案例

新中国成立前后，人民群众的卫生状况十分恶劣，传染病大肆流行，寄生虫病分布广泛，危害严重。据时任卫生部部长的李德全在1950年9月政务院第49次政务会议上的报告指出，这一时期"我国全人口的发病数累计每年约一亿四千万人，死亡率在千分之三十以上，其中半数以上是死于可以预防的传染病上，如鼠疫、霍乱、麻疹、天花、伤寒、痢疾、斑疹伤寒、回归热等危害最大的疾病，而黑热病、日本住血吸虫病、疟疾、麻风、性病等，也大大侵害着人民的健康"。面对旧中国遗留下来的薄弱的卫生工作基础，1949年9月29日，中国人民政治协商会议第一次全体会议通过的《中国人民政治协商会议共同纲领》第四十八条提出："提倡国民体育。推广卫生医药事业，并注意保护母亲、婴儿和儿童的健康。"

1949年10月，为了及时总结革命根据地和解放区卫生防疫事业的丰富经验，中央军委卫生部在北京召开第一届全国卫生行政会议，研究新中国成立后政府和军队卫生建设的方针和任务等重要事项。会议讨论通过了卫生工作总方针，"卫生工作的重点应放在保证生产建设和国防建设方面，要面向农村、工矿，要依靠群众，要预防为主"。这就是后来新中国面向工农兵、预防为主等卫生工作方针的雏形。

1949年11月，中央人民政府卫生部成立后，卫生部经过认真研究，认为新中国卫生事业的首要大事是要制定正确的卫生工作方针，集中力量预防那些

民族复兴的医学梦
——《毛泽东思想和中国特色社会主义理论体系概论》
（2018年版）教学案例集

严重危害人民健康的流行性疾病。为此，卫生部于1950年8月召开了第一届全国卫生会议，毛泽东为大会题词："团结新老中西各部分医药卫生人员，组成巩固的统一战线，为开展伟大的人民卫生工作而奋斗。"

卫生部副部长贺诚在总结报告中提出了新中国急需解决的三个问题：第一是卫生工作者的立场问题，即为人民大众服务首先是为工农兵服务的立场；第二是卫生工作的业务方针与工作方法问题，即以预防为主的方针；第三是卫生工作力量的组织与使用问题，其中特别是新老卫生干部的团结和中西医的团结。这三大问题，实际上概括了新中国卫生工作的三条方针，即面向工农兵、预防为主、团结中西医。

1952年12月，第二届全国卫生会议召开。毛泽东又为大会题词："动员起来，讲究卫生，减少疾病，提高健康水平，粉碎敌人的细菌战争。"根据毛泽东的号召，这次会议在周恩来的指示下，把"卫生工作与群众运动相结合"定为卫生工作方针之一，遂确立了新中国卫生工作的四大方针。

第三届全国卫生会议于1953年12月召开。会议根据党中央和毛泽东提出的过渡时期总路线的精神，结合卫生工作面向工农兵、预防为主、团结中西医、卫生工作与群众运动相结合的方针落实情况，总结了新中国成立以来卫生工作的成绩、经验和教训，要求更加努力地培养卫生工作干部，坚持不懈地把爱国卫生运动和预防流行性疾病的工作开展下去。

卫生部连续三届全国卫生会议的召开，以及关于卫生工作的四大方针的提出，为新中国卫生防疫事业的发展奠定了基础。

案例出处

李洪河：《毛泽东与新中国的卫生防疫事业》，载《党的文献》2011年第2期。（有删改）

案例解析

1949年10月新中国成立，其社会性质是新民主主义社会。早在1945年，毛泽东在党的七大上就指出，打败日本帝国主义和它的走狗以后，要"建立一个新中国，一个新民主主义的中国，一个独立的、自由的、民主的、统一的、富强的中国"。新民主主义社会的新中国是一个向社会主义过渡的社会，有以下特征：在社会形态上，它不是独立的社会形态，而是属于社会主义体系的和逐步过渡到社会主义的过渡性质的社会；在政治上，实行以工人阶级为领导的各革命阶级联合专政的人民民主专政，民族资产阶级作为一个阶级还存在，并在国家政权中占有一定地位；在经济上，实行国营经济主导的包括国营经济、合作社经济、个体经济、私人资本主义和国家资本主义五种经济成分并存的新民主主义经济制度；在文化上，实行发展以马克思主义为指导的民族的、科学的、大众的文化。因此，新民主主义社会是中国走向社会主义的必由之路。

新中国成立后，面临的问题就是巩固新政权、发展生产，向社会主义过渡。新民主主义到社会主义的转变，表现在国家建设的各个方面。这一阶段开展的爱国卫生运动通过"移风易俗、改造国家"使新中国的面貌焕然一新，与旧中国有了很大的变化，使得民众对新政权有了很大的向心力。在开展群众性运动中，又充分调动了人民群众的主体性，形成了集体主义观念，增加了社会主义的因素，调动了人民群众的热情与生产积极性。爱国卫生运动的开展，培养了健康的生产者，对社会主义三大改造起到了积极的作用。因此，本案例从一个侧面反映了新民主主义社会奠定了向社会主义社会过渡的基础。

案例启思

1. 如何理解新民主主义社会是一个过渡性的社会？
2. 为什么说新民主主义社会是属于社会主义体系的？

教学建议

本案例通过新民主主义社会时期发动的爱国卫生运动，生动说明了中国必须走社会主义道路，新民主主义社会是过渡到社会主义社会的中介与桥梁。新中国爱国卫生运动的开展，规模之大，参加人数之多，收效之显著，都是空前的。在这一运动中，形成了新风尚、新道德，不仅使人民群众对新国家、新社会、新政权有了很大的认同，而且积累了许多社会主义的因素，因而能够让学生明确在新民主主义社会中，社会主义因素已然居于领导地位，从而较为深刻认识到新民主主义社会的前途是社会主义，而不是资本主义。

适用于第一节"从新民主主义到社会主义的转变"之"新民主主义社会是一个过渡性的社会"。

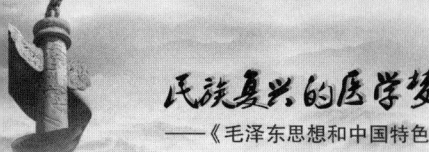

▶ 案例二 奸商王康年骗取志愿军购药巨款

上海市人民政府公安局根据店员工人的检举,逮捕了骗取中国人民志愿军购药巨款的大奸商王康年。

王康年是上海大康药房经理。大康药房在新中国成立前因投机失败而倒闭,新中国成立后负债复业。当时大康药房欠债达3亿多元,而店内生财仅值2000万元。这样一所基础十分脆弱的药房,复业以后,完全依靠国家机关采购而支持。据统计,大康药房1951年营业总额为350多亿元,其中和国家机关、国营企业成交的就有270亿~280亿元,占总额的80%。但是,王康年恩将仇报,大量地盗骗国家资财。据大康药房职工检举的材料,单是被王骗取的订货款就有11亿元。

王康年为了达到窃取国家资财的目的,用了各种卑鄙无耻的手段来勾引、腐蚀干部。据他自己供认,曾向25个机关的65个干部行过贿。他在大康药房内设立了一个专门做勾引干部工作的机关,叫作"外勤部"。他在1950年一年内记载在账册上的"交际费"共1.9亿多元,其中90%以上的费用是拿去贿赂干部。

1951年11月,中国人民志愿军某部派人到上海购买一批医药用品。王康年知道后,设法拉上了这笔生意。他用"欢迎、慰劳人民志愿军"的堂皇名义,在饭馆里包了两桌酒菜,请志愿军采购员吃饭,并同采购员拍了照,又买了手表等物送给采购员。接着王康年就施展出阴谋诡计,他不照采购单位配售药物,却先从仓库中找出过去以贱价买进的冷热水袋、玻璃片等11种卖不掉的冷门货卖给志愿军部队。大康药房没有前线急需的药品,他不但不立即设法购进,反而把志愿军采购员交给他的3亿元货款用来做投机生意,以至于第一次交货到期时,应交的货物还缺少一半。装箱配货的工人滕仲年把仓库缺货的情况告知志愿军采购员,王康年立即欺骗职工和采购员说:"我已在广州买好了一批货物,就要到了。"但是,两天后广州货物并未运到,滕仲年和仓库记账员马维善又向王康年催促进货。王康年竟推说银根紧,只买了一些价钱便宜的药品，而对前线最需要的几种药物仍不肯买进发出，继续挪用志愿军的购药款进行投机活动。职工们气愤地说："志愿军在前线流血牺牲，保护我们的生命财产，我们在后方连按期发售药品的工作都没有做好，这还有良心吗？"又催询王康年。但王康年竟丧尽天良地回答说："朝鲜路途遥远，没关系，这事我拿得稳的。"这时，志愿军采购员先运一部分药物去东北，责成王康年把另一部分（1.2亿多元）药物短期内装箱发出。但是，王康年存心不交货，拖到今年1月5日还没把货发出。志愿军采购员从安东来信责问，王康年依然置之不理。这批货物直到现在还没有交付。王康年这种漠视志愿军伤病员的健康，危害中国人民伟大的抗美援朝事业的罪恶行为，充分暴露了他是全国人民最可恨的人！

案例出处

《奸商王康年骗取志愿军购药巨款　上海市公安局根据店员检举把该犯逮捕》，载《人民日报》1952年2月16日第2版。（有删改）

案例解析

新民主主义社会主要的经济成分有三种：社会主义经济、个体经济和资本主义经济。这一时期的民族资产阶级仍然是一个具有两面性的阶级：既有剥削工人的一面，又有接受工人阶级及其政党领导的一面。随着土地改革的基本完成，工人阶级和资产阶级的矛盾逐步成为我国社会的主要矛盾。本案例就是通过新中国成立初期上海大康药房经理王康年骗取志愿军购药款一案，充分说明了新民主主义社会时期，资产阶级逐利的本性不会得到改变，主要矛盾日益突出，虽然社会主义的因素不论在经济上还是在政治上都已经居于领导地位，但是，非社会主义因素仍有很大的比重。为了解决这一主要矛盾，就必须对非社会主义因素进行限制和改造，使新民主主义社会必须适时地逐步过渡到社会主义社会。

本案例中，奸商王康年为了赚钱不择手段，采用各种卑鄙无耻的手段勾引、腐蚀干部，甚至骗取志愿军购药巨款，窃取国家资财，在新中国成立初期的抗美援朝时期，给前方的志愿军伤病员造成了严重的后果，危害了新生的国家和人民的利益。本案例充分反映了新民主主义社会中资本主义经济存在的问题，也较为生动地体现了社会主义因素与资本主义因素之间，不可避免地存在着限制与反限制、改造与反改造的斗争。因此，有必要对资本主义工商业进行社会主义改造，向社会主义社会过渡。

案例启思

1. 为什么要对资本主义工商业进行社会主义改造？
2. 如何理解从新民主主义到社会主义的转变？

教学建议

本案例通过新中国成立初期上海大康药房经理王康年骗取志愿军购药款一案，可以帮助学生了解新民主主义社会存在着多元经济成分，并且较为深刻地认识到土地改革完成后主要矛盾的变化，即工人阶级和资产阶级的矛盾已经上升为我国社会的主要矛盾，并且通过此案的恶劣性以及给国家和人民所造成的危害充分暴露了主要矛盾的激化程度，从而反映资本家和无产阶级之间始终存在着限制与反限制、改造与反改造的斗争，由此强化学生对社会主义改造的必然性以及走上社会主义道路的正确性的认识。

适用于第一节"从新民主主义到社会主义的转变"之"新民主主义社会是一个过渡性的社会"。

案例三　一个私营药业者对社会主义改造的体会

案例

我是一个私营工商业者，也是一个药工人员。在这天翻地覆的社会改变中，回忆过去，看见现在，心中有无限感慨。

1941年，我在上海广澄药学高级职业学校毕业，开始进社会谋生活。在旧社会里，做一个剥削者才能受亲友们的欢迎，加之我的舅父伯父都是资本家——厂长经理，母亲常对我说要争口气，向舅父伯母学"好"，所以，从幼时起资产阶级对我的影响就很深。后来，我到了北京，就筹资开设钱氏药厂，开始了我的小资本家的剥削生活。

在旧社会中经营企业，主要是依靠虚伪宣传与欺骗、造假。那时我只知道钱越多，就越能受人尊敬，就越能享受。因此，新中国成立后，企业一开始好

转,我就用尽一切方法谋取不法利润,例如,制造一种疗效尚未肯定的"塞法兰丁",利润竟达成本的300%以上,其他如制造新西美人、肝注射液、露汀等,利润也都会在2倍以上。为了追求更高的利润,在极简陋的设备下,还要进行偷工减料,以次充好,根本不考虑人民的健康与国家的利益。在这种极端自私自利的资本主义经营方式下,前途真是非常危险。幸而有伟大的"五反"运动及时地教育了我,挽救了我,使我从罪恶的与人民背道而驰的绝境中回过头来,改变了经营作风与生产方式,由自产自销逐渐转变到加工订货。

虽然企业在"五反"以后对生产与经营有了一定的转变,但在资本主义经营方式下的生产关系是不能适应社会日益发展的需要的。1954年,我厂亦与其他私营药厂一样,由于落后的经营管理,光追求产量而不重视质量,再加上设备差、技术落后,因此,产品质量差、废品率大,经常不能完成国家的加工订货任务,以至于月月亏损,对外负债累累,对内拖欠工人工资,造成了严重的经济困难。

在政府的教育与协助下,通过了工商联及民主青联的政治学习,我的思想,由过去的错误认识——"五反"尚且如此利害,将来进行改造以至于消灭阶级时一定将像对地主一样的进行斗争——逐渐转变过来,知道了国家和平改造私营工商业的政策,是要通过教育让我们在自觉的自我改造基础上放弃剥削,和平过渡到社会主义去,那时候的生活是大家富、大家强,比我们过去当资本家的生活还要好千百倍。自己是能够劳动的。用自己劳动的收入来安排家庭生活,比把自己的享受建立在别人的劳动上的剥削生活不知要更有意义多少倍。有了这些认识,再结合本身企业的实际情况,更体会到企业和个人的唯一光明前途,只有接受改造,走社会主义的道路,逐步消减私有制,消灭剥削,使自己成为自食其力的劳动者,才能与全国人民一道,在祖国的社会主义建设中,尽到自己的一分力量;也只有这样,自己的生活与前途才能有希望。从1954年到1955年,我曾两次申请公私合营。1955年10月,终于盼到了这一天,政府批准了我厂的要求,实行公私合营。喜讯传来,全厂欢欣鼓舞。在全体职工的努力下,非但在短期内完成了清点估价工作,而且在生产上亦焕然一新。1955年第四季度的国家任务,由过去的批批误期转变为每批提前完成,按期交货,产品的正品率一般由过去的60%~70%提高到90%左右,因此,节约了很多原材料,企业亦开始变亏损为盈余。这一切,都是在改变了生产关系的基础上获得的成绩,充分证明了公私合营远比私营来得优越。

现在我们全行业已完成了经济改组与生产安排,我们已由最落后的经营状态改变为全行业的大家庭了。私方人员都得到了妥善的安排,我个人已被分配充任北京市公私合营国光制药厂的检验科科长,感到无比光荣;但自己又觉得能力不够，经验很少，摆在自己面前的工作是艰巨的。为了报答党和政府对我的培养教育与信任，我决心从头学起，依靠群众，守职尽责，为保证提前完成任务而积极努力。

企业的性质变更了，个人也成了国家的工作人员。进一步变企业为全民所有，变个人为自食其力的劳动者，参加到工人阶级的队伍中去，应该是我今后努力的方向。

案例出处

钱椿涛：《我在社会主义改造前后的一些体会》，载《药学通报》1956年第4期。（有删改）

案例解析

新民主主义社会不是一个独立的社会形态，存在着多元的经济成分。虽然在新民主主义社会中，社会主义的因素不论在经济上还是在政治上都已经居于领导地位，但是，非社会主义因素仍有很大的比重，因此，始终还存在着社会主义因素与资本主义因素的斗争。随着经济的恢复和土地改革的完成，工人阶级和资产阶级的矛盾逐步成为我国社会的主要矛盾，资本家追逐利润的本性暴露出来，与新生的政权和无产阶级之间的矛盾也日益突出。因此，就有必要对资本主义工商业进行改造，不仅从经济层面上对私营企业进行社会主义改造，同时也从思想层面对资本家进行社会主义改造。考虑到民族资产阶级是革命的动力之一，所以采用和平改造的方式有利于减少改革的阻力，推动社会生产力的发展。

本案例中钱椿涛原本是一个私营工商业者，为了追求更高的利润，在极简陋的设备下，还要偷工减料，以次充好，根本不考虑人民的健康与国家的利益。"五反"运动教育了他，改变了经营作风与生产方式，由自产自销逐渐转变到加工订货。后来在政府的教育与协助下，通过工商联及民主青联的政治学习，了解了国家和平改造私营工商业的政策，让他们在自觉地自我改造的基础上放弃剥削，和平过渡到社会主义。这种方式让一些资本主义工商业者体会到自我改造是企业和个人的唯一光明前途，只有接受改造，逐步消减私有制，消灭剥削，使自己成为自食其力的劳动者，才能与全国人民一道，走上社会主义的道路。

案例启思

1. 如何理解新民主主义社会的主要矛盾为工人阶级和资产阶级的矛盾？

第三章 社会主义改造理论

2. 为什么要对资本主义工商业进行社会主义改造？

教学建议

本案例可以帮助学生理解新民主主义社会的主要矛盾，存在着社会主义因素与资本主义因素的斗争，从而深刻认识社会主义改造的必然性。同时，基于民族资产阶级与工人阶级的矛盾也具有两重性，既有剥削者与被剥削者的阶级利益相互对立的对抗性的一面，又有相互合作、具有相同利益的非对抗性的一面。因此，改造采用了和平的方式进行，这样可以达到改造和团结的目的。

适用于第一节"从新民主主义到社会主义的转变"之"党在过渡时期的总路线及其理论依据"。

案例四 常德市吉春堂药店的社会主义改造

案例

常德市吉春堂药店，在新中国成立时是常德拥有资金最多、规模最大的中药店。它创立于光绪二年（1876年）。民国十九年（1930年），原业主以3万银圆顶让给专营朱砂的同昌祥药店店主胡祥阶，此后，胡祥阶潜心经营，药店得到很大发展。它以讲求信誉，选料认真，经营有方，敢于创新而驰名省内外。

胡祥阶承顶吉春堂以后，除巩固其朱砂主营业务外，还大力发展中药材批发零售业务。它的朱片砂因拼庄好（配料统一），品质优良，畅销东北、华北，成为经久不衰的优质名牌产品，不仅买方只看牌子不看货，且售价高于同类产品，朱砂销售后，又从北方买回大宗药材，在常德批发出去，并精选优质药材制成片料上柜零售。在经营门市零售业务时又独具匠心，别开新貌，一是修建三层牌楼的石库门面，安装玻璃柜台，商品陈列，琳琅满目，明码实价，并写上"不怕不识货，只怕货比货"，又配以风物说明，店容新颖动人。二是深入产地采购药材，千方百计配齐目种，如黄芪用蒙古的库伦芪，党参用西党，枸杞用西宁贡果等。当时一般药店常用药只有二三百种，而吉春堂备药达六百种之多，且炮制、炒拌、水泡、酒浸、蜜炙概遵古方，一丝不苟，以保证

疗效，做到了"人无我有，人有我优"。三是重视宣传，广泛博取顾客信赖，为了证明自己药店虎、鹿、驴胶，货真价实，每年秋末冬初，买一只活虎用铁笼装置于门首，并当众宰杀活鹿、活驴，轰动城乡，顾客盈门。四是注意创新，采取便民措施，礼聘名老中医坐堂应诊，不取分文。同时，还根据民间验方，创制了医治幼儿消化不良的"糊米"。初生婴儿用的"肚脐膏"，特效"痔疮膏"，并仿照日本"仁丹"创制"防疫丹"等成药，广为推销。每年洞庭湖滨各地涨水退潮，时疫流行之际，药店还派出店员携药深入灾区免费散发"防疫丹"，同时还请各慈善团体代发。五是革新包装，改统包为零包，即每味药一包，并在包装纸上印刷药名及其性能。粉末药则用纱布袋装，还随药赠送纱罩滤药器。对高效滋补的膏、胶、丸、散包装改纸盒为印花铁盒或瓷瓶，既保护药品不变质霉坏，又显得外表美观，深受病家欢迎。六是严格管理制度，如发药时，专人核对，并在处方上签字，严防差错事故，夜间专人守店，急病需药，随时供应。

为了掌握信息，药店在外地委有代庄或自设专庄，对市场变化情况了如指掌，得心应手，不仅本店药物齐全，而且能在药材供销上随时调剂余缺，从而居奇获利。此外，还投资经营黄金、桐油、棉花等业务。这样，经过多年努力经营，胡祥阶积累了比较雄厚的资本，就是在通货恶性膨胀时期，仍能保持经营的旺盛。至新中国成立前夕，已拥有流动、固定资金约80万银圆。胡祥阶由于对共产党心存疑惧，为保护既得私利遂采取两种办法，自己携带一半资财，偕眷离常德去香港定居，于1975年病故于香港。一半资金（包括固定资产）约为40万元留给子女，并由其二女婿陈述伟代理经营，全店有职工60多人（其中学徒5人）直到1956年1月全行业公私合营。

新中国成立前夕，由于国民党的反动宣传，造谣惑众，人心惶惶，加上通货膨胀，市面萧条，一些工商业大户纷纷迁往沅陵、晃县等边远山区。陈述伟曾听说有人要绑架他，日夜提心吊胆，惶恐不安；新中国成立后，陈述伟对共产党宣布的关于保护工商业的政策半信半疑，思想上仍存很大顾虑。不久，公布了"发展生产，繁荣经济，城乡互助，内外交流，公私兼顾，劳资两利"等一系列保护和鼓励私营工商业积极经营的政策，陈述伟在事实的教育和职工的支持和帮助下，心境日趋安定，逐步增强了经营信心，主动恢复了原有的一些好的经营项目和行之有效的经营措施，生意也做得活跃起来。

1952年，常德市开展了"五反"运动。陈述伟疑虑丛生，后悔自己不该放手经营，认为新中国成立后在农村搞土改，把地主阶级打垮了，现在又要在城市搞"五反"，要整民族资产阶级了，更加心神不定。吉春堂药店本来没有什么严重问题，但陈述伟却胡乱地交代一些似是而非的问题，给工作组的调查

第三章 社会主义改造理论

造成了许多麻烦。但是，党和政府依据调查的事实，最后核定吉春堂药店为基本守法户。陈述伟仍然掌管着企业的经营、财务、人事调配权力，这才使他放下了"包袱"，情绪逐渐稳定下来。

"五反"运动后，在市场曾一度冷落的情况下，陈述伟积极经营，先后在一些物资交流会上与秀山、酉阳供销社签订了麝香、天冬等药材的供销合同，不仅解决了本市配方缺药的问题，还将这批药材运销上海等地，获得较大利润，又从上海、天津陆续买回了打粉机、调和机、切药机等设备，提高企业药材的加工能力，使营业不断扩大。陈述伟还把其岳父胡祥阶于新中国成立前在上海泰记药号韩鹤亭处存放的 10 万元资金调回常德，投入公私合营汇元企业公司，为汇元公司扩大经营做出了贡献。

随着社会主义建设事业的迅猛发展，国营经济日益壮大，药材货源和批发业务，均由国营常德地区药材公司控制，私营药材批发商已无活动余地，吉春堂药店将属于批发部门的药材和加工丸散药的机械设备转由常德地区药材公司经营管理，批发部的业务人员和加工部门的职工 25 人，由公司雇用。常德地区药材公司按照政策核定了该项投资股金发给股息。

1955 年下半年，吉春堂药店又将门市零售业务改为经销、代销，按规定从营业额中提取 15%（包括税收和工资以及其他费用开支）的手续费。从此，吉春堂药店进入了国家资本主义经济的低级形式。

1955 年，陈述伟参加了市工商联举办的资从人员骨干轮训班，学习了周恩来总理的政府工作报告和对资改造政策以及《社会发展史》后，认识上有一定提高，对于企业将进一步进行改造和实行公私合营，有了一定的思想准备。

1956 年 1 月，常德市工商联召开三届三次执委扩大会议，传达学习了毛泽东主席 1955 年 10 月关于工商业者要认清社会发展规律，看清祖国前途，掌握自己命运的讲话精神。陈述伟进一步提高了思想认识，回店后，立即召开会议，听取大家对实行公私合营的意见，在征得全体职工的同意后，他向政府申请公私合营，当月，吉春堂药店与药业全行业一起被批准公私合营。该店悬灯结彩，书写"资本主义必亡，社会主义必胜"的对联，张贴于门首，以示庆祝。

公私合营后，陈述伟被安排为吉春堂药材总店经理。经过清产核资，核定吉春堂药店股金为 32 万元，为常德私营企业资金最大户，资金占全市定股总额 120 多万元的 1/4。年息 5 厘，7 年不变（以后又延长了 3 年）。但是，陈述伟领了 3 年，于 1959 年就自动放弃了定息。合营后，由于企业性质的改变，劳资双方经营积极性大为提高，企业既继承了过去的某些优良传统，又开拓了

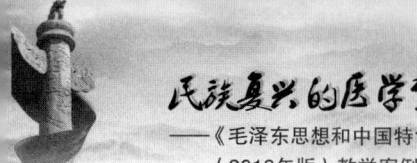

新的服务门路，如配置验方、代客煎药、增设眼科门诊、恢复饮片加工业务等服务项目，营业日益兴旺。社会主义改造，使百年老店换了新颜。

以后陈述伟被安排为常德市人民代表，省、市政协委员，省工商联委员，市工商联副主委。他不仅管理企业，还参与国家和地方大事的协商讨论。陈述伟和爱人生活得更愉快、美好了，生育6个子女，有2人上了大学。作为资方代理人的陈述伟深深地感到私营工商业者只有在中国共产党的领导下，爱国守法，积极经营，接受改造，才有幸福的今天和光明的前途。

案例出处

谢海泉、胡建武根据陈述伟和药店老工人口述整理《百年老店换新颜——常德市吉春堂药店的社会主义改造》，见中共湖南省委统战部、中共湖南省委党史委《中国资本主义工商业的社会主义改造（湖南卷）》，中共党史出版社1993年版。（有删改）

案例解析

党和政府对资本主义工商业的社会主义改造是有计划、有步骤地开展的，创造性地开辟了一条适合中国情况的对资本主义工商业进行社会主义改造的道路。其特点为：一是用和平赎买的方法改造资本主义工商业，就是让资本家在一定年限内从企业经营所得中获取一部分利润；二是采取从初级到高级的国家资本主义的过渡形式，初级形式的国家资本主义是国家对私营工商业实行委托加工、计划订货、统购包销、经销代销等，高级形式的国家资本主义是公私合营，包括个别企业的公私合营和全行业的公私合营；三是把资本主义工商业者改造成为自食其力的社会主义劳动者，国家对资方在职人员和资方代理人采取"包下来"的政策，以企业为基地，根据"量才使用，适当照顾"的原则，对他们在政治上适当安排、工作上发挥作用、生活上妥善照顾，通过改造阶级成分的方式达到从整体上消灭资产阶级的目的。

本案例中，常德市吉春堂药店是新中国成立时常德市拥有资金最多、规模最大的中药店。在社会主义改造前，作为民族资产阶级私有企业，其主管人陈述伟对共产党宣布的关于保护工商业的政策半信半疑，思想上仍存在很大的顾虑。"五反"后与国营经济合作获得了较大的发展，因此，他较为顺利地接受了国家资本主义的低级形式，然后又通过不断学习和领会中国共产党的政策和指示，积极经营，让企业接受社会主义改造，申请公私合营，领取定息，步入国家资本主义的高级形式。在这一过程中，陈述伟自身也被改造成为社会主义自食其力的劳动者，成为常德市人民代表，省、市政协委员，省工商联委员，市工商联副主委。他不仅管理企业，还参与国家和地方大事的协商讨论。吉春堂药店的社会主义改造是用和平方式进行，采取了区别对象、积极引导、逐步过渡的方式，是资本主义工商业改造较为典型的案例。

案例启思

1. 党和政府对资本主义工商业的社会主义改造经历了几个步骤？
2. 党和政府如何把资本主义工商业者改造成为自食其力的社会主义劳动者？

教学建议

通过对常德市吉春堂药店的社会主义改造的案例，可以让学生较为深刻地认识资本主义工商业改造的三大特点，从而对社会主义改造的历史经验有更为具体的理解，同时明确了我国没有采用暴力剥夺而采用和平改造方式的意义，和平改造解决了诸如社会变革与经济发展、和平过渡与消灭剥削制度这类通常难以解决的矛盾，维护了社会的稳定，完成了所有制的变革，避免了流血的代价，顺利步入了社会主义的发展轨道。

适用于第二节"社会主义改造道路和历史经验"之"适合中国特点的社会主义改造道路"。

案例五　武汉医药全行业公私合营

案例

党的总路线颁布后，对私商的社会主义改造工作，继续稳步前进，国营公司加强实施口岸控制，划区供应、扩大加工订货，全面掌握货源，合理调整地差等一系列措施，城城与城乡间资本主义的联系及国内外间，工、商业间资本主义联系已基本割断，武汉大批发私商已被排除，私商在城城之间的套购贩运以及相互之间的横线交易由逐渐减少而到消除，武汉"九省通衢"的过载作用，随自由市场解体而为国营商业所取代。

1954年武汉私营药房，由年初65户减剩40户，从业人员由498人减剩为

253人,流动资金由414800万元,削减为186366万元,医药行业中批发户多于年中转业和歇业,所存在户中全部为零售商和夫妻店,由于新药业过去遗留下来的冗员多,开支大,加之资本家经营情绪消极,管理不善,以至于每月发生亏损,平均约4600元,形成资金日渐短拙削弱。

综观武汉医药市场的发展及其变化,国营比重节节上升,私营比重步步退缩,为了执行中央对私商进行社会主义改造的政策精神,对私商的维持和社会主义改造过程中,根据中央"统筹兼顾,全面安排"的方针,从发展经销、代销店的同时,国营公司并将部分集体消费业务,有意识地介绍给各私营药房,为了照顾其资金周转困难,除商请银行放宽贷款尺度外,并适当降低了批发起点,通过这些措施,市场一度紧张局面开始缓和,绝大部分药房都得到了维持,并且获得了盈利。

1955年3月,中国医药公司湖北省公司成立后,中国医药公司武汉分公司易名为武汉市公司。遵照国家加强国营经济对市场的领导,对资本主义工商业采取利用、限制、改造的方针,并通过各种国家资本主义形式具体地对私营新药商业具体地贯彻国家政策,使其通过国家行政机关的管理,国营经济的领导和工人阶级的监督,更好地发挥积极作用,为生产、为消费服务来稳定市场,满足人民的需要。同时,为了发动其力量,推销国家潜在商品,以加速国营商业资金周转,公司制订了部分商品临时代销手续规定,部分商品临时代销守则,部分商品临时代销商户保证书。武汉市私营新药商业临时代销部分商品120种,其中成药28种,敷料3种,水剂12种、针剂27种、粉剂23种、片剂27种。私营企业向国营进货额达95%,进货渠道基本上纳入了国营计划供应的轨道。

同年3月,新药业共32户,其中有劳户30户,无劳户2户,从业人员203人,流动资金90500元,固定资金102800元,1956年5月6日,武汉市商业局明令取消私商二批发业务,11月24日全行业提出公私合营,11月28日经上级正式批准,于12月4日成立了公私合营筹备委员会,在全行业进行了商品盘点、冻结资金、债权债务处理、清产核资、切断旧账、建立新账等。按照党的赎买政策,安排店领导和一般工作人员等事项。12月30日,新药业、绸布、湘绣业一起,在市人民委员会礼堂隆重举行了公私合营成立大会,正式宣布了新药行业的董事会名单与公私合营企业领导干部的任命名单。

私营新药业原正、副经理36人中,安排为国营公司副经理的1人,安排为公司顾问的2人,安排为公私合营药房正主任的6人,副主任21人,安排为一般工作的6人(其中有因病不能工作由爱人顶替1人)。原资方一般从业人员,仍安排为一般工作,店员工人中提升为正主任的3人,提升为副主任的

3人，由公司下放的正主任16人，副主任2人。全市初步经过合并，拆迁调整为24户公私合营药房安排正、副主任51人。12月31日上午，各药房联合组成乐队，结队到市医药公司领取招牌，在锣鼓喧天、鞭炮震耳的热烈气氛中，正式悬挂了公私合营的招牌。

案例出处

刘明森：《医药全行业公私合营》，见《武汉医药商业行业志》，中国医药科技出版社1991年版。（有删改）

案例解析

在新民主主义社会中，我国建立起以工人阶级为领导、工农联盟为基础的人民民主专政的国家政权，并且通过没收官僚资本和"一五"计划建设，社会主义国营经济日益强大起来，并掌握了国家的经济命脉，这就必然造成了私人资本主义在政治上、经济上对社会主义的依赖。新民主主义过渡时期，国家对粮食和工业原料实行统购统销政策，以及资本主义企业中工人群众对资本家的监督等因素，就使私人资本主义企业只能与国家发生联系，通过国家资本主义这种形式接受社会主义改造。

本案例中，武汉医药全行业公司合营能够较为典型地诠释国家资本主义这种形式。所谓国家资本主义，就是在国家直接控制和支配下的资本主义经济。毛泽东指出，它"是在人民政府管理之下的，用各种形式和国营社会主义经济联系着的，并受工人监督的资本主义经济。这种资本主义经济已经不是普通的资本主义经济，而是一种特殊的资本主义经济，即新式的国家资本主义经济。它主要地不是为了资本家的利润而存在，而是为了供应人民和国家的需要而存在"。"因此，这种新式国家资本主义经济是带着很大的社会主义性质的，是对工人和国家有利的。"在本案例中，武汉国营公司加强实施口岸控制，划区供应、扩大加工订货，全面掌握货源，合理调整地差等一系列措施，原自由市场解体而为国营商业所取代，国营比重节节上升，私营比重步步退缩。进货渠道国营化，在销售方面采取私营工商业代销的办法，使得私人医药企业一步步被纳入国家的发展轨道，国家通过国营经济对资本主义工商业采取利用、限制、改造的方针，使私营新药业能够贯彻国家政策，接受国家行政机关的管理和工人阶级的监督，最终完成全行业的公私合营，这样企业的生产关系发生了根本的变化，基本上成为社会主义国营性质的企业。

民族复兴的医学梦
——《毛泽东思想和中国特色社会主义理论体系概论》
（2018年版）教学案例集

🧠 案例启思

1. 在新民主主义社会这一过渡时期，为什么私人资本主义企业只能接受社会主义改造？

2. 对资本主义工商业的社会主义改造为什么要采取国家资本主义这种形式？

🎤 教学建议

本案例通过武汉医药全行业公私合营的过程，让学生清楚理解国家资本主义这种改造方式，进而明确新民主主义国家政权以及强大的国营经济和人民的监督使得私人资本主义企业只能接受社会主义改造，一步步被纳入社会主义制度轨道，最终通过全行业的公私合营完成所有制的改革。由此，可以让学生加深对资本主义工商业进行和平改造以及新民主主义的前途必然是社会主义的认识。

适用于第二节"社会主义改造道路和历史经验"之"适合中国特点的社会主义改造道路"。

▶ 案例六　公私合营前后的北京同仁堂

案例

北京同仁堂始创于清康熙八年（1669年），距今已有330多年的历史。北平解放时，同仁堂有铺东16人，由乐氏十三世乐松生经营，他同时是天津达仁堂管理处总负责人。乐松生表现开明，但对中国共产党的民族工商业政策缺乏了解，不知道该怎样经营和处理好劳资关系，业务无多大起色。1949年3月，同仁堂成立国药业基金工会，在召开劳资协商会时，经过谈判，圆满达成协议，并一致推选乐松生任经理。乐松生通过学习，认识上有了很大的提高，坚信个人在政治上、企业经营管理上，必须紧紧依靠中国共产党和人民政府，重要决策要听取职工意见。在"五反"运动中，同仁堂也经受了考验，经过审查核实，运动后期被评为基本守法户。

第三章 社会主义改造理论

同仁堂作为民族工商业,有其代表性,而所经营的中药又是人民生活所需,因此,一直受到党和政府的重视与关怀。1950年,毛泽东主席号召,团结新老中医、各部分医药卫生工作人员,结成巩固的统一战线,为开展伟大的人民卫生工作而努力。他又指出,中国医学是一个伟大的宝库,应当努力发掘,加以提高。1952年,彭真市长亲自鼓励和督促乐松生在天津达仁堂驻京办事处所在地成立了国药改进研究会,聘请北大医学院教授郑启栋从事中药剂型的改革研究。1953年,试制成功银翘解毒片、香连片、女金丹、黄连上清片四种片剂。1954年,彭真同志亲自指导在德内大街原达仁堂养鹿场址成立了中药提炼厂。新中国成立后的三年恢复时期,同仁堂的业务有了新的发展,工人的生活稳定,而且有了提高。乐氏家族也并未因解放而失去他们应有的利益。1953年,同仁堂盈利按国家所得税、企业公积金、职工福利奖金、资方股息分红四部分分配。乐氏四大房所分红利,超过过去所得两倍多。这样分红一直延续到1956年定股定息。

1953年,党中央提出了过渡时期总路线和总任务。根据中央精神,各地拟定了扩展公私合营的具体方案。在北京市委,市政府的领导下,同年12月21日,召开北京市工商业联合会会员大会,传达了过渡时期总路线和利用、限制、改造资本主义工商业的政策;副市长张友渔、市委统战部部长李乐光到会讲了话。参加这次代表大会的同仁堂经理乐松生先生积极发言,参加讨论,提高了对党的过渡时期总路线的认识。市地方工业局拟选择同仁堂这个国药业大户首先进行试点,为全行业合营扩展影响,奠定基础,总结经验。

这一变革,不能不引起同仁堂乐氏家族的震动。他们因将失掉生产资料占有权、企业管理统治权和企业利润分配权,感到切肤之痛。乐松生先生作为当时民族资产阶级的代表,对其家族已经经营了200多年的同仁堂药店面临着抉择。经过反复思考,他深感这是大势所趋,人心所向,历史潮流不可违背;同时也看到,共产党和职工群众仍让自己做同仁堂的经理,生活待遇不薄,这是对自己的信任和期望,必须听党的话,走社会主义道路。于是,他毅然决定同仁堂带头实行公私合营,此举也得到乐氏其他各房的赞同。在这次代表大会上乐松生当选为工商联执行委员,推动了同仁堂实行公私合营的进程。

1954年2月26日,中共北京市委统战部关于北京市工业公私合营工作计划中指出:"根据中财委指示及北京市情况,今年拟在稳定的前提下,合营一批较重要的企业,取得经验,造成榜样,为明年大批合营创造条件……"并在计划中明确了同仁堂是第一批合营的单位。

同仁堂乐家老铺率先实现公私合营,对其他国药店、行、栈影响很大,而且影响到全市的私营工商业者。在同仁堂的影响下,全市私营国药业于1956

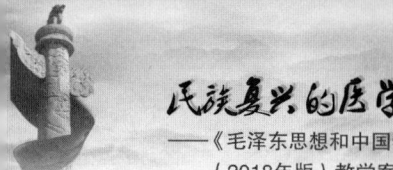

——《毛泽东思想和中国特色社会主义理论体系概论》
（2018年版）教学案例集

年1月13日被北京市政府批准全行业公私合营。同仁堂合营后，解放了生产力，经过短短几年的努力，企业面貌大改观。生产设备、厂房进行了前所未有的技术改造，特别是通过1958年的技术革新和技术革命运动，改进了设备和工艺。例如，前处理电动风扇车、大黄破碎机、配料搅拌机、电动炒药机、蒸汽烘干室、蒸汽炼蜜法、合药搅拌机、粗细料粉碎机、制丸搓板化等等，初步改变了手工作坊式的生产方式，向着机械化、半机械化大生产迈进了一大步。

现在，同仁堂变化更加巨大。到20世纪90年代，传统的制药精华得到巩固和继承，各种新产品、新剂型相继问世，产品不仅覆盖全国各地，还远销美国、日本、东南亚、香港等几十个国家和地区，产值、利税、出口创汇等主要经济指标，在全国中药行业中位居首位。

案例出处

孙洪群、金永年：《公私合营前后的北京同仁堂》，载《北京党史》2000年第4期。（有删改）

案例解析

新民主主义时期，我们按照新民主主义经济纲领，最初对资本主义工商业采取保护政策，在新民主主义的国家制度下，让私人资本主义经济在不能操纵国计民生的范围内获得发展的便利，有益于社会向前发展。当然，这种保护不是无条件的。需要保护和发展的资本主义，是有利于而不是有害于国计民生的私人资本主义经济，是不能操纵国计民生的资本主义。在本案例中，老字号的北京同仁堂在新中国成立后的三年恢复时期获得了新的发展，工人的生活稳定，而且有了提高，经营者乐氏家族也并未因解放而失去他们应有的利益。这就是新民主主义经济纲领的体现。但是，1953年社会主义过渡时期的总路线提出后，我国就面临着对旧的生产关系进行革命性改造的现实，这是一切走向社会主义的国家不可逾越的发展阶段。但是，正如列宁所指出的那样，改变资产阶级和小资产阶级的经营方式和习惯势力是一件极其困难的事情，会遇到私营资本主义的阻力。

在本案例中，同仁堂作为民族工商业，有其代表性，而所经营的中药又是人民生活所需，因此，一直受到党和政府的重视与关怀。北京同仁堂的经营者乐氏家族最初对改造将会失掉生产资料占有权、企业管理统治权和企业利润分配权，感到切肤之痛。对此，我们采取的是和平改造的方式，不是通过"暴力剥夺"而是通过积极引导的方式来说服私营业者接受社会主义改造。在资本主义工商业的社会主义改造中，国家对资方在职人员和资方代理人采取

"包下来"的政策,以企业为基地,根据"量才使用,适当照顾"的原则,对他们在政治上适当安排、工作上发挥作用、生活上妥善照顾,通过改造阶级成分的方式达到从整体上消灭资产阶级的目的。北京同仁堂的乐松生看到共产党和职工群众仍让自己做同仁堂的经理,生活待遇不薄,认识到这是历史潮流,大势所趋,人心所向,因而积极配合政府对同仁堂的社会主义改造,对其他国药店、行、栈影响很大,而且影响到全市的私营工商业者。通过把资本主义工商业者改造成为自食其力的劳动者,把改造资本家个人与消灭他们所属的资产阶级相结合,既避免了激烈的阶级对抗,减少了改造的阻力,又推动了生产力的发展和社会的进步。

案例启思

1. 新中国成立后的三年恢复时期,北京同仁堂的业务为什么会获得新的发展?
2. 把资本主义工商业改造成为自食其力的劳动者的意义是什么?

教学建议

本案例通过北京老字号同仁堂的改造,使学生较为深刻地理解社会主义改造尤其是对资本主义工商业改造存在的困难与阻力,从而明确我国和平改造方式的重要意义,是对企业的改造与对人的改造相结合,是制度变革与人的改造相统一的过程。在对北京同仁堂的社会主义改造中,党和政府通过把资本主义工商业者改造成为自食其力的劳动者,既减少了阻力,避免了流血的代价,又促进了企业的发展和社会的进步,使学生能够准确把握社会主义改造的鲜明中国特色。

适用于第二节"社会主义改造道路和历史经验"之"适合中国特点的社会主义改造道路"。

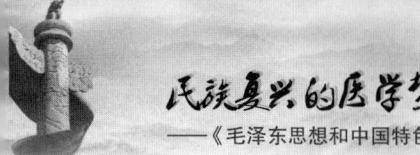

案例七 从旧产婆到社会主义接生员

民国时期产婆训练未取得理想效果,原因在于政治局势不稳定、政令不统一。新中国成立后,由于妇女解放的追求及社会劳动力的需求,保护妇婴迫在眉睫,中央政府对产婆的作用与力量予以重视,继续与杨崇瑞合作,任其为卫生部妇幼卫生局局长,总领全国妇幼卫生行政,践行其未竟之事业。因为新政府卫生政令的统一及高执行力,民国时期零星的"产婆训练"以"改造旧产婆、培养新法接生员"的方式走进全国所有的城市与农村。

早在民国时期,上海卫生行政部门对产婆的训练已有所为。1927年,上海特别市政府卫生局颁布《管理助产女士(产婆)暂行章程》。杨崇瑞1928年在北平开创具有示范性的训练产婆后,在其不断建言下,国民政府卫生部于1929年12月公布了《开办接生婆训练班办法》,各地陆续开办产婆训练班、讲习所或补习所。上海市卫生局借"中德产科女医学校"于该年设产婆补习所,次年开办产婆训练班并公布训练简章。抗战复员后,1946年6月8日,上海市卫生局制定训练产婆办法,分令各区卫生所遵照办理。然而,民国时期上海产婆训练的效果并不理想。新中国成立伊始,在这座已有良好妇产医学与现代助产行业基础的都市中,新法接生率不及50%,产妇死亡率为3.2‰,婴儿死亡率为120‰~150‰。这样的惊人比例令上海卫生行政官员十分担忧,他们多有西医和公共卫生学背景,深知这要归因于产婆和旧法接生,如上海市卫生局的李穆生、黄翠梅、王女杰等。

旧产婆在旧法接生上固然不合理,可也有可取之处,如善于接近群众,敢于去接生等。若把她们旧的接生法进行改革,再利用她们普遍力量的优点去推行新法接生,则可拯救大量婴儿和产妇。所以,团结改造旧产婆,即先让她们摒弃旧法接生,学习新法接生,利用自己的经验及在群众中的社会基础优势,来发挥力量。反过来说,这也是尊重妇女自主性的一种体现,让信赖或需要产婆的产妇仍可遵循自己的选择。若不团结与改造旧产婆,而仅是去训练大批新法接生员或助产士,不仅培养周期长,且在推行新法接生过程中,旧产婆将会成为一股很大的抵制力量。何况，这些培养的新手远不及旧产婆活动能力强。其实，这也是杨崇瑞民国时期将训练产婆视为在中国开展妇幼卫生实践的理论出发点，只不过中国医疗卫生发展不平衡现象实在过于严重，即使是在上海。

产婆以劳动人民为主，是新政权的阶级基础，团结并改造她们，将之纳入妇幼保健队伍中，对中共领导的卫生行政部门来说，这是国家在卫生领域扎根基层社会的途径之一。产婆一般分为两种。一些产婆只在过去迫不得已的情况下，曾为家中产妇接生。别人知道后，在紧急状况下，便来求助。出于人情往来，她们只能继续为别人接生，并不是以此为职业营生。这类产婆对产妇有同情心，也希望母婴皆平安，她们多半是善良朴素的劳动妇女。后来，这类产婆较愿接受改造且能得到改造机会，获得官方赋予的新身份，成为新政权下国家与基层妇女身体之间的最早中间人。而另一类产婆则是职业性产婆，她们凭借祖上传下来的老办法和自己积累的经验，接生的越来越多，且因有利可图，逐渐缺乏同情心。她们在遇到异常产的时候，常为了谋利，不早送医，用不科学甚至残忍的办法继续进行接产。她们常随年岁的增大，逐利之心加重，收入常超过开业助产士。那些宣传图像中被丑化的产婆形象，便以此类为原型。改造这类产婆相对较难，且收效不大。她们因年龄偏大或曾有接生事故，多被具结停业。

接生员是新中国成立后，国家为了降低惊人的产妇死亡率和婴儿死亡率，在推广新法接生工作中，通过改造旧产婆与培训新的基层妇幼保健力量而产生的一种初级妇幼保健人员身份。她们的主体还是在中国存在几千年的产婆，她们曾一度被现代医学所污名，但中共却利用自己的力量在全国开展了一场针对她们的革新运动，将她们纳入国家所掌握的医疗卫生体系内，在卫生与妇女两个领域彰显社会主义的优越性。接生员通过接受改造、训练与管理，国家及医学赋予她们合法身份与地位。她们也的确为新社会做出了重要贡献：1950—1958 年，上海全市的新法接生率从 46.5% 逐年上升到 98.3%；1965 年，产妇死亡率和婴儿死亡率分别下降至 0.301‰、15‰。类似的数据在全国能够普遍获得。

改造旧产婆与培养接生员是新中国妇幼卫生工作的组成部分，接生员在力所能及的生理分娩领域发挥自己的作用。民国时期，杨崇瑞的理论与实践中也有产婆训练，但只是"除旧"，也即改造产婆。相比之下，那时妇幼保健从业人员的"布新"却是依靠助产学校来培养助产士。不过那时的"除旧"还未获得广泛成效。而新中国成立后，在"除旧"同时，却开辟了不一样的"布新"之路，就是形塑了社会主义接生员的身份。

案例出处

王瀛培：《团结与改造：从旧产婆到社会主义接生员——以上海为例的讨论》，载《妇女研究论丛》2017年第4期。（有删改）

案例解析

新民主主义社会的阶级构成主要是工人阶级、农民阶级和其他小资产阶级、民族资产阶级等基本的阶级力量。在向社会主义过渡中，必然要对人进行改造，使他们能够对新的社会制度有所认同，并且积极自觉投身、服务于新的社会制度之中。随着三大改造的完成，社会主义制度的确立，我国社会的阶级关系也发生了根本的变化，有亿万农民和其他个体劳动者已经变成社会主义的集体劳动者，广大劳动人民从此摆脱了被剥削被奴役的地位，成为掌握生产资料的国家和社会的主人以及掌握自己命运的主人。社会主义改造的基本完成和由此带来的社会各方面的变化，表明社会主义制度已经在我国的经济领域、政治领域及社会生活其他领域基本确立，人们的社会生活及精神面貌都有了巨大的进步。

本案例通过对旧产婆的团结与改造，侧面说明了新中国成立后，改造旧社会，向社会主义过渡的一个新视角，即技术与人的改造同时并举。为了改变落后的社会状况，在医疗卫生方面，国家采取提高技术的方法，规范医疗行业，积极引进西方先进的医疗技术。旧产婆在旧法接生上固然不合理，可也有可取之处，如善于接近群众，敢于去接生等。用科学方法把她们旧的接生法进行改革，再利用她们普遍力量的优点去推行新法接生，则可拯救大量婴儿和产妇。所以，团结改造旧产婆，即先让她们摒弃旧法接生，学习新法接生，利用自己的经验及在群众中的社会基础优势，来发挥力量。这也是尊重妇女自主性的一种体现，让信赖或需要产婆的产妇仍可遵循自己的选择。若不团结与改造旧产婆，而仅是去训练大批新法接生员或助产士，不仅培养周期长，而且在推行新法接生过程中，旧产婆将会成为一股很大的抵制力量。在此案例中，旧产婆通过接受改造、训练与管理，被改造为社会主义接生员，并被赋予合法身份与地位，纳入妇幼保健队伍中，对中共领导的卫生行政部门来说，这是国家在卫生领域扎根基层社会的途径之一，也是社会主义制度优越性的体现，降低了旧社会惊人的产妇死亡率和婴儿死亡率。

案例启思

1. 新中国成立后的接生员与民国时期产婆训练有何区别？

2. 对旧产婆的团结与改造的重大意义是什么？

教学建议

通过本案例的教学，使学生了解社会主义改造在社会生活中的表现。对于旧社会的产婆，国家并没有完全否定她们的存在，而是通过团结与改造，采取引导、说服与教育方式，用先进的技术来培养并规范接生员，摒除旧社会封建陋习，将消极因素转化为积极因素，大大降低了产妇和新生儿的死亡率，极大地改善了妇幼保障体系，巩固了新生政权，维护了社会的稳定和团结，并形成了集制度改造、技术改造与人的改造于一体的方式，从而迈向社会主义制度并奠定了一定的阶级基础。此案例可以让学生准确把握社会主义改造及社会主义制度建立的重大意义，明确在中国这样一个几亿人口的大国中比较顺利地实现了如此复杂、困难和深刻的社会变革，不仅没有造成生产力的破坏，反而促进了工农业和整个国民经济的发展，从而认识到在人民普遍拥护的情况下完成的改造，极大地加强了人民的团结，具有鲜明的中国特色。

适用于第三节"社会主义制度在中国的确立"。

案例八　中药产业

1949—1954年，中药主要是私人经营，据商业部门1954年统计，全国私营中药商有10.4万余户，为西药商6600万户的15倍多，中药从业人员有27万多人，私营业中药人员在医药经销中起主要作用。

这种经营模式与产业规模，并不能满足民众对中医药的需求，中央多次就包括药材在内的土产的生产销售召开会议，下达指示。1951年在中央批转华北局"关于第二次土产会议报告"的指示中，党和政府组织安排药材会议的召开，邀请南、北药商参加。决定在农村发展医药合作社，降低生药价格，交换熟药，以解决药材滞销的困难。显然，新中国成立之初，我国中药产业发展面临着物资交流不够，药材滞销，药价偏高而导致民众缺医少药的状况。

新中国成立后，党和政府十分关心和重视人民群众的健康问题。1954

民族复兴的医学梦
——《毛泽东思想和中国特色社会主义理论体系概论》
（2018年版）教学案例集

年，毛泽东主席谈到中医工作时，明确指出："中药应当很好地保护与发展，我国的中药有几千年的历史，是祖国极宝贵的遗产，如果任其衰落下去，那是我们的罪过。所以，对各省主产药材应加以调查保护。鼓励生产，便利运输，改进推销……"为便于有关部门协同工作和加强联系，决定成立全国中药管理委员会，由卫生部、商业部、农业部、林业部、科学院、合作总社等部门组成。

1955年3月1日，商业部成立了中国药材公司。中国土产公司、中国医药公司和全国供销合作社总社的中药业务同时移交中国药材公司。鉴于中药材生产和供应对象主要分散在广大农村，为了加强中药经营，有利于生产及市场的统筹安排，自同年7月4日起，中国药材公司由商业部移交全国供销合作总社领导，更名为全国供销合作总社中药材管理总局。1956年，为便于对私营中药商的社会主义改造，自4月份起，中药业务由全国供销合作总社移交商业部领导，恢复了中国药材公司建制。

1957年，国务院副总理陈云指出："中药材是技术性较多的商品。""我们是管全国产、供、销安排的，着眼第一点是生产，只有这样才能有物质基础。""农业部门主要抓粮食、药材生产，由经营部门控管之后，药材生产也由中药行业统管。"此后各级药材公司不仅负责中药材的购销经营管理，也负责中药材的生产管理和科学研究，形成农、工、商一体，产、供、销结合的专业公司。同年4月，卫生部、商业部、中华全国供销总社联合召开了全国药材系统经理会议。会议专门传达了《卫生部关于中药材经营管理上的几项规定》，并于1957年8月下达文件，明确指出中国药材公司的基本任务是积极发展生产，大力进行收购，加强对中药材市场的领导，改进经营管理，提高工作质量，缩小和解决脱销品种，医药密切结合，更好地为人民健康服务。随后，各省、自治区、直辖市药材公司及地、市、县药材公司的相继成立，结束了中药分散经营的局面，使中药产业进入统一经营、统一计划、统一管理的新阶段。这种计划经济的调节手段，一度使得混乱的药材生产、销售状况有所改善，药价飞涨得到抑制。全国中药生产经营工作出现了良好的发展势头。

🔍 案例出处

张伯礼、朱建平、万芳等：《百年中医史（1912—2015）》（上），上海科学技术出版社2016年版。（有删改）

✏️ 案例解析

毛泽东在提出"一化三改"过渡时期的总路线时指出，我们之所以要进行社会主义改造,"是因为只有完成了由生产资料的私人所有制到社会主义所有制的过渡,才利于社会生产力的迅速向前发展,才利于在技术上起一个革命,把在我国绝大部分社会经济中使用简单的落后的工具农具去工作的情况,改变为使用各类机器直至最先进的机器去工作的情况,借以达到大规模地出产各种工业和农业产品,满足人民日益增长的需要,提高人民的生活水平,确有把握地增强国防力量,反对帝国主义的侵略,以及最后地巩固人民政权,防止反革命复辟这些目的"。因此,我们进行了建设与改造并举的方针,就是在改造中既要完成在社会制度方面的由私有制到公有制的革命,而且要在技术方面实现由手工业生产到大规模现代化机器生产的革命。因此,社会主义革命的目的是解放生产力,社会主义改造也是为了适应社会主义工业化建设的要求,更好地发展生产力。

本案例通过中药产业的改造,使整个产业获得了新的发展。1956年,为便于对私营中药商的社会主义改造,自4月份起,中药业务由全国供销合作总社移交商业部领导,恢复了中国药材公司建制。1957年,社会主义改造完成后,各级药材公司不仅负责中药材的购销经营管理,也负责中药材的生产管理和科学研究,形成农、工、商一体,产、供、销结合的专业公司。1958年,各省、自治区、直辖市药材公司及地、市、县药材公司的相继成立,结束了中药分散经营的局面,使中药产业进入统一经营、统一计划、统一管理的新阶段。这表明,经过社会主义改造,我们对中药产业使用了社会主义计划经济的调节手段,一度使得混乱的药材生产、销售状况有所改善,药价飞涨得到抑制,全国中药生产经营工作出现了良好的发展势头。

案例启思

1. 社会主义改造的目的是什么?
2. 确立社会主义基本制度的重大意义是什么?

教学建议

本案例通过中药产业改造后的发展,使学生能够清楚明白社会主义改造的目的是通过实现制度变革,促进生产力的发展,提高人民的生活水平。对中药产业的改造,是比较复杂的,行业特性决定三大改造办法并非泾渭分明,改造始终要围绕着社会主义工业化建设这个中心任务进行。中药产业改造完成后,没有对生产力造成破坏,反而结束了中药分散经营的局面,促进了生产力的发展,从而使学生深刻领悟社会主义改造的重大意义:社会主义基本制度的确立,极大地提高了工人阶级和广大劳动人民的积极性、创造性,社会主义基本

制度以其与社会化大生产的一致性和能够在经济落后条件下尽可能地集中力量办大事的优势,为发展社会生产力开辟了广阔的道路。

适用于第三节"社会主义制度在中国的确立"之"确立社会主义基本制度的重大意义"。

第四章　社会主义建设道路初步探索的理论成果

▶ 案例一　苏联印记：片面强调专科治疗

案例

全科医生最早出现于18、19世纪的英美，进入20世纪以后，随着医学领域的专业化进步和大医院的发展，全科医生逐渐失去了社会主流地位。全科医疗是相对"专科医疗"来说，其特点是病人的基础治疗不分科，注重对健康的护理和长期干预。其缺陷是技术水平不及专业医疗精湛，缺乏对医疗科学的探索，但其优点是能够实现对疾病早发现早治疗，最重要的是足够廉价。全科与专科都不是绝对的，在英美等全科医疗发达的国家，全科医疗是作为健康的守门人，小病和慢性病交给全科医生，大病和手术交给专科医疗兜底。

在1949年以前，中国的医院管理模式主要套用美英德等国的模式，一些大城市也出现了家庭医生、全科医疗模式，但都局限于城市。1949年以后，中国全盘照搬苏联的专科医疗模式，将医疗资源全部收归国有，全科医学基本取消。这种完全实行计划经济的医疗体制主要特点是：医院成为事业单位，在政府的直接领导下进行工作；对医院经济上实行全额补助，实行低医疗收费标准、低药品价格和低职工工资的"三低"政策；病人中公费、劳保病人占绝大多数。

与中国不同的一点是，苏联实行全民免费医疗服务。质量与价格是一对永恒的矛盾，所有国家全额负担的免费医疗，由于国家能负担的额度有限，其医疗质量都相对低下。苏联的免费医疗同样没能解决人人可享受高质量医疗救助

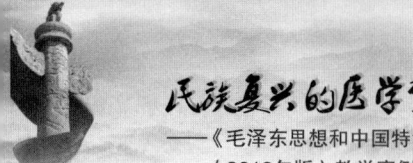

的问题。在专科医疗体制下,财政部门只根据"基本够用"原则进行拨款。而高级干部要享受高质量医疗服务,就只能在治疗上实行等级化,这成为最为苏联人诟病的体制之一,而普通人要想得到较好的治疗,不出钱也是不行的。

这些矛盾中国同样未能避免,在中国,更尖锐的问题是,全国80%的医疗资源集中在大城市,其中的30%又集中在大医院,绝大多数人被隔绝在医疗体制之外。1965年,毛泽东亦斥责卫生部"只给全国人口的15%工作"。在农村,人们通过合作医疗来解决问题。也有学者将之看作一种中国式的全科医疗。

20世纪40年代,随着生物学的巨大突破,专科医疗经过了一个飞跃式的发展。到了20世纪60年代,随着更多慢性病的发现,以及医疗思想从生物学向社会学心理学等方面的"第二次转向",人们接受了"与疾病长期共存比消灭疾病更为实际"的观念,全科医学和全科医生重新成为主流,在西方,60%以上的医生是全科医生。苏联解体之后,俄罗斯等国对医疗体制进行了改革,包括用医保体制代替免费医疗制度,医院私有化改革,依托于保险制度,俄罗斯的全科医疗亦得到较快发展。

中国从20世纪80年代开始进入人口老龄化时代,慢性病和老年病开始多发,大量老人需要得到日常医疗,于是,中国重新引进了全科医疗,开始在首都医科大学等几所大学培养全科医生,但不巧的是,又刚好遇上了从80年代中期开始的医疗产业化,治疗成为医院的"生意",全科医疗作为廉价医疗方式得不到推动,医学院学生不愿意进入社区医院,大医院也不愿意与其合作,接受转诊治疗,因此,全科医疗成为无源之水,一直发展缓慢。一方面,中国人忍受着去大医院花上千元治疗感冒;另一方面,却对全科医生无法信任。

案例出处

刘颂杰、郑褚、沈宇哲等:《社会转型 抹去苏联印记》,网易网,2009年8月1日,http://news.163.com/special/00012Q9L/sulian090801.html。(有删改)

案例解析

新中国成立之初,我们没有任何建设经验,加上西方社会对我国的封锁,因此,我们只能学习苏联,这是必然的。刘少奇在中苏友好协会总会成立大会上说:"苏联人民所走过的道路正是我们中国人民将要走的道路。苏联人民建国的经验值得我们中国人民很好地学习。我们中国人民的革命,在过去就是学习苏联,'以俄为师',所以能够获得今天这样的胜利。在今后我们要建国,

第四章　社会主义建设道路初步探索的理论成果

同样也必须'以俄为师',学习苏联人民的建国经验。"20世纪50年代初期,中国掀起了一场全面学习苏联的运动。"苏联的今天就是中国的明天"成为中国人的共识,"向苏联老大哥学习"是当时全国流行的一句口号。我们模仿苏联模式,形成了计划经济体制,也取得了一定的成效,建立了中国工业体系和基本格局。然而,苏共二十大后,中国共产党不断反思学习苏联过程中所遇到的问题。毛泽东曾言:"最近苏联方面暴露了他们在建设社会主义过程中的一些缺点和错误,他们走过的弯路,你还想走?过去我们就是鉴于他们的经验教训,少走了一些弯路,现在当然更要引以为戒。"摆在中国共产党面前的首要问题便是突破苏联模式的影响,探索适合中国特点的社会主义建设道路。

本案例就是强调苏联在卫生医疗模式上片面强调"专科治疗",而忽视了"全科治疗"。全科治疗对于我国人多、贫穷的状况是有一定的作用的,因此毛泽东强调,解决中国医疗卫生难题,既不能照搬西方的条条框框,也不能照搬苏联的条条框框,只能从中国的实际出发,并始终坚持面向和服务工农兵的基本方针,把医疗卫生工作的重点放到农村去。在社会主义建设初期,我们在农村建立三级卫生医疗体制,通过医疗合作来解决农民的看病问题,这也是中国式全科医疗的具体体现。由此,可以认为中国革命不能照搬苏联经验,中国的社会主义建设也不能迷信苏联经验,仍需要实现马克思主义与中国实际的"第二次结合",积极探索适合中国特点的社会主义建设道路。正如邓小平在党的十二大开幕式上的讲话中指出的:"把马克思主义的普遍真理同我国的具体实际结合起来,走自己的道路,建设有中国特色的社会主义,这就是我们总结长期历史经验得出的基本结论。"

案例启思

1. 新中国成立初期,我们为什么照抄照搬苏联经验?
2. 我们为什么要探索适合中国情况的社会主义建设道路?

教学建议

本案例通过梳理新中国成立初期我们在医疗方面学习苏联经验的方式方法及带来的后果,可让学生懂得新中国成立初期,我们学习苏联经验,有其必要性,同时也存在弊端。新中国成立初期,中国将医疗资源全部收归国有,全科医学基本取消,其实就是在照抄照搬苏联模式。实践证明照抄照搬并不符合当时中国国情,我们必须积极探索适合中国特点的社会主义建设道路。本案例帮助学生明确早在20世纪50年代,基于"以苏为鉴",我们就开始对适合中国国情的社会主义建设道路进行有益的探索,使其了解"中国道路"的来龙去

脉与历史沿革,增强"道路自信",并且对新时代中国全科医疗的发展有了新认识,从而把握专业与职业选择方向。

适用于第一节"初步探索的重要理论成果"。

案例二 良医良药治恶疾

新中国成立前夕,根据上海市性病中心防治所的统计资料,上海登记的娼妓有性病的约占65%。上海红十字会、同济医院及嵩山区卫生所1945—1950年检验31861位市民,其中2880人患有性病,占9.03%。也就是说,在11位成年人中,就有一个人是患性病的。嵩山区卫生所1949年检查的3674位孕妇中,患梅毒的212人,占5.8%。妇婴保健院1949年检查的2869位孕妇中,患梅毒的191人,占6.3%。同济医院1946—1950年检查的2448个孕妇中,患梅毒的186人,占7.5%。合计三处8991个孕妇中,患梅毒的589人,占6.55%。换句话说,在16位孕妇中就有一位患梅毒的。这些孕妇大多是家庭妇女,她们的性病多数是通过丈夫间接传染,或是由上一代遗传所致。不难设想,她们的下一代又将蒙受它的隐患。

要消灭性病,就得从妓女身上着手。第一次娼妓大收容前夕,上海市人民政府就指定市卫生局,调集治疗性病专家和有关医生16名,进驻上海市妇女教养所,其中皮肤花柳病科8名,泌尿科4名,妇产科4名。他们来自性病防治所,公济医院(即现在的第一人民医院)、广慈医院、第五人民医院和南市区妇产科医院等著名医院,不少人曾在德、日、法等国留过学,是技术高超的名医;另外,还有经验丰富的护士7名,称得上是一支技术力量很高的医疗队伍。收容后的第四天(即1951年11月29日)上午9时,妇女教养所医务室大门敞开,里面用厚实的布幔隔成几个诊室,室内都放了生有炭火的大缸,500多位姐妹依次排队接受检查,进行血液和涂片的化验。

经过全面检查,发现姐妹们身上的性病主要有四种。第一种是梅毒。相当一部分人患的是早期梅毒,自己还不知觉,经抽血检验呈阳性反应,注射青霉素油剂,治疗三个疗程一般就能控制传染。那些患第二期的,外生殖器(阴唇两侧）及宫颈部均已出现病变，如花菜样的溃疡，在皮肤上可见到玫瑰红皮疹，形如杨梅，俗称梅毒子，或杨梅疮，又痒又痛，这是从皮下血管渗透出来的。有病变的部位除注射针药外，还得手术治疗。第三期（晚期）梅毒口腔溃烂，鼻子穿孔，俗称"开天窗"。这时病毒已经入骨，如不赶快治疗，就会引起眼睛失明、全身瘫痪的可怕后果。还有个别梅毒病人怀有身孕，她们生下的孩子不是断臂缺腿、浑身溃烂，就是死胎，而且往往早产。有个梅毒病人，怀孕七个月就生孩子，生下的胎儿像小猫一般大小，生下就死了。即使偶尔产下个完好的，往往也是先天性梅毒患者。

第二种是淋病，也称白浊，人数相当多。患淋病者身上的白带恶臭难闻，输卵管发炎，不会生育，少数人到了晚期，如不抓紧治疗就会很快死亡。

第三种是梅毒型淋病。这是一种急性发作的疾病，患者大阴唇急速鼓胀，又硬又痛，姐妹们称为"橡皮肿"。得这种病的人步履艰难，心理特别恐惧，有个曾做过私娼的病人，切除的橡皮肿竟有两只面包那么大！

第四种是横痃引起的宫颈糜烂，生殖器和腹股之间都会烂出深深的洞，脓血直流，痛不堪言。

性病一定要根治，这不仅为了解除病人的痛苦，更是为了铲除旧社会遗下的毒瘤。但是，治疗性病要用当时价格相当昂贵的盘尼西林（青霉素）。一个早期梅毒病人，每天注射60万单位，每10天为1个疗程，最少要治疗3个疗程。按当时价格，需要花100多元。一个二三期的病人，得用100万单位的盘尼西林，反复治疗十几个疗程，时间在半年甚至一年以上。所用药物价格昂贵且不说，新中国成立不久，上海的盘尼西林还全部要从海外进口。国家要花费大量的外汇，而且在帝国主义的经济封锁下还很不容易买到。当时上海医药仓库里的盘尼西林，原来是专供朝鲜战场志愿军伤病员。可是，病人没有盘尼西林就治不好性病，为此，报告从教养所打到民政局，一直送到陈毅市长的办公桌。"先给教养所，志愿军战士另想办法。"陈毅市长果断地做出了决定。

案例出处

杨法曾、贺宛南：《上海娼妓改造史话》，上海三联书店1988年版。（有删改）

案例解析

在积极探索适合中国特点的社会主义建设道路过程中，我们初步形成了一些重要的理论成果。1956年4月和5月，毛泽东先后在中央政治局扩大会议和最高国务会议上，做了《论十大关系》的报告，确定了一个基本方针，就

是"努力把党内党外国内国外的一切积极的因素,直接的、间接的积极因素全部调动起来",为社会主义建设服务。1957年2月,毛泽东又做了《关于正确处理人民内部矛盾的问题》的报告,认为社会主义建设中的积极因素和消极因素是一对矛盾,这一矛盾呈现出既统一又斗争的关系,社会主义建设要充分调动一切积极因素,尽可能地克服消极因素,并且努力化消极因素为积极因素,团结一切可以团结的力量,这样才能凝聚民心,全身心投入新中国和社会主义建设中。

在本案例中,新中国成立初期,上海市政府对妓女性病的治疗,便是努力化消极因素为积极因素的重要体现。20世纪30年代,上海娼妓达10万之众。统治者的一项主要财政收入来源便是征收"花捐",也就是卖淫的税收。新中国成立后,中国共产党开展了一场荡涤尘埃的社会运动,震惊中外的"妓女改造运动"使上海近万名娼妓改邪归正,自谋职业或回到农村从事生产劳动,至1957年社会上卖淫活动已基本绝迹,彻底消灭了存在几百年的娼妓制度。救治旧社会的妓女,将她们转化为自食其力的劳动者,体现了中国共产党的正确领导。在案例中,上海陈毅市长将最为紧缺的专供朝鲜战场志愿军伤病员使用的药品盘尼西林调拨给教养所用于给妓女们治疗性病,体现了共产党切实关心、不存偏见与歧视,真诚帮助妓女们转化,真正化消极因素为积极因素,为国家发展和建设服务。正如毛泽东所指出的:"中国的改革和建设靠我们来领导。如果我们把作风整顿好了,我们在工作中间就会更加主动,我们的本事就会更大,工作就会做得更好。"

案例启思

1. 新中国成立初期,我国政府为何积极医治妓女的性病?
2. 如何理解调动一切积极因素为社会主义事业服务?

教学建议

本案例讲述了新中国成立初期上海市政府对妓女性病的治疗的缘起与过程。妓女是旧社会遗留的产物,是当时社会发展的"消极因素"。通过对妓女的改造描述,让学生了解在社会主义事业的发展中,要创造条件,大力促进消极因素比较多、比较快地向积极因素转化,并同时尽力防止积极因素向消极因素逆转。同时,也让学生明白在中国共产党的领导下,正确处理人民内部矛盾可以凝聚民心,调动一切积极因素为社会主义服务。这可以使学生们进一步深化理解习近平总书记所指出的"办好中国的事情,关键在党。中国特色社会主义最本质的特征是中国共产党领导,中国特色社会主义制度的最大优势是中

第四章 社会主义建设道路初步探索的理论成果

国共产党领导"。

适用于第一节"初步探索的重要理论成果"之"调动一切积极因素为社会主义事业服务"。

▶ 案例三 农村三级医疗服务体系的建立

从20世纪50年代初期设立农村医疗卫生机构，培训农村医疗卫生人员，到20世纪60年代末，初步建立基本覆盖整个农村地区的县、乡、村三级医疗预防保健网。我国农村医疗卫生机构的设立，是一个由县到区、乡再到行政村、自然村的自上而下的分布过程。它的建立又分为以下两个阶段：在20世纪50年代初期，政府首先分别设置县、区卫生机构；进入20世纪60年代，政府一方面加强农村卫生机构的建设，一方面组织医务人员上山下乡，开展巡回医疗工作，并组织和培训务农的私人医生，参与疾病防治工作，向农民普及卫生常识，改变不文明、不卫生的生活习惯。

农村三级医疗卫生网是以大队合作医疗站为前哨，公社卫生院为枢纽，县级医疗卫生机构为中心，把预防、保健、医疗工作联结在一起，在全国范围内组成一个完整的医疗预防体系。它是以县为单位形成的，为广大农民提供医疗保健服务。在20世纪60年代中期，县、乡（公社）、村（生产大队）三级医疗卫生机构绝大多数建立起来，基本上形成了一个医疗卫生网络。县、乡（公社）、村（大队）三级医疗卫生组织的关系是：各有分工，相互协作，上下支持逐级指导；县级医疗卫生机构主要是提供政策指导和技术支持；公社卫生院承上启下，并对村卫生所实行业务指导和支持，诸如赤脚医生的培训、评估和药品的发放等，在20世纪80年代中期以前，曾一直在这一网络中起着"网结"的作用，是这一体系运行的关键；大队合作医疗站是最基层的医疗卫生机构，直接面对广大农民群众，这一环节搞好了，可以有效地缓解县、公社医疗卫生机构的压力，合理分配卫生资源，提高整个网络体系的运行效率。

公社卫生院是县和村两级卫生组织之间的枢纽，起了承上启下的作用。新中国成立初期，随着农业生产的发展和土地革命、互助合作运动的开展，卫生

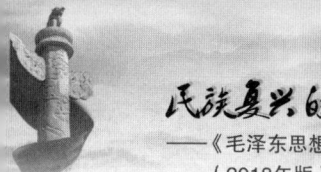

——《毛泽东思想和中国特色社会主义理论体系概论》
（2018年版）教学案例集

部在 1951 年，先后发布了《关于健全和发展全国卫生基层组织的决定》和《关于组织联合医疗机构实施办法》，各地将散在农村的以中医为主体的个体开业者，逐步组织为民办公助的区卫生所和联合诊所、乡卫生站（医疗站）、医药合作社。在 1956 年的农业合作化高潮中，区卫生所普遍发展为区卫生院，设置了少量的病床和产床，乡卫生站、联合诊所和医药合作社组合为民办公助的乡卫生所。1958 年在人民公社化中，国家举办的区卫生所和乡办的保健站（或联合诊所）合并为公社的医疗保障机构，联合诊所和村保健站改为生产大队卫生室。大部分个体开业医生和半农半医人员也参加到公社卫生机构中工作，各种不同性质的卫生机构统一纳入人民公社内，成为公社福利事业的组成部分。农村卫生机构依托农村集体经济组织，在短时间内得以迅速建立和发展，并形成了以人民公社为中心的农村基层卫生组织网。

村卫生所（合作医疗站、保健站）是农村最基层的卫生机构，是农村卫生服务的第一线。1952 年 8 月，卫生部发布了《关于县以下基层卫生组织系统、编制及任务的规定》。1957 年 5 月，又发布了《关于加强基层卫生组织领导的指示》，村级卫生机构是随着农业合作社的发展，逐步建立起来的。50 年代中期，随着农业合作化的发展，农业社社员和农村卫生人员共同集资建立了农业社保健站，1955 年山西高平县米山乡等地先后办起了集体医疗保健机构。截至 1956 年年底，全国农村的保健站有 20000 多个，加上联合诊所，共有 61000 个，占全国农村基层卫生组织总数的 82.4%。由此提出了农村卫生服务工作网的概念。1958 年兴办人民公社后，开始有了生产大队；同时各地纷纷成立了保健站（合作医疗站），由经过选择的半农半医保健员组成，他们既是参加生产劳动的农民，又是医务卫生人员，为群众防病治病，亦农亦医。这样，农村三级医疗预防保健网初步形成。

案例出处

李德成：《合作医疗与赤脚医生研究（1955—1983 年）》，浙江大学博士学位论文，2007 年。（有删改）

案例解析

1956 年 9 月，中国共产党第八次全国代表大会在北京举行。大会指出，社会主义制度在我国已经基本建立起来了。我们国内的主要矛盾不再是无产阶级和资产阶级之间的矛盾，已经是人民对于建立先进的工业国的要求同落后的农业国的现实之间的矛盾，已经是人民对于经济文化迅速发展的需要同当前经济文化不能满足人民需要的状况之间的矛盾。全国人民的主要任务是集中发展

社会生产力,实现国家工业化,满足人民的经济文化需要。据此,党中央提出要把党和国家的工作重点转移到技术革命和社会主义建设上来,要求各级党委抓社会主义建设工作,全党要学科学、学技术、学新本领。社会主义建设初期,党和政府改善农村落后的医疗卫生状况,其出发点也是为了满足人民大众的需求。此举正是党和政府解决社会主义改造后我国社会主要矛盾的体现。

本案例中,党和政府针对社会主义建设初期,我国城乡二元社会结构特征突出,医疗卫生医疗资源向城市倾斜,农村缺医少药的状况,特别注重农村的医疗卫生工作,采取了一系列措施来改善我国落后的医疗卫生状况,例如,面向工农兵、预防为主、团结中西医、卫生工作与群众运动结合等。为了解决农村的医疗卫生问题,充分利用和发挥农村中原有卫生资源的作用,逐步建立起农村的三级医疗服务体系。20世纪60年代末,已经初步建立基本覆盖整个农村地区的县、乡、村三级医疗服务体系。农村三级医疗卫生网将预防、保健、医疗等工作联结在一起,以县级医疗卫生机构为中心,县、乡、村三级医疗卫生组织各有分工,互相协调,为广大农民提供医疗保健服务。农村医疗卫生三级服务体系即县级有县医院、防疫站和妇幼保健院,乡级有乡镇卫生院,村级有村卫生室、医疗站。县级医疗卫生机构为中心,卫生院为枢纽,医疗站则是最基层的医疗卫生机构,直接面向广大农民群众,可以有效地缓解县、公社医疗卫生机构的压力,合理分配卫生资源,提高整个网络体系的运行效率。三级医疗服务体系是将预防、保健、医疗工作联结在一起,在全国范围内组成一个完整的医疗服务体系,有效地解决了社会主义建设初期的农村卫生服务问题,满足了广大农民的需求。

案例启思

1. 在社会主义建设初期,我们采取了哪些对策解决农村医疗问题?
2. 社会主义改造完成后,我国社会的主要矛盾发生了怎样的变化?

教学建议

本案例讲述了社会主义建设初期三级医疗服务体系建立的过程及主要内容,帮助学生了解社会主要矛盾的理论逻辑和历史逻辑,明晰新中国成立初期我国社会主要矛盾的主要表现及党和政府解决主要矛盾的方式与方法。医学生还可以通过我国早期的三级医疗服务体系的建立,明确其在历史中的作用,比较其与新农村合作医疗的异同,感受时代的发展进步,认清医疗体制改革的方向。

适用于第一节"初步探索的重要理论成果"之"正确认识和处理社会主义社会矛盾的思想"。

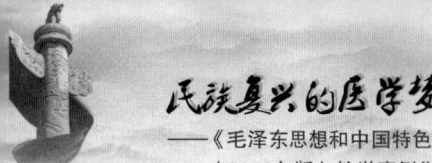

——《毛泽东思想和中国特色社会主义理论体系概论》
（2018年版）教学案例集

▶ 案例四 "赤脚医生"是怎样产生的

中华人民共和国成立后，百废待兴，中国农村仍然长期处于缺医少药的状态，对此，毛泽东在1965年做出指示："应该把医疗卫生工作的重点放到农村去！""培养一大批'农村也养得起'的医生，由他们来为农民看病服务。"毛泽东在指示中，还划定了培养这样的医生的两个条件：一是高小毕业生，二是学3年医学。在这种情况下，普及农村医疗卫生的工作在全国迅速展开了。

对农村有一点文化的青年进行医学培训，上海市动手较早。"赤脚医生"的叫法，就是首次在上海市川沙县江镇公社出现的。原来，这个公社于1965年夏就开始办医学速成培训班，学期4个月，学的是一般的医学常识，及对常见病的简单治疗方法。学员学成后，回公社当卫生员。

在第一批学员中，有一个叫王桂珍的女社员，来自江镇公社大沟大队。由于王桂珍在班上学得认真，很快就初步掌握了医学知识。结业后，她被安排在江镇公社当卫生员，是该公社第一批卫生员之一。可她没有选择待在卫生院等农民上门治病，而是背起药箱，走村串户甚至到田间地头为农民们治病。农忙时，她也参加农业劳动。

开始，农民们并不相信王桂珍能治病，但王桂珍用实际行动证明了自己，被治好的病人越来越多，大家口碑相传，找她看病的人也越来越多，她开始在农民中享有了声望。此外，王桂珍和同伴们还在村边一块坡地上种了100多种中草药，在村里专门建了土药房，利用自己有限的医疗知识，想出各种土洋结合的办法，让身边的老百姓少花钱也能治病。

王桂珍的这种工作方式，开始并没有引起当地党政领导机关和卫生部门的重视，只是把她的事迹放在学雷锋的范围来宣传。

与王桂珍的事迹相联系的，还有另一个人——黄钰祥。黄钰祥，1953年苏州医专毕业。20世纪60年代初，他和妻子张蔼平相继被分配到了上海川沙县江镇公社卫生院工作。他在工作中对农村缺医少药和农民看病难的现状有着深刻的了解。当时江镇公社卫生院的条件极差，没有消毒设备，基本的医疗器

第四章　社会主义建设道路初步探索的理论成果

械是用煮沸的方法来消毒。就是在这样的条件下，黄钰祥仍然想尽各种办法为农民治病。同时，他还注意用自己所学，向当地卫生员传授医学知识。毛泽东关于农村医疗的指示发出后，他开始积极参与培养当地乡村卫生员的工作，也就成了包括王桂珍在内的第一批农村医学速成培训班学员的老师。

王桂珍、黄钰祥全心全意为人民服务的做法，深受当地农民的欢迎。当地农民因多种水稻，平时劳动时是赤脚下水田的，所以当地农民早就有一个朴素的观念——"赤脚"和"劳动"是一个意思。见王桂珍在为农民看病之余也经常参加一些劳动，大家就称她为"赤脚医生"。实际上，"赤脚医生"就是不脱离劳动同时也行医的意思。

1968年，上海市派出记者前往川沙县江镇去调查、采访。采访中，记者们敏感地意识到，王、黄二人的做法，与毛泽东几年前做出的指示，以及他所提倡的方式是相合的。于是，他们写成了一篇调查报告，题目最后定为《从"赤脚医生"的成长看医学教育革命的方向》。1968年夏天，在全国有影响的上海《文汇报》重要位置发表了这篇调查报告。该文发表后，立即引起北京宣传部门的重视。当年9月出版的《红旗》杂志第三期和9月14日出版的《人民日报》全文转载了这篇调查报告。

这篇文章引起了毛泽东的关注。毛泽东仔细阅读了《人民日报》上发表的这篇文章，并且在他阅过的《人民日报》上批示："赤脚医生就是好。"从此，"赤脚医生"成为半农半医的乡村医生的特定称谓。更重要的是，按此思路，全国各地在县一级已经成立人民医院、公社一级成立卫生院的基础上，在大队（相当于现在的村）一级都设立了卫生室，构成农村三级医疗体系。在大队一级卫生室工作的医务人员，都是"半农半医"的"赤脚医生"。与此同时，各级卫生部门开始下大力气，按照上海川沙县江镇公社的做法，着手大批培训"半农半医"人员。当时，也正是知识青年上山下乡的高潮，一批下到农村的初、高中生，由于文化水平较当地农民青年要高，也自然成了接受"半农半医"的"赤脚医生"培训的主体。他们学成后，大都当上了"赤脚医生"。这种情况，促使中国的"赤脚医生"队伍在短期内迅速形成，农村医疗状况迅速改观。

🔍 案例出处

陈立旭：《"赤脚医生"是怎样产生的》，载《党史纵览》2019年第2期。（有删改）

📝 案例解析

1957年，毛泽东在《关于正确处理人民内部矛盾的问题》报告中指出，在社会主义中存在着大量人民内部矛盾，包括工人阶级内部的矛盾，农民阶级内部的矛盾，知识分子内部的矛盾，工农两个阶级之间的矛盾，工人、农民同知识分子之间的矛盾，工人阶级和其他劳动人民同民族资产阶级的矛盾，也包括政府和人民群众之间的矛盾，民主同集中的矛盾，领导同被领导之间的矛盾，国家机关某些工作人员的官僚主义作风同群众之间的矛盾。一般来说，人民内部矛盾是在人民根本利益一致基础上的矛盾，因而是非对抗性的矛盾。关于正确处理人民内部矛盾的方针，毛泽东指出，用民主的方法解决人民内部矛盾，这是一个总方针。新中国成立初期，国家百废待兴，在医疗和医药方面呈现出严峻的城乡二元化现象，即有限的医疗资源大都集中在城市，农村医疗和医药匮乏。国家和党一直为此担忧。毛泽东在1965年做出指示："应该把医疗卫生工作的重点放到农村去！""培养一大批'农村也养得起'的医生，由他们来为农民看病服务。"这其实是适应社会主义建设的需要，快速培养医生以解决农村缺医少药的问题。我们党和政府对于乡村医疗和医药卫生问题的重视与解决，在一定程度上体现了我们党在处理物质利益、分配方面的人民内部矛盾时，施行了统筹兼顾、适当安排的方针，即通盘筹划、全面照顾、安排合理，这体现了解决社会主义人民内部矛盾的科学精神。

本案例详述了"赤脚医生"的由来，1968年9月，《红旗》杂志发表了一篇题为《从"赤脚医生"的成长看医学教育革命的方向》的文章，介绍了王桂珍和黄钰祥两个行医又不脱离劳动的典型，随后《人民日报》《文汇报》等各大报刊纷纷转载，"赤脚医生"的名称就在全国流传开来。赤脚医生一般是对一些有些文化基础的人员进行短期培训，掌握一定的医疗知识和技术，靠"一根银针，一把草药"走家串户，服务乡民。在药物匮乏、医疗设施简陋的年代，他们不是在编正式医生，只经过短期速成培训，医疗水平也有限，"半农半医"，领着微薄的补贴，却担负起了数亿中国农民的基本医疗卫生保健事业，构建起了遍布全国农村的基本医疗卫生网络。赤脚医生制度、农村合作医疗制度、农村三级医疗预防保健网曾被世界卫生组织誉为中国农村卫生工作的三大法宝。1985年1月25日，《人民日报》发表《不再使用"赤脚医生"名称，巩固发展乡村医生队伍》一文，"赤脚医生"才逐步淡出历史舞台。无论如何，"赤脚医生"的存在，在当时的中国社会条件下一定程度上缓解了农村缺医少药的问题，也兼顾了国家、集体、个人三方面的利益，是解决人民内部诸多矛盾的一种尝试。

第四章　社会主义建设道路初步探索的理论成果

案例启思

1. 哪些因素催生了"赤脚医生"？
2. 如何解决物质利益、分配方面的人民内部矛盾？

教学建议

本案例通过梳理"赤脚医生"的由来的历史脉络，可帮助学生理解与掌握社会主义改造后的主要矛盾及毛泽东关于正确处理人民内部矛盾的方针，明确"统筹兼顾、适当安排"是处理物质利益、分配方面的人民内部矛盾的主要方式。通过对"赤脚医生"曾经起到的作用进行分析，可以让医学生了解到社会主义建设时期"农村的三级医疗体系"，对今天社会主义市场经济存在诸多矛盾条件下如何进行医疗体制改革有一定的启迪作用。

适用于第一节"初步探索的重要理论成果"之"正确认识和处理社会主义社会矛盾的思想"。

案例五　"中国脊髓灰质炎疫苗之父"顾方舟

案例

2019 年 1 月 6 日，北京云迷雾锁，寒风侵肌，我国病毒学家、"中国脊髓灰质炎疫苗之父"顾方舟先生缅怀会在中国医学科学院举行。顾方舟于 2019 年 1 月 2 日逝世，享年 92 岁。

国家卫生健康委副主任、中国科学院院士曾益新表示，脊髓灰质炎病毒可引起瘫痪，目前尚无治愈办法。顾方舟穷尽毕生心血，守护儿童健康，为脊髓灰质炎防治事业做出了贡献，是医学工作者的榜样。

一、走"活疫苗"道路

脊髓灰质炎又称小儿麻痹症，20 世纪五六十年代，江苏南通 1680 人突然瘫痪，大多为儿童，466 人死亡，随后在中国迅速蔓延。1957 年，顾方舟临危受命，从患者粪便中分离出脊髓灰质炎病毒并成功定型，然而这距离疫苗研发

民族复兴的医学梦
—— 《毛泽东思想和中国特色社会主义理论体系概论》
（2018年版）教学案例集

相去甚远。

当时，美苏都研制出了"脊灰"疫苗，分为活疫苗和死疫苗两种。死疫苗工艺成熟，能确保已经感染病毒的患者不发病，但不能阻止脊灰病毒在人群中的传播，且费用昂贵；活疫苗高效、便宜，但安全性尚待研究。

顾方舟认为，疫苗研发须符合中国国情，死疫苗虽可直接投入生产使用，但国内无力生产；活疫苗成本只有死疫苗的1‰，研究人员要敢于担负起活疫苗的有效性和安全性研究。

1959年年底，国家采纳了顾方舟的建议，中国脊髓灰质炎活疫苗的研究工作展开。1960年，经过动物试验和人体试验，顾方舟带领团队研制出脊髓灰质炎活疫苗。

不久，首批500万人份疫苗生产成功，在全国"脊灰"暴发城市推广，疾病流行高峰纷纷削减。

中国医学科学院北京协和医院院校长、中国工程院副院长、中国工程院院士王辰表示，考虑到社会效益，顾方舟选择了活性高、成本低的活疫苗，体现了中国科学家的勇气和担当。

二、从液体疫苗到糖丸

全国疫情逐渐平息，顾方舟意识到疫苗广泛推广的难题——为了防止疫苗失去活性，需要冷藏保存，但当时中国尚无疫苗冷链运输，这为疫苗覆盖到中国中小城市、农村和偏远地区增加了难度。此外，液体疫苗装在试剂瓶中运输不便。

"为什么不能把疫苗做成糖丸呢？"这一念头涌上顾方舟心头。

经过一年多的研究测试，脊灰糖丸疫苗研制成功了。糖丸疫苗在保存了活疫苗病毒效力的前提下，延长了保存期——常温下能存放多日。为了让偏远地区也能用上糖丸疫苗，顾方舟还想出了一个"土办法"运输：将冷冻的糖丸放在保温瓶中！糖丸疫苗的推广，让"脊灰"的年平均发病率从1949年的0.0406‰，下降到1993年的0.00046‰，使数以万计的儿童免于致残。2000年，世卫组织宣布中国为无脊灰状态。

但顾方舟却有一个遗憾，疫苗研发过程中，周恩来总理曾前来视察。当时顾方舟向周总理打包票——生产疫苗，消灭脊髓灰质炎。"很遗憾，不能当面跟总理汇报结果。"顾方舟生前表示。

中国医学科学院北京协和医院校史研究室刘静表示，中国早期的科研环境恶劣，为了开展工作，顾方舟等科研人员曾长期住在云南昆明山洞中，我们现在长久的甜是顾方舟甘尝40余年苦的结果，我们应当缅怀感恩。

三、不忘初心传承"脊灰"防治事业

生产放心疫苗，一直是顾方舟的倡导和坚持。脊髓灰质炎疫苗研制期间，就曾发生顾方舟父子试药的故事。1960 年，"脊灰"疫苗Ⅱ期临床试验前期，顾方舟冒着瘫痪风险，服下活疫苗后，他担心疫苗是否也能在儿童身上发挥作用，而征集儿童人体试验对象一时也比较困难。于是，顾方舟喂不到一岁的儿子服下疫苗。"如果我们生产的疫苗自己都不信任，那让别人怎么放心使用。"顾方舟当时对同事说。

在顾方舟的带领下，拥有适龄孩子的同事也以子试药，为疫苗Ⅱ期临床试验的安全性和药效的初步评价提供了支撑。据了解，当年云南昆明的疫苗研究基地——中国医学科学院医学生物学研究所，目前每年生产上千万份疫苗，发往全国各地，守护人们的健康。尽管当前中国的脊髓灰质炎野病毒歼灭战取得胜利，但顾方舟生前也表达了他的忧虑，"脊髓灰质炎具有传染性，仍有卷土重来的可能，防治脊髓灰质炎是一项长期事业，医疗工作者不可放松"。

王辰表示，消灭脊髓灰质炎病毒有三个关键：疫苗、资金、政策。顾方舟不仅提供了疫苗研制、生产技术，还参与社会实践，为政策制定提供建议，在消灭脊髓灰质炎病毒方面发挥重要作用，顾方舟使人类搭上健康方舟，他是一位科学技术家，是一位战略科学家，是一位卫生管理家，更是一位医界领导人。

顾方舟一生只做一件事，王辰呼吁医疗界的后来人发扬顾方舟的精神，凡事贵在专、贵在坚持不懈，应该多做减法，甚至做除法，践行医疗工作者的使命。

案例出处

卜叶：《追思顾方舟：守护中国脊梁》，载《中国科学报》2019 年 1 月 7 日第 6 版。（有删改）

案例解析

党领导人民探索社会主义建设道路，历经艰辛和曲折，在理论和实践上取得了一系列重要成果。在理论层面上，强调调动一切积极因素为社会主义事业服务的思想、正确认识和处理社会主义社会矛盾的思想、走中国工业化道路的思想、关于社会主义发展阶段的思想等，为今天坚持和发展中国特色社会主义提供了重要借鉴。实践上也取得了重大成就：建成大中型项目 500 多个、建成武汉和包头两大钢铁基地、建设大庆胜利大港三个油田、新建铁路 8000 多公

民族复兴的医学梦
——《毛泽东思想和中国特色社会主义理论体系概论》（2018年版）教学案例集

里、成功试验了第一颗原子弹、研制成功了结晶牛胰岛素等。其中也包括"糖丸"的研制成功。在这一探索过程中，我国经济保持了较快的发展速度，经济实力显著增强；基本建立了独立的比较完整的工业体系和国民经济体系，从根本上解决了工业化"从无到有"的问题。改革开放以后，我国赖以进行现代化建设的物质技术基础，很大一部分是这一时期建设起来的；全国经济文化建设等方面的骨干力量和他们的工作经验，大部分也是在这一时期培养和积累起来的。这一时期的建设成就为开启新时期中国特色社会主义道路奠定了重要基础。

本案例中，20世纪五六十年代，脊髓灰质炎在我国迅速蔓延。中国第一批留学苏联的医学博士顾方舟临危受命，针对美苏两国已研制成功的死疫苗与活疫苗，顾方舟认为，疫苗研发须符合中国国情。死疫苗虽可直接投入生产使用，但不能阻止脊灰病毒在人群中的传播，且费用昂贵，国内也无力生产；活疫苗高效、便宜，但安全性尚待研究。因此，顾方舟面对当时中国的实际情况，强调要进行活疫苗的有效性和安全性研究，他的建议被国家采纳。顾方舟带领他的团队开始了挑战病毒的征程。他千里迢迢远赴苏联，寻找治疗脊髓灰质炎活疫苗，又马不停蹄返回国内，给227只猴子做了4500张病理切片。顾方舟和他的同事以身试药，证明了活疫苗的安全性。经过动物试验和人体试验，顾方舟带领团队研制出脊髓灰质炎活疫苗。他担心疫苗是否也能在儿童身上发挥作用，于是，顾方舟瞒着妻子喂不到一岁的儿子服下疫苗。为了解决中国运输缺乏冷链运输状况，他进一步研制了脊灰糖丸疫苗。糖丸疫苗的推广，让"脊灰"的年平均发病率从1949年的0.0406‰，下降到1993年的0.00046‰，使数以万计的儿童免于致残。2000年，世卫组织宣布中国为无脊灰状态。医学科学家顾方舟在消灭脊髓灰质炎病毒方面发挥了重要作用，消灭脊髓灰质炎是我国独立自主探索适合中国国情的社会主义建设道路的生动体现。

案例启思

1. 针对脊髓灰质炎，顾方舟为什么强调疫苗研发须符合中国国情？
2. 如何认识党对社会主义建设道路初步探索的重大意义？

教学建议

本案例讲述了我国在20世纪五六十年代，党领导人民探索社会主义建设道路过程中，面对脊髓灰质炎疫情，顾方舟等科研人员坚持按照当时中国的国情进行活疫苗的研究，不畏科研条件的艰苦，终于研制出脊髓灰质炎活疫苗及

第四章 社会主义建设道路初步探索的理论成果

适合中国广泛使用的糖丸疫苗，为我国消灭脊髓灰质炎发挥了重要作用。该案例可帮助学生理解党在中国社会主义建设道路的初步探索中取得的成就，以及党对社会主义建设道路初步探索的重大意义，并且让医学生切身感受到老一辈医学科学家爱国奉献的精神，从而明确在新时代的使命与担当，为民族复兴建功立业。

适用于第二节"初步探索的意义和经验教训"之"初步探索的意义"。

案例六　毛泽东领导爱国卫生运动

案例

爱国卫生运动是具有中国特色的一种卫生工作方式。早在革命战争时期，毛泽东就曾多次倡导过"开展群众性的卫生运动"。新中国成立以后，为了尽快地改善卫生状况，控制疫病流行，从1950年2月开始，全国军民联合开展了春季防疫运动，取得了很大成绩。1952年3月，由于反细菌战争的需要，毛泽东在阅读了新华社中国人民志愿军总分社报送新华社总社的防疫工作资料后，将其批示给周恩来、聂荣臻等，要求"通令东北军区、华北军区、华东军区及华南军区仿志愿军办法组织防疫机构，进行清洁卫生工作"。一场规模宏大的、全民性的爱国卫生运动迅速掀起。当时正在中国调查细菌战的国际科学委员会对此有着很高的评价："今天在中国正在进行着一个伟大的运动，在促进个人和社会卫生。这个运动是受五万万人民全心全意的支持的，这样规模的卫生运动是人类有史以来从未有过的。"

抗美援朝战争结束后，爱国卫生运动也进入了新的历史时期。这一时期的爱国卫生运动以改善农村卫生状况、保护劳动力为主要任务，以除"四害"、讲卫生为主要内容。毛泽东把灭除"四害"作为卫生防疫工作中的一项重要任务，并极为关注。1955年12月，毛泽东在为中央起草的通知中，给爱国卫生运动和卫生工作提出了除"四害"和消灭疾病的任务，即基本上消灭老鼠（及其他害兽）、麻雀（及其他害鸟）、苍蝇、蚊子。1956年1月，又把除"四害"、努力消灭危害人民最严重的疾病列入《1956—1967年全国农业发展纲要（草案）》，具体规定了在一切可能的地方，基本上消灭老鼠等"四害"。

民族复兴的医学梦
——《毛泽东思想和中国特色社会主义理论体系概论》
（2018年版）教学案例集

10月12日，毛泽东在修改《1956年到1967年全国农业发展纲要（草案的修改稿）》时写道："除四害的根本精神，是清洁卫生，人人振奋，移风易俗，改造国家。"在10月13日的最高国务会议的讲话中，毛泽东再次指出："除四害是一个大的清洁卫生运动，是一个破除迷信的运动。……如果动员全体人民来搞，搞出一点成绩来，我看人们的心理状态是会变的，我们中华民族的精神就会为之一振。我们要使我们这个民族振作起来。"英国学者迪克·威尔逊对此评论说，这体现了毛泽东"改变中国人的体质的雄心"。

中共中央和毛泽东的一系列指示和论述，引导着全国爱国卫生运动向讲究卫生、除病灭害的方向深入发展。广大群众充分显示出聪明才智，创造出不少好的工具和办法。四川郫县群众用野生植物"打破碗花花"灭蝇，效果很好，受到毛泽东的赞扬。特别是1958年1月上旬，毛泽东还前往杭州，亲自检查了该市小营巷的卫生状况。1958年2月12日，中共中央、国务院联合发布了《关于除四害讲卫生的指示》，要求开展一场全国性的灭除"四害"的群众运动，掀起了爱国卫生运动的高潮。截至1958年11月上旬的不完全统计，全国已消灭老鼠18亿8000余万只，消灭麻雀19亿6000余万只，以及大量的蚊蝇、蛆蛹和孑孓，同时清除垃圾295亿吨，积肥611亿吨，疏通沟渠长达165万公里，新建和改建厕所8500余万个。这场群众性的爱国卫生运动使环境卫生得到很大的改善，从而更有利于人民群众预防各种疾病，使人民群众少受疾病的侵扰。

据不完全统计，仅从1957年12月至1958年3月间，关于除"四害"、讲卫生问题，毛泽东亲自起草的文件、写的信件和做的批示有10余件。

值得一提的是，毛泽东也非常注意吸收除"四害"运动中的不同意见和建议。对除"四害"的过程中是否应该消灭麻雀，科学界有不同意见，并在报纸、刊物上进行了热烈的讨论。毛泽东仔细阅读了这些材料。1960年3月，他在《中央关于卫生工作的指示》中改变了消灭麻雀的决定，提出"麻雀不要打了，代之以臭虫，口号是'除掉老鼠、臭虫、苍蝇、蚊子'"。接着，3月24日毛泽东在天津会议上重申了这个改变，并风趣地说："这两年麻雀遭殃，现在我提议给麻雀恢复'党籍'。"由此可见，毛泽东在卫生防疫工作中不但关心除"四害"讲卫生，而且在实践中显示了尊重科学的精神。

🔍 案例出处

李洪河：《毛泽东与新中国的卫生防疫事业》，载《党的文献》2011年第2期。（有删改）

第四章　社会主义建设道路初步探索的理论成果

案例解析

三大改造完成后，中国进入了社会主义社会。党领导中国人民开始对独立自主建设适合中国国情的社会主义道路进行了初步的探索。一些重要的有益探索进一步巩固和发展了我国的社会主义制度，为开创中国特色社会主义提供了宝贵经验、理论准备和物质基础，并且深化了对社会主义的认识，不仅丰富了中国社会主义的理论与实践，也丰富了科学社会主义的理论与实践，为其他国家的社会主义建设提供了经验和借鉴。

本案例就是通过毛泽东领导开展爱国卫生运动，生动说明了在社会主义建设初期，党领导人民探索中国发展道路的重大意义。爱国卫生运动是在1952年为反对美国侵略者在朝鲜和中国边境进行细菌战而提出来的一项卫生任务，是具有中国特色的卫生工作方式。毛泽东同志发出"动员起来，讲究卫生，减少疾病，提高健康水平，粉碎敌人的细菌战"的号召，在全国城乡迅速开展广泛的爱国卫生运动，经政务院会议决定成立中央爱卫会，同年成立各级爱卫会，在各级人民政府领导下开展工作。第一任全国爱卫会主任是周恩来总理，后来历届全国爱卫办主任都是由国务院副总理担任。抗美援朝战争结束后，爱国卫生运动继续深入开展，以除"四害"、讲卫生为主要内容，以改善农村卫生状况、保护劳动力为主要任务。其意义是想通过爱国卫生运动来推进社会主义建设，毛泽东明确"除四害的根本精神，是清洁卫生，人人振奋，移风易俗，改造国家"。他指出，爱国卫生运动实际上也是一场破除迷信的运动，在这场人人参加的活动之中，通过清洁中国能够使人们的心理状态发生改变，我们中华民族的精神就会为之一振。爱国卫生持续开展，一直延续到今天，在共和国成立的这70年中取得了一系列成绩，2017年，世界卫生组织向中国爱国卫生运动颁发"社会健康治理杰出典范奖"。世界卫生组织西太平洋地区主任申英秀在颁奖致辞中指出："爱国卫生运动卓有成效。它帮助减少了疟疾和血吸虫等疾病的流行，在改水改厕方面取得巨大突破，让更多的百姓能够获得清洁安全用水和用上改良厕所，改善了垃圾和废水管理。所有这些，都是重要的公共卫生干预措施，并为中国成功提高预期寿命打下了基础。"爱国卫生运动为我国经济社会的发展立下了功勋，为我国医疗卫生事业的发展奠定了坚实的基础。

案例启思

1. 开展爱国卫生运动的目的是什么？
2. 党领导人民对社会主义建设道路的有益探索有什么重要意义？

民族复兴的医学梦
——《毛泽东思想和中国特色社会主义理论体系概论》
（2018年版）教学案例集

教学建议

本案例通过毛泽东领导爱国卫生运动，从一个角度说明了党领导人民探索社会主义建设道路，让学生明确在社会主义建设初期一直延续至今的爱国卫生运动是独具中国特色的工作方式，成功地探索社会主义建设的经验，对于巩固社会主义制度和建设中国特色社会主义道路具有重大意义。通过了解社会主义建设初期的爱国卫生运动，也可以使医学生明确医学与政治的关系，从而更好地投入健康中国战略实践中。

适用于第二节"初步探索的意义和经验教训"之"初步探索的意义"。

案例七　马寅初"新人口论"遭批判

案例

1957年2月27日，在最高国务会议第十一次（扩大）会议上，马寅初再次提出新人口论，"我们的社会主义是计划经济，如果不把人口列入计划之内，不能控制人口，不能实行计划生育，那就不成其为计划经济"，得到毛泽东赞赏。

毛主席说："人口控制在六亿，一个也不多啦？这是一种假设。现在每年增长一千多万。你要它不增长，很难，因为现在是无政府主义状态，必然王国还没有变成自由王国。在这方面，人类还完全不自觉，没有想出办法来。我们可以研究也应该研究这个问题。政府应该设立一个部门或一个委员会，人民团体可以广泛地研究这个问题，是可以想出办法来的。总而言之，人类要自己控制自己，有时候使它能够增加一点，有时候能够使它停顿一下，有时候减少一点，波浪式前进，实现有计划的生育。这一条马寅（初）老讲得很好，我跟他是同志。从前他的意见没有放出来，有人反对，今天算是畅所欲言了。这个问题很值得研究，政府应该设机关，还要有一些办法。人民有没有这个要求？农民要求节育，人口太多的家庭要求节育，城市、农村都有这个要求，说没有要求是不适当的。"毛主席还说："要提倡节育，要有计划地生育。我看人类是最不会管理自己了。工厂生产布匹、桌椅板凳、钢铁有计划，而人类对于生

100

第四章　社会主义建设道路初步探索的理论成果

产人类自己就没有计划了，这是无政府主义，无组织无纪律。这样下去，我看人类是要提前毁掉的。中国六亿人口，增加十倍是多少？六十亿，那时候就快要接近灭亡了。我今天不着重谈节育问题，因为我们邵力子先生是个专门的名家，他是大学专科毕业的，比我高明。还有我们李德全部长，也很注意这个问题。关于这个问题，政府可能要设一个部门，或者设一个节育委员会，作为政府的机关。人民团体也可以组织一个。因为要解决技术问题，设一个部门，要有经费，要想办法，要宣传。"毛泽东在3月1日的讲话中又明确说："是不是可以搞成有计划地生产，这是一种设想。"

1957年11月3日，《人民日报》社论提出"大跃进"口号，各地放卫星，导致毛主席错误判断，甚至认为："现在看起来搞十几亿人口也不要紧，把地球上的人通通集中到中国来粮食也够用。"

1958年2月，在一届人大五次会议上，马寅初和邵力子两位先生再次提出节制生育的主张，但已经与当时的政治气氛"不合拍"。"大跃进"的到来是毛泽东的一个思想转折点。毛泽东陶醉于"大跃进"的喜悦之中，以为事实再一次证明了他的预见，"在共产党领导下，只要有了人，什么人间奇迹也可以造出来"。

正是在全国"大跃进"、人多好处多的浓浓氛围中，节制人口的声音被淹没了。为了扫除"大跃进"的思想理论障碍，毛泽东批判了党内外"反冒进"主张的理论依据——马寅初先生按比例发展的"综合平衡论"，"新人口论"则是综合平衡理论体系的重要组成部分。

1958年5月4日北京大学60周年庆祝大会上，陈伯达到会突然发难，说："马老要做检讨。"5天后，《光明日报》等紧跟其上，掀起批判马寅初"新人口论"和经济理论的高潮。7月1日康生到北大做报告，说批判马寅初是根据毛泽东的部署发动的，阴阳怪气地说："听说你们北大出了个'新人口论'，它的作者也姓马。这是哪家的马啊？是马克思的马呢？还是马尔萨斯的马？我看是马尔萨斯的马。"冷眼相对的马寅初最后则大声反驳："我马寅初是马克思的'马'家！"至此，矛盾公开并激化。当时，全国到处宣传毛主席"人多是好事"的观点。

1959年后中苏关系破裂，全党全国开展"批修运动"并准备打世界大战，甚至声称6亿人口死1/3仍然是大国，既然要打仗，人多就是重要资源和实力。马寅初主张节制生育的人口理论自然就同毛主席的人多好处多论大相径庭了。

民族复兴的医学梦
——《毛泽东思想和中国特色社会主义理论体系概论》
（2018年版）教学案例集

案例出处

穆光宗：《毛泽东强烈反对计划生育：有人就能造出"人间奇迹"》，人民网，2010年12月27日，http://history.people.com.cn/GB/20 5396/13590253.html。（有删改）

案例解析

党对社会主义建设道路的初步探索，取得了巨大成就，积累了丰富的经验，但是，同时也遭受严重挫折，造成了严重后果，留下了深刻的教训。经验教训使中国共产党人懂得，必须把马克思主义与中国实际相结合，探索符合中国特色的社会主义建设道路；必须从实际出发进行社会主义建设，建设规模和速度要和国力相适应，不能急于求成。社会主义建设道路初步探索的正反两方面经验，为今天坚持和发展中国特色社会主义提供了重要借鉴。

本案例中，毛泽东最初对马寅初的"新人口论"表示支持，提出"有计划的生育"，但是，"大跃进"的到来使毛泽东对人口问题的认识发生了变化，马寅初的"人口论"遭到批判。

毛泽东认为，"人民群众有无限的创造力。他们可以组织起来，向一切可以发挥自己力量的地方和部门进军，向生产的深度和广度进军，替自己创造日益增多的福利事业"。1958年4月15日，毛泽东在《介绍一个合作社》中指出："除了党的领导之外，六亿人口是一个决定的因素。人多议论多，热气高，干劲大。"正是在全国"大跃进"、人多好处多的浓浓氛围中，节制人口的声音被淹没了。毛泽东忽视了人口增长与社会发展之间的客观规律，脱离实际地认为："天上的空气，地上的森林，地下的宝藏，都是建设社会主义所需要的重要因素，而一切物质因素只有通过人的因素，才能加以开发利用。"在加快建设社会主义的"总路线"指导下，忽视了中国的国情，滋长了骄傲自满的情绪，犯了急于求成的错误。这样，我国的人口从新中国成立初期的5亿4000万到20世纪70年代末的接近10亿，人口与经济发展的矛盾日益凸显。这也是我们在社会主义建设初期的一个重要教训。

案例启思

1. 社会主义建设初期，我国人口政策为什么会发生改变？
2. 初步探索社会主义建设的经验教训是什么？

第四章　社会主义建设道路初步探索的理论成果

教学建议

本案例通过新中国成立初期我国人口政策的曲折历程，说明在特定的政治环境下，我们对"人"的重要性的理解违背了实事求是、一切从实际出发的客观规律，在对怎样建设社会主义的问题上，存在着脱离实际、超越发展阶段的做法，导致我国社会主义建设道路的探索遭遇严重挫折。通过案例学习，让学生明确社会主义建设道路初步探索存在正反两方面经验，只有从中国实际出发，符合中国规模与建设速度的发展才是正确的发展之路，从而坚定走中国特色社会主义发展道路的信念。

适用于第二节"初步探索的意义和经验教训"之"初步探索的经验教训"。

第二编 邓小平理论、「三个代表」重要思想、科学发展观

第五章　邓小平理论

案例一　医护人员怀念邓小平

案例

邓小平不仅是20世纪中国伟大的政治家，是我党享有崇高威望的卓越领导人，同时，在中国人民心目中，邓小平还是一位爱生活、爱运动的长寿老人。本报记者日前采访了曾经工作在邓小平身边的三位医护人员，他们中有跟随邓小平20年的医生，也有只在他身边工作过2个月的保健护士。他们的生动描述，为我们展开了一代伟人平凡而又真实的生活画卷。

记者在北京医院见到王新德教授时，他正在工作。这位曾在邓小平身边工作了近20年的医生，也已经是80岁的老人了。

"小平同志不仅让我们医生感到不紧张，最重要的是，他非常配合我们的治疗。"王教授深有感触地回忆起给小平同志看病时的情景，"小平同志是位随和的首长，很和气。非常配合医生的工作，神经内科的常规检查非常烦琐，但是，他从来没有拒绝过任何一项检查，让他抬抬腿、走几步，包括拿叩诊锤敲膝盖下部检查膝反射等，他都很愉快地配合，从没有表现出不耐烦。因此，每次检查的一个小时，总是很愉快地就过去了"。

从1978年开始，王教授每周都要去邓小平家里一次，为他进行全面检查。这种情况一直持续到1997年年初。在王新德教授的记忆里，邓小平对待疾病有两个特点，一是乐观，二是从不细问。每次医生问他感觉怎么样，小平同志总是回答："好一点。"平时，邓小平非常配合医生的治疗计划，完全按照医

嘱做，从不多问自己的身体怎么样，病情如何等问题。

还有一件事情能够体现出邓小平对医学的尊重。那就是大家都知道的——戒烟。郭勤英回忆，1989年以后，医生们考虑到邓小平上了年纪，想劝他戒烟。对于一个有长期"烟史"的人来说，戒烟无疑是一件很痛苦的事。郭勤英对记者说，在医生明确告诉他，老年人的肺功能会逐渐减弱，戒烟对健康非常关键之后，小平同志非常听医生的话，戒烟取得了成功。郭勤英补充说："在戒烟这件事情上，我特别佩服老人家的毅力。不管从前他烟吸得多么凶，说戒就戒，非常干脆。而且不像其他人戒烟那样，开始要吃些瓜子、花生什么的，小平同志从来没有为戒烟吃过这些东西。"

"小平同志的健康状况一直都很不错，只是到晚年患上了'帕金森病'，这是一种损害神经系统的疾病，非常折磨人，但是老人家从来没有呻吟过一声，他躺在那里很安静，就像没有人在房间里一样。"郭勤英说。

邓小平在家里话不多，但他对周围的事情观察得却很仔细，遇事总是考虑别人是否方便、对别人是否有利。对这一点，郭勤英深有体会："小平同志从来不向医护人员提要求，身体哪儿不舒服也不爱主动说，不想给我们添加任何压力或麻烦。所以在工作中，我们只好要求自己仔细再仔细，老人家有任何不适都要靠我们在第一时间去发现。"

大家都知道，邓小平曾留下遗嘱，表示去世后要捐献出自己的眼角膜。但很少有人知道，他在88岁的时候，还想义务献血。这是最令郭勤英感动的事情之一。

"那是1992年6月的一天，我陪老人家看电视新闻，其中有一条消息是国家要颁布义务献血条例。以前是无偿献血，但对献血者以后患病怎么办没有任何规定，而新条例则明确规定了献血者以后用血的优惠条件，使献血走向法制化。看到这里，我突然发现老人家在看他的右前臂，我问他怎么了。他说：'看，我的胳膊有红色，我可以献血。'原来他在考虑自己献血的事情。我说：'你不用献了，献血是有年龄限制的，你已经超龄了。'"郭勤英充满感情地说，"虽然未能实现献血的愿望，但由此却能看到一位老人的爱心啊。"

郭勤英说，小平同志平时生活很规律，热爱运动。

就在他家这个充满绿色的小院里，邓小平每天早晚都要沿着院子的最外圈走18圈。无论寒暑，从不间断。"18圈走下来，估计也有六七里地呢。"郭勤英说，"每次散步的圈数都由他自己默数，走完就回屋，非常准确，从不让我们提醒。"

除了散步，邓小平晚年还自编了一套适合自己全身活动的体操，每天上午必做一次——规律的生活正是他保持健康的法宝。

第五章 邓小平理论

邓小平兴趣广泛，最喜欢的运动是游泳和打桥牌。他曾对郭勤英说："我能游泳说明我的身体还行，我能打桥牌说明我的脑子还好用。"

每年夏天，邓小平都要到海里游泳。在他80多岁时，每次还能游一个多小时。"有时遇到天气不好，海面上风浪比较大，工作人员劝他不要游了，但他还是坚持游一会儿才上岸。为了不影响工作人员吃午饭，他总是抓紧时间换衣服，准时离开浴场，时间观念极强。"朱秀芬对记者说道。

朱秀芬今年53岁，1987年夏天，她在北戴河负责邓小平的暑期保健。虽然只有两个月不到的时间，但邓小平给她留下的印象非常深刻："那时的小平同志已经年过八旬，但看上去精神很好，身体很健康。每天上午9点多，总能看到他迈着稳健的步子走向海滩，然后向大海深处游去。有时海面有风，大浪一个接着一个涌来，我们担心他的身体吃不消，就通过浴场里的望远镜向海面望去，结果见他游得很自在，头露在海面上，随着海浪一起一伏，很是轻松，我们悬着的心也就放下了。为了更好地掌握游泳时间，工作人员想了一个办法，用一根竹竿系上一面小红旗，看时间差不多了，就举着小旗摇晃，小平同志见到了，就会马上往回游了。"

除了游泳，邓小平的另一项爱好就是打桥牌。

郭勤英说，小平同志爱打桥牌且牌风犀利。如果没有大事，他每周末都要在家里打，有时也到人民大会堂参加桥牌比赛，而且每次参加比赛都能获奖。

"平常在家打牌，有时儿女们也参加。以前打桥牌，都是小平同志自己洗牌、发牌。后来年龄大了，就由邓楠帮着洗。偶尔他们不在，就由我们值班人员代替。我们不熟练、动作慢，老人家就会风趣地说：'都是他们逃避，打乱了我们的部署。'"郭勤英充满温馨地向记者回忆道。

邓小平是一位伟人，他的思想的博大精深是普通人难以企及的，但是，他的生活却又和普通人一样朴实。在邓小平的一生中，政治上"三落三起"，个人生活与家庭成员也屡遭坎坷，但他在逆境中从不怨天尤人，始终保持乐观的心态。他周围的医护人员都表示，小平同志得享93岁高龄，与他朴素的生活方式、乐观积极的生活态度是分不开的。

邓小平曾经说过："我是中国人民的儿子，我深情地爱着我的祖国和人民。"人民也永远深情地热爱他。

案例出处

周鹤、薛原：《88岁还想献血 保健医生怀念邓小平》，新华网，2004年8月20日，http://www.china.com.cn/zhuanti2005/txt/2004－08/20/content_5641009.htm。（有删改）

民族复兴的医学梦
——《毛泽东思想和中国特色社会主义理论体系概论》
（2018年版）教学案例集

案例解析

邓小平是20世纪的三位伟人之一，是我国改革开放和现代化建设的总设计师，顺民意，挽狂澜，吹响改革开放号角，实现伟大历史转折，中国人民以昂扬姿态踏上富起来的新征程。以邓小平为主要代表的中国共产党人，开辟中国特色社会主义道路，创立邓小平理论。当代中国为何能发生沧桑巨变？改革开放如何改变了中国又改变了世界？新时期党和国家全部理论和实践的主题是什么？我们需要到邓小平理论中寻找这一切的初始密码。正是邓小平理论的思想武装与指导，打下了中国特色社会主义道路坚实的基础。

邓小平不仅是20世纪中国伟大的政治家，是我党享有崇高威望的卓越领导人，同时，在中国人民心目中，他还是一位爱生活、爱运动的长寿老人。邓小平的个人品质体现在他的健康生活之中。本案例通过在邓小平身边工作的三位医护人员的回顾，可以从邓小平的生活细节与兴趣爱好上感受到这位伟人的优秀品质。邓小平热爱生活，平时生活很规律，热爱运动，兴趣爱好广泛。他最喜欢散步、游泳和打桥牌，为了健康还果断戒掉了长期的烟瘾，从中可以感受他的坚强意志。正因此，他早年才能"跟着走"完长征。在他一生政治生涯的"三落三起"中，虽然他个人与家庭成员屡遭坎坷，但他在逆境中从不怨天尤人，没有失去信仰，这与他始终坚毅、乐观的品质有很大的关系。因此，毛泽东曾评价他是"绵里藏针"，开"钢铁公司"的。邓小平还是一位彻底唯物主义者，他在88岁的时候，还想义务献血，去世后还捐献出自己的眼角膜，马克思主义的理论品质处处体现在他的思想与行为当中。

案例启思

1. 通过对邓小平身边的医护人员的回忆，感受到邓小平具有哪些优秀品质？
2. 邓小平的个人品质与邓小平理论之间是什么关系？

教学建议

此案例通过邓小平身边的医护人员对邓小平朴素的生活方式、乐观积极的生活态度的描述，能够非常直观地体会伟人邓小平的平凡生活，向学生更加立体、鲜活地呈现邓小平的生活趣事及个人品质，可以从一个侧面感受到邓小平理论的品质，是中国化的马克思主义。邓小平的人格魅力，不仅可以激发学生学习邓小平理论的兴趣，还可以加深对伟人邓小平的热爱，从而帮助学生培养正确的人生观、价值观、世界观。

适用于第一节"邓小平理论的形成"。

第五章　邓小平理论

案例二　邓小平关于医疗卫生工作的论述

邓小平同志多次强调我国一切事业的发展都必须从我国的具体实际出发，建设有中国特色的社会主义。邓小平关于有中国特色社会主义理论的内容极为丰富，建设具有中国特色的医疗卫生事业是其重要组成部分。邓小平关于医疗卫生工作做过许多论述。

一、搞好医疗卫生工作具有重要意义

邓小平十分重视医疗卫生工作，曾多次强调搞好医疗卫生工作是社会主义国家面临的一项重要任务，是社会主义制度的本质要求。早在1948年6月6日，邓小平在《贯彻执行中共中央关于土改与整党工作的指示》中就指出，"我们军队在新区要成为执行党的全部正确政策的模范，必须认真执行三大纪律，八项注意，严格执行保护城市、保护工商业、保护学校医院及一切公共建筑和财产的政策，禁止对任何东西的破坏和浪费"。这里邓小平强调学校、医院等是要加以保护的，这是我们党的正确政策，是我国革命和建设的需要。新中国成立后，他又多次强调要搞好医疗卫生工作，开展大规模的爱国卫生运动，这不但是社会主义制度的本质决定的，也是广大人民生活的客观要求，有利于提高整个中华民族的素质。1956年9月18日，他在《关于修改党的章程的报告》中指出："我们在大规模的消灭鸦片烟毒的运动中的胜利，在大规模的爱国卫生运动中的胜利，以及在生产建设和其他各项工作中的胜利，哪一件不是因为这个运动或者这件工作的本身，确实反映了广大群众的要求，并且变成了广大群众自觉自愿的行动的结果呢？"

党的十一届三中全会以后，通过拨乱反正，重新确立了党的正确的思想路线、政治路线和组织路线，各项工作蓬勃发展。在这一大好形势下，邓小平告诫全党和全国各族人民必须重视医疗卫生工作，各级组织要把医疗卫生事业作为一项重要任务来抓。1978年10月11日，他在中国工会第九次全国代表大会上做的《工人阶级要为实现四个现代化作出优异贡献》致辞中要求："工会

组织要督促和帮助企业行政和地方行政在可能的范围内,努力改善工人的劳动条件、居住条件、饮食条件和卫生条件,同时要在工人中间积极开展各种形式的互相活动。"1979年11月12日,在《高级干部要带头发扬党的优良传统》一文中又强调,全党各级干部要恢复和发扬党的三大优良传统和作风,切实关怀广大群众的生活,关怀人民群众的医疗卫生状况,等等。他说:"过去领导同志到一个单位去,首先到厨房去看看,还要看看厕所,看看洗澡的地方。现在这样做的人还有,但是不多了。"因此,必须采取各种措施,尽快改变这种状况,多关心人民群众的生活,密切党群关系。

二、医疗卫生事业的发展必须与社会经济文化的发展相适应

社会主义现代化建设是一项全面的系统的工程,要求各方面的工作必须有计划地按比例地发展,医疗卫生事业也应依据我国的经济状况和人民对健康的需求而发展。1980年1月16日,邓小平在中央召集的干部会议上指出,必须搞好农、轻、重的比例,不仅如此,"还有一个重要的比例,就是经济发展和教育、科学、文化、卫生发展的比例失调,教科文卫的费用太少,不成比例"。"我们非要大力增加教科文卫的费用不可。"同年12月25日,邓小平在中央工作会议上进一步强调,"教育、科学、卫生、文化事业,还要尽可能地继续发展"。在这一思想的指导下,党的十一届三中全会以后,我国的文化、教育、卫生事业得到了迅速的发展。

三、培养医学人才,加强医学科学研究

"科学技术是第一生产力",这一论断是邓小平对马克思主义理论的一个重要贡献。当代社会,经济的发展,民族的振兴、繁荣,越来越依靠科学技术,这就要求我们加强各方面的科学研究,促进我国科学技术日新月异。邓小平在《关于科学和教育工作的几点意见》一文中指出,要加强科学研究活动,"各个领域都有要研究的问题,理科、工科、农科、医科都有"。根据邓小平同志的上述指示精神,把"依靠科技进步"列为我国新时期的卫生工作方针之一。为了更好地加强各项科学研究工作,应该有计划地、认真地对干部、工人进行正规培训,"提高所有受训干部、工人的政治觉悟和业务能力,并且经过考核,从中发现和选拔优秀人才"。医学科学研究也必须加强人才培养,同时还要改善他们的生活、工作条件,提高他们的政治地位。全党、全国要形成"尊重知识、尊重人才"的良好社会风气。各级医院,科研单位,要精简机构,加强业务学习,搞好专业技术职称评定,调动广大医疗工作者的积极性、主动性,发挥其创造性,提高工作效率,努力为我国的医疗卫生事业做出应有

的贡献。1980年3月12日，邓小平在中央军委扩大会议上还指出："军队医院也可以实行医务人员的制度，定技术职称。"

四、重视做好计划生育工作

1953年，邓小平首次提出节育问题。他多次强调我国人口多、耕地少，严重影响人民的吃饭、教育、就业、卫生等，因此，"我们要大力加强计划生育工作"。计划生育工作搞得好坏，直接影响到我国社会主义现代化建设的发展进程，关系到我国各族人民生活水平的提高。1980年9月7日，邓小平在四川省视察时说："计划生育提倡每对夫妇生一胎，一定要坚持。这个不能让步，这个杠杆冲破了，四化就没有希望了，它对国民经济关系很大。"同年9月9日，他在会见联合国人口活动基金会执行主任拉菲尔·萨拉斯等一行时进一步强调："我们的人口问题，现在已成为一沉重的负担。人太多了，虽然也有好处，但现在看起来，缺点更多，与我们经济发展的水平不适应，每年增加的人口把我们增加的生产一下子就抵销了。"他还指出我国实行计划生育的长期性和艰巨性："我们现在提出控制人口的发展，至少要搞20年。……中国封建社会是几千年的传统，这个传统就是想多生孩子。所以，现在我们提倡一对夫妇生一胎，这个问题就大了。因为中国每年过年贴的对联都是'人畜兴旺'，传统的话就是'多子多福'。所以，思想对不上，工作繁重。但不控制不行，否则增加国民收入，改善人民生活就不容易。还有一个大问题，就业问题，也不能解决。所以是一件很困难的事情，但必须做。"

🔍 案例出处

丁名宝、蔡孝恒：《邓小平关于医疗卫生工作的论述》，见《毛泽东卫生思想研究》，湖北科学技术出版社1993年版。（有删改）

✏️ 案例解析

中华人民共和国的成立和社会主义基本制度的建立，开创了中国历史的新纪元。尽管我们的社会主义制度由不完善到比较完善必然要经历一个长久的过程，但是，毫无疑问，这一制度已经初步地、有力地显示出了它的优越性，表现出强大的生命力。邓小平指出，社会主义制度优于资本主义制度，社会主义道路是正确的。"只有社会主义才能救中国，只有社会主义才能发展中国。""过去行之有效的东西，我们必须坚持，特别是根本制度，社会主义制度，社会主义公有制，那是不能动摇的。"邓小平对医疗卫生工作的一些重要论述，体现了社会主义的基本原则，反映了人民的利益和时代的要求，廓清了不合乎

民族复兴的医学梦
——《毛泽东思想和中国特色社会主义理论体系概论》
（2018年版）教学案例集

时代进步和社会发展规律的模糊观念，进一步深化了对社会主义现代化建设规律的认识。

在本案例中，邓小平对医疗工作的论述主要有四个方面：一是强调医疗卫生工作的重要意义，它关系到广大人民群众的生活以及党群关系，是社会主义制度的优越性的重要体现，因此，强调搞好医疗卫生工作；二是认为医疗卫生工作是社会主义现代化建设的重要内容，不能只顾经济发展，而忽视了科教文卫的发展，强调要对科教文卫的发展加大投入；三是要加大对医学人才的培养，加强医学科学研究，提出把"依靠科技进步"列为我国新时期的卫生工作方针之一，这是"科学是第一生产力"的重要体现，因此，要形成"尊重知识、尊重人才"的良好风气；四是根据我国人口多、耕地少，严重影响人民的吃饭、教育、就业、卫生等方面的具体情况，提出了计划生育的工作。在邓小平这些方面的论述当中，现实问题是产生理论的土壤，理论的产生能够更好地指导实践。邓小平指出："我们现在所干的事业是一项新事业，马克思没有讲过，我们的前人没有做过，其他社会主义国家也没有干过，所以，没有现成的经验可学。我们只能在干中学，在实践中摸索。"我国改革开放和社会主义现代化建设的崭新实践，是人民群众生机勃勃的伟大创造，是理论发展的源泉。邓小平正是从社会主义现代化的实践要求出发，强调要高度重视医疗卫生事业的发展，使其必须与中国社会经济文化的发展相适应。正是在邓小平理论的指导之下，党的十一届三中全会以后，我国的医疗卫生事业得到了迅速的发展。

案例启思

1. 邓小平理论关于医疗卫生工作的论述有哪几个方面？
2. 如何理解改革开放和现代化建设的实践是邓小平理论形成的现实依据？

教学建议

本案例通过邓小平关于医疗卫生工作四个方面的论述，有助于学生清楚认识到邓小平理论是以邓小平为主要代表的中国共产党人立足中国又面向世界，总结历史又正视现实、放眼未来，把马克思主义基本原理同中国的国情和时代特征结合起来，在研究新情况、解决新问题的过程中形成发展起来的，从而明确改革开放和现代化建设的实践是邓小平理论形成的现实依据。今天的医疗卫生的迅速发展离不开改革开放和社会现代化建设，加深对邓小平是改革开放和社会主义现代化建设总设计师的认识，从而准确把握邓小平理论就是中国特色社会主义理论，是我们的指导思想。

第五章 邓小平理论

适用于第一节"邓小平理论的形成"之"邓小平理论的形成条件"之"改革开放和现代化建设的实践是邓小平理论形成的现实依据"。

▶ 案例三 "微博控"卫生厅厅长期待"有争议没骂名"

 案例

2008年,上任之初的刘维忠提出走中医特色的甘肃深化医药卫生体制改革(简称"医改")之路,之后数次陷入风波,网上针对他的各种调侃和质疑从未间断过。但无论有多少争议,作为欠发达地区的甘肃,走中医特色的医改探索之路也从未间断。2011年7月,国家中医药管理局与甘肃省人民政府签署《共建中医药发展综合改革试点示范省协议》。和甘肃一同进入这个综合改革试点名单的,还有上海市浦东新区、北京市东城区、河北省石家庄市医改试验区。

王国强并不避讳当面"力挺"刘维忠:"他敢于去碰这个敏感的问题,敢于去改革、去创新中医药发展的一些政策,替中医说些公道话,他本身冒着风险,也顶着压力。他从开始就感受到了,但是他矢志不渝地坚持。"

日前,刘维忠接受了《中国青年报》记者的专访。这是他在"任督二脉"风波之后,首度直面媒体。

《中国青年报》:你在上任后就推出"走中医特色的甘肃医改之路"这个思路,当时怎样想的?

刘维忠:当时黑龙江"双黄连事件"轰动全国。双黄连(中医注射剂)打死了十几个人,最后查出来双黄连制剂没有问题,是西医不懂这个,把中药制剂当西药来用,不管来个什么病人,都把双黄连当成消炎药用,给寒症的病人用了大寒的双黄连,把十几个病人打死了。我就在想这个问题,如果西医学点中医知识,在开中成药的时候能辨证医治,就不会把病人治死。让西医学中医,不是让西医开方子,是要西医懂一点中医知识,一是不要反对中医,二是开中成药时想想这不是西药。

民族复兴的医学梦
——《毛泽东思想和中国特色社会主义理论体系概论》
（2018年版）教学案例集

《中国青年报》：最终是什么让你选择了这条路？

刘维忠：便宜。甘肃的基本省情是穷，没钱就想没钱的路子，没钱就只能是中医，西医大部分比较贵，中医疗效又好又便宜。选择中医不是不用西医，是把中医的量加一加，让两者均衡一下。

《中国青年报》：为什么给外界的印象是甘肃这几年在搞"中医大跃进"？

刘维忠：如果来甘肃看一看，看看老百姓的反应就不会这么说了。发展快就成"大跃进"了？不能这么讲。

《中国青年报》：你自己也说灵感来自毛主席主导的两场运动"城市医生下乡"和"西医学中医"，你的思维是否受到那个年代的影响，或者你的性格当中是否有那个年代的痕迹？

刘维忠：还是不能脱离甘肃的省情。有的记者（这样）写是想把我写成保守的形象，我推动中医是保守的形象，他就想把你打造成这个形象，跟那个年代没有关系。老百姓需要这个东西，对的事情为什么不做？现在到基层看看，老百姓生了小病，用中医方法不花钱或少花钱就看好了，这样就把基层的问题解决了。这条路是对的，有些人反对那就没办法了。

《中国青年报》：是什么力量让你一定要冲破阻力，始终坚持？

刘维忠：做一件事情，要坚持，认定对了就去做，否则什么都做不成。

《中国青年报》：你搞"西医学中医"，有考虑过后果吗？当时听说有省人民医院的医生直接找省领导告状？

刘维忠：不是省人民医院，哪个医院的我不知道。网上也骂，有人来问我，"'西医学中医'是你想的还是谁想的，为什么要'西医学中医'？"我当时压力大，内外交困。我就想，这个是老百姓性命攸关的事，要顶住。西医骂，不少人都不理解。那时我还刚上任，头发都白了。

《中国青年报》：你有没有反思过，为什么会遭到不理解？

刘维忠：新的事物出现总会遭到不理解，人们习惯按老模式走，新的模式人们怕麻烦。好多西医刚开始也反对，担心这么一改，评不上职称了。后来发现不影响，因为西医发现只是让你学点中医知识——之前一年有500人评上了高级职称，实施之后每年评上的有1000多人。还有一个不反对的原因在于，《中国中医药报》发了两篇评论，非常关键，说甘肃的"西医学中医"创造了新的医学模式，在医学界扭转了舆论，省委、省政府领导对"西医学中医"做了批示，有了领导的批示，政界就不反对了。对评职称没有负面影响，西医也不反对了。

《中国青年报》：当时都反对，想过放弃吗？

刘维忠：老百姓不反对。不放弃，我做事没有这种习惯。甘肃有句土话，

第五章 邓小平理论

"宁可累死牛，也不能打住车"。

《中国青年报》：在"任督二脉"这件事上，你甚至说"愿意牺牲自己的政治前途换得中医药发展"。是不是媒体断章取义？

刘维忠：那是（微博上）一个人关心我，说你别做这个事了，会影响你的政治前途，我说如果中医上去了，搭上我的政治前途我也愿意。媒体就拿去炒作了。"任督二脉"也不是我弄的，是我的一个职工放在网上的，但我也不能推到这个职工身上。

《中国青年报》：能不能还原一下"任督二脉"这件事的来龙去脉和你在这件事情上的心态变化？

刘维忠：这件事我没害怕，因为我没做坏事，只是大家对中医经络知识不了解，包括"猪蹄汤"事件，好多人骂你并不是出于恶意，认为没道理他就骂你，他也不去做实验。比如我提出的黄芪乌梅汤降血糖，直到现在还有人骂，如果有糖尿病人，试了觉得没用，你再骂也行。

《中国青年报》：这个问题可能有点尖锐。趋利避害是人之常情，官员们都热衷说正确的话，你在微博里时常流露真性情，经常说真话、得罪人的话，为什么要选择这样的方式？会不会觉得在官场上自己有点不合群？

刘维忠：（微博上）有人说坏话，有人说好话，在争议的过程中，也把甘肃中医宣传出去了，有负面效应，也带来了正面效应。在甘肃这个穷地方，全国的人能来这儿看中医，这个后续效应就出来了。好多中医发微博，说要来支援甘肃中医（事业）。

网络不宣传，谁还知道有个甘肃中医。我的目标是打造甘肃中医旅游目的地。我们班子非常团结，没有不合群。如果没有人知道，这个产业就起不来。

《中国青年报》：从2008年上任之初提出走中医特色的甘肃医改之路，你个人遭遇了很大的阻力，工作推动得很艰难吗？

刘维忠：不是很艰难，（因为）有省委、省政府的支持。整个体制不推动，你一个人是推不动的。

《中国青年报》：你拿什么办法来推动？

刘维忠：2008年以来，省里不断推出了30多条政策，各部门都在出政策，如组织部、编办、财政厅、人社厅、农业厅、林业厅、商务厅、教育厅、旅游局等。这些年来，卫生厅与别的部门合作得很好。各部门只有很好地合作，甘肃的事业才能很好地发展。比如说文化厅拍了5部戏，与我们合作。我们与每个部门都能很好地合作。

《中国青年报》：说到戏，我注意到，你组织人拍了很多戏，你为什么这么热衷拍戏？

民族复兴的医学梦
——《毛泽东思想和中国特色社会主义理论体系概论》
（2018年版）教学案例集

刘维忠： 发展中医，是为了让老百姓生病吃中药。培养那么多（中）医生，老百姓还是不吃中药，有什么用？这是观念的转变。比如说艾滋病，刚开始发了那么多宣传材料，谁看了？没人看。我们把艾滋病的传播途径拍到戏里（戏剧名为《百合花开》——记者注），老百姓把戏看了，全知道了，甘肃艾滋病一直是低流行，与这部戏有很大的关系。只培养医生，老百姓不配合有什么用？戏剧用潜移默化和喜闻乐见的形式，宣传卫生政策，让老百姓更好地接受。

案例出处

张鹏、张晗：《甘肃卫生厅长否认搞"中医大跃进"称符合省情》，载《中国青年报》2012年8月29日。（有删改）

案例解析

邓小平理论贯串解放思想、实事求是的思想路线。搞革命，要解放思想，实事求是；建设社会主义，也要解放思想，实事求是。1978年党的十一届三中全会召开前夕，在中央工作会议上邓小平发表《解放思想，实事求是，团结一致向前看》的讲话，明确指出："一个党，一个国家，一个民族，如果一切从本本出发，思想僵化，迷信盛行，那它就不能前进，它的生机就停止了，就要亡党亡国。"解放思想是实事求是的前提，实事求是是解放思想的目的，两者是相统一的。邓小平说过："解放思想，就是使思想和实际相符合，使主观和客观相符合，就是实事求是。"邓小平理论坚持解放思想、实事求是，在新的实践基础上继承前人又突破陈规，有力地推动和保证了改革开放的进行，在改革开放和现代化建设过程中，邓小平在关键时刻做出的每一项重大决策，都体现了解放思想、实事求是的思想路线。解放思想、实事求是的思想路线，体现了辩证唯物主义和历史唯物主义的世界观方法论，体现了革命胆略和科学精神的统一，是邓小平理论的活的灵魂，是邓小平理论的精髓。

本案例中，刘维忠推出"走中医特色的甘肃医改之路"。他结合国情和甘肃省情，一切从具体的实际出发，意识到西医强，中医弱，中央和省级投入74亿元，结果70多亿元给了西医，给中医的不足4亿元。但是，中医的"物美价廉"是老百所需要的。刘维忠从老百姓的实际出发，强调要大力发展中医，让更多的老百姓看得起病，治得好病，从而解决当地百姓看病难、看病贵的问题。他所提倡的大力发展中医的思想，遇到了许多的阻力，诸如西医的反对声和一些对中医的质疑声，但他还是坚持他的思路，力排众议，不断呼吁发展中医，并且用喜闻乐见的形式宣传和普及中医知识，诸如拍摄电视片的方

第五章 邓小平理论

式,甚至利用黑龙江因西医不懂中医知识,把中药制剂当西药来用,给寒症的病人用了大寒的双黄连,把十几个病人打死了的轰动一时的"双黄连事件",主张西医也要懂点中医知识。刘维忠这种坚持中医特色的甘肃医改之路,是邓小平理论"解放思想、实事求是"精髓的典型体现。

刘维忠提出中医特色的甘肃医改之路,是在了解甘肃省情基础之上具有特色的一次医改大尝试,难免会遇到风险与阻力。正如中国特色社会主义事业及改革开放都是前人没有走过的道路,因此,邓小平在改革开放理论中,明确强调"改革是中国的第二次革命",其革命性意义在于体制的改革不是细枝末节的修补,而是全面的变革,需要冲破层层阻力,大胆试大胆闯。在改革的进程中,不能因循守旧,四平八稳,不能不顾条件,急于求成。判断改革和各方面工作的是非得失,归根到底,要以是否有利于发展社会主义社会的生产力,是否有利于增强社会主义国家的综合国力,是否有利于提高人民的生活水平为标准。刘维忠推行"中医特色的医改"政策使习惯按老模式走的人无法适应,因此,反对声大。刘维忠认识到这一思路不能只由他个人来推动,因为它涉及各方面的系统改革,因此,强调通过省委、省政府来推动。这是邓小平理论中的改革开放理论的生动实践。

案例启思

1. 如何看待刘维忠提出走中医特色的甘肃医改之路?
2. 刘维忠坚持走中国特色的甘肃医改之路是对邓小平理论哪些方面的诠释?

教学建议

本案例通过中国青年报记者对甘肃卫生厅厅长刘维忠的访问,让学生对走中医特色的甘肃医改之路有了一定的了解,有助于学生理解解放思想、实事求是的思想路线及邓小平的改革开放理论,明确甘肃的特色"中医医改之路"存在的阻力,以及意识到刘维忠突破层层阻力的解放思想的勇气,从而使学生更好地理解中国特色社会主义道路并不是一帆风顺的,而是一条艰难与不断探索的道路,会有成功也会存在失误,所以要不断深化改革,这需要一代代人的努力与奋斗。

适用于第二节"邓小平理论的基本问题和主要内容"之"邓小平理论的主要内容"之"解放思想、实事求是的思想路线"和"改革开放理论"。

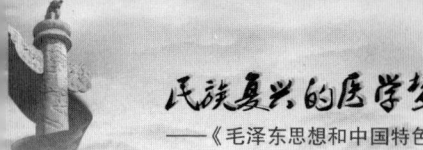

案例四 湖北为中医药发展再添一把火

"作为李时珍的故乡,对李时珍诞辰500周年最好的纪念,就是把中医药这一祖先留给我们的宝贵财富继承好、发展好、利用好。"湖北省委书记、省人大常委会主任蒋超良,此前在纪念李时珍诞辰500周年暨中医药振兴发展大会上的一番话,表达了湖北中医药发展的决心和信心。

最近,湖北省政府出台《关于促进中医药振兴发展的若干意见》明确,未来5年,湖北省要在中医药医疗、教育、人才、科技等方面达到全国先进水平,基本建成中医药强省,为湖北省中医药事业发展添一把火。如何从"中医药大省"变为"中医药强省"?湖北需要从医疗、人才、科技、产业等方面总结经验,再下功夫。

湖北省是中医药的一处"圣地"。长江与汉水在鄂汇流,秦岭阻挡了南下的寒流,得天独厚的地理优势,使湖北拥有3974种中草药,中药资源种类数量列全国第4位,蕴藏量和产量列全国第5位。湖北省经济和信息化委员会主任王祺扬介绍,湖北省中药材种植面积达320万亩,规模化、规范化、产业化种植总面积达到80余万亩,中药材产量达7万多吨。

近年来,湖北省中药生产企业达152家,省级中药现代化科技示范企业和示范基地50家,中药工业产值达393.4亿元,占全省医药工业的33%。有6家企业进入全国医药企业百强,拥有"健民""龙牡""马应龙""本草纲目"等中国驰名商标。

未来5年,湖北省中医药工业产值要达到1000亿元以上,中医药大健康产业成为全省经济重要支柱产业之一;建设15个良种繁育和300万亩以上中药材种植基地,大力发展中药材标准化、基地化、订单化种养;加强质量管理,培育15个以上名优品牌,进一步提升附加值。

在纪念李时珍诞辰500周年暨中医药振兴发展大会上,国家中医药管理局与湖北省政府签订《推进湖北建设中医药强省合作框架协议》和《湖北中医药大学共建协议》。国家中医药管理局将支持湖北省到2020年基本建成中医药

强省,与湖北省合作共建湖北中医药大学,将其打造成有特色高水平教学研究型大学。

据湖北省卫生部门公布的数据,党的十八大以来,湖北省公立中医医院从业人员增加46.7%,达到4.4万名;年诊疗人次增长45%,达2317.9万人次。湖北省有16个国家中医药临床重点专科、89个国家中医药管理局重点学科和重点专科。在中医药治疗肝病、肾病、脑病、骨伤、皮肤和风湿等方面的学术水平全国领先。全省建立了11个区域性中医药预防保健中心,所有县级以上中医院都设立了治未病科和中医养生堂。

根据《推进湖北建设中医药强省合作框架协议》,双方将在支持重点中医医院建设和发展、提升中医药服务能力和水平、加强中医药人才队伍建设、促进中医药产业发展、繁荣发展中医药文化5个方面开展共建,把湖北省中医药文化建设项目纳入局省共建发展规划,做好中医药非物质文化遗产保护和传承工作等。

"发展中医药必须坚持传承与创新并重,既不能一味固守传统模式,也不能在现代化的名义下把核心理念和基本原则搞丢了。"在纪念李时珍诞辰500周年暨中医药振兴发展大会现场,国家卫生健康委员会副主任曾益新强调,中医药同行要在全新的技术基础上理解和认识其理论、组方和治疗方法,并借助现代科技走向更加规范、更加科学、疗效更好的新境界。

刘英姿说,湖北省坚持中西医并重的新时代卫生健康方针,加快推动全省中医药事业高质量发展,加强中医药传统知识和技术的挖掘、整理、研究、评价及推广应用。同时,组建国家和省级中医药工程(技术)研究中心、重点实验室等研发平台,发展新型诊疗技术,产、学、研相结合,推动科技创新。

未来,湖北省不仅将促进中药材一二三产业联动发展,还要开发"李时珍中医药研学旅行线路"。刘英姿指出,该省将实施中医药经典文化传播行动,普及中医药健康养生文化知识,在海外建设一批李时珍中医药服务中心,促进中医药文化国际交流。

湖北省旅游委与省卫生部门联合评选了10个湖北省中医药健康旅游区,包括蕲春李时珍中医药文化旅游区、恩施民族医药健康旅游区、神农架中医药健康旅游区等。蕲春县计划将做强李时珍品牌、打造大健康产业列入战略性新兴产业培育计划,推动重大生物医药、大健康产业项目向李时珍医药工业园区引导。

案例出处

李琳、周文照、李权林:《湖北为中医药发展再添一把火》,载健康报网,

民族复兴的医学梦
——《毛泽东思想和中国特色社会主义理论体系概论》
（2018年版）教学案例集

2018 年 7 月 18 日，http://www.jkb.com.cn/news/depth/2018/0718/434072.html。（有删改）

案例解析

生产力是社会发展最根本的决定性因素，社会主义的根本任务是发展生产力。革命是为了解放与发展生产力，改革也是为了解放和发展生产力。当代中国正处于并将长期处于社会主义初级阶段，发展生产力的任务尤为突出，尤为重要。邓小平强调，发展是硬道理，中国解决所有问题的关键是要靠自己的发展。我们要建设的中国特色社会主义，是不断发展社会生产力的社会主义；我们确定的基本路线，是以经济建设为中心，实现社会主义现代化的发展路线。因此，我们应当具有高度的历史责任感和紧迫感，抓住与珍惜机遇，用好机遇，千方百计地发展自己，发展经济。

在本案例中，湖北省作为李时珍的故乡，在纪念李时珍诞辰500周年大会上，提出振兴中医药发展的誓言，并出台《湖北省人民政府关于促进中医药振兴发展的若干意见》，湖北省要在中医药医疗、教育、人才、科技达到全国先进水平，基本建成中医药强省。湖北省利用独特的地理优势，抓住它是中医药的"圣地"这一特点，适时制定政策，大力推动湖北中医药发展。在推动中医药发展的过程中，特别注重依靠科学，因此，大力通过教育培养中医药人才，加大科研的投入及学校与医院的建设，较为生动地体现了邓小平所提出的"科学技术是第一生产力"这一论断。中国要发展，离不开科学。邓小平指出，社会生产力的巨大发展，劳动生产率的大幅度提高，最主要的是靠科学的力量、技术的力量，"关键是科学技术"，"我们要以世界先进的科学技术成果作为我们发展的起点"，为加快我国科技发展，推动经济社会发展，为实现对西方的赶超，实现中国特色社会主义现代化指明了方向。

案例启思

1. 湖北省中医药事业的发展体现在哪几个方面？
2. 湖北省大力发展中医药诠释了邓小平理论的哪几个方面的内容？

教学建议

本案例通过湖北省抓住机遇，适时制定政策推动中医药发展，让学生具体感受到湖北省中医药发展因为突出强调依靠科学，所以在中草药、科研、教育、人才各方面都有了较大的发展，生产力获得进一步解放与释放，并且未来还有更为广阔的发展空间，从而使学生进一步理解邓小平"社会主义根本任

第五章 邓小平理论

务是发展生产力"的观点,并且对"科学技术是第一生产力"有了更为准确的把握。

适用于第二节"邓小平理论的基本问题和主要内容"之"邓小平理论的主要内容"之"社会主义根本任务的理论"。

▶ 案例五　中医药在医药卫生事业改革中发挥重要作用

 案例

我国改革从农村实行大包干开始,逐步由计划经济向市场经济转变。1979年年初,原卫生部领导提出要"运用经济手段管理卫生事业",次年准许个体医生开业行医。1984年8月,原卫生部《关于卫生工作改革若干政策问题的报告》提出"放宽政策,简政放权,多方集资,开阔发展卫生事业的路子"。1984年10月,中共中央做出《关于经济体制改革的决定》。1985年,科技、教育、医疗体制改革开启。

1992年邓小平南方谈话后,我国掀起新一轮改革。1995年,国家实施科教兴国战略。1997年1月,《中共中央、国务院关于卫生改革与发展的决定》发布,深化市场化医疗改革,同时提出"正确处理继承与创新的关系,既要认真继承中医药的特色和优势,又要勇于创新,积极利用科学技术,促进中医药理论与实践的发展,实现中医药现代化"。2003年,国家实施人才、专利和技术标准战略。制定实施《中医药标准化中长期发展规划纲要(2011—2020年)》,以标准化助推中医药现代化,先后发布中医药各类标准约700项,成立中医、针灸、中药、中西医结合、中药材种子种苗5个全国标准化技术委员会,中医药标准体系初步形成。

21年市场化医改,在某些方面取得了进展,但暴露的问题也很严重,农村合作医疗解体,"赤脚医生"职业化,公共卫生少人管理,医疗服务价格高涨,普通民众看病难、看病贵加重,影响社会稳定,也影响中医药的发展。世界卫生组织(WHO)提出2000年实现人人享有初级卫生保健,而我国基本医疗保险覆盖率只有20%。2003年,建立新型农村合作医疗。2003年,SARS

肆虐，暴露出公共卫生的薄弱。2006年，酝酿新医改。2009年，重启医改，中共中央、国务院发布《关于深化医药卫生体制改革的意见》，提出五项重点改革措施和建立健全覆盖城乡居民的基本医疗卫生制度的长远目标。重点在"保基本，强基层，建机制"，强化政府对公共卫生的责任。2009年5月，国务院颁布《国务院关于扶持和促进中医药事业发展的若干意见》；2010年，国家中医药管理局发布《中医药事业发展"十二五"规划》，提出指导性意见和具体规划。

中医药在医药卫生体制改革中发挥重要作用。中医药以较低的投入，提供了与资源份额相比较高的服务份额，2009—2015年，中医类医疗机构诊疗服务量占医疗服务总量由14.3%上升到15.7%。2015年，公立中医类医院比公立医院门诊次均费用低11.5%，住院人均费用低24%。

案例出处

朱建平：《中医药与改革开放40年》，载《中国中医药报》多媒体数字报，2018年7月19日，http://paper.cntcm.com.cn/html/content/2019-08/26/node_4.htm。（有删改）

案例解析

改革开放后相当长一段时间内，我国经济体制改革的核心问题是如何正确认识和处理计划与市场的关系。我国改革从农村实行大包干开始，逐步由计划经济向市场经济转变。党的十二届三中全会通过的《中共中央关于经济体制改革的决定》提出了社会主义经济是"公有制基础上有计划的商品经济"的论断。在南方谈话中，邓小平明确提出："计划经济不等于社会主义，资本主义也有计划；市场经济不等于资本主义，社会主义也有市场。"邓小平的这一系列重要论断，从根本上解除了把计划经济和市场经济看作属于社会基本制度范畴的思想束缚。党的十四大根据改革开放实践发展的要求和邓小平关于社会主义也可以搞市场经济的思想，特别是1992年年初南方谈话的精神，确定了建立社会主义市场经济体制的改革目标。

我国医药卫生事业也是在此大背景下不断深化改革的。1979年年初，原卫生部领导提出要"运用经济手段管理卫生事业"。1980年，允许个体医生开业行医。1984年，原卫生部《关于卫生工作改革若干政策问题的报告》提出"放宽政策，简政放权，多方集资，开阔发展卫生事业的路子"，开启医疗体制改革。我国中医药事业也在市场经济的改革中获得发展，中药现代化科技产业不断推进，中医药标准体系初步形成。在改革的过程中，党和政府针对中医药发展暴露出的新问题提出指导性意见和具体规划，中医药在医药卫生体制改革中日益发挥着重要的作用。

案例启思

1. 如何理解中医药发展与改革开放的关系？
2. 邓小平理论在中医药发展过程中发挥着怎样的历史作用？

教学建议

本案例通过我国医药卫生改革的进程，较为清楚地呈现了中医药在这一改革中发挥的重要作用，有助于学生通过医药卫生的视角，了解我们改革开放的历史进程，进一步深化对邓小平理论的主要内容"社会主义市场经济理论"的认识，从而明确将来作为一名医务工作者的职责与使命担当。

适用于第二节"邓小平理论的基本问题和主要内容"之"邓小平理论的主要内容"之"社会主义市场经济理论"。

案例六　台湾医疗团队在福建平潭开展骨桥听觉重建手术

案例

"祝你生日快乐！"2017年8月20日上午，在平潭耳鼻喉医院德馨门诊部，随着医务人员的齐声祝福，一个生日蛋糕被缓缓推入病房，寿星正是这间病房的"小耳症"患者，这名17岁的湖南少年8月19日过生日，但恰逢当天他要进行手术，医务人员便在手术的第二天为他补过生日。

2017年8月19日晚，在平潭耳鼻喉医院德馨门诊部，台湾著名听力康复专家陈光超主任为这名湖南少年进行了骨桥听觉重建手术。陈光超擅长振动骨桥、振动声桥植入和头颈部癌症、听力障碍等头颈部疾病的治疗，尤其擅长人工耳蜗植入术。

患者的母亲张女士说，孩子因双耳道闭塞，曾辗转过国内多家三甲医院，但两年后外耳道再度闭合。"我在微信群里听闻了这家医院，经过搜索论坛和

民族复兴的医学梦
——《毛泽东思想和中国特色社会主义理论体系概论》
（2018年版）教学案例集

查询资料，最终选择来平潭就医。"张女士说。

人性化、定制化、品质化，台湾医疗团队特色鲜明，他们的入驻也为患者带来了全新的医疗服务体验。张女士对手术结果和医院服务给出了"五星好评"，她说："以前就诊过的其他医院，几乎没办法享受到这种与医生零距离、一对一的沟通，这次就诊经历真的很不一样。"

2017年7月22日，由陈光超主刀的大陆首例微创骨桥听觉重建手术在我区成功进行，这也是首例由两岸医疗团队合作完成的微创骨桥听觉重建手术。

据了解，目前大陆所开展的骨桥听觉重建手术创口通常在7～15厘米，且术后植入患者体内的听觉处理器需30～90天才能开机，而由陈光超引进的微创骨桥听觉重建手术采用微创技术，创口仅约2.5厘米，患者手术当天可正常饮食活动，术后24小时听觉处理器即可开机。

陈光超说，希望可以结合海峡两岸的力量，让海峡两岸的医生都来平潭合作，为患者提供更丰富、更新颖、更便利的医疗服务。

陈光超带领的台湾医疗团队之所以选择平潭，与平潭综合实验区诸多对台红利政策密不可分。陈光超表示，平潭是两岸共同家园，不少台湾医师近来都看好在平潭发展，不仅因为地域接近和市场广阔，医疗证件互认互通也是重要因素之一。

近年来，平潭在两岸医疗交流方面逐步拓宽，并取得了一定成效。2016年1月，平潭（台湾）爱维口腔医院落户平潭，这是平潭首家集医疗、教学、保健于一体的口腔医院。而此次陈光超的台湾医疗团队落户平潭耳鼻喉医院德馨门诊部，意味着两岸医疗融合又向前迈出了新的一步。

据悉，实验区为推动两岸医疗深度融合发展，出台了台湾地区医师级别与大陆地区医师职称对等互认的相关政策，台湾地区医师可按标准在我区范围内得到采认。同时，台籍医师在台湾区域医院以上级别的医疗机构工作时间超过5年，在平潭执业满1年后，允许在平潭综合实验区开展多点执业。台籍医师可依托平潭医疗机构定期定点在全球范围内预约病人，开展诊疗活动，提高效益，实现双赢。

案例出处

翁恺悦：《两岸医疗合作平潭"开花"：台湾医疗团队在岚开展骨桥听觉重建手术》，载《平潭时报》2017年8月25日第3版。（有删改）

案例解析

完成祖国统一大业，是中华民族的根本利益所在，是全中国人民包括台湾

同胞、港澳同胞和海外侨胞的共同愿望。统一是中国历史发展的主流。反对分裂，坚持统一，是中华民族自古以来就有的传统。中国共产党人始终把国家的统一作为自己奋斗的一个重要目标。坚持一个中国，这是"一国两制"的核心，是发展两岸关系和实现和平统一的基础。"一国两制"的伟大构想的提出是从台湾问题开始的，邓小平从中国的实际出发，提出在中国的主体坚定不移地实行社会主义的前提下，在港澳台小范围内容许资本主义存在，即可以长期稳定，有利于我们一心一意搞建设，也有利于两岸长期稳定、繁荣和发展。"一国两制"的构想，体现了坚持祖国统一、维护国家主权的原则性，体现了照顾历史实际和现实可能的灵活性。

在本案例中，台湾医疗团队入驻平潭耳鼻喉医院德馨门诊部，让平潭市民有望就近享受高端的医疗和服务。陈光超带领的台湾医疗团队之所以选择平潭，与我区诸多对台红利政策密不可分。陈光超表示，平潭是两岸共同家园，不少台湾医师近来都看好在平潭发展，不仅因为地域接近和市场广阔，医疗证件互认互通也是重要因素之一。台籍医师可依托平潭医疗机构定期定点在全球范围内预约病人，开展诊疗活动，提高效益，实现双赢。这也是加深两岸医疗合作新途径、新方式，推动两岸医疗合作向更深层次发展。这说明选择"一国两制"是面对现实、解决问题的好办法，是顺应历史潮流，有功于民族，有益于人民。

案例启思

1. 发展两岸关系、实现和平统一的基础是什么？
2. 如何才能实现和平统一的大业？

教学建议

本案例说明台湾医疗团队在福建平潭开展两岸医疗合作，加强两岸的沟通交流，有助于学生对"和平统一、一国两制"有直感的认识，从而进一步理解中国共产党人始终把国家的统一作为自己的一个重要奋斗目标，明确一个中国是两岸统一的前提，只有不断加强两岸合作，实现和平统一才是两岸人民共同的福祉。

适用于第二节"邓小平理论的基本问题和主要内容"之"邓小平理论的主要内容"之"一国两制"。

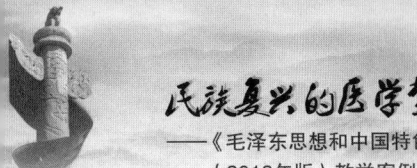

—《毛泽东思想和中国特色社会主义理论体系概论》
（2018年版）教学案例集

▶ 案例七　邓小平同志关于赤脚医生谈话

案例

　　1975年夏，邓小平同志在接见外宾谈话时，曾说到我国农村实行的赤脚医生制度。他以极其诙谐而又生动形象的比喻，指出赤脚医生在专业技术上应不断学习、进步、提高。他说，赤脚医生现在虽然"赤脚"，但以后是要"穿草鞋""穿布鞋""穿皮鞋"的。赤脚医生不能一步登天。

　　小平同志的这个谈话，当时由于政治原因没有公开发表，据知情的人说，黄树则同志（当时任卫生部副部长）曾在内部传达过。但无文字资料可查。比较可靠的文字根据，是1976年4月的《红旗》（总233期）刊载一篇题为《反击卫生战线右倾翻案风》的署名"苗雨"的文章，把小平同志的上述言论当作"修正主义"言论引述出来予以批判，说小平同志否定赤脚医生、合作医疗等社会主义新生事物。这是"四人帮"及其党羽为攻击打倒小平同志，实现其篡党夺权野心而炮制的一篇荒谬言论。

　　对于"四人帮"及其党羽的这篇攻击小平同志的谬论，"文化大革命"结束后曾有人撰文予以批判，指出其荒谬性反动性。遗憾的是，对小平同志这个有关赤脚医生前进方向的重要谈话全文至今尚未见发表，卫生系统也从未有人提及此事予以宣扬。笔者曾就此于1999年3月致函卫生部党组提出建议，但未能引起回应。这对丰富小平同志思想宝库、指导农村卫生改革，都是一个缺失。

　　实践是检验真理的唯一标准。30年来，我国农村卫生事业发展和乡村医生队伍成长壮大的事实，早已确切证明小平同志的赤脚医生"穿鞋论"是绝对正确的，完全符合我国农村卫生事业发展规律。这个事实再一次反映出小平同志思想的深邃和睿智。许多复杂的混淆不清的问题，他都能以极其通俗的比喻阐释得明明白白，使人牢记难忘。

　　赤脚医生这个名称，对于现在的一些青年人已很陌生，在20世纪六七十年代却是媒体上出现频率很高的一个名词。它与合作医疗是孪生姐妹，同是农业合作化的产物，加上同期兴起的县、乡、村三级医疗卫生网，被称为解决农村缺医少药问题的"三件法宝"。赤脚医生的历史定位是村一级的卫生人员，确切含义是在村一级卫生机构（卫生室或卫生站）内工作的初级卫生人员。它的前身是"卫生员""半农半医"，不脱离农业生产劳动，后来根据毛泽东主席对一篇报道的批示定名为赤脚医生。这支队伍的绝大部分是经过选拔的农村知识青年接受卫生部门短期培训而成的。他们的医学技术水平虽然很低，但在宣传卫生知识，开展爱国卫生运动，推行计划免疫、新法接生，推行合作医疗制度、处治小伤小病等方面都起到很大的作用。"文化大革命"结束后，为去掉这一称谓上极左的痕迹，并使其专业化利于在技术上有所提高，乃将其名称改为"乡村医生"。特别是跨入21世纪后，党中央、国务院做出决定，要求"加强农村卫生技术人员业务知识和技能培训，鼓励有条件的乡村医生接受医学学历教育。……到2010年，全国大多数乡村医生要具备执业助理医师及以上执业资格。"目前全国各地正在采取多种方式实施中央的指示，广大乡村医生队伍正在沿着"穿草鞋""穿布鞋""穿皮鞋"的轨迹奋发前进。这是历史发展的必然。

虽然时间已经过去30年，乡村医生队伍也已有很大进步，但我觉得小平同志的这个"穿鞋论"仍有现实的指导意义。它不只是昭示农村基层卫生人员的前进方向，引而广之，可作为整个卫生工作的重要指导思想。其基本含义有两条：一条是"循序前进"。这就是整个卫生事业包括宏观与微观，都应该是随着社会经济的发展和人民群众对健康需求的提高，由低到高，由浅到深，由粗到精，不断向前发展，切忌急躁冒进，妄想一步登天。另一条是"政府责任"。要使乡村医生都不再赤脚，都能穿上布鞋、皮鞋，这不只是乡村医生自己努力就能办到的，也不是运用市场经济就能奏效的，必须依靠各级政府制订规划，采取措施，给予投资和认真监管，才能实现。以此类推，整个卫生事业都应如此。这跟当前一些人竭力主张医疗卫生事业市场化商业化，是完全不同的思维。

案例出处

张自宽：《农村基层卫生人员的前进方向——纪念邓小平同志关于赤脚医生谈话30周年》，载《中国乡村医药》2005年第12卷第10期。（有删改）

案例解析

邓小平理论是在和平与发展成为时代主题的历史条件下，在总结我国社会主义胜利和挫折的历史经验并借鉴其他社会主义国家兴衰成败历史经验的基础上，在我国改革开放和现代化建设的实践中，逐步形成和发展起来的。邓小平

民族复兴的医学梦
——《毛泽东思想和中国特色社会主义理论体系概论》
（2018年版）教学案例集

理论使改革开放后的中国发生天翻地覆的变化，迎来了思想的解放、经济的发展、政治的昌明、教育的勃兴、文艺的繁荣、科学的春天。我国社会生产力、综合国力和人民生活都上了一个大台阶，社会主义中国巍然屹立在世界东方。邓小平理论的贡献，是历史性的，也是世界性的。邓小平理论之所以能够如此，是因为其看清了世界和中国的发展大势，深刻了解中国人民和中华民族的深沉愿望，把握住中国发展的历史规律。

本案例是邓小平关于赤脚医生的论断，他客观地承认当时赤脚医生的医学技术水平低，但又用发展的眼光指出他们是要"穿草鞋""穿布鞋""穿皮鞋"的。改革开放40多年的农村卫生事业发展和乡村医生队伍成长壮大的事实，证明了小平同志的赤脚医生"穿鞋论"是正确的，符合我国农村卫生事业发展规律。这从一个侧面反映邓小平理论的深邃和科学，该理论可作为整个卫生工作的重要指导思想。它对当前的卫生发展的启示在于两个方面：一是要"循序前进"，卫生事业的发展应随着社会经济的发展和人民群众对健康需求的提高，由低到高，由浅到深，由粗到精，不断向前发展，切忌急躁冒进，妄想一步登天；二是要有"政府责任"，医疗卫生事业的发展不是运用市场经济就能奏效的，必须依靠各级政府制订规划，采取措施，给予投资和认真监管，才能实现。这些观点对我们当今进行医疗卫生体制改革都具有一定的参考价值。

案例启思

1. 如何理解邓小平同志关于赤脚医生谈话？
2. 如何理解邓小平理论的历史地位？

教学建议

邓小平同志关于赤脚医生谈话，一是有利于学生对邓小平本人有一定的了解。邓小平看中国社会问题，洞察力强，眼光长远，讲话言简意赅、通俗易懂。二是有助于学生理解邓小平理论的历史地位。邓小平理论经过改革开放和现代化建设实践的检验，是中国共产党和中国人民宝贵的精神财富，是改革开放和社会主义现代化建设的科学指南。邓小平理论是邓小平留给我们的最重要的思想遗产。

适用于第三节"邓小平理论的历史地位"之"改革开放和社会主义现代化建设的科学指南"。

第五章 邓小平理论

案例八　邓小平的临终时刻与身后事

 案例

1996年12月的一个清晨，邓小平咳嗽不止，不能呼吸，不能下咽食物，更无法完成他的晨起活动。身边的医生已经不能应付这个局面，只好把他送进中国人民解放军总医院（也称301医院）。

1997年元旦那天下了小雪，把京城变成一片白色。可是在301医院，看不到一点喜庆气氛。邓小平的病房设在院子南端一座小楼的顶层，病榻周围总是站着很多人，还有些医生护士进进出出，但随身医护人员黄琳一直守护在他身边。

当时，中央电视台正在播放一部纪录片。有一阵子，邓小平的精神好一些，可还是看不清楚电视荧屏上那个远远走过来的人是谁。

"那边，走过来的那个，"他问，"是谁啊？"

黄琳笑了："那是您啊。您看清楚了吧？"

那个人走近了。他终于看到了自己，动动嘴角，笑一笑。黄琳告诉他，这部电视片名叫《邓小平》，是中央电视台刚刚拍摄的，有12集呢。他什么也不说，只一集一集地看下去。黄琳知道他耳背，听不见，就俯身靠向他的耳边，把电视里面那些颂扬他的话一句句重复出来，忽然感到这老人的脸上绽出一丝异样的"羞涩"。直到5年之后，黄琳还能记得那个瞬间："不知道我形容得准确不准确，就是被表扬以后不好意思的那种感觉。"

从那以后，邓小平的病情越来越重，从早到晚陷在疾病的折磨中。黄琳曾见过这样的病，那是很折磨人的，有些人会呻吟，有些人会叫喊，可是"他是个非常坚强的人"。黄琳说："我能体会他临终前还是比较痛苦的，但一声不吭。就是这样，而且我觉得他很平静。"他有时候昏昏沉沉地睡着，有时候异常清醒，还是不说话——他已经不再评价别人，也不再在意别人对他的评价。黄琳觉得他一定明白自己已经病入膏肓，问他还有什么话想说。他在1992年说了那么多话，现在总该再给中国人留点什么吧？黄琳这样想。可是那几个星期他没有再谈那些话题，只是淡淡地回答："该说的都说过了。"

131

民族复兴的医学梦
——《毛泽东思想和中国特色社会主义理论体系概论》
（2018年版）教学案例集

  1997年2月7日正是正月初一，老人没有回家，病房的医生和护士也没有回家，都在近旁房间里守着，一呼即来。邓小平的亲人坐在沙发上，全都默然不语。

  整座楼一片寂静。警卫秘书张宝忠想起应该互道"新年快乐"，就把大家聚到一块儿。众人举起酒杯，说不出一句话，只有泪水在眼里打转。"希望咱们医务界，在新的一年里能创造奇迹。"张宝忠在心里这样说。

  可惜没有奇迹，93岁的老人又挺了12天，到1997年2月19日，呼吸功能都已经衰竭，只能借助机器来呼吸。17时多，开饭的时间到了，但医护人员和其他工作人员都未按时来餐厅吃饭。负责膳食的侯生伟等人得知病房里正在抢救，焦急不安地等待着，他们多么期盼医学奇迹的出现！

  一代伟人邓小平终因在患帕金森病晚期，并发肺部感染，呼吸循环功能衰竭，抢救无效而离开人世。根据医生解释，他的心脏健康，肝脾也好，没有老年人常见的糖尿病或者前列腺炎，致命的问题发生在神经系统，这在医学上叫作"帕金森综合征"，是一种没有办法根治的疾病。

  "他的心脏并没有什么厉害的病，肝脏也好，也没有糖尿病，就是后来神经系统不太好。由于帕金森病影响他咳嗽，影响他吃东西，后来只能吞咽，也影响他活动。他患帕金森症的时间也长，治了十几年，到后来情况越来越差，再后来就是呼吸的问题了。"医学专家吴蔚然说。

  卓琳带着全家人来向小平告别。4天以前，卓琳就写信给江泽民，转告"邓小平的嘱托"：不搞遗体告别仪式，不设灵堂，解剖遗体，留下角膜，供医学研究，把骨灰撒入大海里。现在，她心里明白这是最后的告别了，只是非到别人说出来，她是不愿意让这种可怕的想法在脑子里面形成的。当时她只想说："老爷子，我在喊你！你听见了没有！"可是小平什么也听不见了。劳累的一生已经终止，战斗的日子已成往事。伟人的心脏停止了跳动，那时是1997年2月19日21时08分。

  当晚，京城晴空万里，皓月当空。

  世纪伟人邓小平溘然离去。第二天凌晨，全世界都知道了。播音员在电台和电视上哀声宣告，一遍又一遍，上千个城市里哀乐一刻不停，公共汽车全都披着白花和黑色丝带。一列火车从香港九龙出发驶往广州，忽然汽笛长鸣。噩耗传出，神州震惊，世界震撼。

  1997年2月20日清晨，北京天安门广场。这是一个难忘的早晨。守候在国旗基座周围等待观看升旗仪式的人们，不停地盯着"升旗时间预告牌"——显示"今日升旗时间：7时01分"，并远远眺望天安门城楼正中的门洞。谁也没有料到：今天，他们将是一个重要历史时刻的经历者和目击者。

第五章 邓小平理论

黎明中,护旗兵出现了,人们从官兵异样的脸上似乎悟出了非同寻常。

"敬礼!"中队长王金耀略带沙哑的嗓音在7时01分准时下达了升旗口令。国歌激越,国旗如往常一样升高,升高,再升高,直至旗杆顶端。

"降——半——旗!"突然,一声低沉而又庄重的口令砸在观众们的心里。国旗,就在这一瞬间,在万众瞩目中开始缓缓下降。护旗兵流泪了,在场的所有人员眼睛湿润了。多年了,护旗兵们习惯的是升旗,降半旗难以接受。霎时,中外记者频频亮起的镁光灯,凝成了一个悲壮氛围。

于是,一个定格的历史画面:1997年2月20日清晨,天安门广场首次为邓小平逝世降半旗志哀,迅速走入各报头版和电视新闻中。

大江南北哀思不尽,长城内外万民同悲。一个伟大的人物,推动了一个伟大的时代。邓小平,这是一个改变了中华民族历史进程的名字,一个让世界瞩目的名字。

1997年2月24日上午,邓小平的遗体在北京火化。江泽民、李鹏、乔石、李瑞环、朱镕基、刘华清、胡锦涛、荣毅仁等到301医院为邓小平送别,并护送邓小平的遗体到八宝山革命公墓火化。

301医院南楼小礼堂布置得庄严、肃穆。洁白的花朵、黑色的挽幛表达着人们深深的哀思。黑底白字的横幅上写着:"敬爱的邓小平同志永垂不朽"。横幅下方正中是邓小平的大幅彩色遗像。遗体静卧在鲜花和常青松柏中,面容安详,身上覆盖着中国共产党党旗。4名人民解放军礼兵持枪肃立,守护在两旁。邓小平遗体前摆放着邓小平夫人卓琳率子女敬献的花篮。花篮的缎带上写着:"我们永远爱你"。送别室内摆放着江泽民、李鹏、乔石、李瑞环、朱镕基、刘华清、胡锦涛、荣毅仁和中共中央、全国人大常委会、国务院、全国政协、中央军委、各民主党派、全国工商联、无党派人士、人民团体、首都各界群众敬献的花圈。

1997年2月24日上午9时整,党和国家领导人胸佩白花、臂戴黑纱缓步来到送别室,在邓小平遗体前肃立。哀乐声中,他们向邓小平的遗体三鞠躬。9时28分,和着哀乐的节奏,8名人民解放军礼兵抬起安放着邓小平遗体的灵柩,缓缓走出送别室。江泽民等护送邓小平的遗体上灵车。

9时31分,在中央领导人、邓小平亲属和治丧办公室成员的护送下,灵车徐徐驶向八宝山革命公墓。当灵车启动时,在场送别的人悲痛肃立,向邓小平的灵车行注目礼。

从301医院到八宝山,短短两公里半的路途两旁,挤满了首都各界人士和从各地赶来的人民群众10多万人。

天公仿佛也在为小平的离去哀伤,忽然变得阴沉。宽阔的街道失去了昔日

民族复兴的医学梦
——《毛泽东思想和中国特色社会主义理论体系概论》
（2018年版）教学案例集

的喧嚣，沉浸在一片庄严肃穆的气氛中。

2月25日，中共中央、全国人大常委会、国务院、全国政协、中央军委在人民大会堂隆重举行邓小平追悼大会。

上午10时整，中共中央政治局常委、国务院总理李鹏宣布追悼大会开始。全场肃立，默哀3分钟。由500人组成的军乐团奏起悲壮的哀乐。

接着，江泽民含泪致悼词。他在悼词中缅怀了邓小平的丰功伟绩和崇高风范，表达了全党全军全国各族人民的深切哀思。悲怆、哽咽的话语回荡在人民大会堂，回荡在天安门广场，回荡在亿万人民的心上。

3月2日上午，载着邓小平骨灰盒的专机穿云破雾，向大海上空飞去，飞向这位一生波澜壮阔的伟人最迷恋的地方。也许是苍天为之动容，当专机飞临大海时，天空出现一道绚丽的彩虹。

11时25分，专机飞至1800米高空。81岁的卓琳强忍着悲痛眼含热泪，用颤巍巍的双手捧起邓小平的骨灰久久不忍松开。她一遍又一遍地呼唤着小平的名字，许久才将骨灰和五彩缤纷的花瓣缓缓撒向大海。两人共同走过了58年的人生历程。如今，面对自己深爱的丈夫的骨灰，她怎能不肝肠寸断，悲痛欲绝！

胡锦涛怀着无比悲痛的心情缓缓地将骨灰和花瓣撒入大海。随后，邓小平子女邓林、邓朴方、邓楠、邓质方和孙辈眠眠、萌萌、羊羊、小弟，悲痛地跪在机舱里，含着热泪，将骨灰和缤纷的花瓣一起，缓缓撒向碧波万顷的大海，完成他们敬爱的父亲、爷爷的遗愿。邓榕哽咽道："爸爸，您回归大海，回归大自然，您的遗愿得到了实现，您安息吧！"跟随邓小平多年的卫士孙勇、张宝忠一身戎装、忠实地守卫在他的骨灰盒前。其他领导同志与其他亲属肃立默哀。

对于死亡，邓小平并不害怕。在他的一生中，生生死死的经历实在是太多了。对于身后之事，他也有自己的考虑。早在20世纪50年代初，他就在实行火葬的倡议书上签了字。这份倡议书的末尾写道：凡是赞成火葬办法的国家机关工作人员，请在后面签名。凡是签了名的，就是表示自己死后一定要实行火葬。后死者必须为先死者实行火葬的志愿。在1989年9月4日，退休前的邓小平对中央负责同志说："死后丧事也要简化，拜托你们了。"

其实，邓小平不仅赞成火葬，他的思想还要解放得多，他主张连骨灰也不要保留。邓小平也向他的家人多次交代后事。邓林在《我爱我的父亲》一文中写道："爸爸离去是自然规律，我们有充分的思想准备。爸爸把一切安排得那么好，关于生死，他很早就开始给我们上课了。饭桌上爸爸谈得非常轻松。他说，中国人的传统讲究红白喜事，结婚是红喜事；人死，过了多少岁，就是

第五章 邓小平理论

白喜事。要请客吃饭，办酒席。"

"骨灰怎么办？埋在果树下！不行，不行，这棵树上结的果子谁都不敢吃了。我们大家说。扔到野外行不行！不行，不行！我们大家都不赞成。撒到大海里怎么样？……"邓小平最终选择了大海。他和恩格斯、周恩来等伟人一样，融入了地球上最广大无垠的世界。

飞机盘旋，鲜花伴着骨灰，撒向无垠的大海；大海呜咽，寒风卷着浪花，痛悼伟人的离去……

邓小平走了，披着世纪的风云，披着历史的烟尘走了。走得那么安详，走得那样从容。

他走了，留在共和国每一寸土地上的是永生！

案例出处

吴志菲：《邓小平的临终时刻与身后事》，载《文史精华》2004 年第 8 期。（有删改）

案例解析

邓小平是邓小平理论的创立者，是中国特色社会主义道路的开创者，是改革开放和现代化建设的总设计师，正是在他创立的中国特色社会主义理论体系指导下，中国人民才实现了"富起来"，并且踏上了伟大的民族复兴之路。在纪念邓小平同志诞辰 110 周年座谈会上，习近平总书记发表重要讲话："邓小平确立了社会主义初级阶段基本路线，成功开创了中国特色社会主义，他的历史贡献是使'中国人民富起来了'。"正是邓小平重新确立了解放思想、实事求是的党的思想路线，党的十一届三中全会后，将党和国家的工作重点转移到经济建设上来，拉开了改革开放的序幕。改革开放是中国人民和中华民族发展史上一次伟大革命，正是这个伟大革命推动了中国特色社会主义事业的伟大飞跃！改革开放改变了 13 亿人的生活和命运，使中国人民在 40 多年间改变了贫穷的状态，因此，邓小平才获得中国人民的拥护和爱戴。他还心系祖国统一大业，针对"台湾问题"提出了"一国两制"的伟大构想。但令人遗憾的是，在"一国两制"第一次成功使香港回归祖国的前夕，1997 年 2 月，伟人邓小平与世长辞。他的去世举国哀痛，他的继承者——党和国家的领导人江泽民、胡锦涛等都前去吊唁，北京天安门广场的升旗时间特地定为 7 时 01 分，其实就是寓意着香港回归的时间，即 1997 年 7 月 1 日，以此来告慰邓小平的英灵，满足其一直想踏上香港土地的心愿。1997 年 2 月 24 日，他的遗体火化时，从 301 医院到八宝山，短短两公里半的路途两旁，挤满了首都各界人士和从各地

民族复兴的医学梦
——《毛泽东思想和中国特色社会主义理论体系概论》
（2018年版）教学案例集

赶来的人民群众10多万人，为这位世纪伟人送行。正是这位"中国人民的儿子"始终为人民谋幸福、为国家谋复兴，让中国很快摆脱贫穷的状态，与世界接轨，走上繁荣昌盛之路，影响和改变了几乎所有中国人的命运，因此，邓小平永远活在中国人民心中。

本案例通过邓小平一生的最后时刻与身后事的讲述，歌颂了一代伟人邓小平高尚的品格及一个伟大的马克思主义者的胸襟，他用他的一生诠释了他所信仰的马克思主义。邓小平是彻底的唯物主义者，晚年对于身后事，他在退休前的1989年9月4日就向中央负责同志说："死后丧事也要简化，拜托你们了。"在他去世前，他的夫人卓琳就写信给江泽民，转告"邓小平的嘱托"：不搞遗体告别仪式，不设灵堂，解剖遗体，留下角膜，供医学研究，把骨灰撒入大海里。这就是伟大的马克思主义者的品质，不仅身前为人民鞠躬尽瘁，身后也将自己的身体供医学研究，解剖遗体，留下角膜。邓小平明白自己的地位，因此，带头给其他领导人示范，支持火葬，甚至不保留骨灰，不占地，也不埋在树下，而是撒入大海。他和恩格斯、周恩来等伟人一样融入了地球上最广大无垠的世界。在邓小平诞辰110周年纪念大会上，习近平在讲话中对邓小平做出了高度评价："邓小平同志是全党全军全国各族人民公认的享有崇高威望的卓越领导人，伟大的马克思主义者，伟大的无产阶级革命家、政治家、军事家、外交家，久经考验的共产主义战士，中国社会主义改革开放和现代化建设的总设计师，中国特色社会主义道路的开创者，邓小平理论的主要创立者。"

案例启思

1. 邓小平去世后的第二天，为什么北京天安门的升旗定为7时01分？
2. 邓小平的身后事让你对这个世纪伟人有什么认识？

教学建议

本案例讲述了邓小平的临终时刻与他的身后事，让学生了解世纪伟人邓小平身前为人民谋幸福、身后捐出自己的遗体和眼角膜供医学研究，甚至不留骨灰，嘱托将其骨灰撒入大海，让学生在深受其事迹感动中，去体会一个彻底唯物主义者、伟大马克思主义者的大爱，从而激发医学生学习邓小平理论的兴趣，由此明确邓小平理论的历史地位，并增强"从事医学事业，建功新时代"的使命担当。

适用于第三节"邓小平理论的历史地位"。

第六章 "三个代表"重要思想

案例一 江泽民与中国人民解放军总医院的建设

案例

在北京西郊五棵松，有一片"八一"军旗辉映着的白色高楼群。每天，来自全国各地的数千名患者前往这里寻医问药；每年，有高达140多万名患者从这里获得健康。

多少位战功赫赫的元帅将军，在这里留下了生命中的绝唱；多少位普通的基层官兵，在这里感受着党和人民的温暖；多少各族群众患者，在这里体验到军民鱼水之情。

这里，就是中国人民解放军总医院（简称"解放军总医院"）。

"建设第一流的解放军总医院，为提高部队战斗力服务。"江泽民同志为医院题写的这22个大字，深深地镌刻在了解放军总医院3000名白衣战士的心间。

"你们一定不要骄傲，要不断提高；是否一流，必须得到别人的承认。"回忆起11年前江泽民同志对自己的叮咛，解放军总医院前院长廖文海仍然难掩激动。

"'建设第一流的解放军总医院，为提高部队战斗力服务。'江泽民同志的要求，体现着他对我军医疗卫生事业目标和方向的深刻思考，也寄托着他对总医院的厚望。"解放军总医院前政委梁国章说。

在世界医学科学技术迅猛发展，医疗技术竞争十分激烈的背景下，有没有

民族复兴的医学梦
—— 《毛泽东思想和中国特色社会主义理论体系概论》
（2018年版）教学案例集

一支一流人才队伍，决定着医院是否能成为一所一流的医院。

唯其如此，日理万机的江泽民同志对工作在解放军总医院的人才队伍建设十分关注，对工作在这里的专家教授十分关心。

"江主席离我们很近很近。"在解放军总医院采访，老专家、老教授们反复对我们讲着这样一句话。江泽民同志能叫出医院许多专家的名字；遇到来自解放军总医院的医务人员，他总忘不了要问问工作和生活有什么困难……

江泽民同志的关怀，温暖着解放军总医院每一位医务人员的心。

"技术精益求精，诲人桃李天下。"1993年9月15日，在解放军总医院举行的"祝贺姜泗长教授从医55周年暨80寿辰"纪念大会会场，江泽民同志的题词，格外醒目。

就在这次活动的5天前，中央军委主席江泽民签署命令，授予我国现代耳鼻咽喉科创始人、解放军总医院耳鼻咽喉科主任医师、教授姜泗长"模范医学教授"称号。

尊重知识，尊重人才。解放军总医院党委始终把人才建设作为强院兴院之本，相继出台了一系列加强人才队伍建设的战略举措，在科研经费、出国留学、学术交流等方面对在科技领域有所突破和创新潜力的优秀中青年人才予以重点倾斜……

今天，在解放军总医院这片热土上，既有学识渊博、造诣深邃、在国内医学界和世界医坛享有盛誉的老专家、老教授，又有一大批技术精湛、独具特色、在军内外知名的中青年技术骨干。

在2600多名专业技术干部方阵中，有中国工程院院士3名，高级专业技术职务人员近700名，214人享受政府特殊津贴。以牟善初、黄志强、卢世璧、王士雯等为代表的一个专家学者群的形成，推动着解放军总医院建设不断跃上新台阶。

江泽民同志对解放军总医院的悉心关怀，激励着解放军总医院全体医务人员，以更加饱满的工作热情，投入为部队服务、为人民服务的医疗实践中。

🔍 案例出处

曹智、胥金章、白瑞雪：《江泽民同志关心中国人民解放军总医院建设纪实》，新华网，2003年8月3日，http://www.people.com.cn/GB/shizheng/1024/1997594.html。（有删改）

✏️ 案例解析

20世纪80年代末90年代初以来，科学技术的发展异常迅猛。以信息技

第六章 "三个代表"重要思想

术和生命科学为核心的现代科学技术可谓日新月异，并且深刻地推动着世界经济的发展与全球化进程，在国家社会经济的发展中起着决定性的作用。无论是在发达国家，还是发展中国家，人们对通过科技进步振兴经济、提高综合国力的认识从来没有像今天这样一致和深刻，各国之间的科技竞争也因此空前激烈。对此，作为发展中国家的我国，如何才能迎头赶上时代潮流，在日益激烈的国际竞争中始终立于不败之地？这是中国共产党这样一个领导着13亿多人口的社会主义大国的执政党所必须正确回应和解决的重大问题。正是在对冷战结束后的国际局势科学判断的基础上，以江泽民为代表的中国共产党人始终将生产力作为全面推进社会主义现代化建设的根本任务。而人是生产力中最活跃的因素，开发人力资源，加强人力资源能力建设，是关系我国发展的重大问题。必须树立人才资源是第一资源的思想，实施人才战略，加强人才队伍建设，为改革开放和现代化建设提供强大的人才保证。

在本案例中，日理万机的江泽民同志对中国人民解放军总医院的发展与建设十分关心，并于1992年为之题词："建设第一流的解放军总医院，为提高部队战斗力服务。"他特别重视总医院的人才队伍建设，强调在世界医学科学技术迅猛发展，医疗技术竞争激烈的背景下，没有一支一流人才队伍，就没有第一流的医院。在他的"建设第一流的解放军总医院"的激励之下，解放军总医院党委始终把人才建设作为强院兴院之本，相继出台了一系列加强人才队伍建设的战略举措，一个专家学者群不断发展壮大，推动着总医院建设不断跃上新台阶。

案例启思

1. "三个代表"重要思想的形成条件是什么？
2. 江泽民的关心和支持对中国人民解放军总医院的建设起到了什么样的作用？

教学建议

本案例从江泽民对中国人民解放军总医院的发展与建设，尤其是人才队伍建设的重视，从一个侧面说明了面对以信息技术和生命科学为核心的现代科学技术的日新月异，我们党必须重视生产力中最活跃的因素，实施人才战略，大力发展生产力，才能不断迎接世界发展的挑战。通过这个案例能够让学生明了"三个代表"重要思想是基于冷战结束后世情、国情及党情而提出的，从而把握"三个代表"重要思想的形成条件和核心内容。

适用于第一节"'三个代表'重要思想的形成"。

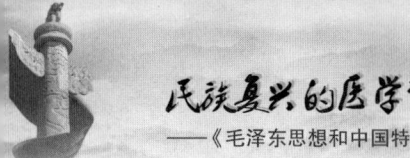

——《毛泽东思想和中国特色社会主义理论体系概论》
（2018年版）教学案例集

▶ 案例二　我国医学专业学位的建立和发展

案例

对于医学专业学生，"医学专业学位"一词并不陌生。然而，医学专业学位在我们国家是如何建立起来的？

早在20世纪80年代初，我国学位制度刚刚建立，医学学位就遇到两个突出问题：一是我国临床医学研究生的培养侧重于实验研究和科研能力训练，而对临床能力的培养比较薄弱，出现了已毕业的临床医学博士、医学硕士不能胜任相应的临床医疗工作的问题；二是医学门类学位类型单一，科研型和应用型均授予医学博士、医学硕士学位，这就出现了科研型医学博士不会看病的现象。针对这种状况，许多临床医学专家呼吁改革临床医学研究生培养模式，建立职业学位（专业学位）制度。由于当时我国学位制度建立不久，住院医师规范化培训制度尚未建立，医学界内部对设置医学专业学位的认识也不尽一致，因此，设置医学专业学位的时机尚不成熟。

针对上述问题，从1984年起，国务院学位委员会、原国家教育委员会和卫生部对临床医学研究生的培养模式和学位设置进行了反复的调查研究，对临床医学研究生的培养方法采取了一些改革措施，适当增加了临床能力的培养，国务院学位委员会、原国家教育委员会和卫生部于1986年11月联合颁发了〔86〕学位字22号文《培养医学博士（临床医学）研究生的试行办法》（简称《试行办法》），决定把医学门类博士研究生的培养规格分成两类：一类以培养科学研究能力为主，达到博士水平授予医学博士学位；一类以培养临床实际工作能力为主，达到博士水平授予医学博士（临床医学）学位。经过几年的实践，普遍认为此《试行办法》是培养应用型临床医学高层次人才的一条有效途径，为我国设置临床医学专业学位提供了宝贵经验。但由于此《试行办法》受到招生人数的限制，培养数量太少，远远满足不了社会需求，而且在培养过程中难以把握科研能力与临床能力的培养，没有从根本上解决上述两个突出问题。之后，国务院学位委员会、原国家教育委员会、卫生部多次组织有关专家就设置医学专业学位的分级、学位授予对象、专业学位与医学学制的

关系以及临床医学与医学门类其他学科授予学位的关系等问题进行了反复的调研和论证。在此期间,为了加速高层次临床医师的培养,1993年,卫生部颁发了卫教发〔1993〕1号文《临床住院医师规范化培训试行办法》,这是一项全面培养和提高临床住院医师素质和临床医疗工作水平的培训制度,为设置临床医学专业学位提供了有利条件。1996年,国务院学位委员会颁发了《关于专业学位设置审批暂行办法》,为设置临床医学专业学位提供了重要依据。至此,设置临床医学专业学位的内部条件和外部环境已趋成熟。

1996年4月,国务院学位委员会第十四次会议提出下次会议对临床医学专业学位设置方案进行研究。会后,国务院学位委员会办公室与卫生部科教司组织专家进行了大量的调研和论证工作,草拟了《关于调整医学学位类型和设置医学专业学位的几点意见》(简称《意见》)及《临床医学专业学位试行方案》,于1997年4月获国务院学位委员会第十五次会议审议通过。该《意见》解决了不同学科均授予医学学位名实不符和学位类型单一的问题。设置医学专业学位,有利于对多种不同性质和不同职业背景的专门人才进行针对性培养,有利于社会对各类专门人才的选择和使用,有利于国际上的对等交流。该《意见》明确了调整医学学位类型及设置医学专业学位的基本思路、框架和基本内容:医学门类仍设置学士、硕士、博士三级学位,学士学位不设专业学位,仍按先行办法授予医学学士学位。硕士、博士这两级学位针对不同学科和不同职业背景对人才的不同要求,分为"医学科学学位"和"医学专业学位"两种类型。该《意见》界定了"医学科学学位"和"医学专业学位"的授予标准和学科范围:"医学科学学位"要求侧重学术理论水平和实验研究能力,以培养从事基础理论或应用基础理论研究人员为目标,涉及基础医学及临床医学、公共卫生与预防医学、口腔医学和药学等有关的理论与实验研究的学科,属于这类学科,其合格者均授予"医学科学学位"。"医学专业学位"要求侧重于从事某一特定职业实际工作的能力,以培养高级临床医师、口腔医师、卫生防疫和新药研制与开发的应用型人才为目标,合格者授予"医学专业学位",根据不同学科及其职业特点分为临床医学专业学位、公共卫生与预防医学专业学位、药学专业学位和口腔医学专业学位等。该《意见》确定了开展工作的基本原则。在此基础上,国务院学位委员会办公室和卫生部科教司再次广泛听取意见,并通过"全国临床医学专业学位教育指导委员会"和"全国临床医学中医、中西医结合专业学位教育指导委员会"对《临床医学专业学位试行办法》等文件进行了认真的修改和完善,报送国务院学位委员会审核批准。1998年2月4日,国务院学位委员会正式颁发学位〔1998〕5号文《关于调整医学学位类型和设置医学专业学位的几点意见》及学位〔1998〕6

号文《临床医学专业学位试行办法》。之后,国务院学位委员会和教育部联合颁发学位〔1998〕51号文关于印发《七年制高等医学教育基本培养要求及授予临床医学硕士专业学位试行办法》的通知,标志着我国临床医学专业学位试点工作进入实施阶段。

由此可见,在我国实施临床医学专业学位,是经过十几年的艰苦探索和实践才取得的,这项改革取得现在的进展来之不易。

案例出处

郭述贤、聂克珍、李春英:《谈我国医学专业学位的建立和发展》,载《医学教育》2002年第1期。(有删改)

案例解析

社会主义的根本任务是发展社会生产力。我们党要始终站在时代前列、保持先进性,就要始终代表中国先进生产力的发展要求。我们党建立时就是以中国先进生产力的代表走上历史舞台的;我们党领导人民进行革命、建设和改革,都是为了促进生产力特别是先进生产力的解放和发展。实现社会主义现代化,最根本的就是要通过改革,不断促进先进生产力的发展,使我国形成发达的生产力。科学技术是第一生产力,是先进生产力的集中体现和主要标志。科技进步和创新是发展生产力的决定因素。大力推动科技进步和创新,不断用先进科技改造和提高国民经济,努力实现我国生产力发展的跨越。这是我们党代表中国先进生产力发展要求必须履行的重要职责。江泽民指出:"没有强大的科技实力,就没有社会主义现代化。"因此,要瞄准世界科技发展的前沿,针对我国现有的状况加强科学研究与创新,通过高等学校的教育培养专业技术人才。

本案例详述了我国医学专业学位的建立和发展过程,从一个侧面了解医科院校对医学专业人才的培养。专业学位,是相对于学术型学位而言的学位类型,其目的是培养具有扎实理论基础,并适应特定行业或职业实际工作需要的应用型高层次专门人才。"医学专业学位"要求侧重于从事某一特定职业实际工作的能力,以培养应用型人才为目标。这一学位的设置使医学教育更加科学,进一步满足现代社会发展的需要。20世纪90年代至今,我国已基本形成了以硕士学位为主,博士、硕士、学士三个学位层次并存的专业学位教育体系。医学专业人才的培养,对于服务人民、提高社会生产力都具有重大意义。这一案例可以说明以江泽民同志为核心的党中央树立了人才是第一资源的思想。

第六章 "三个代表"重要思想

案例启思

1. 为什么我国要建立医学专业学位？
2. 20 世纪 90 年代初以来，我国高校开展了哪些人力资源建设工作？

教学建议

本案例通过我国医学专业学位的建立和发展，让学生明白这是我国必须加强人力资源建设，促进生产力发展的科学举措，有助于学生了解"三个代表"重要思想，深刻把握住人才资源建设与生产力发展的关系，并以中国共产党必须始终代表中国先进生产力的发展要求作为核心观点之一，从而树立医学生的使命担当意识。

适用于第二节"'三个代表'重要思想的核心观点和主要内容"之"'三个代表'重要思想的核心观点"之"始终代表中国先进生产力的发展要求"。

案例三 一位农民讲述切身体会："三个代表"好

案例

2002 年 8 月 14 日上午 11 时，一位穿着朴素的农民走进《人民日报》驻宁夏记者站递上了一封信。在他关注的目光下，记者读完了他写的信。"现在不是都在讲实践'三个代表'吗，我就是用切身体会来向你们并通过你们向社会说，'三个代表'好。"看过了他写的信，听了这位农民的话，记者深感"三个代表"在基层、在普通干部群众中的震撼力。

送信人名叫朱荣，是家住宁夏回族自治区灵武市新华镇的普通农民。今年年初，他 8 岁的孩子被诊断患了心脏病、肺动脉高压等病，数万元的手术治疗费对这个困难家庭来讲无疑是个天文数字。偏偏此时祸不单行，2002 年 6 月 7 日的一场暴雨冲塌了他家的住房，4 亩农田中的小麦仅收回了种子。

朱荣在信中写道："天灾人祸难免，党和政府有情。2002 年 6 月 8 日，暴雨还在下，新华镇镇长杜岐水带着镇干部挨村查看灾情，一边查排隐患，

民族复兴的医学梦
——《毛泽东思想和中国特色社会主义理论体系概论》
（2018年版）教学案例集

一边将受灾情况上报。第二天，灵武市委书记纪峥和市长刘继国到我临时居住处看望我一家人，送来了 800 元慰问金，鼓励我全家树立起对生活的信心。接着，市民政部门从紧张的资金中挤出 16000 元给我，用来为我 8 岁的儿子做心脏手术。恩比天高啊！我这个做父亲的眼巴巴看着孩子有病没钱治，是共产党的干部想到了为我的孩子治病。如今，我儿子已在宁夏最好的医院接受了手术治疗，很快就要出院，我该如何感激党、感激这些为咱百姓做事的好干部啊？"

朱荣向记者再三表示："有这样的干部是新华镇百姓的福分，党的干部都像他们这样把'三个代表'落实在行动上，百姓们的日子就会一天更比一天好。"

案例出处

《宁夏：一位农民讲述切身体会 "三个代表"好》，人民网，2002 年 8 月 18 日，http://www.people.com.cn/GB/shizheng/19/20020818/802175.html。（有删改）

案例解析

人民是我们国家的主人，是决定我国前途和命运的根本力量，是历史的真正创造者。建设中国特色社会主义，是我国各族人民实现自己利益、创造美好生活的共同事业，是亿万人民群众广泛参与的创造性事业。我们全部工作的出发点和落脚点，就是不断实现好、维护好、发展好最广大人民的根本利益。我们党始终坚持人民的利益高于一切。党除了代表最广大人民的利益，没有自己特殊的利益。我们党进行的一切奋斗，归根到底都是为了最广大人民的根本利益。党的一切工作，必须以最广大人民的根本利益为最高标准。因此，要努力使工人、农民、知识分子和其他群众共同享受到经济社会发展的成果。在整个现代化建设的过程中，一定要使群众得到应该得到的、看得见的物质利益，这样才能使群众愈来愈深刻地体会到中国共产党始终代表广大人民的利益。江泽民指出："在整个社会生产和建设发展的基础上，不断使全体人民得到并日益增加看得见的利益，始终是我们中国共产党人的神圣职责。"

本案例是"描述型"案例，通过一位治病困难却得到党和政府帮助的农民的切身体会，发自肺腑地说出"三个代表"好，真实反映了"三个代表"立党为公、执政为民的本质。我们党的一切奋斗，无论是战争年代浴血奋战推翻"三座大山"，还是建立社会主义制度，开展大规模的社会主义建设，抑或是改革开放和现代化建设，归根结底都是为了实现好、维护好、发展好最广大

人民的利益。实现人民的愿望、满足人们的需要、维护人民的利益,是"三个代表"重要思想的根本出发点和落脚点。

案例启思

1. 如何切实将中央为困难群众脱贫解困的各项政策落到实处?
2. 如何更好地实现最广大人民的根本利益?

教学建议

本案例通过党和政府对农民扶危救助的事迹,以及通过农民朱荣之口来表达对"三个代表"的切身体会,说明中国共产党始终代表中国最广大人民的根本利益,让学生较为直观地感受中国共产党人必须始终以"为人民谋幸福"的"初心",时刻把人民群众的安危冷暖放在心上,关心群众疾苦,努力为群众办好事、办实事,才能得到人民的拥护与支持,我们的改革和建设才能始终获得最广泛最可靠的群众基础和力量源泉。

适用于第二节"'三个代表'重要思想的核心观点和主要内容"之"'三个代表'重要思想的核心观点"之"始终代表中国最广大人民的根本利益"。

案例四　西部大开发与藏医药大发展

 案例

看到"2000 国际藏医药学术会议"这台戏拉开大幕,西藏自治区卫生厅厅长土登松了一口气。就在会议现场,土登一边聆听讲坛上的演讲,一边接受记者的采访。

土登和他的下属为筹备这场首次在西藏举行的藏医药国际学术会议已忙碌了数月之久,土登深知这次会议对西藏的意义,特别是对藏医药走向世界的深远影响。许多年来,藏医药就像久居深闺的少女,尽管名声在外,但又犹遮面纱,令外界不识其庐山真面目。土登有个梦想,也许多少年以后,藏医药堂而皇之地走进世界医药大家庭,为全人类的健康幸福尽绵薄之力。那么此时此刻就是个开端,就是第一步,作为西藏卫生事业的当家人,土登的兴奋点就在

于此。

土登现在当然是行政官员,他的起步点是一名医生,是新中国培养的一名藏族医生。1959—1968年,他就读于设在陕西咸阳的西藏民族学院,当时学的是西医。后来他回到他的家乡昌都做一名为家乡人民救死扶伤的医生。其时,藏族群众中具有大学本科学历的医生凤毛麟角,在自治区内对藏族官员的提拔又是一路绿灯,于是,土登由昌都人民医院院长,到自治区卫生厅副厅长,再到1992年45岁时即出任西藏自治区卫生厅厅长。

眼前的这位藏族厅长是如此钟爱他的民族的传统医药,他向笔者谈起藏医药的久远历史,谈起藏族人民世世代代在同严酷的自然条件做斗争中创立了在世界医药之林中独树一帜的藏医药。人类历史文明的长河滚滚逝去,斗转星移,大浪淘沙,尽管世纪更迭,物是人非,古老的藏医药文明非但未被湮没,反而熠熠生辉,愈显光彩。

土登说,江泽民总书记1990年来西藏视察工作时,专程来到藏医院看望老藏医,令人感动不已。在中央政府的关怀下,西藏县县建起了藏医院,西藏第一次有了培养藏医药人才的高等学府——西藏藏医学院,古老的藏医秘方得到了开发整理,建起了具有国际水准的现代化制药厂。

土登认为,此次藏医药国际会议对于藏医药事业的发展具有里程碑之深远影响,标志着藏医药事业的又一个春天来到了。那么多与会的国外专家对藏医药在中国受到的重视予以充分的肯定,只要稍有常识的人都不会得出所谓"西藏文化灭绝论"这样的结论。

土登是藏族人,又是真正的康巴汉子,笔者以前没有对康巴人的直观印象,于是,第一印象皆从土登开始,脸黑黑的,体魄壮壮的,手厚厚的,当他的大手紧紧地握住你的手的时候,会连同他的眼神把康巴人的热情、真诚、豪爽和好客一下传遍你的全身。同土登这样敬业的藏族官员交谈,谁又能不对西藏卫生事业及藏医药事业的发展抱有信心。

土登作为西藏卫生事业的最高官员,自然不会只注视藏医药一个领域。他还要管西医,管全藏人民的卫生保健。他清醒地认识到,藏医药要继续发展,还要适应时代要求,跟上时代步伐。藏医药要学习各种门派之长,取长补短,去其糟粕,取其精华。土登说,当前的西部大开发不仅为西藏的经济发展带来机遇,也为藏医药事业的发展带来机遇。西部大开发会为藏医药的发扬光大提供有利条件,反过来,藏医药的走向世界也会为西藏的社会进步带来积极影响,藏医药将会同西藏一起走向明天,走向世界。

第六章 "三个代表"重要思想

🔍 案例出处

《聚焦藏医药：西部大开发　藏医药大发展——访西藏自治区卫生厅厅长土登》，中国新闻网，2000 年 7 月 19 日，http://www.chinanews.com/2000-07-19/26/38360.html。（有删改）

✏️ 案例解析

江泽民指出："发展是硬道理，这是我们必须始终坚持的一个战略思想。"中国特色社会主义现代化建设必须始终紧紧抓住发展这个执政兴国的第一要务，这样就能够彰显社会主义制度的优越性，体现出党的先进性。尤其是我国这种发展中的社会主义大国，能不能解决好发展问题，直接关系人心向背、事业兴衰。离开发展，坚持党的先进性、发挥社会主义制度的优越性和实现民富国强都无从谈起。因此，要抓住机遇，实现发展，这样才能肩负起国家、民族、人民交给党的历史责任。

世纪之交，以江泽民为代表的党中央制定西部大开发战略，这是具体落实发展是党执政兴国第一要务的重要决策，即"把加快西部经济社会发展同保持政治社会稳定、加强民族团结结合起来，把西部发展同实现全国第三步发展战略目标结合起来"，在充分调动西部地区自身积极性的基础上，通过政策引导，吸引国内外资金、技术、人才等投入开发，有目标、分阶段地推进西部地区的大发展。在本案例中，处于西部地区的藏医药事业也在西部大开发战略中抓住机遇，获得了发展。藏医药是我国藏族聚居区人民防病治病经验的高度总结，是我国传统医学宝库的重要组成部分，但是许多年来，藏医药就像久居深闺的少女，尽管名声在外，外界却并不了解。党中央开始实施西部大开发战略后，为藏医药事业提供了千载难逢的发展机遇，为藏医药的发扬光大提供了有利条件，同时，藏医药的发展也将促进西部地区的发展，并将使我们这一传统医学宝库逐步走向世界。

💡 案例启思

1. 江泽民提出的西部大开发对藏医药的发展有什么作用？
2. 为什么说发展是党执政兴国的第一要务？

🎤 教学建议

本案例通过对西藏自治区卫生厅的采访，让学生了解西部大开发战略给我国传统医学宝库的藏医药的发展带来的生机，进而领会发展是党执政兴国的第

147

民族复兴的医学梦
——《毛泽东思想和中国特色社会主义理论体系概论》（2018年版）教学案例集

一要务这一重要内容，明确发展始终是社会主义现代化建设的主题，用发展的眼光、发展的思路、发展的办法解决前进中的问题，就能把中国特色社会主义事业不断推向前进。

适用于第二节"'三个代表'重要思想的核心观点和主要内容"之"'三个代表'重要思想的主要内容"之"发展是党执政兴国的第一要务"。

▶ 案例五　市场经济下的同仁堂

案例

随着我国改革开放不断深化，市场的逐步放开，许多老字号医药企业墨守成规，在激烈的市场竞争中日趋衰落或被淘汰出局。有着三百多年悠久历史的北京同仁堂集团着力探索将传统医药与现代经营模式有机结合，依托传统品牌，引入现代化经营管理理念，整合优势资源，打造医药"巨舰"出海，搏击市场风浪。

一、从分散型到集团化

当前，国际经济竞争主要表现在跨国公司之间的竞争。发挥集团优势是现代工业发展的大趋势，也是积极参与国际竞争的必由之路。我国的传统名牌产品，大多呈小型化、分散化的特点，在国际、国内市场上很难与国际跨国公司相抗衡。1992年，同仁堂集中了北京25家优势各异的工商企业和科研单位，组建了同仁堂集团公司。集团化后的同仁堂集产供销、科工贸、生产经营与资本经营于一体，在企业生产和商业经营中形成了综合性的规模和优势，使同仁堂在取长补短、优势互补中愈发充满了生机和活力。

为适应市场竞争，同仁堂首先从转换内部经营管理机制入手，理顺生产、销售和市场的关系，重新在内部划分了市内、外埠和海外三个责任市场，成立了药酒分公司，充实完善了经营分公司、进出口分公司的经营架构。在此基础上，生产供应部门根据市场需求，组织原材料供应并及时安排生产，为三个市场提供适销对路的产品，三个市场再将销售信息及时反馈回生产供应部门，为经营决策提供来自一线的依据，使产供销形成了良性循环。

集团化以后，同仁堂的整体管理水平和工艺水平得到提高。成立集团前，由于管理和资金分散，很难将有限的资金统一集中到重点建设上来。成立集团后，通过有计划加大技改的投入，集中使用资金，引进具有国际、国内先进水平的生产设备和检测仪器，提高了各企业的工艺水平，管理水平也上了一个新层次。

集团化以后，同仁堂实现了产品的统一经营。同仁堂集团具有营销网络的优势，无论是国内还是海外，都有比较畅通的渠道，这是分散管理所无法做到的，这也为同仁堂规范自己的市场行为奠定了必要的基础。

同仁堂集团还十分重视海外市场的开拓，为把同仁堂培育成世界名牌进行着不懈的努力。截至2001年，同仁堂已在香港开办了5家分店，在马来西亚、澳大利亚、英国、美国、泰国陆续开办了同仁堂合资公司，通过这些公司的运作增加同仁堂产品在海外的注册数量及市场占有率，使出口产品的数量由原来的20个增加到现在的130多个，出口创汇金额也由最初的100多万美元增加到近千万美元。

二、从生产经营型到资本运营型

1997年，在国务院确定同仁堂为全国120家大型企业集团试点单位后，同仁堂集团便下力量进行股份制改造工作。经过半年的努力，由同仁堂集团所属6个绩优企业组建成立了北京同仁堂股份有限公司，同仁堂股票于1997年6月在上海证券交易所上市，这标志着具有300多年历史的老字号企业在建立现代企业制度进程中迈出了重要步伐。

同仁堂股份制改造以后，首先是积极进行资本运作方面的实践与探索，努力实现同仁堂由生产经营型向资本运营型的转变。

2000年，集团设计并实现了将北京同仁堂股份有限公司的一部分资本下沉，同时，吸纳部分社会股东，组建了北京同仁堂科技发展股份有限公司，并于2000年10月31日在香港创业板正式挂牌上市，募集资金2.1亿港币。科技公司的创建，是同仁堂进行资本运作的重要尝试，它的意义不仅在于募集资金，更重要的是为企业的快速发展拓宽了一条新路，增添了一个翅膀。

在香港创业板上市的同时，同仁堂也不放弃在内地融资的机会，在2001年3月又以10股配3股的方案继续募集资金，用于同仁堂股份有限公司的再发展。该次募集资金的方向：一是建立"北京同仁堂现代化中药材生产种植基地"；二是收购北京同仁堂药店、崇文门药店；三是与香港泉昌有限公司合资开办企业管理公司；四是与台湾太丰企业股份有限公司合资建立中药生产企业；五是与美国安荣贸易有限公司合资开办境外企业。总计投资2亿元。

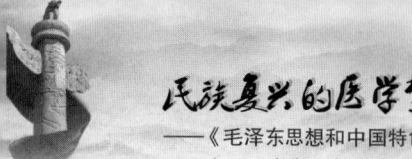

三、从传统型经营到现代型经营

以生产经营中成药为主的北京同仁堂,要在市场大潮中快速发展,除了进行有效的资本运作外,还必须在继承和发扬同仁堂优秀传统文化精华和生产工艺技术的基础上,大胆吸收和引进现代科技,在不断增加现有产品科技含量的基础上,向新医药、生物工程和电子商务等现代科学领域进军,积极寻求和引进现代经营管理方式。

第一,合资突出科技含量。

同仁堂作为一个具有悠久历史的传统医药企业,在对外合资合作中,必须融入高科技的内涵,使传统产品与现代科技相融合,并逐步引入生物制药,提高同仁堂产品的科技含量。本着这一思想,集团积极实施两大项目:一是与香港京泰实业(集团)有限公司及和记黄埔(香港)药业发展有限公司共同发起成立"同仁堂和记黄埔(香港)药业发展有限公司",总投资2亿港币,在香港设立科研中心、生产基地和遍及世界的营销网络,合资公司依托国内、香港和欧美等研究机构,以自行开发研制天然植物药、中药新产品为主,拓展国际市场;二是与香港麦尔海生物技术股份有限公司合资建立"同仁堂麦尔海生物技术股份有限公司",引进具有国际先进水平的脂质体制药技术。这两个项目,已于2001年5月召开的第三届中国北京高新技术产业国际周大会上正式签署合同。

第二,加快市场网络建设。

首先,以重点经销商为主体,形成遍布全国的销售网络。2001年,同仁堂有100多家重点经销商遍及全国各省区市,但在各地发展很不均衡,有些大中城市还有盲点,因此,集团继续寻找有实力的经销商开展销售活动。

其次,加快同仁堂在全国主要城市建终端零售店。2000年,先后在上海、西安、深圳、广州、沈阳和哈尔滨建立起了冠有同仁堂名称的合资药店。

最后,转变经营体制,由坐商向患者为中心的销售方式转变。经过市场的锤炼,经营分公司已经改变以往的坐商方式,开始主动出击,把同仁堂药品推销到目标市场上。

第三,建设西部药材基地。

在保持传统制药特色的基础上,同仁堂集团结合国家"西部大开发"战略,大胆尝试建立符合同仁堂药品质量要求的药材种植基地。同仁堂历来讲究货真价实,使用地道药材。因此,从种植基地的源头抓起,提高科学种植药材的水平是至关重要的。这一项工作2001年已全面实施。

第四,进一步走医药结合之路。

同仁堂集团以资本置换的方式兼并了崇文区中医院，于2001年6月18日正式挂牌，以同仁堂名义开业。此后，同仁堂还对医院投资，加大规模建设，建成三级合格医院，从而在经营模式中使医药更加紧密结合，使同仁堂成为真正的医药集团。

案例出处

华胜：《同仁堂：嫁接传统与现代》，载《中国药店》2001年第5期。（有删改）

案例解析

在社会主义条件下发展市场经济是前无古人的伟大创举，实现了改革开放新的历史性突破，打开了我国经济、政治和文化发展的崭新局面，是以江泽民为代表的中国共产党人做出的历史性贡献。江泽民根据邓小平南方谈话精神，明确提出使用"社会主义市场经济体制"这个提法。1992年，党的十四大正式把建立社会主义市场经济体制确立为我国经济体制改革的目标。党的十四届三中全会通过的《中共中央关于建立社会主义市场经济体制若干问题的决定》，勾画了建立社会主义市场经济体制的蓝图和基本框架。社会主义市场经济体制，必须坚持和完善以公有制为主体、多种所有制经济共同发展的社会主义基本经济制度，探索公有制特别是国有制的多种有效实现形式，在更大程度上发挥市场在资源配置中的基础性作用，健全统一、开放、竞争、有序的现代市场体系，创造各类市场主体平等使用生产要素的环境，促进商品和生产要素在全国市场自由流动。把市场经济与社会主义制度相结合，既可以发挥市场经济的长处，又可以发挥社会主义制度的优越性。

本案例介绍了20世纪末21世纪初著名的药企同仁堂在市场经济体制建立过程中的发展历程，实现了从分散型到集团化、从生产经营型到资本运营型、从传统型经营到现代型经营的转变。同仁堂通过股份制的改革，成立为集团公司，形成了综合性的规模优势，并且按照市场规律和现代企业的经营要求运作使同仁堂的整体管理水平和工艺水平得到提高，通过资本运营使同仁堂获得了再发展的支撑，公有制经济的实力显著增强。市场经济中的同仁堂的发展与转变，深刻反映了建设社会主义市场经济体制的原则。

案例启思

1. 在社会主义市场经济的建立过程中，同仁堂如何实现制度转变？
2. 建立社会主义市场经济体制的必要性是什么？

民族复兴的医学梦
——《毛泽东思想和中国特色社会主义理论体系概论》
（2018年版）教学案例集

教学建议

本案例通过介绍20世纪末21世纪初同仁堂在市场经济体制建立过程中的发展历程，十分清楚地描绘了作为公有制企业的同仁堂在社会主义市场经济体制下实现了由分散型到集团化、从生产经营型到资本运营型、从传统型经营到现代型经营的三大转变，从而使学生对社会主义市场经济体制的重要内容，以及确立社会主义市场经济体制的重大意义有了深刻的认识，也增强了对我国改革开放的关键节点的认识，并自觉树立改革开放不停步的意识。

适用于第二节"'三个代表'重要思想的核心观点和主要内容"之"'三个代表'重要思想的主要内容"之"建立社会主义市场经济体制"。

案例六　安徽查办医药大案，纠正购销不正之风

案例

在安徽省药管局对广东某医药有限公司违规异地经营药品一案进行查处的同时，安徽省政府纠风办和安徽省卫生厅也着手对在突查中发现的涉及安徽省内个别医院和医生在医药购销中的不正之风等问题展开了调查。

据安徽省政府纠风办张胜利副主任介绍，他们在与安徽省卫生厅相互协调后，立即将检查中发现的"回扣"问题分别转交给了各地卫生主管部门进行处理。

铜陵市纪委随后与该市卫生局一起对此事展开了认真调查。经调查得知，广东某医药集团有限公司合肥办事处于1999年上半年在铜陵市"开拓业务"时，通过该市一家医院拥有处方权的肿瘤医生朱某的一个同学找到了朱某，聘请他担任该公司在铜陵市的销售代理。不长的时间，朱某就从广东这家公司非法获利达2万多元，除去各种相关的开支，该市卫生局最终认定其实际获利达7000多元。该市卫生局决定，由朱某所在的医院对其给予行政记大过处分，停发朱某一年的奖金，停止其处方权，其非法所得7000元上交市财政。铜陵市有关部门已就此事在全市108所医院进行了通报，希望能以此向全市广大医务工作者敲敲警钟。同时，相关的处理结果也已上报给安徽省政府纠风办和安

徽省卫生厅。

案例出处

朱晓凯：《细查深挖治"回扣" 省纠风办和卫生厅联手查办"医药大案"》，载《新安晚报》1999年8月26日。

案例解析

社会主义是全面发展的社会，江泽民提出建设社会主义政治文明，必须坚持依法治国，建设社会主义法治国家。他指出："依法治国，就是广大人民群众在党的领导下，依照宪法和法律规定，通过各种途径和形式管理国家事务，管理经济文化事业，管理社会事务，保证国家各项工作都依法进行，逐步实现社会主义民主的制度化、法律化。"实行依法治国，必须坚持有法可依、有法必依、执法必严、违法必究。依法治国是党领导人民治理国家的基本方略，是发展社会主义市场经济的客观需要，是社会文明进步的重要标志，是国家长治久安的重要保障。

在本案例中，安徽省铜陵市一家医院的医生在医药购销中存在着不正之风，收取药品"回扣"获得经济利益，被卫生主管部门严厉查处。这一案例说明，市场经济带来巨大的利益诱惑，使得一些行业的从业者利用特别的权力或身份大行不正之风，甚至违法获利。因此，市场经济必须加强法治建设，才能不断完善社会主义市场经济体制，推进社会进步。

案例启思

1. 20世纪90年代末，安徽省对医药购销中的不正之风大力展开调查，这反映了当时该省怎样的医药购销状况？
2. 依法治国的重要意义是什么？

教学建议

本案例通过1999年安徽省铜陵市卫生局纠正医药购销不正之风的一个新闻，让学生明确市场经济发展中存在着诸多诱惑，因此，随着经济体制改革的深化，必然要进行法治建设。市场经济应当是法治社会，让学生了解依法治国的含义、内容及其重要意义，从而进一步加深对建设社会主义政治文明的理解，树立法治意识。

适用于第二节"'三个代表'重要思想的核心观点和主要内容"之"'三个代表'重要思想的主要内容"之"建立社会主义政治文明"。

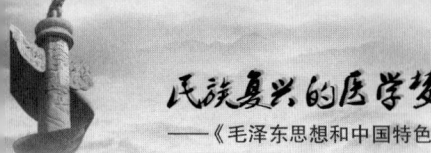

——《毛泽东思想和中国特色社会主义理论体系概论》
（2018年版）教学案例集

▶ 案例七　江泽民发展中医药的思想

案例

毛泽东同志和邓小平同志都非常重视中医药的发展。毛泽东曾指出："中医药学是我国人民几千年来同疾病作斗争的经验总结，它包含着中国人民同疾病作斗争的丰富经验和理论知识，是一个伟大的宝库，必须努力发掘，并加以提高。"邓小平也曾明确要求各级党委和政府"特别要为中医创造良好的发展与提高的物质条件"。江泽民同志在新的历史时期，全面继承和发展了毛泽东和邓小平关于中医药的思想，对如何发展中医药提出了新的思想。

第一，中医药是中华民族优秀传统文化的瑰宝，必须继承和发扬。新中国成立以后，党和政府历来重视我国传统医药的继承和发展。江泽民在新的历史时期，更加强调中西医并重，发展中医药，做好中西医结合工作。1991年6月3日，江泽民同志为国际传统医药大会题词："弘扬民族优秀文化，振兴中医中药事业"。1995年12月8日，江泽民同志又为中国中医研究院建院40周年题词："发展祖国医学，弘扬民族精神"。1996年12月9日，在全国卫生工作会议上，江泽民同志再次强调："各级党委和政府要继续加强对中医药事业的领导。正确处理继承与创新的关系，既要认真继承中医药的特色和优势，又要勇于创新，积极利用现代科学技术，促进中医药理论和实践的发展，实现中医药现代化，更好地保护和增进人民健康。"

第二，采取各种有效措施，培养中医药人才。医药卫生是科技密集型行业。防治各种疾病，提高医疗卫生服务质量，都离不开医学科技的发展和医学人才的培养。为此，江泽民强调，首先，要提高中医药人才的政治地位。对那些有才干的中医药人才要大胆提拔、大胆使用，提高其政治素质和业务素质，充分发挥广大中医药人才的作用。其次，必须搞好中医药教育。"认真总结高等中医药院校的办学经验，不断深化改革，办好现有高等中医药院校。"江泽民同志对办好高等中医药大学极为重视，多次给予题词，激励高等中医药院校的广大师生奋发向上，开拓进取，培养更多国家需要的人才。1996年8月28日，江泽民为北京中医药大学成立40周年题词："发展中医药事业，培养跨

世纪人才"。同年11月6日，为上海中医药大学成立40周年题词："发展中医中药，为人民健康服务"。

第三，加强中医药科学研究，推进中医药科技进步。加强中医药科学研究是促进中医药事业发展的一项重要工作。江泽民同志多次强调，要搞好中医药科学研究。为此，首先，要培养中医药人才，提高中医药科学研究水平。1997年10月16日，江泽民为《中国卫生质量管理》杂志题词："培养优秀医学人才，攀登医学科学高峰"。其次，搞好中医药期刊建设，使其成为发表中医药科研成果的园地。1993年1月30日，江泽民同志为《中医药管理杂志》创刊题词："加强中医药科学研究，促进中医药事业发展"。最后，搞好中医药图书的出版工作。1995年，江泽民为《中医古籍孤本大全》题写了书名。

第四，搞好中药的开发和使用，实现中药生产的现代化、产业化。中医药在防病治病中发挥了重要作用，要重视中药的开发、生产、销售和使用，努力实现中医药生产的现代化、产业化。江泽民指出，首先要搞好中药药材生产基地建设，为中药生产提供丰富的原材料。1995年1月12日，江泽民为亳州药都题词："华佗故里，药材之乡"。其次，搞好中药厂建设。江泽民多次深入药厂、医药公司视察指导工作。1992年8月8日，江泽民为中国北京同仁堂集团公司成立题词："发扬同仁堂质量第一的优良传统，为人民保健事业服务"。1995年，在全国第二届企业技术进步展览会上，江泽民同志参观了中医药馆，对中医药工作取得的成就给予了积极的评价。

第五，中西医并重，加强中西医结合。祖国医学（中医）和现代医学（西医）各有优点，共同承担保护和增进人民健康的任务，在其发展中，应相互学习，共同提高。中西医并重，加强中西医结合是我们党和政府的一贯主张。党的十一届三中全会以后，党和政府更加重视搞好中西医结合，发展现代医药和祖国医药。江泽民多次要求各级党委和政府要认真贯彻中西医并重的方针，"中西医工作者要加强团结，相互学习，相互补充，促进中西医结合"，为发展我国的医疗卫生事业做出更大的贡献。

案例出处

蔡孝恒、杨德华：《简论江泽民发展中医药的思想》，载《南京中医药大学学报》（社会科学版）2000年第1卷第3期。（有删改）

案例解析

"三个代表"重要思想，把党的建设同当今世界的发展趋势，同我国社会主义的自我完善和发展，同实现中国特色社会主义的宏伟目标和各项任务联系

民族复兴的医学梦
——《毛泽东思想和中国特色社会主义理论体系概论》（2018年版）教学案例集

起来，科学地揭示了执政党建设的规律，赋予了党的指导思想、党的宗旨和党的任务以鲜明的时代内容和时代特征。它以我国改革开放和现代化建设的实际问题、以我们正在做的事情为中心，着眼于马克思主义理论的运用，着眼于对实际问题的理论思考，着眼于新的实践和新的发展，进一步把理论和实践、继承和发展结合起来，从根本上回答了在充满希望与挑战的21世纪，要把我们党建设成为什么样的党和怎样建设党这样一个重大历史性问题，创造性地运用了马克思列宁主义、毛泽东思想，特别是邓小平理论，形成了富有独创性的新的理论成果。"三个代表"重要思想属于马克思主义的理论宝库，是对毛泽东思想和邓小平理论的继承和发展，是中国特色社会主义理论体系的重要组成部分。

我国是一个历史悠久、文化灿烂的国家，在长期的历史发展过程中，我国人民创造了优秀的文化，中医学是其重要组成部分。新中国成立以来，毛泽东、邓小平等党和国家领导人对发展我国中医药事业都提出过一些重要思想。在新的时期，江泽民对如何发展中医药有很多深刻的思想。本案例揭示江泽民发展中医药的思想，包括继承和发扬优秀传统文化的瑰宝的中医药、培养中医药人才、加强中医药科学研究、搞好中药的开发和使用、加强中西医结合等主要内容。江泽民强调，我们应该坚持大力发展中医，而不是以排斥中医为代价来发展西医，这一主张与毛泽东和邓小平都重视中医药发展相一致，是对毛泽东和邓小平关于中医药的思想的全面继承和发展。这也从一个角度反映出"三个代表"重要思想的历史地位，是对中国特色社会主义理论体系的接续发展。

案例启思

1. 江泽民发展中医药的思想有哪些内容？
2. 为什么说"三个代表"重要思想是中国特色社会主义理论体系的接续发展？

教学建议

本案例通过江泽民发展中医药的思想，从内容上寻找与毛泽东和邓小平重视中医药发展相一致的地方，从一个角度让学生生成一种逻辑，即"三个代表"重要思想是对毛泽东思想、邓小平理论的继承和发展，是中国特色社会主义理论体系的重要组成部分，有助于理解"三个代表"重要思想的历史地位，并且能够帮助学生加强对我国优秀传统文化的认识，自觉投身到中医药发展的实践中去。

第六章 "三个代表"重要思想

适用于第三节"'三个代表'重要思想的历史地位"之"中国特色社会主义理论体系的接续发展"。

▶ 案例八 "三个代表"重要思想在医院管理中的应用

案例

党的十六大报告明确指出，开创中国特色社会主义事业新局面，必须高举邓小平理论的伟大旗帜，全面贯彻"三个代表"重要思想。作为新时期的医疗卫生机构，如何深入贯彻"三个代表"重要思想，从而促进医院社会效益和经济效益的同步增长呢？就此，至2003年，河北省邯郸市中心医院推行了以下应对措施。

首先，与时俱进地做好医院管理工作。"三个代表"重要思想，关键在坚持与时俱进。医院管理工作要想保持旺盛的生命力，走在时代改革的前列，从医疗水平、服务水平、医疗环境上争创一流，就要与时俱进，不断改革，从改革中谋发展，从发展中求效益。改革是发展的动力，没有改革，我们只会在原地踏步，只有创新和尝试，我们的事业才会飞跃前进。这一方面，河北省邯郸市中心医院的主要改革成就如下：①为了使医院在管理上更完善、更具活力，河北省邯郸市中心医院在科级干部聘任上进行改革，实行竞争上岗制，使一批年纪轻、学识高、肯钻研、懂管理、责任心强的同志脱颖而出，担负起医院管理的重任，为医院管理注入了一股鲜活的力量。②为了推进后勤社会化改革的步伐，河北省邯郸市中心医院对后勤进行了大刀阔斧的改革，成立了物资供应中心、设备维修中心等，既提高了工作效率，又节省了消耗资金。③为了调动每一位职工的积极性，河北省邯郸市中心医院实行了目标责任制，科室奖金与年度目标挂钩，个人奖金与岗位考核挂钩，使医疗服务水平明显提高，大大改善了医患关系。④为了提高医疗技术水平，河北省邯郸市中心医院坚持"科教兴院"的方针，加大了科研、教学、人才培养的力度，为职工创造各种形式的学习机会，确定了一批省、市重点学科，创办了职工继续教育学校，省市级继续医学教育合格率达到了90%。

其次,政治思想工作围绕"以病人为中心"来展开。"三个代表"重要思想,本质在坚持执政为民。经济效益是提高医疗环境的前提,是调动职工积极性,从而提高医疗水平和服务水平的前提,但是,医疗行业是一个特殊的行业,随着中国加入WTO,医疗卫生被明确规定属于服务业,全国卫生工作会议曾指出:"新时期我国卫生工作的基本方针是为人民健康服务,为社会主义现代化建设服务。"河北省邯郸市中心医院坚持党和人民的利益高于一切,本着全心全意为人民服务的宗旨治病救人,对家庭贫困的患者减免费用,对需要帮助的患者伸出援助之手,坚持"以病人为中心"开展了一系列便民服务,无偿提供护送、导医、咨询等服务,使患者的满意度逐年增加,从而带动了社会效益和经济效益的同步增长。

再次,医院管理迈出现代化的步伐。"三个代表"重要思想,核心在坚持党的先进性。医院是否能在竞争激烈的医疗市场生存并发展,高素质的管理工作起着至关重要的作用,因此,管理者必须认真贯彻"三个代表"重要思想,最广泛、最充分地调动一切积极因素,加快医院现代化发展的步伐。为了适应医院现代化发展的潮流,河北省邯郸市中心医院积极推行了ISO 9002国际质量标准,建立了一整套全新的程序化质量保证体系,并获准在全省各级医院推广。加大外语和办公自动化能力的培养力度。河北省邯郸市中心医院创造各种学习条件和环境,分批、分期进行外语辅导、计算机培训,使全院职工外语水平和计算机水平大大提高。

最后,尊重劳动、尊重知识、尊重人才、尊重创造。河北省邯郸市中心医院坚持"科技兴院、科学办院"的宗旨,营造出尊重科学、尊重人才、尊重知识的良好氛围,有组织、有计划、有目的、多渠道地鼓励医务人员积极参加研究生学习、外出进修,鼓励专业技术人员、学科带头人参加国内外各种学术活动、技术骨干培训班等。其中,泌尿外科、肝胆外科被评为市级医学重点学科,神经外科、内分泌科分别被评为市级医学重点发展学科。仅2003年全年,河北省邯郸市中心医院便开展新技术新项目35项,开展各种类型学术会议30余次。

🔍 案例出处

王焕芳:《浅谈"三个代表"重要思想在医院管理中的应用》,载《中华医药杂志》2004年第4卷第5期。(有删改)

✏️ 案例解析

"三个代表"重要思想是在迎接21世纪到来的重要时刻,针对当代世界

和中国的发展变化提出加强和改进党的建设,创造性地回答了建设什么样的党、怎样建设党的问题,集中起来就是深化了对中国特色社会主义的认识,反映了时代对党和国家工作的新要求,是推进我国社会主义自我完善和发展的强大理论武器,是党和国家必须长期坚持的指导思想。因此,必须在实践中深入贯彻落实。

本案例就是实践中运用"三个代表"重要思想的典型实例。随着市场经济体制的建立和发展,人们的思想观念、思维模式、生活习惯、道德标准、行为规范都发生了巨大的变化,人们的思想行为受到了更多的利益驱动,这些无疑给医院管理工作提出了更高的要求、更严格的标准。在本案例中,河北省邯郸市中心医院在管理中注重与时俱进,在医疗水平、服务水平、医疗环境上争创一流;政治思想工作围绕"以病人为中心"来展开,体现了执政为民、全心全意为人民服务的宗旨;坚持党的先进性,医院管理迈向现代化,坚持"科技兴院、科学办院"的宗旨,营造出尊重科学、尊重人才、尊重知识的良好氛围。从这一典型案例中,我们可以感到最根本的一条就是河北省邯郸市中心医院深刻领会"三个代表"的重要实质,把"三个代表"重要思想运用于医院管理工作的全过程,促进了社会效益和经济效益的同步增长。

案例启思

1. 在医院管理中如何应用"三个代表"重要思想?
2. 为什么说"三个代表"重要思想是加强和改进党的建设,推进中国特色社会主义事业的强大理论武器?

教学建议

本案例通过介绍河北省邯郸市中心医院将"三个代表"重要思想应用在医院管理中,让学生感受到运用"三个代表"重要思想的立场、观点、方法,研究和解决中国医院管理的实际问题,从而深刻把握"三个代表"重要思想的历史地位,是推进中国特色社会主义事业的强大理论武器。

适用于第三节"'三个代表'重要思想的历史地位"之"加强和改进党的建设,推进中国特色社会主义事业的强大理论武器"。

第七章 科学发展观

▶ 案例一 药物污染可能导致野生动物数量下降

 案例

英国《卫报》报道，多项新研究表明，通过人与动物的排泄物进入环境中的药物可能是造成全球野生动物危机的背后原因之一。科学家同时警告说，这些在低浓度下即具有生物活动的药物正迅速在全球范围内被广泛使用，但关于它们对自然界的影响目前却所知甚少。

"全球使用的药物多达数千种，它们可能对野生动物和生态系统产生强烈影响，"约克大学的凯瑟琳·阿诺德（Kathryn Arnold）说，"有必要就其带来的环境风险进行更好的科学评估。"

9月份发表的一项研究显示，在过去的40年中，地球上有一半的野生动物已经灭绝。而在药物残留最常见的淡水环境，鱼类和两栖动物的灭绝率高达75%。

此前曾有过野生动物被药物污染伤害的例子。比如，雄鱼因避孕药中的合成激素而雌性化；牛群被滥用消炎药，导致以它们的尸体为食的印度秃鹰几乎完全绝迹。最近，在被废水污染的市区池塘中还发现了雌雄同体青蛙。

但是，由于药品不像杀虫剂，并不是设计用来致死，它们对野生动物的伤害就更加微妙。

约克大学的汤姆·比恩（Tom Bean）和同事发现，常见的抗抑郁药氟西汀即使以较低水平出现在环境中，也会导致八哥的进食次数减少。新不伦瑞克大学的卡伦·基德（Karen Kidd）团队的研究证实，避孕药中使用的合成雌激

素不仅造成安大略省湖泊中常见的研究实验鱼类黑头呆鱼灭绝，也严重扰乱了整个生态系统。由于小鱼和其他猎物的损失，生活在这里的顶级捕食者鳟鱼的数量削减了23%～42%；而昆虫因少了鱼类的捕食，数量则有所增加。

全球物种中，两栖动物的生物多样性损失最为严重。乌普萨拉大学的塞西莉亚·伯格（Cecilia Berg）和同事报告说，自然水域中有许多激素活性药物影响了两栖动物的繁殖。

德国联邦环境局的安妮特·库斯特（Anette Küster）和妮可·阿德勒（Nicole Adler）的研究则指出了对环境危害最大的药物。"人类医药产品中，激素、抗生素（止痛药）、抗抑郁药和抗癌药物存在环境风险。"他们说。而兽药中，激素、抗生素和驱虫剂的危害最突出。

各类药物可以通过药厂的排放及污水排放污染环境。哥德堡大学教授乔金·拉尔森（Joakim Larsson）发现，污水中的药物浓度甚至可以超过服药者血液中的药物浓度。

药物的使用量也随着人口和喂养牲畜的增多而加大。而污水越来越多地被用于农田灌溉和施肥，也导致更多的药物暴露在环境中。

坎特伯雷大学的莎莉·高（Sally Gaw）和同事警告说，药品污染对海洋的影响更不为人知。"考虑到全球沿海人口显著增加、沿海特大城市扩张，以及世界各地沿海（渔业）的重要性日益凸显，这是一个重要的认识空白。"

案例出处

陈丹编译：《药物污染可能导致野生动物数量下降》，人民网，2014年10月20日，http://env.people.com.cn/n/2014/1020/c1010-25869464.html。（有删改）

案例解析

进入21世纪，世界处在大发展、大变革、大调整之中。科学发展观是在深刻把握我国基本国情和新的阶段性特征的基础上，在深入总结改革开放以来特别是党的十六大以来实践经验的基础上，在深刻分析国际形势、顺应世界发展趋势、借鉴国外发展经验的基础上形成和发展的。虽然改革开放使我国经济社会发展取得了举世瞩目的成就，但进入21世纪，我国进入发展关键期、改革攻坚期和矛盾凸显期，这就要求我们坚持用宽广的眼界观察世界，始终站在国际大局与国内大局相互联系的高度，科学审视中国和世界的发展问题。

本案例生动说明了当今世界所共同面临的生态环境问题，以一种往往不被人察觉的药物污染的方式来影响生态环境，这就尤其需要引起重视，并且采取

治理行动。科学发展观的提出正是应对危机与挑战而形成的又一重大战略思想,发展并不是单纯追求经济增长,而需要解决包括生态环境在内的一系列问题,制定科学的发展战略,这样才能避免付出更大的代价去治理。进入 21 世纪,中国的改革开放已经走过 40 多年了,不能再一味"摸着石头过河"了,否则容易付出"先污染后治理"的代价,因此,需要科学的发展观,保证中国社会健康、持续、全面地发展。

案例启思

1. 药品污染给人类、动物与自然环境带来哪些影响?
2. 科学发展观是在什么样的历史条件与国内外的发展基础上提出的?

教学建议

本案例通过药物污染这一新的影响生态环境的方式,使学生对 21 世纪我国取得的成就和所面临的问题有清楚的认识。21 世纪是我国改革与发展的攻坚期,要抛弃"发展等于经济增长"这一片面发展路线,实现全面持续健康的发展,需要科学发展观的指导。

适用于第一节"科学发展观的形成"之"科学发展观的形成条件"。

案例二 恶化的生态环境呼唤生态医学

目前,我们的生态环境变得愈来愈恶劣,这不仅使生态系统失衡,而且对人类健康也有极大的危害。据估计,环境因素在发展中国家残疾调整生命年损失中几乎占 20%,在发达国家则大约占 4%。

生态环境破坏引发各种常见病。一是水污染性疾病。WHO 调查显示,人类 80% 的疾病与饮用水水质不良有关,由于水质污染,全世界每年有 5000 万儿童死亡,3500 万人患心血管病,7000 万人患结石病。二是大气污染引发的各种呼吸系统疾病。美国 94 个城市 28 个农村地区调查结果显示,大气中苯并(a)芘(BaP)浓度增加 0.1 毫克/100 米^3,肺癌死亡率相应升高 5%。生态

环境破坏也是传染病再度流行的根本原因。2005年,联合国环境规划署发表年度《全球环境展望》说,人类活动对自然环境的破坏正造成一些已得到控制的传染病再次传播和蔓延,威胁人类健康。如鼠疫发病人数直线上升,疟疾、登革热、脑膜炎和血吸虫病的再度抬头都是环境恶化的一种警告。环境的恶化还导致了一系列新发传染病的出现,如莱姆病、埃立克体病、SARS、甲型H1N1流感等流行,这都迫使人类反思与自己赖以生存的环境之间的关系,探索更加适合现代发展需要的新的医学模式。

生态危机产生的一系列问题受到全世界的共同关注,它已不仅仅是生态学、社会学等学科关注的问题,还要求医学研究中必须拓展对人类健康认识的视野,考虑生态环境的因素,因此,引领未来医学发展的新的生态医学模式便应运而生。在生态医学模式指导下的医学实践,将会从协调环境发展与人类健康的关系上研究医学问题,促进医学沿着更加有利于维护和增进人的健康的正确方向发展。

虽然医学在帮助人类战胜各种疾病、延长人类寿命、促进人类的生存和发展中起到了积极的作用,但是,各种高科技医学检查设备和抗生素类药物在临床上的大量应用,却给人类带来了极大的负面作用,如医源性疾病的增多,细菌和病毒耐药性的增强等,都对自然生态平衡起到了某种程度上的破坏。这肯定不是人类所需要的医学。医学发展的目的不应仅仅是战胜疾病,而应把人作为一个与自然环境和社会环境密切作用的整体来研究,最大限度地促进人类的健康以实现人类生存和发展之必需,这既是生态医学模式对医学发展的要求,也是实现现代医学全面协调可持续发展的必然要求。科学发展观把依靠人作为发展的根本前提,把提高人作为发展的根本途径;既把尊重人作为发展的根本准则,又把为了人作为发展的根本目的。"使人民在良好生态环境中生产生活,实现经济社会永续发展。"坚持以人为本,树立全面、协调、可持续的发展理念,促进经济社会和人的全面发展,是科学发展观的基本内容。可见,科学发展观与生态医学模式目的的一致性。

生态医学模式是在生物圈的范围内研究人的生命、健康与疾病问题的,它的价值观基础是生态自然观。生态自然观是对现代生态危机进行反思的结果,它的核心是强调人与自然的协调,关注人类生态系统的发展。生态自然观的一个重要特点即是高度认可并维护自然的内在价值,并能正确认识到人在自然界中的独特价值,认为人的价值只是自然价值的延伸和升华,人并不是自然界中唯一具有内在价值的存在物;人同自然界其他存在物一样,只是自然的一部分,其内在价值不可能大于自然整体的内在价值,因此,人类应珍惜并努力维护生物的多样性和价值的多样性;必须敬畏自然、敬畏生命。生态自然观还特

别强调人的主体地位,认为人是大自然中具有道德意识的存在物,能够认识到大自然创造、维持和促进众多生命的潜能、趋势和规律,并能够用道德理想来约束自己对待大自然的行为,自觉地顺应自然规律,维护和促进大自然的潜能。因此,在生态文明时代,人们将把维护生态平衡视为实现人的价值和主体性的重要方式,把人与自然的协调发展视为人的一种内在的精神需要和新的文明方式,把在人与自然的协调发展中探索生命、健康与疾病的规律性,寻求正确的防治疾病、维护与增进健康的最佳答案视为保护人类根本利益的最大善举。

持有和谐平衡观的生态医学模式要求在对医学中关于人的生命、健康、疾病、诊断、治疗、护理等相关学科理论进行构建时,必须给包括病原体在内的自然界的其他成员以相应的存在空间,对于那些不和谐的因素、影响平衡的因素,应通过相互磨合与调整的方式加以解决,而非一味地使用"暴力"手段,以真正实现人与自然相对和谐平衡的状态。而"以人为本"的科学发展观蕴含着全面、协调、可持续发展的理念,有助于提醒人们自觉、主动地消除当前医学带来的负面影响,为医学走出当前的困境创造条件,为医学的发展能够遵循人与自然和谐、人与社会和谐、人与人和谐、人体内部和谐的原则提供思想基础。以维护和增进人的健康为目的的医学科学自身的发展,必须建立在人与自然的和谐发展的基础之上,换句话说,未来的医学一定要把提高人的生命质量和改善人的生存、生活环境等相关条件同时纳入科学发展的视野之中。这正是生态医学模式的价值基础与科学发展观在根本上的一致性之所在。

案例出处

刘典恩、宫晓丽、于秀萍等:《科学发展观与生态医学模式》,载《医学与哲学》(人文社会医学版)2011年第7期。(有删改)

案例解析

2004年3月,胡锦涛在中央人口资源环境座谈会上的讲话中明确界定了"以人为本""全面发展""协调发展""可持续发展"的深刻内涵和基本要求,实质是明确了科学发展观的科学内涵,即第一要义是发展,核心立场是以人为本,基本要求是全面协调可持续,根本方法是统筹兼顾。这是对科学发展观的集中概括。

本案例通过介绍生态医学模式,从医学生关心的医学发展的角度来分析科学发展观的内涵。生态医学模式是未来医学发展新模式,是针对我国发展面临的突出矛盾和问题即恶化的生态环境而提出来的,是符合社会发展和医学发展

的要求的。生态医学模式是从人类与其生存环境的关系角度来把握人的生命、健康和疾病问题,把人的发展同资源的消耗、环境的退化、生态的危机等联系在一起的。生态医学模式与以往的医学模式相比,更加注重把人作为发展的根本前提,又把为了人作为发展的根本目的,突出体现了以人为本的核心立场。持有和谐平衡观的生态医学模式真正实现人与自然相对和谐平衡的状态,蕴含着全面、协调、可持续发展的理念。生态医学模式涉及医学、生态学、社会学等学科,因而必然要统筹兼顾,进行跨学科的研究。因此,生态医学模式对疾病预防体系、卫生服务组织体系、药物研发领域及医学教育体系等方面的改革都将产生深远的影响,也必将促进整个医学和人类社会的发展。所以说,生态医学新模式与科学发展观从根本上是一致的。

案例启思

1. 生态医学模式对未来医学的发展起着什么样的作用?
2. 为什么说生态医学模式与科学发展观从根本上是一致的?

教学建议

本案例通过对未来医学发展的一个重要趋势(即构建生态医学新模式)的介绍,从医学生所关心的未来医学发展的角度来解读科学发展观的内涵,明确医学可持续发展既是生态医学模式的主导方向,也是建立生态医学模式的最终目的。生态医学模式与科学发展观从根本上是一致的,是解决当前问题、符合未来需要的科学发展趋势,贯穿其中的核心立场是以人为本,其基本要求是全面协调可持续,根本方法是统筹兼顾,从中学生可以牢固掌握科学发展观的科学内涵。

适用于第二节"科学发展观的科学内涵和主要内容"之"科学发展观的科学内涵"。

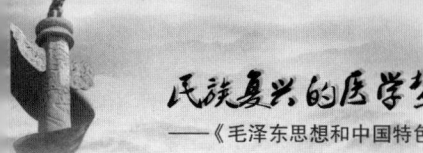

案例三 "杏林春雨行动"

 案例

2012年1月8日，由农工党中央社会服务部主办，吴阶平医学基金会检验专项基金和《前进论坛》杂志社承办的"杏林春雨行动——农工党推动医药卫生事业发展项目"启动仪式在京举行。"杏林春雨行动"专家指导委员会和组织委员会宣告成立。

"杏林春雨行动"通过宣传普及中医药文化和科学、推广使用中医药适用技术、总结交流中医药学术经验，从而推动我国医药卫生事业的发展，推动中医药事业的振兴和发展。"杏林春雨行动——农工党推动医药卫生事业发展项目"将在2012—2014年开展三项主要活动：第一，每年举办3期基层医药卫生人才培训班，提高基层医药卫生人员的业务水平和综合素质，每期培训100～200人；第二，每年举办1次中国医药卫生发展论坛，邀请医疗卫生服务机构负责人、医疗卫生行业专家学者及医药行业企业代表等，交流和探讨我国医药卫生改革和发展中的重点问题和突出问题及解决之道；第三，每年举办1次两岸中医药发展论坛，交流和探讨大陆、台湾、香港、澳门的中医药事业发展状况，推动中医药理论和技术的传播与发展。

"杏林春雨行动"既发挥了农工党在医药卫生领域的人才优势，也体现了农工党对医药卫生事业发展的长期关注和支持。为了让广大群众享受到安全、有效、方便、价廉的医药卫生服务，农工党中央社会服务部发起"杏林春雨行动"项目，开展医药卫生领域的社会服务活动。2008年以来，农工党中央社会服务部和很多农工党地方组织围绕"杏林春雨行动"项目，开展了大量工作。例如，农工党中央社会服务部在毕节试验区开展"助医工程"项目，联合初保基金会在辽宁省凌源市开展了农村中医药事业发展试点工作，在贵州毕节、黔西南、安顺和河南鹤壁等地开展农村医生中医药适用技术培训项目，举办乡镇卫生院院长培训班，农工党吉林省委会开办了多期基层医护人员专业技术培训班，农工党河南省委会实施"百千万农村健康行动计划"，等等。

近年来，农工党围绕我国医药卫生事业改革及发展中的重大问题深入调研，建言献策，协助党和国家科学决策。面向社会，农工党号召各级组织积极开展医药卫生领域的各项社会服务活动，包括定点帮扶乡镇卫生院、培训农村卫生人员、向基层群众送医送药、组织党员专家进行智力帮扶等。农工党一系列的助医助药工作，为推动我国医药卫生体制改革、提高广大群众的健康水平、促进新农村建设和构建和谐社会做出了重要贡献。

案例出处

《"杏林春雨行动"农工党推动医药卫生事业发展项目启动》，人民网，2012年1月9日，http://cppcc.people.com.cn/GB/45580/45601/1682 7053.html。（有删改）

案例解析

科学发展观着眼于党和人民事业发展的全局，紧紧围绕建设中国特色社会主义这个主题，准确把握时代特征和中国国情，抓住重要战略机遇期，在全面建设小康社会进程中，认真研究和回答我国社会面临的一系列重大问题，丰富和发展中国特色社会主义理论体系。其中，关于发展社会主义民主政治是主要内容之一。

科学发展观强调，社会主义民主政治的本质和核心是人民当家做主。发展社会主义民主政治，必须坚定不移地走中国特色社会主义政治发展道路，坚持党的领导、人民当家做主、依法治国的有机统一。中国共产党领导的多党合作和政治协商制度是我国的基本政治制度，我国目前有8个民主党派，长期以来中国共产党与各民主党派的政治协商形成了社会主义的协商民主，是社会主义民主形式方面的伟大创造。

本案例翔实描述了8个民主党派之一农工党发起的"杏林春雨行动"，发挥了农工党在医药卫生领域的人才优势，推动我们医药卫生事业的发展，充分展示了农工党围绕我国医药卫生事业改革及发展中的重大问题深入调研，建言献策，协助党和国家科学决策，体现了社会主义民主的真实性、广泛性、包容性，可以凝聚力量，充分调动各方面的积极性和主动性建设中国特色社会主义。

案例启思

1. 农工党在"杏林春雨行动"中的作用体现在哪些方面？
2. 农工党推动我国医药卫生事业的发展对建设中国特色社会主义民主政治有何重要启示作用？

民族复兴的医学梦
——《毛泽东思想和中国特色社会主义理论体系概论》
（2018年版）教学案例集

教学建议

本案例通过宣传普及推广中医药文化，揭示了民主党派之一农工党在推动我国医药卫生事业发展方面的重要作用，从而让学生更好地领会到中国共产党与民主党派之间的关系，认清政治协商制度是我国的基本制度，具有中国特色的社会主义民主政治的优越性，是科学发展观的重要内容之一，必须坚持、发展和完善。

适用于第二节"科学发展观的科学内涵和主要内容"之"科学发展观的主要内容"之"发展社会主义民主政治"。

案例四　撑起护卫人民健康的保护伞

案例

近日，只有小学文化水平的重庆市江津区的徐某，写下平生第一篇散文，歌颂新型农村合作医疗制度。原来，徐某2007年患脑出血住院用去1.2万元，却拿到了1.075万元的报销款。2007年，全国2448个县（区、市）里有7.3亿像徐某一样的农村居民参加了新型农村合作医疗制度，参合率达到86%，累计受益人次接近2亿。这种合作医疗制度作为党和政府推进医疗卫生事业发展、保障人民健康的重要举措之一，受到了广大农村居民的热烈欢迎。目前，新型农村合作医疗制度正在与其他惠民利民的基本医疗卫生制度一起，朝着党的十七大报告中提出的"人人享有基本医疗卫生服务"的目标稳步推进。

说起医改，可能大家都已经耳熟能详了。随着近年来看病难看病贵等问题的日渐凸显，与老百姓切身利益密切相关的医疗卫生体制改革越来越受到广大群众的关注。医改的性质、方向及具体方案也引发了全社会的大讨论，成为近两年全国"两会"上的一个热点话题。20多年的医改历程，恰似我国改革开放以来医疗卫生事业发展的一个缩影，鲜明地反映出新时期医疗卫生事业所取得的成就与面临的挑战。

新中国成立后，党和政府高度重视人民的健康状况，医疗卫生事业发展取得了举世瞩目的成绩，人民健康水平不断提高，基本上建立起一个与计划经济

第七章 科学发展观

体制和农村集体经济相适应的,由公费医疗制度、劳保医疗制度和农村合作医疗制度共同组成的医疗卫生制度体系。但是,随着实践的发展,计划经济体制下医疗卫生模式僵化的弊端不断显现,农村合作医疗也逐渐难以为继。1985年,我国正式启动了医疗卫生制度改革。医改的逐步推进给我国医疗卫生事业注入了很大的活力,解决了医疗资源严重短缺的问题,但也带来了公益性质淡化等一些副作用。与此同时,进入新世纪新阶段,我国医疗卫生事业面临的挑战也非常严峻:卫生事业发展仍滞后于经济和其他社会事业的发展,医疗卫生服务与人民日益增长的健康需求不适应的矛盾还相当突出。在多重因素的影响下,出现了看病难看病贵、药价虚高、医患关系不和谐等问题,引起社会的广泛关注。

党和国家高度重视医疗卫生事业发展中出现的新形势新问题,深入分析,果断决策,不断深化医疗卫生体制改革,努力解决群众反映强烈的医疗卫生问题。近年来,除了加大农村医疗卫生基础设施建设、发展城市社区卫生服务、遏制医疗费用过快上涨势头等具体措施,还重点开展了新型农村合作医疗和城镇居民基本医疗保险的试点工作,并逐步推广到覆盖全体城乡居民,受到了广大人民群众的欢迎与支持。

2002年,中共中央、国务院发布了《关于进一步加强农村卫生工作的决定》,决定在农村地区推行新型农村合作医疗制度。其主要做法就是以大病统筹为主,适当兼顾小病,农民个人筹资一小部分,国家和地方政府补贴一大部分。由于解决了农民医疗费用的后顾之忧,广大农民参加新型农村合作医疗的热情高涨,各地新型农村合作医疗制度建立的速度越来越快。原计划是2010年达到农村地区"全覆盖",从目前的发展态势看,2008年就能实现"全覆盖"。

2007年,国务院出台了《关于开展城镇居民基本医疗保险试点的指导意见》。针对除城镇职工以外的非从业居民(主要是老年人和未成年人),适时推出城镇居民基本医疗保险制度试点。试点工作已于2007年在有条件的省份开始启动,2008年将扩大试点,争取2009年试点城市达到80%以上,2010年在全国全面推开,逐步覆盖全体城镇非从业居民。

此外,自20世纪末开始的全国范围内的城镇职工医疗保险制度改革也取得突破性进展,近年来覆盖的人口不断增加。城镇职工基本医疗保险参保人数占城镇就业人口的比例,从1998年的5%增长到2007年第三季度的64.6%。

目前,新型农村合作医疗制度的参合人数达到7.3亿人,超过农村常住人口的90%以上,若以户籍人口计算,则达到86%。城镇职工医疗保险制度的参保人数已经达到1.80亿人,城镇居民基本医疗保险参保人数达到0.41亿

人,两者相加为 2.21 亿人,大约为城镇常住人口的 40%,若以户籍人口计算,则已近 50%。

医疗保障体系是整个医疗卫生制度的基础部分,对于广大群众的身体健康、安居乐业具有重要意义。目前,新一轮医改的初步方案已经制定。在方案中,将继续促进建立覆盖全民的城镇职工医保、城镇居民医保与新型农村合作医疗制度。这三项不断衔接的制度,恰似一座稳定牢固的三脚架,高高撑起一把护卫全体居民健康的保护伞,为实现人人享有基本医疗卫生服务不断打下坚实的基础。

案例出处

中共中央宣传部理论局:《从 7.3 亿农民参加新型农村合作医疗谈起——为什么要让人人享有基本医疗卫生服务》,见《理论热点面对面 2008》,学习出版社、人民出版社 2008 年版。

案例解析

科学发展观的主要内容之一是构建社会主义和谐社会。社会主义和谐社会是经济建设、政治建设、文化建设、社会建设、生态文明建设协调发展的社会,是人与人、人与社会、人与自然整体和谐的社会。民主法治、公平正义、诚信友爱、充满活力、安定有序、人与自然和谐相处,是构建社会主义和谐社会的总要求。

21 世纪,新型农村医疗合作制度的建立推进了全民医疗保障体系,是社会主义促进社会公平正义的重要体现,是促进社会和谐的内在要求。基本医疗卫生制度,就是由政府统一组织、向居民公平提供公共卫生和基本医疗服务的健康保障制度。它主要以公共财政为主要资金渠道,以公共卫生机构、城市社区卫生和农村卫生机构为主要服务载体,以基本药物和适宜医疗技术为手段,以居民公平享有为目标,向城乡居民免费提供公共卫生服务,通过合理收费提供基本医疗服务。这正是我们中国特色社会主义制度公平正义的价值追求和体现,也是构建社会主义和谐社会的重要举措。

如果不是全民享有医疗保障体制,而是只有一部分人享有基本医疗卫生服务,就会成为一种"特权",而不能享受这种权利的常常又是弱势群体,这样就会加大社会不公,引发社会矛盾。因此,关爱弱势群众,根本就是要解决民生问题,让人人看得起病,逐步实现医疗保障制度的全覆盖,这样就不会导致"绿洲效应"。所谓绿洲效应,即没有享受保障的大多数人就像沙漠,最终会吞噬少数享受保障的人,也就是沙漠中的绿洲。这不仅形成不了和谐社会,而

第七章 科学发展观

且也会为社会发展带来不稳定的严重危害。因此，关注农村及城镇居民的医保，不仅能够提升全民健康，而且能够应对疾病风险，依靠参保群体之间的横向再分配和共济互助，这是一种符合大数定律的"双赢"，有利于人与人之间团结友爱、社会稳定和谐。

案例启思

1. 为什么要让人人享有基本医疗服务？
2. 全民医疗保障体系对构建社会主义和谐社会有什么重要作用？

教学建议

本案例通过 21 世纪以来新型农村医疗合作制度的建立及全民医疗保障制度的完善，强调我党在建设社会主义和谐社会中特别强调社会的公平正义，这是社会主义核心价值观的题中应有之义，让学生明确全民医疗保障是公平正义的重要体现，认清全民医保确立了我国医疗卫生事业为人民服务的宗旨，要求基本医疗卫生制度逐步向覆盖全体居民发展，使社会主义制度的优越性得到充分体现，是推进构建社会主义和谐社会的重要举措。

适用于第二节"科学发展观的科学内涵和主要内容"之"科学发展观的主要内容"之"构建社会主义和谐社会"。

案例五　胡锦涛在汶川地震一周年的讲话

 案例

同志们，朋友们，今天我们在这里隆重集会，纪念四川汶川特大地震一周年，向在地震灾害中不幸罹难的同胞们，向为夺取抗震救灾斗争重大胜利而英勇献身的烈士们，表达我们深切的思念。

2008 年 5 月 12 日 14 点 28 分，我国发生了震惊世界的四川汶川特大地震，受灾地区人民生命财产和经济社会发展蒙受巨大损失，面对空前惨烈的灾难，在党中央、国务院和中央军委的坚强领导下，全党全军全国各族人民众志成城，迎难而上，以惊人的意志、勇气、力量，组织开展了我国历史上救援速度

171

最快、动员范围最广、投入力量最大的抗震救灾斗争。最大限度地挽救了受灾群众的生命，最大限度地减低了灾害造成的损失，夺取了抗震救灾斗争的重大胜利，表现出泰山压顶不弯腰的大无畏气概，谱写了感天动地的英雄凯歌。

我们按照以人为本、尊重自然、统筹兼顾、科学重建的原则，科学制定灾后恢复重建规划，迅速出台一系列支援灾区的政策、措施，积极开展对口支援，迅速组织开展灾后恢复重建工作，在中央大力支持、灾区广大干部群众艰苦奋斗、全国人民大力支援下，城乡居民住房重建、学校和医院等公共服务设施重建、基础设施恢复重建、产业重建和结构调整、历史文化保护、生态修复等方面均取得显著成绩。灾后恢复重建取得重要阶段性成果，灾区人民正大踏步走向新生活。

这一切为夺取抗震救灾斗争全面胜利奠定了坚实基础。在抗震救灾和灾后恢复重建中，举国上下同心协力，海内外同胞和衷共济，充分展现了中华民族团结奋斗的民族品格和风雨同舟的强大力量。抗震救灾和灾后恢复重建取得的成绩，必将鼓舞全国各族人民满怀信心地把改革开放和社会主义现代化事业继续推向前进。

在这里，我代表党中央、国务院和中央军委向在抗震救灾和灾后恢复重建第一线英勇奋战的广大干部群众、人民解放军指战员、武警部队官兵、民兵预备役人员和公安民警，向大力支持抗震救灾和灾后恢复重建的全国各条战线的广大干部、群众，各民主党派、工商联和无党派人士、各人民团体以及社会各界，向踊跃为灾区提供援助的香港同胞、澳门同胞、台湾同胞及海外华侨华人致以崇高的敬意！

我们的抗震救灾和灾后恢复重建，得到了众多国家的领导人、政府、政党、社会团体和驻华使馆、联合国有关组织和一些国际机构、外资企业，以及国际友好人士的真诚同情和宝贵支持，在这里，我代表中国政府和中国人民再一次向他们表示衷心的感谢！

同志们，朋友们，当前，我国正处在应对国际金融危机冲击，保持经济平稳较快发展的关键时刻，在前进道路上，我们要以邓小平理论和"三个代表"重要思想为指导，深入贯彻落实科学发展观，大力弘扬伟大抗震救灾精神，全面推进社会主义经济建设、政治建设、文化建设、社会建设，以及生态文明建设和党的建设，奋力夺取抗震救灾斗争的全面胜利，为实现党的十七大描绘的宏伟蓝图而团结奋斗。

我们要继续扎扎实实推动经济社会又好又快发展，改革开放以来，我国不断增强的综合国力是我们战胜四川汶川特大地震灾害的坚实物质基础，也是我们应对各种困难和挑战的坚实物质基础，我们要牢牢坚持"发展是硬道理"

第七章 科学发展观

的战略思想，把保持经济平稳较快发展作为经济工作的首要任务，认真落实进一步扩大内需，促进经济平稳较快发展的一揽子计划，全力做好保增长、保民生、保稳定的各项工作，努力夺取经济社会发展的新胜利。

我们要继续扎扎实实推进灾后恢复重建工作。做好灾后恢复重建工作，关系灾区群众根本利益，关系灾区长远发展。当前，灾后恢复重建任务仍十分繁重，我们要全面落实中央关于灾后恢复重建的方针政策和工作部署，加大力度，加快速度，攻坚克难，力争用两年时间基本完成原定三年的目标任务。要坚持以人为本，以解决民生问题为重点，优先恢复群众基本生活条件和公共服务设施，确保受灾群众早日住上永久性住房。

全面恢复和提高教育、医疗卫生、文化体育等公共服务水平，大力提高基础设施保障能力，积极促进特色优势产业发展，努力建设人民安居乐业、城乡共同繁荣、人与自然和谐相处的幸福美好新家园。

要继续全力做好对口支援工作，同时要坚持自力更生、艰苦创业，引领灾区广大干部群众，依靠自己的双手，创造美好生活。要加强对抗震救灾和灾后恢复重建资金、物资的监管，确保工程建设质量。

我们要继续扎扎实实加强防灾减灾工作。提高防灾减灾能力是保护人民生命财产安全的必然要求，也是人类社会共同面临的重大课题。要坚持兴利除害结合，防灾减灾并重，治标治本兼顾，政府社会协同，全面提高对自然灾害的综合防范和抵御能力。要加强防灾减灾领域及国际人道主义援助等方面的国际交流、合作，为人类防范和抵御自然灾害做出积极贡献。

同志们，朋友们，抗灾救灾和灾后恢复重建的伟大实践再一次告诉我们，团结就是力量，拼搏才能胜利。全党全军全国各族人民要更加紧密地团结起来，勇敢战胜前进道路上的一切困难和风险，全面做好各项工作，以优异的成绩迎接新中国成立 60 周年！

案例出处

《胡锦涛出席汶川地震纪念活动并发表讲话》，中国新闻网，2009 年 05 月 12 日，http://www.chinanews.com/gn/news2009/05-12/1688432.shtml。

案例解析

从党的十六大到党的十八大，我们党深入贯彻落实科学发展观，制定一系列战略部署，实施一系列重大举措，全面推进经济建设、政治建设、文化建设、社会建设、生态文明建设，为全面建成小康社会打下坚实基础。这十年，我们走过了很不平坦的道路，战胜了包括"非典"和汶川大地震等一系列重

民族复兴的医学梦
——《毛泽东思想和中国特色社会主义理论体系概论》
（2018年版）教学案例集

大挑战，巩固和发展了改革开放和社会主义现代化建设大局，把中国特色社会主义推进到新的发展阶段。

2008年5月12日的汶川特大地震就是我国在社会主义建设中遇到的一次重大挑战。地震发生后，胡锦涛等党和国家领导人在指挥抗震救灾斗争中，强调以人为本、统筹协调、科学规划，在党中央的坚强领导下，全党全军全国各族人民众志成城，迎难而上，百折不挠，共同面对一切艰难险阻，共同应对一切风险挑战，组织开展了我国历史上救援速度最快、动员范围最广、投入力量最大的抗震救灾斗争，最大限度地挽救了受灾群众的生命，最大限度地减低了灾害造成的损失。震后，我们在科学发展观的指导下，按照以人为本、尊重自然、统筹兼顾、科学重建的原则，科学制定灾后重建规划，使得灾区灾后迅速恢复重建。汶川地震的救援工作及灾后重建工作让全国人民深刻感受到，以人为本理念在非常时刻所产生的伟力，无疑抗震救灾斗争是深化认识科学发展观的生动课堂。实践充分证明，科学发展观是指导全面建成小康社会、发展中国特色社会主义的正确理论，在人类文明进步的旗帜上写下了最为动人的篇章，成为凝聚中华民族的强大力量。

案例启思

1. 抗震救灾斗争重大胜利的原因是什么？
2. 灾后重建工作有哪些？为什么我们灾后恢复重建能够取得显著成绩？

教学建议

本案例通过胡锦涛在汶川地震一周年的讲话，使学生明确在党的领导下，在科学发展观的指导下，我们取得了抗震救灾斗争和灾后重建工作的重大胜利，看到了包括医务工作者在内的救灾与重建的重大力量，从而深刻领会科学发展观的以人为本、统筹协调等基本内涵，增强了医学生的神圣感、使命感。学生从这场巨大的抗震救灾的大课堂中，充分认识到科学发展观的历史地位，它是中国特色社会主义理论体系的接续发展，创造性地回答了新形势下实现什么样的发展、怎样发展等重大问题，从而明确科学发展观是我们必须长期坚持的指导思想。

适用于第三节"科学发展观的历史地位"。

第三编 习近平新时代中国特色社会主义思想

第八章 习近平新时代中国特色社会主义思想及其历史地位

案例一 数说《中国健康事业的发展与人权进步》白皮书

案例

2017年9月29日,国务院新闻办发表了《中国健康事业的发展与人权进步》白皮书。白皮书全文约17000字,除前言、结束语外,共包括7个部分,分别是符合国情的健康权保障模式、健康环境与条件持续改善、公共卫生服务能力稳步提升、医疗卫生服务质量大幅提高、全民医疗保障体系逐步健全、特定群体的健康水平显著进步、积极参与全球健康治理和国际医疗援助。此次发布的《中国健康事业的发展与人权进步》白皮书,是对中国健康事业的一个回顾和总结,以丰富的资料和详细的数据介绍了新中国成立之后,尤其是党的十八大以来,中国健康事业的发展历程。其中,一些和人们健康息息相关的内容进步明显。

1949年新中国成立时,全国仅有医疗卫生机构3670个,卫生人员54.1万人,医疗卫生机构床位数8.5万张,人均预期寿命仅有35岁。这之后,中国广泛开展群众性爱国卫生运动,普及初级卫生保健,人民健康状况得到了很大改善。从1981—2016年,中国人均预期寿命从1981年的67.9岁提高到了2016年的76.5岁,孕产妇死亡率从1990年的0.889‰降到2016年的0.199‰,婴儿死亡率从1981年的34.7‰下降到2016年的7.5‰,全国医疗卫生机构数量已经达到983394个,医疗卫生机构床位数达741万张。

2012年以来,中国不断加大医药卫生体制改革力度,加快推进公立医院综合改革,推进药品和医疗服务价格改革,全面实施城乡居民大病医保,积极建设分级诊疗制度,优化完善药品生产流通使用政策。

基本医疗保险实现全覆盖。截至2016年年底,全国基本医疗保险参保人数超过13亿人,参保覆盖率稳固在95%以上。以职工基本医疗保险、城镇居民基本医疗保险和新型农村合作医疗为主体的全民医保初步实现。基本医疗保险保障能力和可持续性进一步增强。基本医疗保险待遇水平逐步提高。2017年,新型农村合作医疗门诊和住院费用的报销比例分别稳定在50%和70%左右。2016年,大病保险覆盖城乡居民超过10亿人。农村贫困人口医疗保障水平逐步提高。组织对患有大病和慢性病的农村贫困人口进行分类救治,截至2017年5月,全国已分类救治贫困患者260多万人。

基本公共卫生服务覆盖率进一步提高。2010—2017年,人均基本公共卫生服务经费财政补助标准从15元提高到50元,服务项目从最初的9类41项扩大到12类47项。基本公共卫生服务的惠及面不断扩大。传染病疫情控制水平持续提升。国家已建成全球最大规模的法定传染病疫情和突发公共卫生事件的网络直报系统。法定传染病报告发病率平均降低19.4%。突发公共卫生事件应急能力全面加强。应急法制基本建立,应急机制不断优化。2014年,国家公共卫生应急核心能力达标率升至91.5%,远超全球70%的平均水平。

积极推广健康生活方式。截至2016年年底,全国已有81.87%的县(区)开展了全民健康生活方式行动。全民健身运动蓬勃开展。将全民健身事业提升为国家战略,把全民健身工作纳入各级政府国民经济和社会发展规划、财政预算及年度工作报告。截至2015年年底,全国经常参加体育锻炼的人数比例达到33.9%,全民健康教育持续推进。城乡居民健康素养水平由2008年的6.48%上升至2015年的10.25%。环境治理深入开展,城乡环境卫生综合整治成效明显。截至2015年年底,全国城市污水处理率提高到92%,城市建成区生活垃圾无害化处理率达到94.1%;农村饮用水安全问题基本解决。

医疗卫生服务体系资源要素持续增加。2011—2015年,国家投入420亿元,重点支持建设1500多个县级医院、1.8万个乡镇卫生院、10余万个村卫生室和社区卫生服务中心。截至2016年年底,全国医疗卫生机构达983394个。医药卫生人才队伍更加优化。国家已构建起全世界规模最大的医学教育体系。药品供应保障体系进一步完善。以国家基本药物制度为基础的药品供应保障体系取得长足发展,相比制度实施前,基本药物销售价格平均下降30%左右。传统医药发展更受国家支持。2013—2015年,国家投入专项资金46亿元支持中医药服务能力建设。

对外医疗卫生援助成绩卓著。1963 年以来,中国先后向 69 个发展中国家派遣了援外医疗队,累计派出医疗队员 2.5 万人次,治疗患者 2.8 亿人次。截至 2017 年 6 月,中国共有 1300 多名医疗队员和公共卫生专家在全球 51 个国家工作,在华培养了 2 万多名受援国际医疗卫生管理和技术人才。中国积极引领国际应急救援行动,先后加入应对安哥拉、圭亚那的黄热病、寨卡病毒等疫情。

中医药的国际认同度持续提升。中医药已传播到全球 183 个国家和地区,成为中国与东盟、欧洲、非洲等地区和卫生组织合作的重要内容。据世界卫生组织统计,已有 103 个会员国认可使用针灸,其中 29 个会员国设立了传统医学的法律法规,18 个会员国将针灸纳入医疗保险体系。

案例出处

《中国健康事业的发展与人权进步》,新华网,2017 年 9 月 29 日,http://www.xinhuanet.com/2017-09/29/c_1121747583.htm。(有删改)

案例解析

健康是一切成就的前提与根本。对于个人来说,健康的身体是安心工作、舒心生活的基础;对于全面建成小康社会来说,没有全民健康,就没有全面小康;而对于一个国家来说,健康则是这个国家能够长久发展的最基本条件。在 2016 年 8 月召开的卫生与健康大会上,习近平总书记强调,健康是促进人的全面发展的必然要求,是经济社会发展的基础条件,是民族昌盛和国家富强的重要标志,也是广大人民群众的共同追求。党和国家事业取得了全方位的、开创性的历史性成就,发生了深层次的、根本性的历史性变革,其中一个重要表现就是人民生活不断改善,人民健康和医疗卫生水平大幅提高。

本案例中,2017 年《中国健康事业的发展与人权进步》白皮书中的一系列数据,体现了党的十八大以来中国健康事业发展所取得的巨大进步。2017 年 9 月 29 日,国务院新闻办公室发表了《中国健康事业的发展与人权进步》白皮书,是对中国健康事业的一个回顾和总结,其以丰富的资料和详细的数据介绍了新中国成立之后,尤其是党的十八大以来,中国健康事业的发展历程。2012 年以来,中国不断加大医药卫生体制改革力度,加快推进公立医院综合改革,推进药品和医疗服务价格改革,全面实施城乡居民大病医保,积极建设分级诊疗制度,优化完善药品生产流通使用政策。2016 年全国卫生与健康大会提出,要坚持正确的卫生与健康工作方针,以基层为重点,以改革创新为动力,预防为主,中西医并重,将健康融入所有政策,人民共建共享。中国制定实施《"健康中国 2030"规划纲要》,为推进健康中国建设,提高人民健康水

民族复兴的医学梦
——《毛泽东思想和中国特色社会主义理论体系概论》
（2018年版）教学案例集

平做出了战略部署。保障人民群众的健康，在推行健康生活方式、开展全民健康运动、推进全民健康教育的同时，也要深入开展环境治理、综合整治城乡环境卫生、解决农村饮用水安全问题、加强职业健康管理、严格食品安全监管。这些因素在更基础的层面上影响了广大城乡居民的健康状况。

案例启思

1. 《中国健康事业的发展与人权进步》白皮书中的这些数字说明了什么？
2. 健康对于人的全面发展、经济社会进步、民族昌盛和国家富强有什么意义？

教学建议

提高医疗卫生水平和人民健康水平是衡量生活质量和幸福程度的重要指标，是解决新时代社会主要矛盾的重要内容，是满足人民对美好生活期待的重要维度。因此，本案例可以使学生从医疗卫生事业的角度感受党的十八大以来取得的历史性成就和历史性变革，明确新时代社会主要矛盾发生的变化，了解新时代医疗卫生领域的政策措施和改革成就，从而把握新时代医学生的专业需要和职业定向。

适用于第一节"中国特色社会主义进入新时代"。

案例二　中国多家互联网公司进军智能医疗领域

案例

近日，医疗领域纷纷入局两大重量级企业：华为、腾讯。

2019年3月22日，飞利浦（中国）投资有限公司与腾讯控股有限公司达成战略合作，致力于在智能医疗领域的研发合作。基于合作，双方从医院临床需求出发，共同推进电子阴道镜 AI 辅助诊断系统的研发。

此次合作，飞利浦将通过图像传输协议向腾讯的阴道镜辅助诊断系统提供实时视频和图像。而腾讯阴道镜辅助诊断系统则向飞利浦电子阴道镜系统提供

第八章 习近平新时代中国特色社会主义思想及其历史地位

实时辅助诊断信息。在此基础上,联合开发出电子阴道镜系统与阴道镜辅助诊断系统的整合方案,以此帮助临床医生在统一的显示屏上进行操作,并获得实时辅助诊断信息。

临床上,电子阴道镜检查是诊断早期宫颈癌及宫颈癌前病变的重要手段。将电子阴道镜与阴道镜 AI 辅助诊断系统结合的成果将成为医生的"智能助手",大大节省妇科临床医生的看片精力,提高诊断效率和准确率,促进精准医疗。

2019 年 3 月 21 日,华为终端有限公司经营范围发生变更,新增销售计算机、卫星电视接收天线及配套产品,销售医疗器械,增值电信业务经营,佣金代理,以及货物或技术进出口等业务范围。

对此,华为方面回应称,华为只是做智能可穿戴设备,与医疗设备连接;在基础上,未来可能会和合作伙伴一起提供健康医疗辅助解决方案,华为不可能做纯粹的医疗设备。

华为、腾讯两大巨头的入局,表明医疗器械行业市场前景广阔。据中商产业研究院预测,2019 年,中国医疗器械市场规模将达 6450 亿元。

医疗器械产业伴随人类健康需求增长而不断发展,被誉为朝阳产业,是全球发达国家竞相争夺的领域。2017 年,中国医疗器械市场规模达 4450 亿元,继续保持高速增长态势,增速为 20.3%,预计 2020 年市场规模将达 7680 亿元。

受制于生产力发展水平的局限,中国医疗器械行业整体起步较晚,但随着国家整体实力的增强及工业基础的提高,目前,医疗器械行业仍处于快速发展的黄金期,近三年增速保持在 20% 左右,未来随着国家政策的扶持及医疗器械行业的技术发展和产业升级,将有望继续保持高速增长的良好态势,并实现从中低端市场向高端市场进口替代的愿景。

未来,政策和产业规划将引导医疗器械行业集中度提高。目前,医疗器械行业整体较为分散,随着"两票制""营改增"等政策的推行,以及新版 GSP 对企业采购、验收、储存、配送等环节提出更高的要求,在未来 2～3 年,兼并、重组、整合将加剧,行业集中度快速提升。

国产自主创新医疗器械将不断涌现,近年来,国家陆续出台对国产医疗器械的鼓励政策,良好的政策激励使国产医疗器械行业备受鼓舞。可以预见,未来 3～5 年,一定会有大批国产创新医疗器械产品问世,诸多医疗行为会因为新技术和新产品的出现而发生改变。

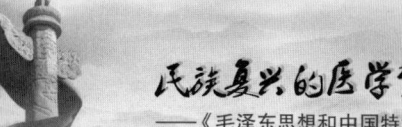

案例出处

《华为、腾讯纷纷进军医疗器械领域 2019年中国医疗器械市场规模及竞争格局分析》,中商情报网,2019年3月27日,http://www.askci.com/news/chanye/20190327/1657191143930.shtml。(有删改)

案例解析

新时代是承前启后、继往开来,在新的历史条件下继续夺取中国特色社会主义伟大胜利的时代;是决胜全面建成小康社会,进而全面建设社会主义现代化强国的时代;是全国各族人民团结奋斗,不断创造美好生活,逐步实现全体人民共同富裕的时代;是全体中华儿女勤力同心,奋力实现中华民族伟大复兴中国梦的时代;是我国日益走近世界舞台中央,不断为人类做出更大贡献的时代。当今世界,信息化、智能化迅速发展,是人类发展进入新阶段的标志。与之相伴随,中国特色社会主义进入新时代,信息化、智能化的发展,不仅为全面建成小康社会,实现中华民族伟大复兴的中国梦,提供了历史契机、时代根据和未来趋势,也是中国实现强国梦想,日益走近世界舞台中央的重要特征。

近代中国落后挨打的重要原因之一是生产方式的落后。以英国为代表的西方列强凭借先进的生产力和生产方式,走上了全球殖民扩张的历史道路,而以农业为主导生产方式的晚清帝国仍以中央之国自居,面对"三千年未有之大变局""强敌从海上来"的历史境遇,晚清统治阶级的开明人士试图通过"洋务运动"图强自保,但以失败告终。从1840年鸦片战争到1949年新中国成立,在资本主义工业化开启的现代化进程中,中华民族历经深重苦难和浴血斗争,实现了"站起来"的历史任务。新中国成立和社会主义制度的确立为中华民族实现社会主义现代化提供了新的历史起点。1978年党的十一届三中全会开启的改革开放到2012年党的十八大召开,我国抓住了20世纪70年代末兴起的信息化浪潮,不断促进工业化与信息化的融合发展,使互联网经济成为推动我国产业结构优化升级的重要动力。改革开放和中国特色社会主义,使我国在现代化进入信息化的历史阶段和国际背景之下实现了富起来的历史任务。2012年以来,以习近平同志为核心的中共中央带领全国各族人民统筹推进"五位一体"总体布局、协调推进"四个全面"战略布局,使中华民族迎来了从站起来、富起来到强起来的新时代,实现中华民族伟大复兴的中国梦成为新时代的历史任务。因此,紧跟世界发展潮流,抓住人类现代化进入智能化新阶段的历史机遇,是实现强国之路的重要内容。

本案例中,随着5G、量子技术、大数据、云计算等信息技术的发展,以

第八章 习近平新时代中国特色社会主义思想及其历史地位

信息技术为核心的第四次工业革命在世界范围内蔓延,国家间人工智能(AI)实力的竞争愈演愈烈。《纽约时报》曾援引相关匿名业内人士的话指出,目前的国际形势为"AI 冷战"。自 2017 年以来,中国、加拿大、日本、韩国、欧盟等 18 个国家和地区先后推出了国家级人工智能战略计划。2019 年 2 月 11 日,特朗普签署了题为《维护美国人工智能领导力的行政命令》的倡议书,成为美国首个人工智能技术发展的国家级战略。在众多已经公布 AI 计划的国家中,种种迹象显示,美国对中国最为敏感。美国国防部前副部长鲍勃·沃克曾有过一个有趣的比喻。他说,中国在 AI 领域的迅猛发展对美国的刺激,让人不禁想到苏联在太空竞赛中的早期胜利,对美国来说,是中国刺激它开启了"人造卫星"时刻。尽管有冷战思维的局限,但是,美国的这一国家战略表明,人工智能的确会成为人类未来发展的趋势与方向。与美国掀起"AI 冷战"不同,中国将以人工智能为代表的第四次工业革命视为未来发展的趋势与动力。本案例中,中国多家互联网公司投资与布局智慧医疗行业,抓住了国际竞争和国家发展的重要领域和发展方向,体现了中国互联网公司良好的战略眼光和商业智慧,说明我国医疗健康领域迎来了新的发展机遇和产业前景。

案例启思

1. 中国多家互联网公司纷纷布局和投资智慧医疗领域说明了什么?
2. 智能化与实现社会主义现代化有什么关系?

教学建议

本案例通过中国多家互联网公司投资与布局智慧医疗领域的话题,启迪学生思考近代中国落后挨打的根本原因和中国特色社会主义进入新时代的现代化依据,揭示中华民族从站起来、富起来到强起来的历史逻辑,以及现代化自身发展历经工业化、信息化与智能化的阶段性之间的内在联系。本案例可以使学生获得观察当今中国与世界未来发展趋势的一种眼光,有助于深化学生对新时代内涵与意义的理解。本案例中,医疗机器人、网络 AI 医生等医疗前沿话题,可以激发学生的学习兴趣,使学生进一步了解医疗行业的发展趋势。

适用于第一节"中国特色社会主义进入新时代"之"新时代的内涵和意义"。

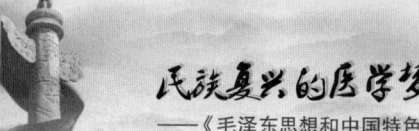

民族复兴的医学梦
——《毛泽东思想和中国特色社会主义理论体系概论》
（2018年版）教学案例集

▶ 案例三 《人间世》背后的那些事

案例

刚刚过去的2016年，一部片名《人间世》的10集医疗题材纪录片自播出以来，同样引起不小的轰动，豆瓣评分甚至高达罕见的9.6分。2016年年底，该片更是接连荣获2016中国（广州）国际纪录片节"最佳纪录片导演"和"最佳系列纪录片"，及第六届"光影纪年——中国纪录片学院奖"评委会大奖等多项荣誉。作为该片总导演、现任上海广播电视台融媒体中心公共政策报道总监的周全，日前以"在医院，我们解读社会"为主题，阐述了他们的创作理念和经过。

该片以医院为拍摄原点，通过纪实跟踪拍摄，抓取一般观众无法看到的医院里发生的真实故事，聚焦医患双方面临病痛、生死考验时的重大抉择，人性化展现医患关系，属于深度调查类新闻纪录片。"当时我在新闻中心工作，社会上医患矛盾严重。"《人间世》总导演周全介绍说，此前他也做过不少医疗题材的新闻报道，还多次荣获中国新闻奖，"当故事发生时，我们就在现场，我们能不能有勇气记录这些故事？"周全认为，《人间世》是一部具有强烈主观表达的新闻纪录片，"医学之内的故事，医学之外的思考，原来按深度报道在做，最后以纪录片的形式播放"。

"当今中国是一个充满矛盾的社会，能不能勇敢地把一些敏感话题拿出来讨论？"在周全看来，做新闻应该有主观的表达，单纯的记录不太可能，"我们不能拍成医学片"。就这样，周全和他的团队用两年时间，采用体制内与体制外人员合作的方式，4名主创、8名现场导演，全部50人的拍摄规模，历经9个月的前期调研和采访，拍摄了上千小时的素材，最终剪辑成片近8小时，分《救命》《理解》《团圆》《告别》等10集播出。特别是开播第一集《救命》就直面失败医疗案例，使观者十分震动。"我们勇于展现医学的不完美，勇于展现人性的不完美，理性地进行生死问答，与医患建立信任。"周全认为，这是他们拍摄此片的几个突破。"中国人没有正确的死亡观和疾病观，也缺乏这方面的深度思考。"在周全看来，《人间世》就是想一点点地通过这种

第八章 习近平新时代中国特色社会主义思想及其历史地位

思考,"从讲述一个个医学故事,到探讨生死问题"。

《人间世》希望呈现人间世态百相,而不只是医院本身。该片由上海广播电视台和上海市卫计委联合策划拍摄,每集聚焦一个主题,讲述若干个小故事,故事主角包括急救车救护员、主治医生、病患家属等等。"无预设人物,无预设故事,无预设表达的'三无作品'。"周全强调说,《人间世》特别注意处理主观和客观的关系,不污名化医生,前提是不污名化患者,"要进行善意的表达,记者不能无动于衷,要有人情味,既要尊重拍摄对象的主观表达,也要尊重自己的主观表达"。周全把《人间世》概括为:精彩的故事,真实的生态,独立的观察,善意的表达,态度的呈现。

"每个人都有对医生、患者的刻板印象,做《人间世》就是想去除这些刻板印象。"周全觉得,当在拍摄中具体了解一个人后,看到的更多是"灰"度,而不是绝对的"黑"和"白"二元对立。"通过大体量的篇幅,充分展现丰富多彩的'灰'度。"周全认为,他们特别善于处理和拿捏这方面的分寸,"展现情节的目的是凸显人性的复杂,把观众带入思考的情境,而不是告诉他思考的结果"。与此同时,《人间世》可能不如一些医疗题材电视剧的画面拍得精致,"粗糙的力度,精致的情绪",周全如此阐释该片"糙"与"精"的关系,"要的就是这种反差"。

一般来说,拍摄医疗纪实题材节目,跟医院、医生、患者及家属的沟通难度颇大,即使拍摄了也可能因为各种原因最终难以播出。《人间世》的策划制作,除了上海市卫计委的介入,更多的是进行"沉浸式报道"的结果。"沉浸式报道不是一种报道手段,而是一种思维方式,用信任换空间,不可替换地贴近拍摄对象,同时采取医生、患者、媒体全面的视角。当然,也是个时间成本问题。"周全举例说,拍摄者要跟医生上下班一样,伴随式地进入他们的日常工作和生活,以建立一种印象,释放足够多的善意。"可以进入他们的生活,但不能干涉他们的生活。最后,要揣测对方的诉求,与自己的拍摄诉求相结合。"此外,周全认为,"沉浸式报道"的目的也含有把主创人员的心态打磨得平静些。

每集播出之前,《人间世》都会在医院做提前点映活动,听取医学专家的建议。开拍前,更是充分利用医院的力量一起进行策划拍摄。"成立专家委员会和伦理委员会,对参与创作的人员进行职业医师培训。"周全说,《人间世》最初就没想要做成单纯医疗的纪录片,更关注的是疾病和医疗行为发生之后的人的故事。"把世界还原成一个人,把医院也还原成一个人,用人的喜怒哀乐让双方在某种程度上达成共识。"周全希望《人间世》是一个观察类、人文类的片子。

民族复兴的医学梦
——《毛泽东思想和中国特色社会主义理论体系概论》
（2018年版）教学案例集

案例出处

赵志伟：《从讲述医学故事到探讨生死问题——纪录片〈人间世〉总导演周全谈创作》，载《中国艺术报》2017年1月6日第6版，http://www.dangjian.cn/djw2016sy/djw2016whdg/201701/t20170109_3996876.shtml。（有删改）

案例解析

习近平新时代中国特色社会主义思想不但明确了新时代坚持和发展什么样的中国特色社会主义，也回答了新时代怎样坚持和发展中国特色社会主义。在"八个明确"中强调要明确中国特色社会主义事业总体布局是包括社会发展在内的"五位一体"，并且明确了新时代我国社会主要矛盾是人民日益增长的美好生活需要和不平衡不充分的发展之间的矛盾，必须坚持以人民为中心的发展思想，不断促进人的全面发展，促进全体人民共同富裕。"十四个坚持"也提出要坚持在发展中保障和改善民生。

本案例是通过采访医疗题材的纪录片《人间世》总导演周全，了解引发广大观众的共鸣与好评的10集纪录片拍摄背后的故事，从医疗这一涉及广大民生的领域来透视今天中国的社会发展。《人间世》之所以能够受到如此高的评价，主要是因为纪录片以故事情境体现了患者病痛折磨的真实、求生渴望的真实，反映了病人家属艰难抉择的真实、无奈绝望的真实。这是真实再现了社会中人的生存与发展的状况。一方面，从患者的角度看，纪录片用镜头展现了人在生病与死亡阶段的痛苦、残酷与无助，呈现了生命哲学的深刻与震撼。因为疏忽，一个健壮的年轻人突然倒下；为了再当一次妈妈，貌似成熟的人工授精技术竟给人以如此多的苦痛……向死而生是每个人的命运。《人间世》将死亡赤裸裸地展现在公众面前，许多人第一次发现：死亡是没有理由的，为大众补上了"死亡教育"这一课，促使很多人去认真思考人生在世的价值观与人生观。从某种意义上说，《人间世》补足了我们教育、文化中的短板，以生命哲学的思考感动了亿万观众。另一方面，《人间世》反映了医护人员尽心尽力救死扶伤的真实，同时也反映了医护人员筋疲力尽却无力回天的残酷现实。纪录片不回避当前医疗技术的有限性，展示了医护人员尽力救人后无力回天的失败案例，包括交通堵塞让来之不易的、捐献的心脏彻底废掉；甚至换心手术成功，但患者依然没有活下来；等等。《人间世》告诉我们，科学是有局限的，医学不是万能的；医学也不仅仅是医学问题，而需要多方治理解决；探索医学发展的道路是无止境的。当然，也有批评的声音，主要是认为没有真实反映医患矛盾与冲突，对此导演认为，只有用爱架起医患沟通、理解的桥梁，进

第八章 习近平新时代中国特色社会主义思想及其历史地位

而为推进医疗体制改革营造一个良好的舆论环境，才能真正化解医患冲突。

案例启思

1. 医疗题材的纪录片《人间世》为什么会赢得广大观众的积极评价与普遍认同？
2. 习近平新时代中国特色社会主义思想的主要内容和新时代主要矛盾是什么？

教学建议

本案例通过对医疗题材的纪录片《人间世》总导演周全的采访，了解广受好评的这部纪录片背后的故事，引导医学生去观看这部真实反映当前医疗发展和民生现状的纪录片，让学生了解病有所医是民生短板，更是新时代人民美好生活需要的重要内容，医患矛盾是新时代社会主要矛盾的题中应有之义。纪录片《人间世》一方面客观地揭示了医患矛盾，另一方面起到了沟通医患关系、增进社会理解的良好效果。本案例可以深化对新时代社会主要矛盾的理解，深化学生对医患矛盾的感性认识与理性思考，促进学生对人生意义与价值的反思，提升医学人文和科技素养。

适用于第二节"习近平新时代中国特色社会主义思想的主要内容"。

案例四　汤钊猷院士：西医+中医将诞生"新医学"

案例

"我这样主张用手术治疗急性阑尾炎的外科医生，竟然亲历了针灸治好儿子、妻子和母亲的急性阑尾炎病例。特别是91岁的母亲，急性阑尾炎穿孔导致弥漫性腹膜炎，仅用针灸合并1/4量的抗菌药物治疗9天而愈，直到她96岁去世未再复发，给我留下了针灸确能治病的印象。"中国工程院院士、复旦大学肝癌研究所所长汤钊猷教授这样回忆起自己的新作《西学中，创中国新医学》。

民族复兴的医学梦
——《毛泽东思想和中国特色社会主义理论体系概论》
（2018年版）教学案例集

作为一个西医院士，汤院士为何会对中医情有独钟？原来，汤院士虽为西医院士，他自己却有大量的中西医临床实践，生活工作中所见所感也让他对中医产生兴趣。他的老伴、著名中西医结合内科学专家李其松教授，曾利用中西医结合特长治好无数疑难杂症，让他深感有必要将这些经历、所思所想记录下来。李教授80多岁高龄母亲患肺炎住院病危，她不忍母亲遭受切开气管痛苦，考虑再三，决定出院。出院后，她根据"肺与大肠相表里"，开了中药，将"肺"中多余的水分通过大便排出，她的母亲3天就能下床，7天治愈，还能打麻将。

然而，2016年7月，李教授突然腹痛高热，进了急诊，病情急转直下。住院第16天，因肺炎加重，李教授不得不接受气管切开手术。对此汤院士直言很痛心，一个曾成功使他人免除气管切开的医生，自己却未能享受到这一治疗方式。在最后的半年里，李教授逐渐没了精气神，瘦成皮包骨头，插管由2根逐渐增至7根，住院时间由一周拖至半年。

相伴59年老伴的离去，让汤院士身心俱疲，但他却在悲痛之余认识到，李教授的遗憾不在医护，而在于现代医学的不足，患者的生命虽然得到延续，但已无生活质量可言。的确，如果没有医学影像检查，肾路结石导致尿路感染的诊断将无法明确；如果没有气管插管和气管切开，吸入性肺炎危机就无法度过；如果没有各种脏器的功能化验，药物的"用"与"停"就无法决定。一言以蔽之，现代医学是李教授生命延长的关键。而整个治疗过程完全忽视了患者本人的生活质量。

汤院士认为，不应将治病看作修理机器，如何发挥患者的主观能动性，激发机体的自身修复能力，这是现代医学需要思考的问题。在汤院士看来，西医在微观、局部方面远胜于中医，而中医在"整体观"上胜于西医，所以中西医不是互相取代，而是互相取长补短，就像电脑和软件的关系——相辅相成、缺一不可。所以他认为，西医技术加上中医理念，能成为新医学的核心。

发生在汤院士身边亲人们的真实病例，更让他坚信这些个案虽是偶然，但也蕴藏着某种必然。"有疗效，我想一定有它的科学背景。《孙子兵法》说：'不战而屈人之兵'，看来减少侵入性诊疗是可能的，而且可能是医学长远的发展方向。核心问题，就是要解决好局部和整体的问题。局部和整体、微观和宏观能否互补，就是我们需要探索的中西医结合。"

汤院士指出，创中国新医学须分两步走：第一步，洋为中用，力求超越。因为多数西医没学过中医，不了解中医，通过学习西方，洋为中用，再加上中医的理念，可能是这一阶段的重点。第二步，就是中西医结合，取长补短。在这个过程中，要避免废医存药（只认为中药有用而忘记了中医更为重要）。而

第八章 习近平新时代中国特色社会主义思想及其历史地位

中西医结合不同于中西医并用，曾经有过教训，20世纪60年代大剂量化疗，加上中医的清热解毒、活血化瘀，结果病人死得更快了，后来变成西医用化疗攻，中医用中药来补，明显提高了疗效。

汤院士表示，中西医结合的发展阶段还需要解决很多具体问题，像中西医结合的思路、中西医结合的平台、中西医结合的评价标准。西医强调无瘤生存，中医强调带瘤生存，如果带瘤生存需要循证医学，需要解决合理的模型问题、评价标准问题。汤院士身为西医院士，却积极推崇中西医结合，打动了发布会上的每一个人。上海中医药大学附属龙华医院中西医结合乳腺病科主任秦悦农就表示："其实中医、西医是相通的，中医也好，西医也好，最终追求两大目标，一是生存率，二是生活质量。"

今天，提倡精准医疗的同时，MDT（多学科诊疗）也被广泛接受，秦悦农说："因为整体观念越来越深入人心，汤院士总结到了一个更高的理论高度。"

案例出处

崔佳慧：《汤钊猷院士：西医＋中医将诞生"新医学"》，健康界网，2019年3月26日，https://www.cn-healthcare.com/article/20190326/content-516432.html。（有删改）

案例解析

实践没有止境，理论创新也没有止境。习近平新时代中国特色社会主义思想是开放的理论体系，是我们推进马克思主义中国化的新起点，是新时代的精神旗帜。新时代新任务新实践需要新思想来指引。习近平新时代中国特色社会主义思想扎根于960多万平方公里的广袤土地，立足于新中国成立以来特别是改革开放40多年的伟大实践，聚合了13亿多中国人民的智慧和创造，具有无比深厚的现实基础、十分鲜明的实践特色。它立足于现实的中国，又植根于历史的中国，以中华文明为源头活水，从五千年文明中承继人文精神、道德价值的精华养分，从历朝历代的治乱兴衰中总结安邦治国、经世济民的历史智慧，从我们党革命建设改革的奋斗历程中探寻民族复兴、民富国强的客观规律，是中华文化创造性转化和创新性发展的思想成果，具有无比深厚的历史底蕴，成为当今时代最富中国味、最具中国魂的科学理论。

本案例中，西医汤钊猷院士通过自身与亲人的切切经历，写出《西学中，创中国新医学》的著作。实践出真知，汤钊猷院士的爱人，著名中西医结合内科学专家李其松教授利用中西医结合的方法治愈了自己80多岁高龄母亲的

民族复兴的医学梦
——《毛泽东思想和中国特色社会主义理论体系概论》
（2018年版）教学案例集

肺炎，使其免受气管切开的痛苦，而李教授本人却因肺炎加重不得不接受气管切开手术，最终在痛苦中病逝。痛失亲人加上正反经验，让汤院士认识到现代医学的不足，西医虽然有时可以延续患者的生命，却无生活质量可言。因此，具有丰富的中西医实践经验的汤院士深深感到中西医结合的必要性。西医在微观、局部方面远胜于中医，而中医在"整体观"上胜于西医，所以中西医的关系不是互相取代，而是互相取长补短，相互配合。汤院士认为，生存率和生活质量是二者共同追究的最终目标，西医不应将治病看作是修理机器，而要考虑如何激发患者自身机体的修复能力，而中医要借鉴西医的精准用药和有效医疗技术，走循证医学的道路。因此，他提出西医技术加上中医理念，能创造中国新医学。这要分两步走：第一步是洋为中用，第二步是中西医结合，取长补短，而不是互相取代。这是习近平新时代中国特色社会主义思想解决实际问题，并立足于中国智慧将中华文化创造性转化和创新性发展的生动体现。

案例启思

1. 作为一个西医院士，汤钊猷院士为何会对中医情有独钟？
2. 作为医学生，你是否认同西医技术加上中医理念，能创造中国新医学？

教学建议

本案例通过汤钊猷院士爱人李其松教授的亲身经历，使汤院士深感中西医结合的必要性，提出西医技术加上中医理念，能创造中国新医学。这能够让当代医学生树立了解中华优秀传统文化，明确新时代中华文化创造性转化和创新性发展的重大意义，从而进一步加深对习近平新时代中国特色社会主义思想坚持以社会主义现代化建设中的实际问题、以我们正在做的事情为中心的认识，用习近平新时代中国特色社会主义思想武装头脑、指导实践。

适用于第三节"习近平新时代中国特色社会主义思想的历史地位"。

第九章　坚持和发展中国特色社会主义的总任务

▶ 案例一　孙中山弃医从政

案例

　　孙中山的哥哥孙眉原在地主家做长工，后来到太平洋上夏威夷王国的檀香山垦荒。檀香山又名火奴鲁鲁（Honolulu），位于瓦胡岛的东南海岸。夏威夷语意为"屏蔽之地"或"屏蔽之湾"，因为早期盛产檀香木，而且大量运销中国，故被华人称为檀香山。在当地，孙眉开办牧场、商店，逐渐发展成为华侨企业家。1879年（光绪五年），孙中山13岁，随母亲离乡到檀香山，"始见轮舟之奇，沧海之阔，自是有慕西学之心，穷天地之想"。在当地，孙中山先入英国基督教圣公会主办的意奥兰尼学校（Iolani School）学习英文。早在1850年（道光三十年），法国就将民主制度带进夏威夷，王国开始出现议会制度。因此，孙中山能在学校里比较多地接受新思想。同学问他为何还拖着辫子，他回答："这种愚蠢的风俗，是满洲人强迫我们做成的，必须等全体的中国人决心把它去掉，或者至少要有一个大多数，使全世界都知道才行。并且这发辫不过是中国所受许多耻辱中的一种，我们应该立刻把许多耻辱全体去掉的。"16岁时，孙中山毕业，改入岛上的最高学府奥阿厚书院（Oahu College）就读。这所学校为美国教会所办，比意奥兰尼学校开放，孙中山能系统地接受西方政治和自然科学教育，逐渐形成新的世界观。孙中山痛感檀香山的教育和国内迥然不同。课余，他常向同校的中国同学倾诉衷曲，立志"改良祖国，拯救同群"。后来孙中山回忆这一段经历，自称"当时所怀，一若必使我国人皆免苦

民族复兴的医学梦
——《毛泽东思想和中国特色社会主义理论体系概论》
（2018年版）教学案例集

难，皆享福乐而后快者"。1883 年（光绪九年），孙中山因企图受洗，加入基督教，被孙眉责令回国。

孙中山归国途中，先到香港，再搭船回乡。途经中国关卡，亲身体验官吏的刁难和勒索，孙中山备感中国和檀香山之间的差异。回到翠亨村后，孙中山因与村塾同学陆皓东毁坏北极庙神像，不能为世俗所容，到香港拔萃书室读书。其间，与同学谈太平天国史迹，常以洪秀全第二自命。年底，加入基督教。次年三月，转学中央书院。1886 年（光绪十二年），进入广州博济医院学医，在同学中结识三合会会员郑士良。次年，转入香港西医书院学习。孙眉听说弟弟毁坏神像及加入基督教，命其返檀，加以责打。孙中山不仅不服，反而将孙眉书房里的关帝神像扔进厕所，毅然重返香港。

在香港期间，孙中山见到当地市街秩序整齐，建筑宏美，社会进步，与故乡情形迥异，自念两地相距仅 50 余里，何以成为两个世界？他问自己："外人能在七八十年间在一荒岛上成此伟绩，中国以四千年之文明，乃无一地如香港者，其故安在？"他想为家乡做点小规模的改良工作，如修桥、铺路，但是，困难重重。求助于县令，县令深表同情，但不久更换，新县令花 5 万元买得此职，自然无心于此。求助于广东省，省里的官僚比县里更腐败。他多次动念，想上书清廷的外交机构——总理各国事务衙门，指陈时势得失。这一时期，他与同学陈少白、尤列、杨鹤龄结交。四个年轻人都敬慕洪秀全，相与纵谈革命，被人戏称为"四大寇"。1890 年（光绪十六年），他曾与陈少白共同研读《法国革命史》和达尔文的《物种原始》。同年，他写信给乡先辈，曾任清廷出使美国、西班牙、秘鲁三国大臣，正退休在家的郑藻如，提出鼓励农民、劝戒鸦片、兴办学堂三条意见，显示出这位 24 岁的年轻人"远观历代，横览九州"的才识。1892 年（光绪十八年），孙中山以第一名的优异成绩毕业，先后在澳门、广州两地行医。他医术精湛，名噪一时，有一年的收入竟高达万元之多。但是，他总觉得，医术救人，所救有限，世上最大的权力是政治，政治既可以为"大善"，也可以为"大恶"，中国人的苦难均源于"不良之政治"。因此，他决心弃医从政，改"医人"为"医国"，"改革中国之恶政治"，"锄去此恶劣政府"。

1885 年（光绪十一年）中法战争失败后，孙中山即萌发"倾覆清廷"的念头。1893 年（光绪十九年）冬初，他在广州城南广雅书局南园的抗风轩内召集会议，商议成立一个以"驱除鞑虏，恢复华夏"为宗旨的团体，不过，参加者很少，仅有陆皓东、郑士良、尤列、程奎光、程璧光等人。当时没有确定名称。后来有学者认为应将之视为兴中会的发轫。

第九章 坚持和发展中国特色社会主义的总任务

🔍 案例出处

杨天石：《帝制的终结》，岳麓书社2013年版。（有删改）

✏️ 案例解析

伟大民族憧憬伟大梦想，伟大梦想成就伟大民族。中国梦，百年梦。习近平指出："实现中华民族伟大复兴，就是中华民族近代以来最伟大的梦想。"只有创造过辉煌的民族，才懂得复兴的意义；只有历经过苦难的民族，才对复兴有如此深切的渴望。近代以来，中华民族遭受的苦难之重、付出的牺牲之大，在世界历史上都是罕见的。但是，中国人民从不屈服，不断奋起抗争。为了民族复兴，几代人魂牵梦萦，亿万人心结难解。

本案例中，孙中山就是近代追求民族复兴的早期代表。作为中国民主革命的先驱，其民主思想、爱国情怀、振兴中华的志向，影响深远。1886年，20岁的孙中山进入南华医学堂学医，一年后转到香港西医书院学习。不久后，他又来到澳门镜湖医院行医，并成为该院第一名西医。孙中山在澳门自立门户，成立了自己的医馆，一边看病，一边卖药。1893年，孙中山离开了澳门，辗转来到广州继续行医，并开设了药局，售卖西药。医术精湛，名噪一时，收入不菲，孙中山完全可以过上体面而自足的生活。但是，通过中国与美国、内地与港澳地区发展的比较，孙中山看到了晚清政府的腐败无能，感受到了国家遭受列强欺凌与侵略时的深重灾难。国家有难，匹夫有责。孙中山觉得，医术救人，所救有限，中国人的苦难均源于"不良之政治"。因此，他决心弃医从政，改"医人"为"医国"，"改革中国之恶政治"，"锄去此恶劣政府"，从此踏上一条充满荆棘的革命道路。

面对日益深重的国家和民族危机，孙中山先生在近代中国率先喊出了"振兴中华"这个近代中国的时代强音。以孙中山先生为首的革命派率先揭起民主革命的大旗，采用暴力手段彻底推翻清王朝的专制统治，建立资产阶级民主共和国。孙中山先生领导的辛亥革命，推翻了中国几千年的封建君主专制统治，从此中国进入了主权在民的时代，开启了中华民族复兴的新纪元。但是，辛亥革命又是不彻底的，没有彻底完成反帝反封建的历史任务，没有实现民有、民治、民享的政治理想，更没有实现振兴中华和民族复兴的历史使命。中国共产党继承、实现和发展了孙中山先生振兴中华和民族复兴的伟大理想，肩负起实现中华民族伟大复兴的历史使命，在中国特色社会主义进入新时代的今天，近代以来久经磨难的中华民族迎来了从站起来、富起来到强起来的伟大飞跃，迎来了实现中华民族伟大复兴的光明前景。民族独立、社会进步、人民幸

福是孙中山不懈奋斗的目标和动力。孙中山先生为了中华民族的复兴，鞠躬尽瘁，死而后已。孙中山先生的爱国情怀，屡挫不止的奋斗精神，对民众的真挚的博爱，天下大同的胸怀，永远是中华民族复兴道路上的精神财富，激励中国人一代又一代为中华民族复兴而奋斗！

案例启思

1. 孙中山为什么要弃医从政？
2. 为什么说实现中华民族伟大复兴是中华民族近代以来最伟大的梦想？

教学建议

本案例通过孙中山弃医从政的经历，让学生了解近代以来以孙中山为代表的先进中国人就开始了寻梦的追求，从而明了实现中华民族伟大复兴就是始终伴随近代中国历史发展的价值追求和崇高理想，深刻体会"只有创造过辉煌的民族，才懂得复兴的意义；只有经历过苦难的民族，才对复兴有如此深切的渴望"，明确"实现中华民族伟大复兴，就是中华民族近代以来最伟大的梦想"。可以说，孙中山的弃医从政，发出"振兴中华"的呐喊是习近平提出中国梦的思想历史逻辑，启示学生深入探寻中国梦的昨天、今天和明天的内在关联，在新时代放飞梦想，参与到中国梦的书写中去。

适用于第一节"实现中华民族伟大复兴的中国梦"之"中华民族近代以来最伟大的梦想"。

案例二 "强磁场"引来哈佛"凤"

 案例

安徽省合肥市西郊有个科学岛，因为岛上坐落着中科院合肥物质科学研究院而得名。2009年以来，先后有8位来自哈佛大学医学院的海归科学家，陆续来到安徽合肥的科学岛从事科学研究，在当地引起不小的轰动。哈佛大学医学院是世界上公认的最好的医学院之一，他们放弃国外优厚的条件和发展的机会，选择来合肥偏僻的科学岛工作，是为了什么？几年时间过去了，他们干得

怎么样?

王俊峰现在是强磁场科学中心磁共振生命科学部的负责人,是几位哈佛博士后中第一个回国的。王俊峰在美国待了十几年,曾经在美国国家强磁场实验室获得博士学位。2009年,他听说中国也要建设强磁场科学大装置,感到非常振奋:"我们终于要建设中国的强磁场装置,而且是世界第一流的最好的强磁场装置,所以,我就联系了这边的强磁场中心的领导。""我跟他谈了两天的时间,"中科院合肥物质科学研究院院长匡光力说,"他想着大干一场,想要在科研方面有所作为。"

强磁场实验装置是"十一五"国家重大科技基础设施建设项目。强磁场实验装置中的磁场强度一般比地球磁场高数十万倍以上。这种人为的、非常规的、极端的强磁场环境,为科学家探寻物质内部微观结构变化的奥秘打开了一扇新的窗户。经过8年努力,强磁场科学中心已经建成系列强磁场实验装置10套,创造了多项磁体强度世界纪录,科学大装置平台的整体技术水平达到了世界领先水平。在国际上,利用强磁场条件进行生命科学研究,还是一个冷门,王俊峰非常庆幸自己选择来到科学岛:"在这个地方,我有更大的自由发挥空间。"

依托强磁场科学中心先进的科学装置,几年时间,王俊峰带领研究团队,在膜蛋白结构生物学领域收获了累累硕果,发表了多篇科学论文,其中有两篇发表在世界权威学术期刊《自然》及其子刊上,产生了重要影响。王俊峰接受央视记者采访时说:"我们利用核磁共振技术,花了3年的时间成功解析了FGF 21的结构,接下来又花了3年的时间对这个蛋白进行了改造。"王俊峰还告诉记者,FGF 21是人体本身具有的一个蛋白,它像胰岛素一样,可以有效降低血糖。但跟胰岛素相比它有更多的好处,不会产生胰岛素抵抗,因此,国际上很多生物实验室和制药公司都在研究它。他说,他们对FGF 21的突变体申请了专利,当时正在进行产业化的转化工作,希望未来FGF 21这个突变体的药物,能够在临床上造福于患糖尿病的病人。

王俊峰在科学岛上的事业不断开拓,也吸引了他以前在哈佛大学医学院一起工作的同事和朋友。从事肿瘤药物学研究的刘青松是第一个向王俊峰了解情况的人。刘青松和妻子刘静都在哈佛大学医学院做博士后研究,但当刘青松了解到,强磁场科学中心将重点打造生命科学创新研究平台,在这里,他不需要论资排辈,直接作为学术带头人就可以组建自己的研究团队,他决心留下来。同时,他向院领导要来了一个特殊的权力。"我希望有一定程度上的招聘自主权,"中科院强磁场科学中心磁共振生命科学部副主任刘青松说,"一个人干不成这个事情。它是一个高难度、多学科交叉的事业,需要一帮人来一块

做。"中科院合肥物质科学研究院院长匡光力回应说:"你到哈佛去找人,你觉得符合你研究的实际需要,正好上下成为一个很重要的相关研究链条,那你就把他请过来。"

2012年,刘青松回到哈佛,迅速找到了5位有志一起回国效力的学者。除了自己的妻子、从事药物化学的刘静,还有从事细胞生物学的张欣和从事分子生物学的王文超夫妇,从事核酸结构生物学的张钠和从事转基因动物模型研究的林文楚。他们五人以前都没有来过合肥。听了刘青松的介绍,他们都决定一起来科学岛干一番事业。中科院强磁场科学中心研究员张钠说:"我做过比较,这里的设备比我在哈佛的要好。"中科院强磁场科学中心研究员王文超说:"我觉得这样的机会确实挺难得的。"中科院强磁场科学中心研究员林文楚说:"我觉得在国外,一年挣个十几万美元,可能一辈子就这个样子了,但我还是想回来做点事。"王俊峰、刘青松陆续来了以后,把中科院强磁场科学研究的队伍建起来了,从生物大分子到细胞,到动物,到药物,把整个研究链条全打通了。

2012—2013年,6位哈佛大学医学院的青年学者陆续来到科学岛上。依托强磁场科学装置,他们互相合作,组成了4个课题组,向生物医学前沿领域发起了冲刺。其中,刘青松和刘静、王文超一起组成肿瘤药物研究团队,他们最大的梦想就是用中国研发的创新药物战胜癌症。他们选取了人体细胞里的激酶,作为研究主攻方向。大量临床研究证明,激酶的变异是引起肿瘤的重要因素之一,如果抑制激酶的活性,就能够有效地控制癌细胞的无限制繁殖。刘青松团队的目标首先就是找到所有导致癌症的激酶,通过基因工程手段,建成一个庞大的验证药物药效的激酶细胞库。但要白手起家建设激酶细胞库,谈何容易?世界上只有美国和日本少数实力雄厚的制药公司在从事这样的工作,而且相关的关键技术也不会公开。但在2016年年底,他们的规模已经达到了世界第一。刘青松说:"我们花费了5年时间建成了目前世界上规模最大的以激酶为靶点的全细胞药物筛选库。"回国后的5年,刘青松团队针对多种癌症开发了20多种新型激酶抑制剂,申请了40多项中国和国际专利,还有一个针对白血病的创新药物。2017年8月底,他们会向国家监管机构申请该创新药物的临床试验。

2015年,在中科院和安徽省以及合肥市政府的支持下,他们还成立了一家生物医药公司负责这些科研成果的转化。任涛是公司的总经理,他也是从哈佛大学医学院回来的。2015年,任涛加盟刘青松团队,成为第八位从哈佛大学医学院来科学岛工作的科学家。任涛告诉记者,他们回国赶上了创新驱动发展的改革好政策。科研团队不但获得了科技成果转化收益的70%,而且,安徽省政府和合肥市政府还奖励科研团队政府股权激励，共计 1200 万元。

8 位哈佛归来的科学家中，有 3 位"60 后"，5 位"70 后"，尽管他们在各自的研究领域都取得了自己满意的发展，但当初，他们都是举家搬迁到合肥定居，他们都曾经面临过孩子回国上学和生活上的各种困难考验。匡光力说："他们一开始拿的是绿卡，办驾照，到银行开个账户、办张信用卡，以及在这儿买房子，有没有房产证，能不能自己买，都会遇到这样那样的困难。我们跟省里反映，及时协调有关部门，就都解决了。"如今，强磁场科学中心的硬条件和学术软环境越来越好，8 位科学家告诉记者，他们对当初的选择无怨无悔，对未来的发展充满信心。中科院强磁场科学中心研究员刘静说："虽然回来以后，物质条件不算特别优厚，但是对我们来说，这不是我们追求的第一目标。"中科院强磁场科学中心磁共振生命科学部副主任刘青松说："从我个人来讲，我觉得回国以后，主人翁的感受特别强烈。"中科院强磁场科学中心磁共振生命科学部主任王俊峰说："假如回到 2009 年重新做选择的话，我还是会选择强磁场科学中心。"

不仅仅是这几位哈佛归来的博士后学者，现在已经有几十位海归科学家来到科学岛上投身生命科学的研究。他们不计名利，一腔热血，克服家庭的种种困难，只想为祖国的科学创新事业贡献自己的力量。越出国越爱国、越比较越自信，这是他们的切身感受，也是他们共同的心声。强化科技创新的引领作用，需要更多的像他们这样的创新人才为国家效力。同时，我们的人才政策也需要更多的创新突破和细化落实，不仅要广开进贤之路、广纳天下英才，还要不拘一格用好人才，让人才有用武之地，无后顾之忧，这样才能"真正聚天下英才而用之，让更多千里马竞相奔腾"。

案例出处

《砥砺奋进的五年：强磁场的人才吸力》，见央视网《焦点访谈》，2017 年 8 月 24 日，http://tv.cctv.com/2017/08/24/VIDEMe2MUFpjqpbsAJOLVOm0170824.shtml。（有删改）

案例解析

习近平总书记指出："中国梦的本质是国家富强、民族振兴、人民幸福。"国家富强，就是要实现社会主义现代化，使科技创新在经济发展中的驱动力更加强劲；民族振兴，就是要继承并创造中华民族的优秀文化及先进的文明成果，进而使中华民族再次处于世界领先的地位，再次以高昂的姿态屹立于世界民族之林；人民幸福，就是让人人得享共同发展，共同享有人生出彩的机会，

民族复兴的医学梦

——《毛泽东思想和中国特色社会主义理论体系概论》
（2018年版）教学案例集

共同享有梦想成真的机会，共同享有同祖国和时代一起成长与进步的机会。因此，中国梦是国家情怀、民族情怀、人民情怀相统一的梦。中国梦的主体是人民，他们是中国梦的创造者和享有者。中国梦不是镜中花、水中月，不是空洞的口号，必须紧紧依靠人民来实现，必须不断为人民造福。因此，中国梦是国家的梦、民族的梦，也是每一个中国人的梦，我们每个人都是"梦之队"的一员，都是中国梦的参与者、书写者，都应当同舟共济、齐心协力、奋勇前行。

在本案例中，8位哈佛归来的从事生命科学研究的海归科学家，为什么要放弃国外优厚的条件和发展的机会，不计名利，一腔热血，克服生活与家庭的种种困难，选择来合肥这偏僻的科学岛上工作呢？就是这些科学家心中都有一个中国梦，就是为祖国的科学创新事业贡献自己的力量。他们在海外的生活工作经历，切身感受到自己越出国越爱国、越比较越自信，回国后就能够用他们所学习的科学技术为祖国的富强、民族的振兴贡献一份力量。正如中科院强磁场科学中心磁共振生命科学部副主任刘青松所说："从我个人来讲，我觉得回国以后，主人翁的感受特别强烈。"正是秉承着主人翁的意识，他们将个人的命运与国家和民族的命运紧密相连，将自身化为实现中国梦的主体，成为中国梦的创造者，在新时代提供的广阔发展舞台上，为祖国的生命科学发展创造辉煌。回国后的8年中，他们经过努力，建设了强磁场科学中心，建成了系列强磁场实验装置10套，创造了多项磁体强度世界纪录，科学大装置平台的整体技术水平达到了世界领先水平。基于这种带动效益，越来越多的哈佛医学院人才加入这个行列中，形成了一个面向医学前沿的研究团队，取得了可喜的成绩。例如，该研究团队的一些科学技术和科研规模已经达到世界第一，他们针对多种癌症开发了20多种新型激酶抑制剂，申请了40多项中国和国际专利。这生动地说明，实现中华民族伟大复兴是每一个中华儿女的共同梦想。中国梦的广阔舞台，为个人梦想提供了蓬勃生长的空间；每个人向着梦想的不断努力，又都是实现伟大中国梦的一份力量。

案例启思

1. 8位来自哈佛大学医学院的海归科学家为什么要放弃海外的优越生活来到中科院合肥物质科学研究院工作？
2. 中国梦的主体是什么？

教学建议

本案例通过8位从哈佛归来的从事生命科学研究的海归科学家回国8年后

所取得的成就，真实体现了中国梦是国家情怀、民族情怀和人民情怀相统一的梦，实现中华民族伟大复兴是海内外中华儿女的共同梦想。通过案例，可以让学生深刻领悟中国梦的内涵与实质，认清实现中国梦的主体，明确中国梦不仅是国家的梦、民族的梦，也是每个中国人的梦，从而引导医学生将自己的青春梦融入国家和民族的伟大梦想之中，做到敢于有梦、勇于追梦、勤于圆梦。

适用于第一节"实现中华民族伟大复兴的中国梦"之"中国梦的科学内涵"和"奋进实现中国梦"。

▶ 案例三　中国的"蓝盔天使"

案例

2017年5月18日晚，中国第四批赴马里维和部队第一梯队凯旋。次日，在西非马里维和一年的解放军第463医院5名医疗骨干返回医院，受到院领导机关和全院医护人员的热烈欢迎。鲜花、热泪为英雄，掌声、拥抱向英雄，他们以出色表现全部获得联合国和平荣誉勋章，还获得联合国马里多层面稳定特派团（简称"联马团"）专门签发的维和部队最高荣誉——司令嘉奖，获得广泛赞誉。

马里，地处西非，常年40摄氏度左右高温，干旱、贫穷、疟疾等传染性疾病肆虐，因内部战乱频发，被联合国称为最危险的任务区。医疗分队负责联马团东战区36个国家6000余名维和人员的医疗保障任务。

他们直面生死。到达驻地仅一周，就发生了针对我国工兵分队的"5·31"自杀性恐怖袭击事件，造成中国维和军人重大伤亡，多名联合国工作人员受伤。5名队员在抢救第一线奋战一夜，得到了联马团和东部战区的高度评价。

"5·31"暴恐袭击之夜，注定让他们无法忘记：一名受伤战友躺在担架上，抓起张杰的手焦急地问："医生，我的耳朵是不是不在了？"张杰轻轻揭开浸满鲜血的纱布，看到的是半张裂开的脸，左耳郭已失去一半，血还在淌，她用纱布压迫着伤口，握着他的手，说耳朵在，我们一定会治好你。战士颤抖的手稍微镇静了一些，可是张杰的心却像撕开了一个裂口——滴血的痛。

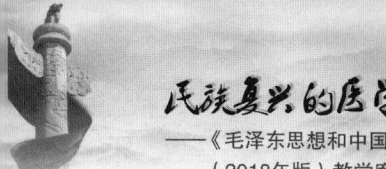

民族复兴的医学梦
——《毛泽东思想和中国特色社会主义理论体系概论》
（2018年版）教学案例集

此后，暴恐袭击、抢救伤员、实战演练，从未停止，"蓝盔天使"们保持高度警觉，随时准备投入战场救治。透过战地硝烟，她思考的视角从中国拉长到世界；从呼啸而过的枪炮声中，她加深了军人的使命与担当的认识！想起这些，张杰不再抱怨这恼人的酷热、晃眼的阳光、难以下咽的食物、这少之又少的有些浑浊的水……

张杰知道，我们应该在这里，这是军人的职责、军医的使命，用我们的力量维护和平，在这个随时有流血牺牲的战场上，时刻面临考验，从来不畏生死。

这位耳鼻喉科的博士女军医，以很强的专业技能和沟通能力，被各国伤病员称为"最美笑容"的医生。而在"最美笑容"的后面，却是她无言的伤痛。2016年上级抽调她参加维和行动时，她的内心极为矛盾：一边是患重病两年、生活不能自理的父亲及年幼的儿子，另一边是组织需要跨出国门履行国际主义义务。经过一夜无眠的独自思考，她最终选择了前行。"当祖国需要我的时候，我必须义无反顾。"她永远忘不了家庭会上，父亲用那只能动的手，向她伸出大拇指的情景；在万里之外的战地，多少个夜晚她向父母、向儿子无言地倾诉着……

思念绵绵，但她从来没有忘记在国旗下的誓言："忠诚履行使命，维护世界和平。""我们要用行动向世界展现中国人民热爱和平、守望和平的坚定决心！"张杰和战友们做到了。

女博士杨力承担外事接待联络翻译等工作，主编完成《联马团加奥二级医院卫勤保障标准化作业程序》中英文版，这是首个由中国医疗分队制定并纳入联合国标准体系的医疗保障标准，实现了中国维和医疗分队在联合国相关标准体系中零的突破。口腔科主治医师张鹏以精湛技术和热情服务，经常加班加点，获得高度认可。特诊科主治医师李娜作为唯一一名特诊科医生，是临床医生的"侦察兵"，不分昼夜，任劳任怨，在有限条件下做到了零误报、零漏报，受到东战区司令员的赞扬。普通外科副主任刘劲松，承担复杂外科疾病会诊和低年资医生的指导工作，亦是复杂、重大手术主刀者，还担任分队军需官工作，以公平公正的踏实作风，做好物资请领及分配工作，赢得了分队的尊敬和认可。

国际舞台展示中国军人风采，"血火洗礼守望和平"。一年战斗岁月，他们团结一心，视苦如甜，克服一切困难，圆满完成任务，被全院医护人员赞誉为了不起的"蓝盔英雄"！

第九章 坚持和发展中国特色社会主义的总任务

🔍 案例出处

集文亚、赵子权、高庆德：《中国"蓝盔天使"自世界"最危险任务区"凯旋》，环球网，2017 年 5 月 23 日，http://mil.huanqiu.com/china/2017-05/10718394.html? agt=15438。（有删改）

✏️ 案例解析

实现中国梦需要和平，只有和平才能实现梦想。中华民族历来就是爱好和平的民族，天下太平、共享大同是中华民族绵延数千年的理想。中国人民怕的就是动荡，求的就是稳定，盼的就是天下太平。我们将坚定不移走和平发展道路，既努力争取和平的国际环境发展自己，又以自身的发展促进世界和平。2014 年 3 月 27 日，习近平在巴黎出席中法建交 50 周年纪念大会的讲话中明确指出："实现中国梦给世界带来的是机遇不是威胁，是和平不是动荡，是进步不是倒退。拿破仑说过，中国是一头沉睡的狮子，当这头睡狮醒来时，世界都会为之发抖。中国这头狮子已经醒了，但这是一只和平的、可亲的、文明的狮子。"新时代，作为负责任的大国，中国决不会称霸，决不搞扩张，中国越发展，对世界和平与发展就越有利。随着国力不断增强，中国将进一步在力所能及的范围内承担更多的国际责任和义务，为人类和平与发展的崇高事业做出更大的贡献。

本案例介绍了中国第四批赴马里维和部队中的医务工作者，他们被称为"蓝盔天使"。联合国维持和平行动，是在联合国安理会授权下使用非武力方式帮助冲突各方维持和平、恢复和平，并最终实现和平的一种行动。联合国维持和平部队在维护和恢复地区和平与帮助解决地区冲突方面做出了积极的贡献。1988 年，挪威诺贝尔奖委员会将诺贝尔和平奖授予这支头戴蓝色贝雷帽的部队。作为联合国安理会常任理事国，中国积极参与联合国的维和行动。1988 年 9 月，中国正式申请加入联合国维持和平行动特别委员会。1990 年，中国派出首批维和人员，赴联合国停战监督组织参加维和行动，为维护世界和平稳定做出了努力和贡献。在本案例中，第四批赴马里的中国维和部队中的"蓝盔天使"们，始终牢记维护世界和平的使命，正如他们所说的："我们要用行动向世界展现中国人民热爱和平、守望和平的坚定决心！"在这样的神圣使命召唤下，他们舍小家顾大家，在战争危险和死亡随时可能发生的险恶环境中，克服天气炎热、传染病流行、后勤保障困难等恶劣条件，用高超的医术救治伤员、提供医疗救助，用高尚的医德赢得联合国维和官兵、驻地老百姓的尊重与爱戴，充分体现了高尚的国际主义和人道主义，体现了我军医护人员不怕

201

民族复兴的医学梦
——《毛泽东思想和中国特色社会主义理论体系概论》
（2018年版）教学案例集

牺牲、救死扶伤的军人使命与医生担当，是名副其实的战地"天使"，他们以自己的实际行动彰显中国"爱和平、负责任"的大国风范，展示出中国军队"威武之师、文明之师、和平之师"的良好形象。

案例启思

1. 中国的"蓝盔天使"的使命是什么？
2. 为什么说实现中国梦，对世界和平与发展是有利的？

教学建议

本案例通过中国第四批赴马里维和部队中的"蓝盔天使"们用实际行动践行维护世界和平的事迹，使学生明确中国梦不是霸权梦，而是和平、发展、合作、共赢的梦，与世界各国人民的美好梦想息息相通，从中领悟中华民族历来就是爱好和平的民族，新时代随着国力的增强，会进一步发挥负责任的大国作用，为世界和平做出贡献，也为实现中华民族伟大复兴的中国梦提供国际关系的支持和保障。

适用于第一节"实现中华民族伟大复兴的中国梦"之"奋力实现中国梦"。

案例四　利用现代传媒平台开展健康科普

案例

3月2日，海绵演讲健康专场在北京天桥艺术中心顺利举行。当天，共有8位今日头条健康创作者登上海绵演讲健康专场的舞台，与现场的400位观众分享了自己的亲身经历与智识见解。

海绵演讲是今日头条创作者官方演讲平台，目前已经举办了6场活动，共有45位今日头条各领域优质内容作者登台演讲。2019年，今日头条开始举办海绵演讲的垂直领域专场，继科学专场后又推出健康专场，旨在为更多的优秀的垂直领域作者提供展示平台。本次活动由《生命时报》担任独家合作媒体。

活动当天，8位今日头条健康创作者分别从各自的领域出发，细说应怎样

第九章　坚持和发展中国特色社会主义的总任务

面对生命中不可避免的疾病、衰老,甚至是死亡。

科普"网红"松鼠云无心在演讲中首先抛出了在当代年轻人中流传甚广的概念——亚健康,但他毫不留情地指出,亚健康的概念是中国商人为了卖保健品造的概念。他直言不讳地说,人们都觉得商人不可信而科学工作者可信,但是,在商人的忽悠和科学工作者的科普之间,很多人还是会选择相信商人。商人常做的一件事是,把"如果缺乏了某种营养成分,就会导致某种症状",偷换成"补充这种营养成分,就能预防这种疾病",于是,人们纷纷为保健品买单。我们应该怎样对待保健品呢?记住,所有声称有治疗作用的保健品,都是非法的。

其他演讲者也分享了自己的观点。新生命的"接待者"、上海市第一妇婴保健院教授段涛指出,躺着生孩子其实不符合我们的生命状态。解剖界的首席"网红"李哲说,解剖知识可以帮助"美颜"。常有人抱怨,为什么我的腿这么粗,别人的腿那么细?主要是你不会走路。走路时,你是臀部发力,那么恭喜你,你的腿不会太粗;如果是腿部发力,那么很抱歉,想要瘦腿,请你重新学习走路。

"协和断肠人"林国乐医生讲到,脊椎与地面平行的动物是不会得痔疮的,痔疮是人类为直立行走付出的代价。浙江新安国际医院重症医学科主任葵傲在 ICU 待了 20 年,她说在急性疾病或创伤的打击下导致危重的病人身上,医生会做的"全力以赴"比大众想象的更多。"死亡"是永恒的讨论话题,北京生前预嘱推广协会会长罗点点在"死亡"面前为大众提供了一个新选择——生前预嘱,她鼓励更多的人在生命的最后一程有选择、有尊严地离去。

最后登场的范宇、洪宏星较为特殊。范宇并非"医者",而是"患者"。4 年前,处于事业巅峰的单身妈妈范宇在生日当天被确诊为脑癌。她在整理好心情后,列出了自己的"遗愿清单",还与背负着"拳王"名号的洪宏星谈了一场恋爱。在海绵演讲健康专场的讲台上,他们携手讲述一起去极限探险、向死而生的经历,鼓舞了在场的 400 位观众。

目前,今日头条共有 4 万余名健康科普创作者,他们在过去一年创作了近 300 万篇内容,产生了超过 300 亿的阅读量/播放量,上午 10 点是创作高峰。其中,辟谣相关内容有 4.2 万篇,创造了 11 亿次阅读,而癌症是辟谣的重灾区。他们让 279 万人知道了"没有哪一种单一食物能防癌",让 679 万人了解到"酸性体质致癌"是不科学的。

💡 案例出处

《海绵演讲健康专场举办,今日头条健康科普创作者超过 4 万名》,39 健

203

康网，2019 年 3 月 3 日，http://news.39.net/hygc/190303/6924863.html。（有删改）

📝 案例解析

健康中国战略是新时代全面建成小康社会和全面建成社会主义现代化的目标要求之一，中国梦内含健康梦。在开启全面建设社会主义现代化强国的新征程中，明确在 2035 年基本实现现代化时，在民生和社会建设方面，就强调病有所医，人口预期寿命达到世界先进水平；从 2035 年到 21 世纪中叶，建成社会主义现代化强国时，我国将拥有高度的社会文明，城乡居民将普遍拥有较高的收入、富裕的生活、健全的基本公共服务，享有更加幸福安康的生活。因此，无论是 2020 年全面建成小康社会，还是 2050 年建成社会主义现代化强国，人的健康都是经济社会发展、国家发展和人自身全面发展的前提基础和根本价值。实现人的全面发展和人的现代化首先要解决人的健康问题。

本案例从媒体传播与普及健康医疗知识的视角，揭示了落实健康中国战略的重要途径。党的十九大报告指出，"人民健康是民族昌盛和国家富强的重要标志"。实现中华民族伟大复兴的中国梦，提升全民族的身心健康水平，发展健康事业。普及科学的健康知识、医疗知识，树立正确的健康观念，培养健康的生活方式，正确掌握常见病的预防与治疗，成为走进新时代全面建成小康社会、建成社会主义现代化强国的健康要求。本案例中，今日头条利用其传播平台和信息技术优势举办海绵演讲健康专场，请权威医院的专家医生进行健康知识科学普及工作，起到了良好的社会效益。市场经济条件下，保健品市场鱼龙混杂，假药、中毒、传销、诈骗等负面事件不断被新闻媒体曝光，甚至出现了权健集团有限公司这样专门进行保健品传销的垄断性组织，影响恶劣。怎样科学保健与养生，有病了怎样治疗，亟须科学与权威的普及。今日头条举办海绵演讲健康专场，对培养健康科普的专家队伍、写作与宣传队伍，对错误的健康医疗观念进行辟谣起到了一定的促进作用。

💡 案例启思

1. 利用现代传媒开展健康知识讲座有什么意义？
2. 建设社会主义现代化强国为什么要实施健康中国战略？

🎙 教学建议

本案例通过今日头条利用其传播平台和信息技术优势举办海绵演讲健康专场的活动新闻，让学生明晰健康中国是建设社会主义现代化强国的目标之一，

第九章 坚持和发展中国特色社会主义的总任务

人民的健康是国家富强、民族振兴、人民幸福的重要体现,从而加深理解新时代新征程的"两步走"及其每个阶段的目标任务,自觉树立医学生向社会进行医学科普宣传的意识,积极参与到健康中国的实践中。

适用于第二节"建成社会主义现代化强国的战略安排"之"实现社会主义现代化强国'两步走'战略的具体安排"。

▶ 案例五 "全面放开二孩"政策的五个原因

案例

党的十八届五中全会决定,坚持计划生育的基本国策,完善人口发展战略,全面实施一对夫妇可生育两个孩子政策,积极开展应对人口老龄化行动。这是继2013年党的十八届三中全会决定启动实施"单独二孩"政策之后的又一次人口政策调整。

我国是世界上人口最多的国家,尽管自20世纪70年代初以来,我国实行计划生育的工作取得了很大的成绩,但由于我国在20世纪50年代和1962—1972年先后出现了两次生育高峰,使得我国人口快速增长的趋势始终没有改变。进入20世纪80年代后,人口增长的速度加快,每5~7年即可增长1亿人口,如此庞大的人口将给经济和社会的发展带来巨大压力。1982年党的十二大,计划生育被确定为基本国策。实行计划生育,严格控制人口增长,坚持优生优育,提高人口质量,直接关系到人民生活水平的进一步提高,也是造福子孙后代的百年大计。

生育要有计划,但计划也并非一成不变,正所谓"文章因时而著,政策因时而易"。从1980年提倡一对夫妇只生一个孩子,到1984年提出在农村适当放宽生育两孩的条件,然后是2013年"单独二孩"政策的通过,再到今天的"全面放开二孩",我国计划生育政策一直处于动态调整的"进行时"。

"全面放开二孩",为几何?

一、"单独两孩"实践遇冷,生育率低到危险

"单独二孩"政策实施后,效果并不尽如人意。截至2014年12月,全国

民族复兴的医学梦
——《毛泽东思想和中国特色社会主义理论体系概论》
（2018年版）教学案例集

仅有不足100万对单独夫妇提出再生育申请，而此前的官方预计是每年增加200万人左右。

中国社会科学院发布的《经济蓝皮书：2015年中国经济形势分析与预测》认为，中国目前的总和生育率只有1.4，远低于更替水平（2.1），已经非常接近国际上公认的1.3的"低生育率陷阱"。

虽然也有专家表示中国已经进入"低生育率陷阱"没有根据，但不可否认的是，人口是一个国家竞争力的基本要素。没了人口红利，在竞争力上就少了一枚盾牌。"人口红利"简单通俗地理解为年轻人口数量增多形成的廉价劳动力，提供给经济发展相对便宜的要素价格。对于很多发展中国家而言，廉价劳动力是发展的一个重要因素。

深入的经济学分析和实证研究都表明，在扣除技术进步和城镇化的作用外，人口衰减带来的将是人均GDP下降。如果不信的话，看看邻国——日本，长期低生育率被认为是日本经济长达20多年停滞的根本原因。

二、"银发危机"

从人口结构上看，现在中国的老年人口比例在不断上升，从2010年的13.3%提高到2014年的15.5%。目前，中国已成为人口老龄化发展速度最快的国家之一，老人生活旅居问题也在不断凸显。

据联合国统计，到21世纪中期，中国将有近5亿人口超过60岁，而这个数字将超过美国人口总数。这就提出了一个严肃的课题：出生率降低，年轻人越来越少，今后谁来工作，谁来纳税，谁来养活数以亿计的老年人？

三、"刘易斯拐点"隐忧

"刘易斯拐点"，即劳动力过剩向短缺的转折点，由诺贝尔经济学奖获得者威廉·阿瑟·刘易斯于1968年提出。它指的是在工业化进程中，随着农村富余劳动力向非农产业的逐步转移，农村富余劳动力逐渐减少，人口红利慢慢消失，最终枯竭。

从现状来看，低生育率和老龄化是中国经济"刘易斯拐点"提前出现的关键诱因。

改革开放以来，中国经济保持高速增长，大量的富余农村劳动力涌入城市，在催生经济快速发展的同时，也导致目前农村问题频发。以"老弱病残"为主的农村人口结构已逐步凸显了农村经济的增长乏力。

中国社会科学院人口与劳动经济研究所所长蔡昉在2014年两会期间接受记者采访时表示，2004年开始民工荒，从沿海城市迅速蔓延到内地，此后再

没有停止过,工资从那个时候开始上涨,也没有再停止过,而且是低端劳动者工资上涨。所以 2004 年肯定是一个起点。如果说区间的话,我们可以看到,2010 年开始,中国 15 ~ 59 岁的劳动年龄人口出现负增长。这是一个巨大的转折,劳动年龄人口增长不是减慢了,而是一路负增长下去了。2004—2010 年,这个区间总共才 6 年,但是,日本走了 30 年,韩国走了 40 年,所以中国还是很快的。

四、"失独"社会之殇

近些年来,我国家庭规模不断缩小,从 1982 年的 4.43 人缩减至 2010 年的 3.10 人,独生子女家庭超过 1.5 亿户,家庭的生育、养老等基本功能有所弱化。许多独生子女面对沉重的养老负担,常感到有心无力、独木难支,而老人"失独"不仅是家庭灾难,也是社会之殇。

2015 年 7 月 19 日,杭州失独老夫妻在女儿去世百日祭双双自杀的消息令大家心痛不已,同时也不禁深思。中国第一代独生子女政策家庭逐渐步入老年,失独家庭成为一类社会创伤。失独家庭所经历的心理创伤、经济压力、医疗养老问题超过一般家庭丧子后承受的痛苦,而这份痛苦谁能解?

五、男女比例失衡

计划生育政策自 1980 年开始强化,这分别体现为城市的普遍"一胎"和农村的普遍"一胎半"政策。在重男轻女思想依然普遍和 B 超逐渐普及的情况下,男女出生比例节节升高,从 1980 年的 107.4 上升到 2004 年的 121.1。

政府自 2002 年开始"治理"男女比例失调的问题,具体措施包括明文严格禁止使用 B 超等技术进行胎儿性别鉴定。此外,随着城市化的提升和农村生育观念的改变,对男孩的偏好也可能进一步淡化。与之对应,男女出生比例自 2004 年达到峰值的 121.1 之后,整体上开始下降,但到 2014 年依然处于 115.9 的超高位。

男女比例失调是性别偏好、生育数量限制和胎儿性别鉴定三个因素共同作用的结果,缺一不可。重男轻女的观念虽然已经淡化,但依然会长期存在;禁止胎儿性别鉴定技术也不可能完全有效。因此,要使男女比例恢复正常,有效的办法就是全面取消生育限制政策。

"二孩"生下来,经济搞上去。"全面放开二孩"政策的实施,将会对我国经济社会长远发展带来一定的积极影响,能够在一定程度上缓解劳动力问题。

短期内,"二孩"婴儿潮的到来,将拉动相关食品、玩具、母婴医疗、儿

民族复兴的医学梦
——《毛泽东思想和中国特色社会主义理论体系概论》（2018年版）教学案例集

童服饰、家用汽车（如 SUV 和 MPV）、教育行业等的发展。中长期来看，"二孩"婴儿潮的到来将改变中国人口的年龄结构，减缓老龄化速度。根据购房的人口结构，20～44 岁的人口是买房的主力，大部分人在 25～30 岁的时候就会面临首次买房置业需求。

根据测算，如果全面放开"二孩"，那么在 2050 年，20～44 岁的人口比例将比不放开二胎时增加 4%，增加规模达到 1.28 亿人。这部分新增人口将使房地产行业直接受益。当然，长期来看，随着"二孩"全面放开后，新一轮人口红利的形成和中国潜在经济增速的提高，各类行业都将受益。

案例出处

朱薇：《解读："全面放开二孩"政策的 5 个原因》，央广网，2015 年 10 月 29 日，http://news.cnr.cn/native/gd/20151029/t20151029_520328333.shtml。（有删改）

案例解析

新时代开启了全面建设社会主义现代化强国的新征程，人力资源关系到经济建设、政治建设、文化建设、社会和民生建设、生态文明建设各个方面，关系到"两步走"发展阶段目标的实现。因此，人口问题是一个国家、一个民族生存发展的根本性问题。马克思主义人口理论的核心是人类自身生产必须与物质资料生产相协调、相适应，必须坚持"两种生产"一起抓，促进客观的、全局的、战略的比例关系协调发展。恩格斯指出，人口问题涉及"人自身的生产"即"种的蕃衍"。人口问题首先是一个重大的经济问题，影响经济结构和经济增长，是经济学研究的重要对象；人口问题还是一个政治和法律问题，比如人口的民族分布就是个政治问题，而计划生育政策是我国宪法规定的基本国策，人口问题又呈现出法律属性；人口问题还是一个文化和人权问题，生育观念就是一个文化问题，而生育权就是人口问题的人权维度；人口问题还涉及国家安全和国际关系，如移民问题。人口问题不仅包括数量与质量问题，而且涉及人口的结构、流动、融合、男女比例、出生率、死亡率、老龄化等诸多问题。因此，人口问题既是一个复杂的、多维度的现实问题和政策问题，也是一个涉及多学科的理论问题和学术问题。

新中国成立后，在社会主义现代化建设的进程中，我国的人口政策经历过一个曲折发展的过程。改革开放后，1982 年 9 月，党的十二大确定"实行计划生育，是我国的一项基本国策"。随着计划生育政策的持续，我国人口数量得到有效控制，但是，人口结构、生育观念和出生率发生了深刻变化，低生育

率、人口老龄化等问题，使我国出现劳动力价格上涨、劳动力供给下降的趋势，改革开放的"人口红利"优势逐渐消失。因此，党的十八大以后，改变了"一对夫妻只生一个孩子"的生育政策，并进一步放开生育政策，从"单独二孩"转向"全面放开二孩"。本案例指出了"全面放开二孩"的5个原因，并认为这是一个一举多得的政策，既可以延缓"老龄化社会"带来的劳动力不足的问题，又可以拉动消费，刺激经济的发展，更重要的是在一定程度上满足了老百姓的生育需要，解决了"独生子女""失独家庭"等社会弊端，提高了百姓生活的幸福度。"全面放开二孩"政策，给卫生医疗保健工作提出了新的要求。根据《中共中央、国务院关于实施全面两孩政策 改革完善计划生育服务管理的决定》的文件内容，要求加强妇幼健康计划生育服务，推进优生优育全程服务；推进流动人口基本公共卫生计生服务均等化；根据生育服务需求和人口变动情况，合理配置妇幼保健、儿童照料、学前和中小学教育、社会保障等资源，满足新增公共服务需求。这也是建设社会主义现代化强国中，民生和社会建设的重要方面，体现了加强人力资源、实现更高质量和更充分的就业。

案例启思

1. 人口问题与实现社会主义现代化强国有什么关系？
2. "全面放开二孩"政策对卫生医疗保健工作提出了哪些要求？

教学建议

本案例通过"全面放开二孩"政策5个方面的原因分析，揭示了人口生产、人力资本与全面建成小康社会、建成社会主义现代化强国的关系。让学生从人口战略的角度，理解社会主义现代化强国建设是全面的总体性的建设，包括经济、政治、文化、社会和生态文明建设，每个方面都与人口问题有关，从而加深对"两步走"发展目标的认识。实施"全面放开二孩"政策能够促进人口长期均衡发展，有利于优化人口结构，增加劳动力供给，减缓人口老龄化压力，对实现全面建成小康社会奋斗目标具有重要意义。

适用于第二节"建成社会主义现代化强国的战略安排"。

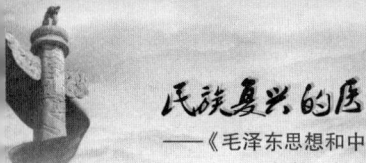

――《毛泽东思想和中国特色社会主义理论体系概论》
（2018年版）教学案例集

▶ 案例六 "气出来的病"

 案例

世界银行2007年就指出，基于疾病成本估算，中国空气污染每年造成的经济损失，相当于国民生产总值的1.2%。但中国城市空气质量的总体趋势掩盖了城市之间的区别，大城市的空气污染比中小城市更为严重。

我观察到，1999—2009年，中国城市空气质量的总体变化趋势中，最显著的成就是在此期间，空气质量没有达到三级标准的情况，即污染浓度超过最低空气质量标准的城市越来越少。中国心血管疾病报告显示，心血管疾病死亡率上升和空气质量下降呈明显的相关趋势，死亡率上升不能说明这二者存在必然的因果关系，但空气污染加重对心血管疾病负担的增加，可能起了重要的促进作用。

雾霾的有害成分很多，有大气颗粒物，包括PM 2.5，也有气溶胶污染物。雾霾产生于工业生产、城市建设、尾气排放等。雾霾成分相当复杂，根据其存在的状况可分为气态和气溶胶两类。从心血管疾病发展的情况来看，目前有10%～25%的冠心病患者不能用传统的危险因素来解释，只能靠非传统危险因素来解释。这些非传统危险因素包括，精神压力、空气污染、炎症诱发，这些可能在心血管疾病中起到重要作用。世卫组织估算，每年因PM 2.5暴露导致早死的人约有80万，因此，PM 2.5被列为全球排名第13位的致死原因。

2010年，美国心脏协会发表一个重要的科学声明，提出PM 2.5几个小时到几周的暴露可诱发心血管死亡和非致死事件。长期暴露比短期暴露，会让心血管死亡增加及预期寿命减少更为明显。减少PM 2.5的暴露，能够降低心血管死亡，PM 2.5和心血管发病率与死亡之间存在着因果关系，但它是可以改变的。

雾霾对人体的损害（包括对心血管的损害）主要有三大机制：第一，呼吸系统，它会促进炎症介质外溢效应，引起氧化应激和炎症反应；第二，直接或通过炎症介质作用于自主神经系统；第三，细颗粒物中的某些成分进入血液，直接作用于心肌细胞，导致对心脏的危害。各国科学研究表明，PM2.5

第九章 坚持和发展中国特色社会主义的总任务

与动脉粥样硬化、高血压、糖尿病、心律失常、焦虑抑郁情绪都有相关性。

我们再看看雾霾与心血管死亡的关系。美国一项研究表明，PM 2.5 暴露可以显著增加心血管疾病相关死亡率，并且它的效应独立于其他的气态污染物，同样也有研究，证实全因死亡（各种原因导致的死亡）和心血管疾病相关死亡都是显著增加的。

哈佛大学的一项研究证实，PM 2.5 长期暴露可明显升高全因死亡和心血管死亡率。而且 PM10 的增加会增加心血管疾病的住院率，还会增加心搏骤停、心率衰竭的住院率，消耗更多的卫生资源；同时，雾霾不仅会增加心肌梗死和心脏猝死，还会增加心率衰减、心搏骤停。

可见，雾霾明显加重社会的疾病负担。我国雾霾范围广，浓度高，每年持续时间长。心血管疾病防控除了传统的控制高血压、糖尿病和血脂以外，对环境因素——雾霾也必须高度重视。

案例出处

胡大一：《雾霾是心血管疾病新危险因素》，载《环境与生活》2017 年第 Z1 期。（有删改）

案例解析

党的十九大报告指出，我们要建设的现代化是人与自然和谐共生的现代化，要提供更多优质生态产品以满足人民日益增长的优美生态环境需要。因此，作为"五位一体"总体布局的重要一环，生态文明建设是全面建成小康社会和实现社会主义现代化强国"两步走"战略的具体目标和重要内容。2020—2035 年，基本实现社会主义现代化，在生态文明建设方面，要求实现生态环境根本好转，美丽中国目标基本实现。特别提到生态文明的建设目标是大气、水、土壤等环境状况明显改观，生态安全屏障体系基本建立，生产空间安全高效、生活空间舒适宜居、生态空间山青水碧的国土开发格局形成，自然生态系统质量和稳定性明显改善。2035—2050 年，建成社会主义现代化强国，在生态文明建设方面的目标是我国将拥有高度的生态文明，天蓝、地绿、水清的优美生态环境成为普遍常态，开创人与自然和谐共生新境界。

医学专家胡大一指出，近年来频繁发生的雾霾事件对人的健康是有严重危害的，长期暴露在雾霾下会增加心血管疾病，并对呼吸系统、神经系统包括免疫系统都产生影响，揭示了环境污染成为威胁人类生命健康和生命安全的重要因素。历史上，1952 年伦敦经历的"烟雾事件"，让这座城市在短短两周之内，就有超过 4000 人因污染而导致死亡，成为 20 世纪十大环境公害事件之

民族复兴的医学梦
——《毛泽东思想和中国特色社会主义理论体系概论》
（2018年版）教学案例集

一。因此，我们要加强对雾霾的治理，一方面要通过严格生态环境执法，落实生态文明建设的领导责任，追究环境污染主体的法律责任和民事赔偿责任；另一方面要推行绿色发展的生产方式和生活方式，淘汰落后的、有污染的产能，改变城乡能源结构，推动清洁能源的使用。对医学角度看，生态文明的建设要求环境医学的发展，对环境污染进行医学监控，对人民群众因环境因素造成的危害进行预防和救治。环境医学是研究环境与人群健康的关系，特别是研究环境污染对人群健康的有害影响及其预防的一门科学。环境医学是环境科学，同时也是预防医学的一个重要组成部分。在环境污染和食品药品安全形势依然严峻的情况下，加强环境医学发展是加强生态文明建设过程中保护人民身体健康的重要医疗保障。

案例启思

1. 雾霾对健康有哪些影响？
2. 环境医学与生态文明建设有什么关系？

教学建议

本案例通过医学专家揭示雾霾对人的健康带来的危害，让学生明确建设社会主义生态文明的重要性与紧迫性，建设社会主义生态文明是实现社会主义现代化强国的具体目标，并且通过大气污染了解到建设生态文明的具体目标，进而从医学视角启示医学生对环境医学的了解与关注，提出可以通过环境流行病学、环境毒理学、环境医学监测等措施对环境污染进行预防与检测，保护人民群众的生命健康，保障人民群众的环境安全，满足人民群众对优美生态环境的需要，引起医学生对边缘医学领域的关注与兴趣。

适用于第二节"建成社会主义现代化强国的战略安排"之"实现社会主义现代化强国'两步走'战略的具体安排"。

第十章 "五位一体"总体布局

案例一 台州：如何打造新的医药竞争力

案例

台州聚集了全国著名的原料药企：海正药业、仙琚药业、九洲药业、天宇股份、海翔药业、司太立制药、圣达生物、济民药业、奥翔药业和在一致性评价中大出风头的华海药业。正是这十家企业，托起台州"原料药之都"名号。

市场需求、地缘因素、国际形势、历史沉淀共同铸成了中国的这座原料药之城，台州由此发展起来。

经过十几年的发展，到2016年，台州医药产业总值达336.79亿元，占规模以上企业的8%；2017年1月—6月，全市规模以上医药企业增加值47.21亿元，出口交货值63.81亿元，实现利润16.9亿元，分别占台州市规模以上企业的9.2%、10.96%和13.7%。

然而，在台州，环保是个十分敏感的话题。台州除医药产业外，还有电力能源、汽摩配件、服装机械等，生产中产生的固体废弃物不经处理丢弃到河流海洋中，废气直接排放到空气中。2011年，浙江台州市路桥区2011年3月被曝村民"血铅超标"，新华社调查刊发了《重点监控企业缘何成为污染源？——浙江路桥逾百村民血铅超标事件调查》。此后，当地对污染企业进行了拉网式排查。截至19日，当地共查处环境违法案件33件，共处罚金285万元，其中，移送公安16件，行政拘留24人。

台州用牺牲生态环境来换取的经济发展，终于爆发了前所未有的矛盾。环境污染治理已经到了刻不容缓的地步。

——《毛泽东思想和中国特色社会主义理论体系概论》
（2018年版）教学案例集

2015年，号称史上最严的新《环境保护法》正式实施，企业事业单位和其他生产经营者违法排放污染物，受到罚款处罚，被责令改正，拒不改正的，依法作为处罚决定的行政机关可以从责令改正之日的次日起，按照原处罚数额按日连续处罚，这一处罚，极大地提高了违法成本。

作为污染相对较大的行业，医药行业正在面临愈来愈严的环保高压态势。现在台州的大部分医药企业还是以特色原料药为主，高附加值、高科技含量、低污染的制剂所占的比重还是很小，具有巨大发展前景的现代中药和生物制药所占比例则更少。特色原料药只是医药产业发展的基点，从特色原料药向制剂出口才是发展的关键。从上游原料药向下游制剂的一体化延伸，不但能够提升产业话语权，盈利水平也会明显提升。

而几家大型医药企业由于科研经费投入多，产品新颖，但是，跟中小型企业之间进行的产品合作较少，导致整个医药产业集群整体产品竞争力上不去。台州医药产业发展面临着严峻的形势。

而浙江省已经清晰地认识到自身的问题，在《浙江省医药产业"十三五"发展规划》中提道："浙江省医药工业处于转型升级的攻坚克难阶段，长期制约我省医药工业发展的短板亟须破解，主要有以下几个方面：一是产业规模总量偏小；二是产业结构优化仍有较大空间，医药工业中原料药优势发挥不足，化学药品制剂、中成药和生物药占比有待提升，医疗器械虽增速较快，但总规模仍不大；三是企业创新投入偏少。"

案例出处

《台州：没落的原料药基地，如何打造新的医药竞争力？》，搜狐网，2018年4月29日，http://www.sohu.com/a/229922439_139908。（有删改）

案例解析

在全面建成小康社会的决胜阶段，面对复杂的国内外形势和经济社会发展的新趋势、新机遇和新矛盾、新挑战，党的十八届五中全会坚持以人民为中心的发展思想，鲜明提出了创新、协调、绿色、开放、共享的新发展理念。新发展理念是中国共产党关于发展理论的重大升华，是习近平新时代中国特色社会主义经济思想的主要内容。新发展理念立足于当前我国的新发展环境、新发展条件，是符合我国国情、顺应时代潮流、厚植发展优势的重大抉择，具有战略性、纲领性、引领性。我们要深入理解、准确把握其科学内涵。

本案例中的台州是著名的原料药之城，聚集了全国著名的原料药企，有"原料药之都"的名号，其早期是一种粗放型的发展模式，用牺牲生态环境来

换取经济发展,然而现在终于爆发了前所未有的矛盾,面对新的发展条件,逐渐走向没落,台州医药产业发展面临着严峻的形势。如果要重新获得生机,就必须首先树立绿色发展理念。绿色发展,就是要解决好人与自然和谐共生问题,坚定走生产发展、生活富裕、生态良好的文明发展道路。当前,环境保护日益受到国家和社会的重视,台州必须改变医药行业的发展思路,并积极从政策环境、技术水平等方面寻求突破,制定严格的水污染物排放标准,完善环境监管,彻底改变"先污染后治理"的观念。同时,要树立创新发展理念,坚持质量第一,效益优先,提升竞争力。目前,台州医药工业转型主要从三个方面入手:以原料药为切口,发展仿制药;加强企业国际化道路;加强药企创新投入。

案例启思

1. 台州作为原料药基地没落的原因是什么?
2. 对于台州医药工业的转型,政府和社会应分别扮演怎样的角色?

教学建议

本案例通过对台州原料药基地没落的原因进行分析,指出忽视了生态环境是其重要原因,通过比较新旧发展模式,来增强学生对新发展理念"创新、协调、绿色、开放、共享"的认识,了解新发展理念是如何促进我国一些低端、污染行业优化升级为先进、绿色行业的,明确五大发展理念的重要指导意义。

适用于第一节"建设现代化经济体系"之"贯彻新发展理念"。

案例二 中美贸易战中的我国医药行业

案例

2018年讨论得火热的一个话题,就是"中美贸易战",新闻里满眼的关键词都是特朗普、贸易战……而随着特朗普一波加征关税的操作,医疗界也颇受影响。中美贸易战对医疗界的影响如下。

一、中美贸易战开启，百余商品关税加征

2018年3月22日，美国总统特朗普签署总统备忘录，依据"301调查"结果，将对从中国进口的商品大规模征收关税，并限制中国企业对美投资并购。4月4日，美国公布总额500亿美金的商品加征清单。清单涉及信息通信技术、航天航空、机器人、医药、机械等多个行业，并对列入清单产品予以加征25%的关税。贸易清单中出现百余项医药行业相关产品，主要为原料药、生物制品及相关医疗器械等。

二、中美贸易战对我国原料药企的影响

目前，我国进入国际市场的医药产品以原料药、中间体及基础耗材为主，制剂出口的企业并不多，美国现在是我国化学原料药第二大出口国。根据商务部海关的数据统计，2017年，我国对美出口的原料药、药品制剂、医疗器械规模分别为39亿美元、12亿美元、58亿美元，虽然中国每年出口美国的药品种类繁多，但整体规模偏小，所受影响不大。

1. 原料药清单无大宗商品

2017年，我国原料药出口总额为291亿美元，其中，亚洲和欧洲为主要出口市场。美国市场出口额约为39.2亿美元，占比仅13.47%。清单中所列商品多是一些特色原料药，包括精神类、激素类商品。但并无大宗原料药产品出口。其中，解热镇痛类、磺胺类、林可霉素类等部分传统大宗原料药出口额均下滑明显，所以对原料药出口行业影响有限。

2. 生物制品、制剂品种出口额较小

2017年，中国制剂出口金额约为35亿美元，其中，出口美国金额约为12亿美元。本次名单中列出了多种生物制剂产品，如人兽用疫苗、血液制品、胰岛素药物等产品，此类产品我国出口美国数量较少，对国内企业影响很小。2017年，我国共有73种西药制剂对外出口，激素类、青霉素类、头孢菌素类出口数量分别增长25.4%、7.8%和14.6%，由此抗生素类药物预计将产生一定影响。

3. 医疗器械品种及占比较多

此次被列入名单的产品预计出口额12.27亿美元，占出口美国医疗器械总销售额21.02%左右。本次清单不仅列入了基础低值耗材，如纱布、温度计等，也限制了部分大型仪器，如核磁共振仪、心电图机、超声波扫描仪、X射线断层扫描仪等产品的进口，限制品类有升级趋势。

三、中美贸易战对美国医药行业的影响

有市场分析人士认为，对美国自身企业的利空打击或大于中国，因为中国出口到美国的药品品类看似繁多，但整体规模并不大，可以说非常小。反过来看，这次美国要提高关税，对自身的影响可能更大些。原因在于美国本土药企生产的制剂，需要的原料药主要依赖中国进口。这无疑抬高了它们本土药企的生产成本，同时会影响到药品的价格，进而有可能会增加美国医保负担。

四、面对挑战，我国医药企业的应对措施

这次拟提高关税，对中国药企影响虽然不是很大，但是，从长远来看我国的医药产业升级及出口，需要我们医药企业未雨绸缪。未来不管是药品出口，还是拓展中国市场内需，增强自身药品器械质量及创新能力是核心。

案例出处

《中美贸易战升级对医药行业影响几何？》，搜狐网，2018 年 4 月 23 日，http://www.sohu.com/a/229123648_100135133。（有删改）

案例解析

创新、协调、绿色、开放、共享的五大新发展理念，相互贯通、相互促进，是具有内在联系的集合体。创新注重的是解决发展动力问题，目前，我国着力于经济建设，创新毫无疑问是引领发展的第一动力。发展动力决定发展速度、效能、可持续性。坚持创新发展，是应对发展环境变化、增强发展动力、把握发展主动权，更好地引领新常态的根本之策。对我国这么大体量的经济体来讲，如果动力问题解决不好，要实现经济持续健康发展是难以做到的。抓住了创新，就抓住了牵动经济社会发展全局的关键。坚持创新发展，就是把创新摆在国家发展全局的核心位置，不断推进理论创新、制度创新、科技创新、文化创新等各方面创新，让创新贯穿党和国家的一切工作，让创新在全社会蔚然成风。

本案例中，近年来中美贸易争端一直不断，中美贸易之间的摩擦发展成为中美贸易战，是中美关系发展的重要问题。2018 年，美国特朗普政府不顾中方劝阻，执意发动贸易战，掀起了又一轮的中美贸易争端。贸易争端主要发生在两个方面：一是中国具有比较优势的出口领域；二是中国没有优势的进口和技术知识领域。前者基本上是竞争性的，而后者是市场不完全起作用的，它们对两国经济福利和长期发展的影响是不同的。本案例指出了美国对中国进口的

商品大规模征收关税的事实,分析了中美贸易战对我国原料药企的影响及中美贸易战对美国医药行业是利是弊的问题,并提出了我国医药企业应实行的应对措施。其根本点还是创新,正如案例所说的,"未来不管是药品出口,还是拓展中国市场内需,增强自身药品器械质量及创新能力是核心"。因此,在经济发展中,要实施创新驱动发展战略,强化基础研究、应用基础研究和战略科技力量,推动重大科技创新取得新进展,促进科技成果转化,努力实现2035年跻身创新型国家前列的目标。

案例启思

1. 中美贸易战升级对我国医药行业有哪些影响?
2. 如何理解五大新发展理念中的创新发展?

教学建议

本案例通过中美贸易战升级对我国医药行业的影响及对利弊分析,启发学生思考我国医药行业在这次中美贸易战中的应对之道,明确创新是引领发展的第一动力,并且加深对创新发展的主要内容及其重要性的认识,把握创新发展在五大发展理念中的关系,并自觉树立创新意识。

适用于第一节"建设现代化经济体系"之"贯彻新发展理念"和"建设现代化经济体系的主要任务"。

案例三　倾情奉献西藏护理事业的医学专家

案例

2015年仲夏,迎着炎炎的高原艳阳,"组团式"援藏医疗人才如期来到西藏,来自北京协和医院的护理专家孙红就是其中一员。

孙红年长且患有高血压,抵达拉萨不久,她便遇到诸多身体不适,但她经过短短一周的身体调整后迅速进入工作状态。

来到西藏后,孙红被任命为西藏自治区人民医院护理部副主任。肩负重任与使命,她未有丝毫懈怠,第一时间便着手了解受援医院的护理背景、现状及存在的问题。通过她与受援医院护理部同志一段时间的调查研究，她们制定出了一套符合受援医院实际情况、切实可行的帮扶规划，这为提高"组团式"援藏工作的针对性、实效性和受援医院的可持续发展奠定了坚实基础。

2015年10月，在孙红的积极联络和争取下，北京协和医学院护理学院博士生导师绳宇教授和北京协和医院手术室高洁护士长亲临西藏，在自治区人民医院开展了为期4天的护理科研培训班。其间，孙红和两位科研专家对受援医院在护理科研方面存在的问题和解决思路，给予精心分析和专业指导。此次培训活动惠及受援医院和拉萨市区其他6家医院的护理人员，为推动西藏地区护理科研论题的探索、护理论文撰写方法的创新和总体发展起到了很好的引导和启发作用。在她们的积极帮助下，受援医院的护理科研工作取得了显著成效和长足发展。

此外，在孙红的积极协调和精心安排下，西藏自治区人民医院先后有两批护理管理者和一线护理人员前往北京协和医院进行免费参观学习，更新观念、拓展思路，取得了很好的学习效果。

2015年11月上旬，孙红连续两个月组织带领护理质量控制骨干下病房督查，由此发现受援医院的抢救药品、物品管理存在诸多不规范。经过孙红和受援医院护理部、医务处、药剂科、全院各科室主任及护士长的反复探讨斟酌，最终统一规范了医院抢救车的管理制度，包括抢救车的内外标识、使用登记管理、抢救药品的种类、基数和摆放位置等，实现了全院使用统一标配抢救车，人人知晓并掌握抢救药品的效果，有效地消除了抢救车管理方面存在的安全隐患。

考虑到受援医院护理部工作人员短缺，长期以来存在对病房护理工作检查力度和深度不够，不能起到很好的督促作用的问题，孙红与护理部工作人员在对全院全年的护理质量控制小组进行考察，对护理质量控制情况进行分析讨论后，于2015年12月进行了大胆的尝试。对往年一贯的护理质量控制模式进行改革创新，将每月必查的6项质控内容融合、精简为两大项，并附以随机督查，并且本月查到的问题，下月继续追查，真正实现了持续督查、持续改进的效果。

孙红舍小家为大家的奉献精神、丰富的管理经验和前沿的护理思维为受援医院的护理工作注入了新的活力，也必将为西藏的护理事业开创更加辉煌灿烂的明天。

🔍 案例出处

《北京协和医院援藏专家孙红：倾情奉献高原护理事业》，中国西藏新闻

民族复兴的医学梦
——《毛泽东思想和中国特色社会主义理论体系概论》
（2018年版）教学案例集

网，2016 年 6 月 22 日，http：//www.xzxw.com/yz/yzzx/201606/t20160622_1293584.html。

📝 案例解析

民族区域自治制度是我国的一项基本政治制度，是中国特色解决民族问题的正确道路的重要内容和制度保障，需要在新的历史条件下进一步发挥其在维护祖国统一和领土完整、加强民族平等团结、促进民族地区发展、增强中华民族凝聚力等方面的重要作用。中华民族和各民族的关系，是一个大家庭和家庭成员的关系，各民族之间的关系是一个大家庭里不同成员的关系。处理好民族问题，做好民族工作，必须坚持各民族一律平等，坚持和完善民族区域自治制度，促进民族团结，铸牢中华民族共同体意识。因此，要加强各民族交往、交流、交融，使各民族和睦相处、和衷共济、和谐发展，巩固和发展平等、团结、互助、和谐的社会主义民族关系，让各民族像石榴籽一样紧紧抱在一起，共同团结奋斗，共同繁荣发展。

西藏位处西部经济欠发达地区，医疗条件相对薄弱。自 2015 年 8 月医疗人才组团式援藏工作启动实施，在中组部、国家卫计委等部委的高位推动下，在对口支援省市和单位的无私援助下，在自治区党委、政府的正确领导下，医疗人才组团式援藏变"零星选派"为"组团布局"、变"输血供氧"为"造血制氧"，给西藏地区带来了稳固、有力、持续的医疗支援，推动"1＋7"医院（自治区人民医院和 7 市地人民医院）发生了格局性变化，相比于 60 多年前封建农奴制度桎梏下的旧西藏疾病肆虐、全区仅藏医数百人的医疗卫生事业落后封闭状况实现了历史性进步，辐射带动全区医疗卫生事业更好、更快、更大发展，让西藏 330 万各族干部群众在家门口享受到内地高水平的医疗服务。本案例通过组团式援藏医疗人才之一的北京协和医院的护理专家孙红帮助西藏护理事业发展，从一个侧面反映党和国家对西藏各族人民的身心健康的关心，通过援藏医疗对西藏的医疗人才培养、医院管理制度及护理质量水平都有很大的提升，促进了西藏医疗事业的发展。这一案例能够较好地说明我们在加强民族交往交流、促进民族平等团结、实现民族地区发展、铸牢中华民族共同体等方面的具体实践。

💡 案例启思

1. 援藏医疗对我国西藏医疗事业有什么重要贡献？
2. 如何铸牢中华民族共同体意识？

第十章 "五位一体"总体布局

教学建议

本案例通过介绍医疗人才组团式援藏工作参与成员之一护理专家孙红帮助西藏地区护理事业发展，生动反映了党和政府十分关心少数民族的医疗卫生发展状况，并在努力缩小各地医疗水平的差距，让学生鲜明地感受到我国实行的民族区域自治制度具有鲜明的中国特色，通过对民族区域自治制度的理解，明确解决民族问题，要求民族平等，加强民族交流，促进民族团结，实现民族发展，从而让学生进一步铸牢中华民族共同体意识。

适用于第二节"发展社会主义民主政治"之"健全人民当家作主制度体系"与"巩固和发展爱国统一战线"。

案例四　台湾医学生来天津交流中医文化

案例

"见贤思齐焉，见不贤而内自省也。大陆在中西医结合发展方面尤为值得学习。"谈及正在天津进行的两岸医学文化交流之行，来自台湾的大学生罗文伸显得兴趣盎然。

上周，由海峡两岸关系协会主办、天津市人民政府台湾事务办公室承办的"2018 中华文化研习营"首次在天津开营，来自台湾中国医药大学和长庚大学的 20 名医学生，就中医文化和发展现状与天津的医学生进行交流。

"我在台湾从来没有见过这样先进的诊脉仪器。"在天津中医药大学第一附属医院跟岗见习期间，罗文伸觉得甚是新奇。"这里的脉诊仪将假手臂与平板电脑结合来传递脉象信号，让我们能直观感受到不同脉象摸起来的感觉。"

"台湾的医疗和教学制度与大陆不尽相同，通过体验两岸医学文化的差异，台湾学生可以更好地了解并传承中华文化。"台湾交流团带队老师陈玉台表示，希望未来两岸可以扩大医学交流活动范围，开展更多有利于两岸中医药学校和学生间往来的活动。

2018 年 2 月，国务院台办、国家发展改革委牵头出台《关于促进两岸经济文化交流合作的若干措施》，为两岸医学交流提供了极大的便利。根据新的

政策,符合条件的台湾医师可通过认定方式获得大陆医师资格,取得大陆医师资格证书的台湾同胞可按照相关规定在大陆申请执业注册。

参观天津北门医院台湾诊所时,罗文伸认真聆听了台湾医生分享的大陆就业经验。"我毕业后想来大陆做一名医师。惠台政策发布后,台湾医生在大陆就业更为便利,相信会有越来越多的同学选择来大陆工作。"罗文伸说。

据介绍,此次"2018中华文化研习营"在天津的活动为期6天,根据行程安排,台湾交流团的医学生在天津进行医院跟岗见习,聆听大陆医学专家专题讲座,参观当地知名中医院及有关中药企业。

案例出处

宋瑞、张宇琪:《20名台湾医学生来天津交流中医文化》,新华网,2018年8月6日,http://m.xinhuanet.com/tj/2018-08/06/c_1123230761.htm。(有删改)

案例解析

实现祖国完全统一是全体中华儿女的共同愿望,是中华民族的根本利益所在。党的十八大以来,以习近平同志为核心的党中央坚持一个中国原则和"九二共识",推动两岸关系和平发展,加强两岸经济文化交流合作,实现两岸领导人的历史性会晤,妥善应对台湾局势变化,坚决反对和遏制"台独"分裂势力,有力维护两岸和平稳定。两岸同胞是命运与共的骨肉兄弟,是血浓于水的一家人。实现祖国的和平统一必须要不断扩大两岸经济文化交流合作。我们秉持"两岸一家亲"理念,尊重台湾现有的社会制度和台湾同胞生活方式,愿意率先与台湾同胞分享大陆发展机遇,逐步为台湾同胞在大陆学习、创业、就业、生活提供与大陆同胞同等的待遇,增进台湾同胞福祉。中国梦是两岸共同的梦,需要大家一起来圆梦,让所有中国人都过上更加美好的生活。

本案例中的台湾医学专业大学生罗文伸,是由海峡两岸关系协会主办、天津市人民政府台湾事务办公室承办的"2018中华文化研习营"的一员。他在这次活动中深刻体验到了两岸医学文化的差异,认为台湾学生来大陆学习交流中医文化,可以更好地了解并传承中华文化,并表示希望毕业后可以到大陆工作。该案例涉及的"大陆开放台生考医师",它是国台办、国家发展改革委于2018年2月28日发布实施的促进两岸经济文化交流合作31项措施中的内容,有利于进一步推进两岸一家亲,促进两岸关系和谐美好,共同实现中国梦。

第十章 "五位一体"总体布局

🎯 案例启思

1. 新中国成立以来，大陆和台湾之间的学生流动政策经历了怎样的变化？
2. 是什么原因让大陆实施"开放台湾学生在当地考医师执照、就业"政策？

🎤 教学建议

本案例通过一篇中国台湾学生来大陆交流中医文化的新闻报道，让学生了解大陆实施"开放台湾学生在当地考医师执照、就业"政策，使学生明白目前大陆教育、医疗、科技等水平逐步上升，并且已经取得了较好的成绩。在大陆良好的发展前景下，台湾应逐步向大陆靠拢，加强文化、科技、经济交流，展开更多的合作，以推动其自身的发展。通过本案例的学习，学生可以深刻感受到"台独"没有出路，唯有坚持"一国两制"，加强两岸合作交流，才有利于扎实推进祖国和平统一进程。

适用于第二节"发展社会主义民主政治"之"坚持'一国两制'，推进祖国统一"。

▶ 案例五　一位女科学家的医学梦想

 案例

她在科研道路上硕果累累，被誉为SARS（严重急性呼吸系统综合征，俗称"非典"）检测"第一人"。

她是甲型/乙型流感狙击、禽流感病毒抗原快速检测试剂盒、登革热病毒抗原检测试剂盒的成功研发者……

拥有众多标志性科研成果的她，为我国有效遏制SARS、登革热、甲流等疫情做出了卓越贡献。

她就是南方医科大学珠江医院检验医学部主任车小燕。

"中国13亿人口，医学水平必须与世界同步甚至领先世界，在世界医学科技舞台上，一定要有中国人的声音和位置。"这个梦想，车小燕不懈追求了

223

35年,始终奋战在医疗临床、教学、科研工作第一线,把毕生的智慧和精力都献给了人民的健康事业。她曾经是一名优秀的军人,16岁入伍,一生不改雷厉风行、坦荡正气的军人气质;她又是一名出色的医学教授,治学严谨,甘为人梯,培养了数十位医学博士和硕士;她更是一名优秀的女科学家,海外留学归来,长期从事医学检验的科研工作,锲而不舍,成绩斐然;她还是一名热爱生活、志趣高雅的知识女性,丈夫眼里的贤妻、儿子心中的慈母。然而2013年12月26日,残酷的病魔夺走了一切,罹患胃癌的车小燕不幸去世,年仅51岁。

当SARS疫情肆虐时,她不惧自身安危,主动请缨攻关擒魔,夜以继日与病魔展开赛跑,经过8个月不分昼夜地奋战,车小燕及其团队终于成功研制出全球首个SARS病毒血清抗原检测试剂盒。该试剂盒可以在15分钟内即从患者血液中检出SARS病毒,准确率高达99%,有效地避免了SARS患者的误诊、迟诊、漏诊,对遏制SARS疫情的传染蔓延、实现患者的早期诊断和快速救治具有决定性的作用,为全球防治SARS做出了突出贡献。

全球首个SARS病毒血清抗原检测试剂盒作为我国SARS研究的标志性成果之一,入选2004年中国医药科技十大新闻,获得中华医学科技奖一等奖。她还是甲型流感狙击的"排头兵"、"登革热"拦截的"急先锋",研发的甲型/乙型流感病毒抗原快速检测试剂盒,Ⅰ型、Ⅱ型、Ⅲ型、Ⅳ型登革热病毒抗原检测试剂盒等能迅速明确诊断,锁定传染病魔,为我国有效遏制SARS、甲流、登革热等疫情做出了卓越贡献。

她敬业爱岗,孜孜不倦,勇攀高峰,始终把献身医学科学作为人生理想,牵头承担国家重大科技课题、国家"863"计划、国家自然科学基金重点项目等数十项课题,先后荣获中华医学科技奖一等奖、国家科技进步二等奖、广东省科技进步特等奖等奖项,是国家杰出青年基金、国务院特殊津贴获得者,被评为广东省高等学校珠江学者特聘教授、广东省"千百十人才工程"国家级优秀人才、广东省医德标兵、广东省"十大最喜爱的健康卫士"等。

SARS一役为车小燕打响了名声。但当许多媒体蜂拥而至,车小燕却婉言谢绝了采访,"这就是我的工作,干成了、干好了都是应该的,没什么好说的!"在车小燕看来,自己所做的一切,都是分内事。

"在很多人眼里,这是很好的标榜自己、展现自我价值的机会,但车主任都拒绝了。"在同事郝卫看来,车小燕把名利看得很淡,总是优先考虑他人,"SARS病毒血清抗原检测试剂盒荣获2005年中华医学科技一等奖,作为课题第一完成人的车主任,却把所有的奖金全部分给了参与研究工作的同事,自己分文未取。"

在 SARS 病毒血清抗原检测试剂盒研制成功后，曾经有企业派人找到了车小燕，欲出高价购买这个产品的专利。车小燕想都不想就坚决拒绝了，她说："这是属于国家和人民的，我不能用以谋私利。"

有时候参评荣誉称号，车小燕总是往后躲，还要领导做工作说服她；当上了科室主任，手上握有发放奖金的决定权，她却从来不多拿一分，科室分为临床试验和检验科研两部分，一般来说检验人员的奖金高一点，她就按实验室比较低的标准拿……

用她的话说，"这样我才能坐得正"。

车小燕视病人如亲人，视同行如战友，为了救治更多的病人，她从来都乐于与大家分享她的科研数据、管理心得。为了共同战胜病魔，任何时候，她都把同行的需要，当作自己分内的事，为行业建设尽心尽力。

熟悉车主任的人，都能够感觉到她追求医学梦想的执着。她常常感叹，在世界医学科技舞台上，要有中国人的声音和位置。车主任迷恋一个个科研课题，酷爱他们的实验室。虽然不是一名临床医生，但她的科研成果挽救了更多的患者，赢得了同行和患者的赞誉，实现了梦想。

车小燕还是一个十分热爱生活、珍惜亲情的女性，她的办公室布置得很有书卷气和温馨感；出差香港，她还匆匆跑到附近的商场，为丈夫买一件衣服；儿子去大洋彼岸留学，她忙里偷闲地牵挂；她不是书呆子，很有生活情调，常常和大家交换一些生活体会。

躺在病床上，车主任还在考虑工作。她得知一些同事认为她之所以生病是太拼命了，心中很不安，担心影响大家的积极性，特意对看望她的院领导说："我得病和工作没关系，既然选择了医学这个职业，就得尽到责任。"直到生命的最后关头，她依然想着那些尚未完成的实验，惦记那些还没有毕业的学生。她请护士把止痛泵尽可能开大，忍着疾病的折磨，和分管院领导谈检验医学部的发展，她说："疾病无情，但一个人活着，要有自己的理想和追求。"

她是一名优秀的共产党员，一名杰出的医务工作者，一个非常具有理想追求和社会责任感、使命感的女科技工作者，是我们大家心中践行社会主义核心价值观的楷模！

案例出处

蔡茜：《一位女科学家的医学梦想——践行社会主义核心价值观》，南方网，2014 年 4 月 3 日，http://news.southcn.com/g/2014-04/03/content_96658194.htm。（有删改）

民族复兴的医学梦
——《毛泽东思想和中国特色社会主义理论体系概论》
（2018年版）教学案例集

案例解析

核心价值观是一个民族赖以维系的精神纽带，是一个国家共同的思想道德基础。历史和现实无不表明，没有共同的核心价值观，一个民族、一个国家就会魂无定所、行无依归，核心价值观是一个国家的重要稳定器。能否构建具有强大感召力的核心价值观，关系社会的和谐稳定，关系国家的长治久安。社会主义核心价值观是富强、民主、文明、和谐、自由、民主、公正、法治、爱国、敬业、诚信、友善，这24字把国家、社会、公民三个层面的价值要求融为一体，既体现了社会主义的本质要求，继承了中华优秀传统文化，也吸收了世界文明的有益成果，体现了时代精神，回答了我们要建设什么样的国家、建设什么样的社会、培育什么样的公民的重大问题，是当代中国精神的集中体现，凝结着全体人民共同的价值追求，是社会主义核心价值观的基本内容。

本案例中的车小燕，作为一名出色的医学研究者，她有着医学的梦想，虽不是临床医生，但她却希望用科研成果去挽救更多的患者，并且在世界医学科技舞台上，有中国人的声音和位置。为了这一医学梦想，她无私奉献，在利益与荣誉面前淡然处之，然而对科研与学生培养却倾尽全力。在"非典"期间，她不惧自身安危，主动请缨攻关擒魔，夜以继日与病魔展开赛跑，经过8个月不分昼夜地奋战，车小燕及其团队终于成功研制出全球首个SARS病毒血清抗原检测试剂盒，有效地避免了SARS患者的误诊、迟诊、漏诊，对遏制SARS疫情的传染蔓延、实现患者的早期诊断和快速救治起到了决定性的作用，为全球防治SARS做出了突出贡献。她始终践行社会主义核心价值观：她爱国，希望中国的医学科学能够成就世界领先地位；她敬业，不顾自身，努力攻克医学难题；她诚信，待人接物及做科学研究均能秉持诚实信用原则；她友善，无论是病人还是同事，她都待之以善。在执着追求医学梦的路上，她因为积劳成疾，奉献出年轻的生命。正是因为有这样的楷模，以及像车小燕主任这样的公民，他们把社会主义核心价值观融入工作与自己的生活之中，从而引领人们，感召人们，使社会主义核心价值观的影响像空气一样无所不在、无时不有。

案例启思

1. 被誉为SARS检测"第一人"的车小燕的医学梦想是什么？
2. 如何培育和践行社会主义核心价值观？

教学建议

本案例通过医务科研工作者车小燕一生为医学研究所做的奉献，用自身行为来践行社会主义核心价值观的感人事迹,使学生清楚明白社会主义核心价值观的重要意义,掌握社会主义核心价值观的重要内容,明确社会主义核心价值观要真正发挥作用必须通过强化教育引导、舆论宣传、文化熏陶、实践养成、制度保障等,将其融入社会生活,让人们在实践中感知它、领悟它,达到"百姓日用而不知"的程度,使社会主义核心价值观在学生心中生根发芽。

适用于第三节"推动社会主义文化繁荣兴盛"之"培育和践行社会主义核心价值观"。

案例六 国家中医药管理局局长王国强谈中医药与文化自信

案例

中医药学在理论层面强调"天人合一""阴阳五行",体现了中华文化道法自然、和合致中的哲学智慧;提倡"三因制宜""辨证论治",体现了中华民族因时而变、立象尽意的特有思维方式;倡导"大医精诚""仁心仁术",体现了中华民族生命至重、厚德载物的人文精神。中医药学不仅为中华优秀传统文化的形成和发展做出了卓越贡献,而且为中华民族认识和改造世界提供了有益启迪,成为中华民族的重要标识。

中医药学在实践层面强调养生"治未病",并在长期发展中积累了丰富的养生理念和方法,形成了独具特色的健康养生文化,深深融入中国人的日常生活。比如,强调人与自然、社会和谐相处,认为"人与天地相参也,与日月相应也";强调生活方式与健康密切相关,讲究"食饮有节,起居有常,不妄作劳";强调养德养生,"仁者寿""善养生者,当以德行为主,而以调养为佐";强调"身心合一",注重养形、养气、养神的统一;等等。

中医药学在理论层面与中华文化的同构性及其在实践层面体现的群众性,使其成为我国独特而优秀的文化资源。从这个意义上讲,发展中医药就是传承和弘扬中华优秀传统文化,传承和弘扬中华优秀传统文化必须发展中医药。推动中医药健康养生文化的创造性转化、创新性发展,重在实践和养成相结合,达到外化中医健康养生理念于行、内化中华文化价值于心的效果。要处理好古

与今的关系,使中医药健康养生文化与现代社会生产生活相协调,将其以人们喜闻乐见、具有广泛参与性的形式转化为人民群众的健康行为和生活方式;处理好中与外的关系,坚持中西医健康理念和方法优势互补、融合利用,使中医药健康养生文化与现代健康理念相融相通,让中国人民乃至世界人民享受中医药健康养生的益处。当前,因其独特的养生保健方式易于被国外民众接受,中医药已成为中华文化软实力的重要代表。要善用中医药这一有形载体,使其润物无声地传播中华优秀传统文化,弘扬中国精神,传递中国价值。

英国学者李约瑟在《中国科学技术史》一书中提出:尽管中国古代对人类科技发展做出了重要贡献,但为什么科学和工业革命没有在近代的中国发生?事实上,科学并非只有一种表现形式,中国的科学并不等同于西方的科学,西方科学采用的方法也不是获取科学知识的唯一方法,不能把西方科学当作衡量科学的唯一标准。中国有自己的科学传统,中医药就是中国传统科学最具代表性的门类之一。与其他中国本土科学一样,中医药学在发展过程中逐步融汇道、气、阴阳、五行等中国哲学思想,逐渐构建了阴阳五行、五运六气、藏象经络、气血津液、辨证论治、性味归经等一套完整的理论体系,实现了独具特色的医学与哲学、自然科学与人文科学的融合和统一,在几千年实践中形成了全球范围独树一帜、疗效确切、覆盖人生命全周期的医学科学。

中医药学作为中华民族原创的医学科学,注重时间演进、整体认知,从宏观、系统的角度揭示人的健康和疾病的发生发展规律,深刻体现了中华民族的世界观、价值观和认识论,成为人们治病祛疾、强身健体、延年益寿的重要手段。历史上,中华民族屡遭天灾、战乱和瘟疫,却能一次次转危为安,人口不断增加,文明得以传承,中医药功不可没。当前,对于人类健康面临的诸多问题和困境,中医药越来越显示出独特价值和先进性。比如,中医突出"治未病",注重"未病先防、既病防变、瘥后防复",体现了"预防为主"的思想;对一些严重威胁人类健康的重大疾病如肿瘤、艾滋病等,中医药或中西医结合治疗往往能取得较好效果;中医使用方法简便,不依赖各种复杂的仪器设备,能更好地解决基层群众的医疗问题;中医将药物疗法和非药物疗法相结合,成本相对低廉,更能有效节约卫生资源;等等。

百余年前,西医传入中国,中西医科学之争、中医存废之争一直延续至今。在坚定中华文化自信的基础上,我们要有坚定的科学自信,明了中医的独特价值,破除对西医的迷信,从认识论上厘清中国与西方、中医与西医的差异,处理好中医与西医的关系,用开放包容的心态促进传统医学和现代医学更好地融合,坚持中西医互学互鉴,携手造福人类。中医药是中华文化在生命科学领域结出的瑰丽果实,中医药的发展和突破必将对中华文化和世界文明的未

来发展产生巨大的积极作用。

发挥中医药独特优势，在勇攀医学高峰上有所作为。围绕我国乃至全球面临的重大卫生和健康问题，加强科研联合攻关，形成一批原创性、引领性、前沿性的重大科技成果，打造新的特色优势。建立健全中医药服务体系，拓宽中医药健康服务领域，提升中医药防病、治病能力和服务质量，努力发挥中医药在"治未病"中的主导作用、在重大疾病治疗中的协同作用、在疾病康复中的核心作用，满足人们生命全周期、健康全过程的中医药需求，并与西医药相互补充、协调发展，构建中国特色卫生与健康服务体系。

坚持创造性转化、创新性发展，在中医药文化传承发展上有所作为。遵循融通中西、返本开新的文化发展规律，按照体现时代性、把握规律性、富于创造性、重在实效性的要求，推动中医药健康养生文化顺应时代变化和社会需求，注重生活方式养成，广泛传播中医药文化知识，使记载在古籍、融入生活、应用于临床的中医药健康养生智慧、健康理念和知识方法生动起来、推广开来，增进人民群众健康福祉，助力传承发展中华优秀传统文化。

案例出处

王国强：《以高度文化自信推动中医药振兴发展（深入学习贯彻习近平同志系列重要讲话精神）》，载《人民日报》2017年2月24日第7版。（有删改）

案例解析

文化是一个国家、一个民族的灵魂。当今时代，文化在综合国力竞争中的地位日益重要，谁占据了文化发展的制高点，谁就能够更好地在激烈的国际竞争中掌握主动权。实现中华民族的伟大复兴，迫切需要建设社会主义文化强国。文化强国是指一个国家具有强大的文化力量。这种力量既表现为具有高度文化素养的国民，也表现为发达的文化产业，还表现为强大的文化软实力。因此，就要全面提升中华文化的影响力，建设中华民族共有的精神家园，培养高度的文化自信。文化自信是一个国家、一个民族发展中基本、深沉、持久的力量。坚定文化自信，事关国运兴衰，事关文化安全，事关民族精神的独立性。我国有着悠久的历史传统和深厚的文化资源，已经具备了相对雄厚的物质基础，人民群众对文化的需求快速增长，我国的文化发展面临着难得的机遇。同时，也要清醒认识我国文化发展的历史和现状，在传承中华优秀传统文化基础上发展社会主义先进文化，实现创造性转化、创新性发展，更好地把握文化发展的规律，以主动担当的精神加快文化发展步伐，加快建设社会主义文化强国。

民族复兴的医学梦
——《毛泽东思想和中国特色社会主义理论体系概论》
（2018年版）教学案例集

本案例用国家中医药管理局局长王国强的关于中医药与文化自信的文章，清楚表明了中医药是我国优秀的传统文化，其特点在于：一是中医药学在理论层面与中华文化具有同构性，体现了中华文化道法自然、和合致中的哲学智慧，中华民族因时而变、立象尽意的特有思维方式，中华民族生命至重、厚德载物的人文精神；二是在实践层面上体现了群众性，在长期发展中积累了丰富的养生理念和方法，形成了独具特色的健康养生文化，深深融入中国人的日常生活中。因此，中医药学不仅为中华优秀传统文化的形成和发展做出了卓越贡献，而且为中华民族认识和改造世界提供了有益启迪，成为中华民族的重要标识。虽然中医药现在面临着中西医之争，也就是传统与现代之争，但是中医药学作为中华民族原创的医学科学，深刻体现了中华民族的世界观、价值观和认识论，在历史发展长河中对中华文明的传承功不可没。当今人类健康面临诸多问题和困境，中医药越来越显示出独特价值和先进性。因此，我们要有坚定的文化自信，树立科学自信，处理好中医与西医的关系，用开放包容的心态促进传统医学和现代医学更好地融合，坚持中西医互学互鉴、携手造福人类。我们党和国家始终高度重视中医药学的发展，制定了一系列促进中医药发展的方针和政策。习近平总书记在党的十九大报告中强调中西医并重，为此就要坚持创造性转化、创新性发展，在中医药文化传承发展上有所作为，彰显中国的文化自信，必将对中华文化和世界文明的未来发展产生巨大的积极作用。

🧠 案例启思

1. 中医药是我国优秀的文化资源，其独特性体现在哪些方面？
2. 为什么建设社会主义文化强国，必须培养高度的文化自信？

🎙 教学建议

本案例通过国家中医药管理局局长王国强谈中医药与文化自信的文章，使学生清晰理解中医药学是中华民族的瑰宝，启发学生了解中医药文化与建设社会主义文化强国、树立文化自信之间的关系，明确我国必须以高度文化自信推动中医药振兴发展，实现创造性转化、创新性发展，认清医学生在推动中医药振兴发展中的使命与担当。

适用于第三节"推动社会主义文化繁荣兴盛"之"坚定文化自信，建设社会主义文化强国"。

案例七 广东"最美援外医生"

案例

广州女医生、广东省人民医院南海医院院长林纯莹被评为"最美援外医生",皆因她与团队"正在改变西非心脏病防治历史",她还申请成立"中加西非心脏合作项目"。省卫计委举行广东全省援外工作暨林纯莹团队事迹通报会,带我们走近"最美援外医生"林纯莹。

加纳是西非中心国家,在那里,蚊子肆虐,人们缺医少药,慢性非传染病高发,45%的死因是"慢非",心血管疾病是"第一杀手"。就算住进首都克里布医院心内科,由于诊疗水平低,医疗设备简陋,患者月死亡率也高达11%。因此,2011年,林纯莹作为第二批援加医疗队队长,带队到加纳阿克拉四周社区、山区义诊时,方圆十几公里的人闻风而来,哪怕等上七八个小时也无怨无悔。

不过,现实已经在悄悄改变——从2014年开始,10多名加纳医生接受了广东省人民医院心研所或短(1个月)或长(1年)的培训,有了加纳第一个会做冠脉PCI的医生、一位冠脉介入治疗女医生、起搏器植入专家和受训后手术配合默契且ICU管理有序的护士……加纳终于初步拥有了一支优秀的心血管医护队伍,这支队伍是中国医生培养出来的,更是"最美援外医生"林纯莹牵头的"中加西非心脏合作项目"的硕果。

一切缘起于2011年,林纯莹作为广东第二批援加纳医疗专家队队长,带队开展为期两年的援外医疗任务。

林纯莹说,她记得出发那天是12月20日,更记得当时广州寒气侵人,她与队友即将远赴非洲,心里对那个远离亲人、语言不通的环境忐忑不安。然而,一到加纳她就完全没空担心了。林纯莹忙着将中国捐赠的心脏B超、动态心电图等充分运用到临床,手把手进行技术指导,教起搏器植入技术,指导当地医生做心血管疾病诊断、治疗,一刻不得闲。

两年一晃而过,林纯莹带教了无数加纳医生,到她离开时,加纳各医院的心内病区月死亡率已经从11%下降至5%。

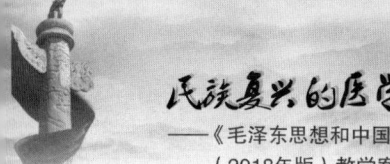

民族复兴的医学梦
——《毛泽东思想和中国特色社会主义理论体系概论》
（2018年版）教学案例集

回国后，林纯莹却并未放下加纳。"援助就这样结束了吗？并没有，"她说，"那一屋子弃置的医疗设备刺痛着我。"

原来，在中国医疗援加前，西方国家也一直在医疗援非。林纯莹还记得，克里布医院一下子找出6台除颤仪，却无一能用，因为当地医生根本不会维护。"其实西非人民最需要的，是技术。"林纯莹下定决心，申请成立"中加西非心脏合作项目"，这也是她再续加纳缘的开始。

"2014年，国家正式立项'中加西非心脏合作项目'，出资1000万元人民币，由省医林纯莹团队承接。"省卫计委相关负责人说。

2014年，广东省心血管病研究所导管室出现了一张新面孔——首名"中加西非心脏合作项目"的加纳进修生Francs Aygekum，他来到省医心研所学习进修。一年后学成归国，Francs成为国家第一个兼唯一一个会做冠脉PCI手术的医生，加纳甚至为他专门买了导管机，建起导管室，助他成为心血管手术专家。

"中加西非心脏合作项目"让林纯莹的"非洲情结"持续升温，从2014年至今，她多次赴加纳，带队完成各类复杂教学手术30台。

此外，"中加西非心脏合作项目"还开创了"爱心行"模式。2015年12月，由林纯莹组织、省医院长庄建带队，省医10多名心脏病专家远赴加纳进行首度"爱心行"，为当地示范、传授心脏技术。5天做了10例手术，手术成功率100%，屡创"非洲纪录"。心脏病专家黄劲松说，每台心外手术至少要6名医护人员在体外循环下2～3小时合作完成，术后ICU支持2～3天。在加纳条件所限，中国专家往往首次在非体外循环下做复杂心术，每一台都是不寻常的。那些被当地医生评估为"活不过两三个月"的棘手病例，经过中国医生的努力，患者手术当天就可以出ICU，两周内全部康复出院。

2014年，国家正式立项"中加西非心脏合作项目"，由林纯莹团队承接，如今还在继续。明年有望开放中加远程医疗平台，还在加方要求下，拟建中加医疗体联席会议制度和中加心血管联盟，在库马西医院内建立的"中加西非心脏中心"有望纳入在非洲建设100所医疗机构计划。

这一切努力，让自称有"非洲烙印"的林纯莹被评为"最美援外医生"，但她却坦言，这不是个人的奖，而是"大家的荣誉"，"我只是替大家把这个奖领回来而已"。

案例出处

何雪华：《广州女医生获评"最美援外医生"——心血管病专家林纯莹与团队"改变西非心脏病防治历史"》，载《广州日报》2017年11月30日第

第十章 "五位一体"总体布局

A17 版。(有删改)

案例解析

建设社会主义文化强国需要提高国家文化软实力。文化软实力集中体现了一个国家基于文化而具有的凝聚力和生命力,以及由此产生的吸引力和影响力。古往今来,任何一个大国的发展进程,既有经济总量、军事力量等硬实力提高的进程,也有价值观念、思想文化等软实力提高的进程。在新时代,我国提高国家文化软实力,首先要努力弘扬中华文化,推进中华文化创新发展,展示中华文化魅力,夯实国家文化软实力的根基;其次要讲好中国故事,传播好中国声音,阐释好中国特色,注重国家形象塑造,增强对外话语的创造力、感召力和公信力,提高国际话语权;最后要加强当代中国价值观念的提炼与阐释,拓展对外传播平台和载体,创新对外话语表达方式和传播渠道,使当代中国价值观念走向世界,提高当代中国价值观念的国际知晓率和认同度,实现文化软实力提升"形于中""发于外"。

本案例中的林纯莹,克服重重困难来到条件艰苦的非洲加纳进行援助医疗工作,两年间把我国的先进医疗技术带到加纳,帮助培训加纳的医生,使加纳各医院的心内病区月死亡率从 11% 下降至 5%。回国后,她的援助并没有结束,了解到西非人民最需要的是技术,她意识到"授人以鱼不如授人以渔",真正地帮助非洲应该采取可持续发展战略,于是,申请成立"中加西非心脏合作项目",使非洲医务人员来到中国接受培训,掌握先进医疗技术。她还组织广东省 10 多名心脏病专家远赴加纳进行首度"爱心行",为当地示范、传授心脏技术。"中加西非心脏合作项目"有望纳入在非建设 100 所医疗机构计划,为西非医疗发展做出巨大贡献。林纯莹因此获"最美援外医生"荣誉称号,代表的是中国的美好形象,对外展示了中华文化的魅力,"最美援外医生"的事迹其实讲述了中国故事,传播了中国声音,使当代中国价值观走向了世界。

案例启思

1. "最美援外医生"林纯莹是怎么援助非洲加纳的?
2. 建设社会主义文化强国,如何提高国家文化软实力?

教学建议

本案例通过介绍林纯莹援助西非加纳,成立"中加西非心脏合作项目",帮助培训加纳医生,提升当地医疗技术,因此被评为"最美援外医生"的事迹，让学生明白什么是一个国家的文化软实力及新时代建设文化强国、提升文化软实力的重要意义。林纯莹获"最美援外医生"的事迹，让世界了解了中国形象与中华文化，是国家文化软实力的重要体现。通过此案例，可以让学生树立文化自信，并加入对外传播当代中国价值观的实践中。

适用于第三节"推动社会主义文化繁荣兴盛"之"坚定文化自信，建设社会主义文化强国"。

案例八　国家医保局推出关于"抗癌药进医保"的新方案

案例

2019年，国家医保局发布《2019年国家医保药品目录调整工作方案（征求意见稿）》（简称《方案》）。根据《方案》，2019年将优先考虑国家基本药物、癌症及罕见病等重大疾病治疗用药、慢性病用药、儿童用药、急救抢救用药等调入目录。

在全国两会期间，国家医疗保障局局长胡静林在"部长通道"上表示，抗癌药进入医保只是第一步，今年将把更多救命、救急的好药纳入医保。同时，要改革现行目录管理办法，建立医保动态工作调整机制，要考虑医保基金的承受能力和临床需求，要按照医保基本要求保证癌症和罕见病用药，慢性病和儿童病用药，目录调整也不能只进不出，对不具备条件的药品也要调出目录。

2018年，国家在癌症防治领域实施一系列重要政策措施，让人民群众感受到实实在在的获得感。今年的政府工作报告显示，2019年，政府将在癌症防治中倾注更多心血，让更多政策阳光洒向癌症患者。

昨天发布的《方案》，药品目录调整涉及西药、中成药、中药饮片三个方面，具体包括药品调入和药品调出两项内容。以国家药监局批准上市的药品信息为基础，不接受企业申报或推荐，不收取评审费和其他各种费用。

依照《方案》，调入的西药和中成药应当是2018年12月31日（含）以前经国家药品监督管理局注册上市的药品。优先考虑国家基本药物、癌症及罕见病等重大疾病治疗用药、慢性病用药、儿童用药、急救抢救用药等。根据药品治疗领域、药理作用、功能主治等进行分类，组织专家按类别评审。对同类药品按照药物经济学原则进行比较，优先选择有充分证据证明其临床必需、安全有效、价格合理的品种。

调入分为常规准入和谈判准入两种方式，在满足有效性、安全性等前提下，价格（费用）与药品目录内现有品种相当或较低的，可以通过常规方式纳入目录，价格较高或对医保基金影响较大的专利独家药品应当通过谈判方式准入。

案例出处

许琦敏：《今年全国两会热议的"抗癌药进医保"，国家医保局出〈方案〉啦！》，搜狐网，2019年3月14日，http://www.sohu.com/a/301265013_238239。

案例解析

民生是人民幸福之基、社会和谐之本。抓民生，要抓住人民最关心、最直接、最现实的利益问题，抓住最需要关心的人群，一件事情接着一件事情办，一年接着一年干，锲而不舍向前走。在中国特色社会主义新时代，要更大力度提高保障和改善民生水平，在幼有所育、学有所教、劳有所得、病有所医、老有所养、住有所居、弱有所扶上不断取得新进展，要优先发展教育事业，提高就业质量和人民收入水平，加强社会保障体系建设，坚决打赢脱贫攻坚战，实施健康中国战略。

本案例是国家医保局发布《2019年国家医保药品目录调整工作方案（征求意见稿）》的一则新闻。根据《方案》，2019年将优先考虑国家基本药物、癌症及罕见病等重大疾病治疗用药、慢性病用药、儿童用药、急救抢救用药等调入目录。此次纳入医保的17种抗癌药品，均为临床必需、疗效确切的肿瘤治疗药品，涉及非小细胞肺癌、肾癌、结直肠癌、黑色素瘤、淋巴瘤等多个癌种。其中，更有10种为2017年以来上市的创新药，大部分都还处于独家专利保护期限内。将17种抗癌药纳入医保，对癌症患者来说是重大福音。"抗癌药进医保"是2019年两会上的重要民生举措，有助于帮助患者选择正规渠道购买药物，不再因为价格原因选择不明渠道购买到假药，以致错过最佳治疗时机，而且可以通过保险报销，减少人们的购药支出，进一步完善了城镇居民的基本医疗保险制度和大病保险制度，深化了医疗保障、医疗服务、药品供应改革，推动了健康中国战略的实施。

民族复兴的医学梦
—— 《毛泽东思想和中国特色社会主义理论体系概论》（2018年版）教学案例集

案例启思

1. 在医药领域，目前我们党和国家在提高保障和改善民生水平方面有哪些措施？
2. 在中国特色社会主义新时代，如何进一步提高保障和改善民生水平？

教学建议

本案例通过国家医保局发布《2019年国家医保药品目录调整工作方案（征求意见稿）》的一则新闻，让学生了解到这是新时代党和政府提高保障和改善民生水平的重要举措，真切感受到具体而不断进步的民生建设，掌握提高与改善民生的几个重要方面，从而强化学生对"以人民为中心"发展思想的认识。

适用于第四节"坚持在发展中保障和改善民生"之"提高保障和改善民生水平"。

案例九 社会办医进入 2.0 时代

案例

随着人们医疗需求的多层次发展，传统的公立医疗体系已经不能满足人们多样化的就医需求，社会办医应运而生，并逐渐成为我国公共健康服务的重要补充。近年来，我国政府始终鼓励社会办医，并出台了一系列支持政策，2017年10月，党的十九大报告也对社会办医提出了支持。政策利好之下，社会办医正从个体发展的1.0阶段，进入更加成熟的2.0时代。

长期以来，我国医疗服务体系始终以公立医疗为主，据《2016年我国卫生和计划生育事业发展统计公报》显示，公立医院床位占78.3%，诊疗人次占医院总数的87.2%。然而，现有医疗服务体系布局不完善，优质医疗资源不足和配置不合理等，造成了基层医院门可罗雀、大医院人满为患、市民看病等候时间长、就医体验差等问题。同时，伴随老龄化、城镇化等社会变化，居民基本健康需求呈现出多样化的特点。仅靠政府一己之力，显然难以提供多样化多层次的服务。引入社会力量举办各类健康服务机构,补齐、补足健康服务业短板,多元化医疗服务供给,是解决这一矛盾的主要途径。

我国社会办医的发展起步于20世纪80年代,然而,经过多年的发展,民营医院虽然在数量上不断增长,但在就诊率、入院率等指标上却始终不尽如人意。中国非公立医疗机构协会副会长兼秘书长郝德明曾介绍,截至2016年年底,我国非公立医院16004家,占医疗机构总数的55%,诊疗人次占比12.3%。与公立医疗机构相比,非公医疗机构服务总量不足公立医疗机构的1/5。

为何会出现这种情况呢?市民对民营医疗的刻板印象是其中很重要的一个原因。谈到民营医疗,记者随机采访了几位市民,"技术不行""效果不好""收费混乱""后续服务无法保障"等词汇屡屡被提及,这显然是社会办医机构在市民脑海中的固有印象的一个缩影。

同时,医疗机构良好运行的关键是专业人才,当前民营医疗面临着人才紧缺的严峻现实。

当前,我国医学专业人才大多数集中在公立医疗机构。事业单位编制、福利待遇、职称晋升机会、学术平台等因素都吸引着大量医务人员留在公立医院。虽然国家颁布了相关政策,允许医生多点执业,然而,忙碌的日常工作、固定的人事关系等因素都在制约着公立医院的优秀医生向社会办医疗机构流动。目前,社会办医机构的人才现状大多以返聘退休人员、招聘应届医学生为主,富有经验的中青年医生仍占少数。

除了高素质医疗人才的缺乏,无法实现医保报销等问题也成了制约部分民营医疗发展的瓶颈,北京某静脉曲张专科医院的负责人向记者表示,当前民营医疗遇到困难,一方面是因为市民对民营医院不了解,另一方面,医保报销是阻碍患者寻求治疗的重要因素,很多患者通过了解后本来对我们的医疗服务很满意,但是,一打听医保报不了,就放弃在我们这里治疗的念头了。

在政策的大力支持下,近几年,我国民间资本大量投入医疗行业,众多新兴的民营医院、医生集团、医疗集团应运而生,为我国医疗卫生服务行业带来了新生态。那么这些时常出现在市民耳边的医生集团、医疗集团等词汇都是什么意思呢?

这首先要从医生集团说起。所谓医生集团,是指有多个医生团队组成的联盟或者组织机构,又称为"医生执业团体"或者"医生执业组织",医生集团的本质是医生执业方式之一——团体执业。团体执业的特点是共享收入、共享设施设备、共同承担损失,两三个医生结合起来就可以团体执业。签约医生集团,是世界上大多数发达国家和地区的医生自由执业方式。据美国医疗协会数

据统计,在美国约 5.6% 的医生直接受雇于医院,是医院的雇员,多达 83% 的美国医生都是在"医生集团"中行医。而医生集团产生后,很多小规模的医生集团逐渐联合,形成大的执业团体,很多团体采用学科合作的方式,扩大服务量。多个医生集团联合起来,就构成了大的医疗集团。

2017 年 5 月,国务院办公厅印发的《关于支持社会力量提供多层次多样化医疗服务的意见》明确表示,鼓励全科医疗服务、医生集团、医疗集团等医疗形态的发展。医疗界专家也纷纷对医疗集团表示看好。此前,北京协和医学院公共卫生学院院长刘远立曾在公开场合分享称,过去二三十年,美国医院总数没有明显增加,但集团化的医院数量增长非常快。医院集团化发展已成为世界趋势。

🔍 案例出处

祝凤岚:《社会办医进入 2.0 时代》,中国青年网,2017 年 12 月 27 日,http://news.youth.cn/jsxw/201712/t20171227_11209582.htm。(有删改)

🧭 案例解析

人民健康是民族昌盛和国家富强的重要标志。实施健康中国战略是新时代加强和改善民生的重要内容。党的十九大报告提出要深化医疗卫生体制的改革,完善国民健康政策,为人民群众提供全方位全周期的健康服务。其中,在健康中国的十项工作中,第九项提到要"支持社会办医,发展健康产业"。

本案例通过分析社会办医的优势与制约因素,提出了其发展的前景。社会办医的优势是鼓励和引导社会资本发展医疗卫生事业,形成投资主体多元化、投资方式多样化的办医体制,是深化医药卫生体制改革确定的基本原则和重要内容,有利于增加医疗卫生服务资源,扩大服务供给,满足人民群众多层次、多元化的医疗服务需求;有利于建立竞争机制,提高服务效率和质量,完善医疗服务体系,形成公立医疗机构和非公立医疗机构相互促进、共同发展的格局。但是,社会办医也存在着管理混乱、医保制约和人才缺乏的问题,因此,一方面,要加强监管、扶优扶强,引导非公立医疗机构规范执业,培育社会责任和信誉口碑,促进非公立医疗机构持续健康发展;另一方面,要着力消除阻碍非公立医疗机构发展的政策障碍,非公立医疗机构在准入和执业等方面与公立医疗机构一视同仁、同等待遇,围绕机构设立、经营性质、执业范围、外资办医、税收价格政策、医保定点、用人和学术环境、设备配置等社会资本举办发展医疗机构的各个环节和突出问题,制定有针对性的政策措施。当前,社会办医集团化对于民营医院自身来讲十分有益。第一,分布在不同省份和城市的

第十章 "五位一体"总体布局

成员医院,将形成集团化运营网络,增强集团应对市场波动的抗风险能力;第二,凭借集团的实力与规模,可进一步提高医生质量,完善医生培养体系和能力;第三,集团化可督促成员医院更加自律,有利于提高各成员医院的医疗服务水平;第四,集团可实行统一采购,从而增强议价能力,降低购买成本;第五,集团化使患者转诊更方便,有利于医生多点执业和分级诊疗的推进;第六,集团化有利于塑造社会办医品牌,增强品牌可信度。集团化发展将使中国的社会办医迎来一个新时代。

💡 案例启思

1. 社会办医的优势与制约社会办医的因素有哪些?
2. 社会办医对实施健康中国战略有哪些作用?

🎤 教学建议

目前,社会办医在政策利好之下正从个体发展的1.0阶段进入更加成熟的2.0时代。本案例通过这样的事实让学生明白"支持社会办医,发展健康产业"是实施健康中国战略的重要举措,从而明确健康中国战略实施的重大意义与主要内容,激发学生在走上工作岗位后参与到社会办医的事业中去,参与到提高保障和改善民生水平的伟大事业中去。

适用于第四节"坚持在发展中保障和改善民生"之"提高保障和改善民生水平"之"实施健康中国战略"。

▶ 案例十　总理就电影《我不是药神》引热议做批示

 案例

李克强总理近日就电影《我不是药神》引发舆论热议做出批示,要求有关部门加快落实抗癌药降价保供等相关措施。"癌症等重病患者关于进口'救命药'买不起、拖不起、买不到等诉求,突出反映了推进解决药品降价保供问题的紧迫性。"批示中指出,"国务院常务会确定的相关措施要抓紧落实,

民族复兴的医学梦
——《毛泽东思想和中国特色社会主义理论体系概论》
（2018年版）教学案例集

能加快的要尽可能加快"。

诸多经验事实告诉我们，在与癌症旷日持久的消耗中，公民的生命、家庭的经济，被一点点拖垮，拖向深渊。总理曾经说过："现在谁家里一旦有个癌症病人，全家都会倾其所有，甚至整个家族都需施以援手。癌症已经成为威胁人民群众生命健康的'头号杀手'。"可以说，在解决"救命药"问题上，我们已经耽搁了太久，再也不能让那些癌症病人及家人继续无望地等下去了。

从这个意义上讲，火遍神州的电影《我不是药神》，不过是艺术化地展示了公众的切身体验而已。人们从电影中看到了一个白血病患者群体的痛，看到了他们为延续生命尝试各种仿制药的铤而走险，也看到自己可能面临的命运播弄。

当药价成为横亘在病痛中国人面前的深沟高垒时，一个降价、一个保供，总理对《我不是药神》批示中的两个关键词，直击民生痛点，也赢得了民众的由衷点赞。政府就应该正视民意诉求，回应社会关切。

事实上，透过《我不是药神》，我们仍有着诸多追问，这也是公众焦虑的根源所在。比如"救命药"价格为什么那么高？降低关税之后，实惠能否传导到终端用户？在民生诉求与药企利益之间，政府如何体现监管责任？如何体察电影热映背后的社会情绪？

每一个问题都对应着一部分沉甸甸的社会现实，都让人在绝望与希望之间游移。据此前媒体报道，作为白血病靶向药的"格列卫"，原研药价格2万多元，一盒只够吃一个月，而印度的低价仿制药只需几千块，在印度团购的价格更是低至200元一盒。差价如此"离谱"，人们有理由怀疑这中间可能存在的利益链条。

特别是2018年4月和6月，两次国务院常务会议决定对进口抗癌药实施零关税并鼓励创新药进口，加快已在境外上市新药审批、落实抗癌药降价措施、强化短缺药供应保障。而自5月1日起，国家对28类进口药关税降至零，其中就包含了治疗癌症的常用药。然而，让人不解的是，进口抗癌药降税之后并没有降价，政策的善意，并没有转化为百姓实惠。

尽管这与药品复杂的价格生成机制有关，但这样的"中梗阻"依然令人愤懑，当政府让出的这部分税变相进入了各级药品经销机构、医疗机构的腰包，可以想见，癌症患者那种绝望、愤怒，以及深深的期望，简直无以言表。

如何打通进口抗癌药惠民的"中梗阻"，让政策落实不再滞后？首先，需要进一步打破来自市场与行政方面的事实垄断，切实推动进口抗癌药降价。进口药不能被利益集团掌控，成为其牟取利益的工具，一头从患者那里赚取高额利润，一头从政府手中获得降税收益。对于这样的行径，就应该像总理说的那

样,"必须多措并举打通中间环节,督促推动抗癌药加快降价,让群众有切实获得感"。

这里的"多措并举",既包括严厉的监管,依法挤压虚高药价,保障民众的生命权,也包括必要的价格谈判。在 2018 年 4 月的一次基层考察中,李克强还专程来到一家外资药企,以将药品纳入医保、实施政府采购等方式,希望该药企生产的抗癌药等重大疾病药品价格能够更加优惠公道。总理此举就是一次有效的价格博弈。

此外,也要加快推动国家层面抗癌药品的研发、创新。2017 年 11 月,总理针对澎湃新闻报道"白血病患儿遭遇廉价国产药短缺,进口药一瓶超千元"做出批示,要求有关部门"切实加大国产廉价药生产供应保障力度",兹事体大,也是精准"靶向"改革的必由之路。

据披露,国家癌症中心发布的《2017 中国肿瘤登记年报》显示,我国每年新发癌症病例 429 万,癌症死亡 281 万例,相当于平均每天过万人、每分钟约 7 人确诊患癌。这一问题已经是迫在眉睫,必须马上决断。

在"救命药"的问题上,时间就是生命,不能等,也不能拖,要"急群众所急","尽最大力量,救治患者并减轻患者家庭负担"。

当前,唯有以彻底的改革精神,以对生命负责任的态度,大刀阔斧,强力推进,才能真正疏解民众焦虑,让好的政策尽快落地。

🔍 案例出处

斯远:《总理批示〈我不是药神〉直击民生痛点》,凤凰网,2018 年 7 月 19 日,http://gs.ifeng.com/a/20180719/6738631_0.shtml。(有删改)

🔍 案例解析

健康是人民群众最关心、最直接、最现实的利益,人民的获得感、幸福感、安全感都离不开健康。2017 年 10 月 18 日,习近平总书记在党的十九大报告中提出健康中国发展战略,明确指出要深化医药卫生体制改革,重点是完善药品供应保障制度,完善国家基本药物制度,推进专利药谈判,多措并举解决药品短缺问题。

案例中的《我不是药神》这部电影,艺术化地展示了一群白血病患者因为吃不起高价的正品药,不得不铤而走险,采购与服用走私的便宜仿制药。这部电影因为直击民生痛点,上映后便火遍神州,引发社会对"救命药"价格高昂问题的热议。这也引起李克强总理对此问题的高度关注,并且批示要求有关部门加快落实抗癌药降价保供等相关措施。总理的批示,饱含着党和政府对

民族复兴的医学梦
——《毛泽东思想和中国特色社会主义理论体系概论》
（2018年版）教学案例集

加强和改善民生问题的重视，把人民疾苦放进心里，致力于保障和改善民生的决心，彰显了党的十八大、十九大以来，党和政府以人民为中心的发展思想。李克强总理的指示是进一步贯彻落实党的十九大报告提出的健康中国发展战略。2018年4月和6月，两次国务院常务会议，决定对进口抗癌药实施零关税，鼓励创新药进口，对各级药品经销机构、医疗机构进行改革，打破利益集团的操控，"多措并举打通中间环节，督促推动抗癌药加快降价，让群众有切实获得感"。经过不懈努力，2019年的两会上政府宣布包括电影中所涉及的格列宁等药品降低了价格，列入医保序列，极大地减轻了病患及家属的经济负担。有了以人民为中心的发展思想，有了健康中国的战略，有了深化改革的决心与勇气，有了具体的政策与措施，更重要的是有了党的正确领导和政府的殷切关怀，人民群众才有了切实的获得感，民生水平也不断提高。

案例启思

1. 目前，我国的抗癌药市场存在着什么问题？
2. 我国各级政府应如何加快落实抗癌药降价保供等相关措施？

教学建议

本案例是时事热点新闻，通过电影《我不是药神》所引起的李克强总理的关注与他对"救命药"降价保供的批示，让学生了解到在中国特色社会主义新时代，党和政府始终坚持以人民为中心的发展思想，切实贯彻落实健康中国战略，以更大的力度、更切实的措施保障和改善民生，从而让学生对实施健康中国战略的内容、措施有了直观、具体的认识，进而树立使命意识，为未来积极投身健康中国战略做好准备。

适用于第四节"坚持在发展中保障和改善民生"之"提高保障和改善民生水平"之"实施健康中国战略"。

第十章 "五位一体"总体布局

▶ 案例十一 重庆"最美"的社区基层医生

 案例

"宋医生,我出院啦,新年快乐!"2018年2月13日,在重庆市渝北区龙山社区卫生服务中心里,基层医生宋唐丽正在诊疗室里忙碌着,患者张爷爷热情地前来和她道别。像张爷爷这样对宋医生充满信赖的患者,在龙山社区卫生服务中心还有很多……

白净的脸庞,栗色的短卷发,身着白大褂的宋唐丽给人一种亲和而知性的感觉。当网络媒体新春走基层采访团来到龙山社区卫生服务中心时,她正在中医科的诊室里给患者丁阿姨看诊:"哪里不舒服?多久开始痛的?把舌头伸出来我看一下呢。"

"我昨天晚上才下飞机,在三亚呆得有点不舒服,回来了想先找你给我看看病。"丁阿姨说道。家住附近小区的丁阿姨原本准备和家人一起在三亚过年,谁知有些水土不服,便提前回了重庆。一边看诊,丁阿姨还一边见缝插针地和宋医生聊天:"那边风好大哟,没有想象中暖和……"

丁阿姨告诉国际在线重庆频道,这不是自己第一次来找宋唐丽医生看病。起初,丁阿姨的一位朋友介绍她来找宋医生诊治。由于宋医生对病人细致耐心,且治疗效果好,因此,丁阿姨对她十分信任,此后,丁阿姨家"大人小孩生病都来找宋医生看"。

"这5副药可能要200块,你看开这个药还是换个平价一点的替代品呢?"宋唐丽询问丁阿姨。"没事,就按你开的药方取药。"丁阿姨回答道。

由于自己身处社区卫生服务中心,来看病的多是周围居民,宋唐丽开药时会替患者考虑价格因素,尽量做到既保证疗效,又减少患者的经济负担。"有些贵的药品效果更好,但一些病人的病情可能用便宜点的药也能治好,只是会好得慢些。像这种情况,我都会给他们讲清楚,尽量让病人知情,也听听他们自己的意见,像这次开5副中药算出来200块,我其实觉得有点高了。"宋唐丽说道。

3年前,宋唐丽来到龙山社区卫生服务中心当中医科医生;现在,她不但

243

是中心的中医科主任,更是附近居民心目中公认的好医生。正是由于宋唐丽对来看病的每一位患者都悉心诊疗,才能在患者的口口相传中收获如潮好评。

宋唐丽的诊室里挂着一幅字画,上面写着:"凡大医治病,必当安神定志,无欲无求。"这句话出自唐代中医孙思邈的《大医精诚》一文,它也是宋唐丽的座右铭。

"这句话的意思是说凡是优秀的医生治病,都是神志专一、心平气和的,没有其他杂念。我的理解就是说当医生该把全部的心思花在给患者看病上,想着怎么把病人治好,而不要太关注其他外部因素。这个也是我努力的目标。"宋唐丽解释道。

宋唐丽笑称自己当医生完全是"误打误撞"。从天津中医药大学毕业后,来自四川的她回到了川渝地区从事医务工作,最后扎根于龙山社区卫生服务中心。她说:"其实我并不是从小就立志要当医生,当时读大学选专业没有考虑那么多。大学毕业后,我也迷茫过一段时间,但是随着对医生这一职业的深入了解,我慢慢喜欢上了这份工作,也逐渐发自内心地把它当作自己的终身事业。"

2017年,宋唐丽在重庆首届"最美医务工作者"活动中被评为"最美医生"。谈到这个称号,宋唐丽表示有些惶恐:"我觉得我做的都是些微不足道的小事,没有什么可以说的。"随后,她又笑着补充道:"不过我还是很为病人着想的,我也希望能够尽全力去守护患者的健康。"

除了尽力为病人消除身体上的不适,宋唐丽也十分重视和患者的沟通:"我平时看病都会把我的电话号码给病人,让他们有什么情况随时跟我说,我24小时都不会关机。这里的病人没有大医院多,因此,我们医生也有更多的时间和患者详细讲解病情,让患者更安心。"就这样,在一次次的交流中,宋唐丽和很多患者都成了朋友。

工作之余,宋唐丽还不断学习中医经典著作,研读前沿的医学杂志。"现在人们还是普遍认为社区医院医疗水平不高,不论大病小病都愿意去大医院看,其实有一些小病在社区医院就能诊疗。我们基层医生应该不断提高自己的能力,更好地为周围居民的健康服务。"宋唐丽如是说道。

🔎 案例出处

《基层医生宋唐丽:踏实看病　热情暖病人》,国际在线,2018年2月15日,http://cq.cri.cn/20180215/31988e1f-8279-5d58-17a5-3dea1d55ae65.html。(有删改)

📝 案例解析

不断满足新时代人民日益增长的美好生活需要，必须坚持以人民为中心的发展思想，必须以保障和改善民生为重点，抓住人民最关心、最直接、最现实的利益问题，为此就要加强和创新社会治理。在现代社会中，社会治理地位日益重要，涉及我国在社会管理领域存在的问题，因此，必须深入认识新时代社会治理规律，创新社会治理理念思路、体制机制、方法手段，提高社会管理能力，建设平安中国，维护社会和谐稳定，确保国家长治久安、人民安居乐业。社区是党和政府联系、服务居民群众的"最后一公里"，社会治理的重心要向基层下移，落到城乡社区。社区服务和管理能力越强，社会治理的基础就越实。要尽可能把资源、服务、管理放到社区，使社区有职有权有物，更好地为群众提供精准高效的服务和管理。因此，加强社区治理体系建设，是创新社会治理的重要内容。

本案例通过重庆龙山社区卫生服务中心宋唐丽为社区患者看病服务的事迹，细心了解社区病患的真实需求，在药品价格、服务态度和及时沟通等小事上尽量考量，体现了社区医生的细致周到，从一定程度上弥补了大医院服务的不足。这表明，我国作为一个人口大国，城市与乡村、东部与西部的发展不平衡，导致许多人在医疗方面总是面临着看病难、看病贵的问题。这是一个相对存在的问题，人们对社区医院的服务质量缺少信心，而争相前往大医院，这不免导致大医院常常面临医疗设施、服务供应不上的问题。我国为解决这一问题，正在大力发展社区医疗服务体系，提高社区医院的医疗服务质量，这不仅可缓解居民的就医压力，更方便居民及时就医，而且有针对性地解决社区患者的具体问题，缓解了医患矛盾，有利于社会的和谐与稳定。社区医生宋唐丽被评为重庆首届"最美医生"，展现了一位普通基层医生的良好医德医术，也说明我国已越来越重视社区医院改革，不断完善社区治理体系建设。

💡 案例启思

1. 作为社区医院的医生，宋唐丽是怎样为社区患者服务的？
2. 提高保障和改善民生水平，为什么要加强社会治理？

🎤 教学建议

本案例通过介绍宋唐丽在重庆基层社区医院细致周到地为社区病患服务的事迹，让学生了解民生需求，明确社会治理在新时代的重要作用，关系到人民安居乐业、社会和谐稳定和国家长治久安。在这个案例中，基层医疗服务中心

的社区医生宋唐丽扎根基层，踏踏实实治疗每一个"小病"，实现了大病小病分流诊治，发挥了社区医疗的重要作用。这有助于学生理解加强社区治理体系是创新社会治理的重要内容，对医学生今后的"择业"与"就业"也有一定的启示作用。

适用于第四节"坚持在发展中保障和改善民生"之"加强和创新社会治理"。

案例十二　第九届世界中医药大会的主题

案例

第九届世界中医药大会于2012年11月10日在马来西亚古晋市隆重召开。本届大会的主题是"发展中医药对人与自然和谐做出贡献"。世界中医药学会联合会（简称"世界中联"）主席佘靖、马来西亚卫生部部长拿督斯里廖中莱、马来西亚医药总会会长丁家骅、中国驻古晋总领事馆总领事李树钢，以及大会协办单位代表中国医药物资协会常务副会长刘忠良出席会议并致辞。大会由世界中联副主席兼秘书长李振吉主持。来自世界26个国家和地区的代表及专家学者共1000余人参会。

佘靖说，当前，中医药国际化发展的环境与条件得到进一步改善和提高。第62届世界卫生大会通过了《传统医学决议》，敦促各成员国推动将传统医学纳入国家卫生服务体系中予以发展；国际标准化组织中医药（暂定名）技术委员会已经成立；国际疾病分类与代码（ICD）首次将中医药等传统医药纳入；中医针灸被列入人类非物质文化遗产代表作名录；《黄帝内经》和《本草纲目》两部中国古籍被列入世界记忆名录；中医药已经传播到160多个国家和地区；不少国家和地区明确了中医药，特别是针灸的法律地位，将其纳入医疗保险范畴；随着健康观念的变化和医学模式的转变，中医药的理论和技术正逐步得到认可和接受，中医药的发展有广阔空间和良好前景。

佘靖指出，促进人与自然和谐发展是当今世界重要课题。中医药是具有完整的理论体系和确切的临床疗效的医学科学，历经数千年而不衰，如今在中国，它与现代医学共同承担着中国民众的医疗卫生保健任务，并对人类的文明

进步起到了积极作用。在新的历史时期,发挥中医药的特色与优势,包括天人合一的整体观念、未病先防的保健养生理念、个性化的辨证论治、求衡性的防治原则、人性化的治疗方法、多样化的干预手段、天然化的用药取向等,为民众健康服务,将有利于人与自然的和谐发展。

本届大会专题演讲和学术交流的主要内容,包括中医药经典著作理论阐明与临床应用,人与自然之和谐共处在预防医疗领域的体验,中医儿科、风湿骨伤、肾病等临床诊疗心得,中医药特色疗法如针灸、推拿、药敷等理论与临床实践,道地药材与中医药可持续发展等重要问题。大会设立中医药产品展和专家工作坊,为各国代表现场提供了临床诊疗技术展示和研发成果推广的机会。

案例出处

陈晨、秦树坤、魏敏:《第九届世界中医药大会在马来西亚召开　发展中医药　共创人与自然和谐》,载《中医药管理杂志》2012 年第 11 期。(有删改)

案例解析

人生活在天地之间,以天地自然为生存之源、发展之本,在与自然的相互作用中,创造和发展了人类文明。人与自然的关系经历了从依附自然到利用自然,再到人与自然和谐共生的发展历程。生态文明的核心是坚持人与自然和谐共生。今天,人类社会正日益形成这样的普遍共识——人因自然而生,人与自然是一种共生关系,对自然的伤害最终会伤及人类自身,这个客观规律谁也无法抗拒。我们必须树立尊重自然、顺应自然、保护自然的生态文明理念,保护自然生态系统,维护人与自然之间形成的生命共同体。生态文明建设就是人类在利用和改造自然的过程中,主动保护自然,积极改善和优化人与自然的关系,建设健康有序的生态运行机制和良好的生态环境。

本案例述及的第九届世界中医药大会,将"发展中医药对人与自然和谐做出贡献"作为大会主题,体现了我国政府主张的"人与自然和谐"理念得到了世界各国的广泛认可。中医药的发展有利于人与自然的和谐发展。具有完整的理论体系和确切的临床疗效的医学科学,历经数千年而不衰,如今在中国,它所包含的天人合一的整体观念、未病先防的保健养生理念、个性化的辨证论治、求衡性的防治原则、人性化的治疗方法、多样化的干预手段、天然化的用药取向等都体现了人与自然的和谐发展,对人类的文明发展起到了积极作用。

民族复兴的医学梦
—— 《毛泽东思想和中国特色社会主义理论体系概论》
（2018年版）教学案例集

案例启思

1. 第九届世界中医药大会的主题是什么？
2. 为什么说中医药的发展有利于人与自然的和谐发展？

教学建议

本案例通过第九届世界中医药大会的召开，让学生对中医药的理念与实践有充分的了解与认识，明确发展中医药事业将有利于人与自然和谐发展，从而形成"人与自然和谐发展"的共识，加深理解建设生态文明、建设美丽中国的重要性，从而积极参与到建设美丽中国的伟大实践中去。

适用于第五节"建设美丽中国"之"坚持人与自然和谐共生"和"形成人与自然和谐发展新格局"。

案例十三　一个药企的"美丽中国"之路

案例

天蓝、地绿、水净的美好家园人人向往，然而实现它并不容易。党的十八大以来把生态文明建设放在突出地位，这对当下制药企业提出了新的发展方向，即探索一条实现经济效益与生态效益双赢、人与自然和谐相处的科学发展道路。实际上，国内也有不少专注绿色天然制药的企业，而亿利天然药业无疑是其中的代表。

正如党的十八大报告中所阐述的，我国生态文明建设正面临资源约束趋紧、环境污染严重、生态系统退化的严峻形势。从资源约束来看，伴随我国经济的高速增长，我国面临的资源约束正日益强化。对于经济发展相对滞后的西北地区来说，这一矛盾更加突出。

庆幸的是，亿利天然药业用自己的方式，如今已解决了这一难题。企业经过多年探索实践，积累了丰富的经验，他们从实际出发，不断探索生态型的发展道路。企业选择"中国第七大沙漠"内蒙古库布齐沙漠作为"主战场"，通过大规模种植防沙绿化的甘草、锁阳、麻黄等经济作物，现已完成几千平方公里的荒漠化治理生态绿化工程，为中国北方构筑了一道雄厚的绿色屏障。

山要绿起来，人也要富起来。美丽中国所提到的"人富"，是"绿色发展、循环发展、低碳发展"的文明发展模式。显然，亿利天然药业深谙"就地取材、循环利用"之道，他们在绿化沙漠的同时，意识到种植植物的实用价值。而拥有大量纯天然、绿色的原料，是药企打造绿色天然全产业链的首要条件。对于亿利天然药业而言，发展绿色天然制药经济势在必行。

目前，亿利天然药业的沙漠医药产业已开发出110个品种，千余个产品，并拥有全球最大的GAP标准化甘草种植基地。其产业规模超50亿元，逐渐形成了以梁外甘草种植为主，以绿色中药材种植、加工和经营业务为核心的甘草全产业链。在取得生态效益和社会效益的同时，也取得了可观的经济效益。可谓"效益三收"。

当然，如果只是聚焦"甘草"，这条绿色天然制药经济产业链是不完善的。于是，亿利天然药业运作数年，整合了中药、蒙药多家医药企业（例如，内蒙古地区最大的中药厂"包头中药"、国内第一家蒙药厂"库仑蒙药"）。由此，企业不仅获得了丰富优秀的天然药生产经验，还积累了近400余个批文的各类产品。其中，20多个中成药、蒙药品种具有自主知识产权。从药材种植、生产、销售到批发、零售，一条完整的产业链逐渐形成。

好的产业链打造完毕，还需要搭载核心品种。经过数年沉淀，亿利天然药业今年重磅推出两大战略品种：亿利甘草良咽和亿利麝香祛痛喷雾剂，引起行业不少轰动。企业相关领导近日向公众透露，从明年开始，加大两个产品的广告投放力度。将两个产品打造成其所在品类里的第一品牌是企业奋斗的目标。企业争做绿色天然药物的领导者，从侧面看，也是建设"美丽中国"的具体表现。

案例出处

《聚焦"美丽中国" 引爆绿色制药——亿利天然药业剑指前方》，医药网，2012年11月29日，http://news.pharmnet.com.cn/news/2012/11/29/369701.html。（有删改）

案例解析

"美丽中国"是中国共产党第十八次全国代表大会提出的概念，强调把生态文明建设放在突出地位，融入经济建设、政治建设、文化建设、社会建设各方面和全过程。2012年11月8日，"美丽中国"在党的十八大报告中首次作为执政理念出现。2015年10月召开的党的十八届五中全会上，"美丽中国"

民族复兴的医学梦
——《毛泽东思想和中国特色社会主义理论体系概论》
（2018年版）教学案例集

被纳入"十三五"规划，首次被纳入五年计划。2017年10月18日，习近平同志在党的十九大报告中指出，加快生态文明体制改革，建设美丽中国。"美丽中国"成为实现社会主义现代化强国的重要目标。建立资源节约型、环境友好型社会是美丽中国建设的重要措施；构筑绿色发展的生态体系是推进美丽中国建设的重要途径；深化生态文明体制改革，加强生态文明制度建设是美丽中国建设的根本保障。

本案例中"美丽中国"给西部地区的药厂亿利天然药业带来了一种新的发展观念，即通过生态打造企业品牌，以生态促进企业发展。本案例中的亿利天然药业用多年的实际行动，向公众展示了药企的"美丽中国"之路，可以归纳为：一是用绿色发展解决生态困境；二是就地取材，赢三方效益；三是打造绿色产业链，争业内第一。亿利天然药业的"美丽中国"之路就是绿色发展之路，是其成功之道，形成了与自然和谐共生、和谐发展的新格局，对同类企业起到了示范引领作用。

案例启思

1. 亿利天然药业的成功之道是什么？
2. 如何才能建设美丽中国？

教学建议

本案例通过一个药企的"美丽中国"之路让学生明白生态文明建设是"五位一体"总体布局的重要组成部分，其目标就是要建设美丽中国，明确绿色发展是与自然和谐共生、共同发展的永续发展之路，新时代必须走生产发展、生活富裕、生态良好的文明发展道路，从而牢固树立生态文明的理念，激发学生参与建设美丽中国的使命感、责任感。

适用于第五节"建设美丽中国"。

第十一章 "四个全面"战略布局

▶ 案例一 新农合大病保险减轻农民负担

案例

俗话说：病来如山倒。这原本是说病痛的，但有时它也可以用来形容生病给群众带来的经济负担。大笔的医药费如果落到困难家庭身上不就像一座山倒下来吗？怎么解决好这些问题，群众十分关心，党和政府也十分关注。2015年4月，中央深改领导小组第11次会议就特别强调：要将公平可及、群众受益作为改革的出发点和立足点，着力解决好群众看病就医的问题。

黄某是河南省的一位农民，本来日子过得不错，可前不久家里却发生了一件烦心事儿。两个月前孩子突然不吃奶，去医院做检查，发现孩子有先心病，而且还很严重，一家人赶紧带孩子来到了河南省人民医院。

幸运的是，手术很顺利，孩子也恢复得不错，可这难题又来了。9月10日，黄某的孩子可以康复出院了，去结账时，他显得有点一筹莫展，他说，不知道这些借来的钱要还多久。可是，收银员却给他带来了一份意外的惊喜。

黄某说，新型农村合作医疗（简称"新农合"）报销了4万多元，可怎么又多了一笔钱，他自己也说不清。像他一样，来办理出院结算的农民，不少都发现实际报销的钱比按照之前的政策报销的钱要多出一些。

那这些二次报销的是什么钱呢？医院的工作人员向记者解释，这些患者家属提到的二次报销是河南省2014年10月全面开始实行的新农合大病保险，就是在新农合基本医疗补偿之后，合规自付医疗费用超过1.5万元的参合患者，大病保险再按照50%～65%的比例分段进行补偿；2015年，又在原来的基础

民族复兴的医学梦
——《毛泽东思想和中国特色社会主义理论体系概论》
（2018年版）教学案例集

上适当提高了补偿比例，最高到70%。

那么，上大病保险的钱从哪里来呢？

新农合大病保险就是从新型农村合作医疗基金中划出一定比例或额度作为大病保险资金，以上年度农村居民人均纯收入等因素作为差异化筹资依据，以2015年为例，河南省各地筹资标准分别为人均24元、22元和20元。

报销的钱多了，老百姓看病的开销少了，这本来是好事儿，可是这又可能引发超额用药，甚至无序就医的问题。

解决看病贵，一方面是给钱，通过政策对老百姓的看病费用提供补助；另一方面是省钱，就是要降低看病的费用，不给老百姓增加负担，也防止滥用药物，让国家的补偿款有损失。因此，如何约束医疗机构和医生行为、预防腐败、防止大病保险资金滥用、让大病保险成为真正可持续的好政策，也备受关注。

河南省采取了政府招标选定商业保险机构承担大病保险业务的办法，那么，商业保险能否起到监管作用，达到降低医疗成本的目的呢？

记者来到了河南省新型农村合作医疗管理中心，工作人员正在审核报销人员的报销情况。严格的核查，不仅抑制了过度医疗，还可以将医疗费用用在真正有需要的患者身上。据河南省卫生计生委消息，截至9月7日，河南省已受理符合新农合大病保险补偿条件的参合患者17.7万人，即时结报大病保险费用9.48亿元。

其实，像河南省一样，国家2012年提出建立城乡居民大病保险制度时起，多地已开展相关试点工作，这在很大程度上减轻了当地老百姓的负担，2015年8月2日，国务院办公厅发布《关于全面实施城乡居民大病保险的意见》，提出到2015年年底前，大病保险要覆盖所有城乡居民基本医保参保人群。

医改既是民生工程、民心工程，也是关系到社会经济平稳运行、协调发展的基础性工程。切实推进医改，既需要科学系统的顶层设计，也需要扎实稳健的执行落实。在这个过程中必须拿出勇气、敢于亮剑，只有彻底消除阻碍改革的意识、习惯和力量，才能实现改革的目标，满足人民的需要。

案例出处

《大病保险让农民更安心》，见央视网《焦点访谈》，2015年9月25日，http://news.cntv.cn/2015/09/25/VIDE1443182513235678.shtml。（有删改）

案例解析

全面建成小康社会是"四个全面"战略布局的首要内容。党的十八大提

出了到2020年全面建成小康社会的奋斗目标，要经济更加发展、民主更加健全、科教更加进步、文化更加繁荣、社会更加和谐、人民生活更加殷实，因此，要求全面、内涵丰富、标准更高。全面建成小康社会，"全面"讲的是发展的平衡性、协调性、可持续性，"小康"讲的是发展水平。全面小康，覆盖的人口要全面，是惠及全体人民的小康；覆盖的区域要全面，是城乡区域共同发展的小康。因此，要加大统筹城乡发展、统筹区域发展的力度，推进城乡发展一体化，缩小城乡区域发展差距，是全面建成小康社会的一项重要任务。缩小城乡区域发展差距，不仅是缩小国内生产总值总量和增长速度的差距，而且是缩小居民收入水平、基础设施通达水平、基本公共服务均等化水平、人民生活水平等方面的差距。

"小康不小康，关键看老乡。"没有农民的小康，就不可能建成全面小康。解决城乡发展不平衡是全面建设小康社会的重要内容，而解决城乡医疗卫生服务水平的不平衡是解决农民"看不起病""因病返贫"等问题。2015年8月2日，国务院办公厅发布《关于全面实施城乡居民大病保险的意见》，提出到2015年年底前，大病保险要覆盖所有城乡居民基本医保参保人群。全面实施城乡居民大病保险是对新型农村合作医疗的重要配套政策，新型农村合作医疗主要是依靠政府财政支持，而大病保险主要是依靠作为市场手段的保险业支持。将政府的力量与市场的力量结合起来，更有利于解决农民"看病难""看病贵""因病返贫"的问题。在本案例中，通过河南农民黄某给孩子看病报销的事例，指出新型农村医疗合作社在解决了农民看病报销问题的基础上又进行了大病保险，农民可以二次报销拿回更多的钱，减轻了负担。它一方面解决了长期困扰农民的"看病贵"的问题，通过政策补助，降低老百姓看病的费用，不给老百姓增加负担；另一方面也能够防止滥用药物，避免让国家的补偿款有损失。因此，新农合制度是缩小城乡医疗卫生水平的差距、全面建成小康社会需要解决的重大民生问题的重要体现。

案例启思

1. 新型农村合作医疗有什么好处？
2. 为什么说缩小城乡医疗卫生水平的差距是全面建成小康社会的重要体现？

教学建议

本案例从解决农民"看病难""看病贵"的问题入手，介绍了河南省不仅通过政府财政建立新型农村合作医疗体制，还通过市场的方式将新农合的部分

资金用于建立新农合大病保险,进一步缓解了农民"看病贵""因病返贫""看不起病"等问题,有效地缩小了城乡医疗卫生水平的差距。通过本案例,有助于学生了解全面建成小康社会的内涵,进一步加深对"全面"的理解,同时对新农合制度也有一定的认识,对未来的从医之路做好一定的准备。

适用于第一节"全面建成小康社会"之"全面建成小康社会的内涵"。

▶ 案例二　全民健康助力全面小康

 案例

党的十八届五中全会提出推进健康中国建设,健康中国理念上升为国家战略。要维护人民群众健康,公共卫生是重要防线。"看病难、看病贵"这一顽疾如何化解?优质医疗资源分配不均的问题如何解决?医疗服务和全民健身体系如何完善?针对这些关键问题,近年来,中央不断完善顶层设计,各地也展开了积极的探索。

每个月,家住苏州娄江社区的顾老伯都会来到娄江社区卫生服务中心的健康管理办公室做身体检查,以及配药。通过一上午的检查和先前在社区卫生服务中心留下过的健康档案,顾老伯被社区全科医生筛查为心脑血管疾病高危人群。

为了让像顾老伯这样的病患被尽早发现和诊治,苏州正围绕肿瘤、心脑血管病、高危妊娠,分别建立高危因素筛查机制,筛出的高危人群被"定位",纳入随访管理;而针对居民疾病谱中的高发肿瘤,则建立"社区—医院"居民肿瘤筛查机制,对高危人群实行有针对性的健康干预,对筛查发现的肿瘤患者,及时向上级医院转诊治疗,并形成了双向转诊。

双向转诊目的就是要改变患者一窝蜂挤向大医院而社区医院无人问津的尴尬局面,通过分级诊疗的形式,初步实现基层首诊、双向转诊、上下联动、急慢分治的新型就医秩序。目前,江苏省基层诊疗人次已占诊疗总数的60%,86%的新农合住院病人在县域内治疗。改革之后的医疗服务体系,更加注重的是医疗服务质量。

80岁的曹某在一周前因为高血压引发脑梗住进了安徽省天长市中医院,

在陪护的几天时间里,因为3张健康处方,女儿朱某在给母亲准备病号饭的时候心里有了底。

1张处方治病,1张处方防病,安徽省天长市通过在县级公立医院推行"双处方"制,构建县、乡、村三级联动的医疗卫生服务共同体,将医疗卫生工作的重心从看病治病向健康管理拓展。其实这张健康处方上的内容,以往医生也会对住院病人叮嘱,但是,话过了耳朵容易忘,现在变成白纸黑字的处方就能更好地被执行了。

服务质量提高了,但价钱会不会也水涨船高呢?2015年7月,天长市由市人民医院、市中医院等3家医院牵头,和16个乡镇社区卫生院及163个村卫生室成立3家"医共体",随后将基本卫生服务项目资金和新农合基金"打捆"预付,一年下来,如果有节余,则按照6∶3∶1的比例由县级医院、镇卫生院和村卫生室自行分配。

以天长市中医院为例,2014年,其新农合资金的使用是超标的;2015年成立"医共体"之后,中医院当年实现了略有节余;而2016年上半年,中医院已经结余资金500万元。这将用于医院硬件设备的提升和医生待遇的改善。2015年,天长市中医院医务人员年收入10.3万元,与2012年率先启动医改时相比翻了一番。在资金杠杆的倒逼之下,1张处方以治病为主,1张处方以预防为主,防治结合的健康保障网被构建起来。

健康中国建设并不仅仅是解决国民如何防病治病的问题。1个健康的人更多的工夫显然不是花在医院里,而是在医院外。在"十三五"规划纲要中,对于推动健康中国建设提出了8个方面的具体要求,其中一项是,广泛开展全民健身运动,包括加强群众健身活动场地和设施建设,推行公共体育设施免费或低收费开放。实施青少年体育活动促进计划,培育青少年体育爱好和运动技能,发展群众健身休闲项目,等等,其中,还特别提到要实行科学健身指导。

每天早晨6点多,北京市东城区龙潭湖公园就开始热闹起来,打太极的、耍剑的、跳舞的,到处都是锻炼的人们。

上海市嘉定区马陆镇的王某是一名社会体育指导员,他也是马陆镇文化体育服务中心糖尿病自我管理小组组长,每周一、周三、周五下午,身患糖尿病的他都会和其他几名社会体育指导员一起,带着社区里的病友们一起运动。

实行科学健身指导是实施全民健身战略的重要举措之一。据国家体育总局公布的数据,目前全国的社会体育指导员这支志愿者队伍人数已经超过190万,成了引领全民健身的中坚力量。同时,多种多样的健身指导方式也在各地不断展开。7月30日上午,在上海市一年一度的"全民健身日"主题活动中,60多名来自医院、科学研究所、院校等单位的专家、医生参与现场咨询,为

市民提供高血压、糖尿病等慢性病及运动伤害防治的体育锻炼建议,共同指导市民科学健身。他们在现场为市民提供身体功能测试,不少正在公园锻炼的年轻人纷纷来到现场向专家咨询运动损伤问题。

近年来,随着市民对全民健身和自身健康的不断重视,不少市民经常参与体育锻炼,但由于缺乏相应的运动知识,有些市民在运动锻炼过程中对自身也造成了不少损伤。因此,专家建议市民在健身时要做好运动防护,对自己的身体状况要有全面的了解,科学健身。

提高老百姓的整体身体素质不是短时间内就能做到的,中国足球有句话叫作从娃娃抓起,全民健身也是如此,有些地方专门制订了青少年体育活动促进计划,培育青少年体育爱好和运动技能。

到 2015 年,我国居民人均预期寿命从新中国成立初期的 35 岁提高到了 76.34 岁,孕产妇死亡率从 1949 年的 15‰降到了 0.2‰,婴儿死亡率从新中国成立初期的 20% 降到了 0.8%。这三个国际通行的居民健康衡量指标,见证了一个发展中人口大国卫生与健康事业发展的光辉历程。没有全民健康,就没有全面小康。今天,我们把人民身体健康作为全面建成小康社会的重要内涵,正以人民的根本利益和国家的长远发展为目标,铺设一条更加宽广的"健康之路"。

案例出处

《全民健康助力全面小康》,见央视网《焦点访谈》,2016 年 8 月 20 日,http://tv.cctv.com/2016/08/20/VIDErrMWHkdocN21iPSJfk11160820.shtml。(有删改)

案例解析

2016 年 8 月 19 日—20 日,全国卫生与健康大会在京召开,习近平总书记出席会议并发表重要讲话。他强调,要把人民健康放在优先发展的战略地位,没有全民健康,就没有全民小康。全民健康是全面建成小康社会的重要指标和重要任务。党的十八届五中全会提出推进健康中国建设,健康中国理念从此上升为国家战略。健康是人生存与发展的基础,也是社会和谐与文明进步的表现。推动健康中国建设不仅是在新的时代条件下保障民生的体现,而且体现了以人民为中心的价值观;不仅是深化医疗卫生领域改革的需要,而且是普及健康生活、优化健康服务、完善健康保障、建设健康环境、发展健康产业的需要;不仅是夯实全面建成小康社会的人民健康基础,而且着眼于中华民族伟大复兴的长远发展。健康体现了马克思主义"两个生产"的观点,是习近平新

时代中国特色社会主义思想运用马克思主义原理解决中国现实问题的理论原创性与实践创新性,是全面建成小康社会的重要价值目标和工作任务。

在本案例通过健康中国实施中的典型案例,生动演绎了一些医院的具体做法,包括双向转诊制度和双处方制度,不仅有效地解决了看病难的问题,而且提升了服务质量,减轻了患者的负担,同时也改善了医务工作者的待遇。健康中国战略的实施,使医疗卫生工作的重心从看病治病向健康管理拓展,强调一个健康的人更多的工夫显然不是花在医院里,而是在医院外。"十三五"规划纲要,对推动健康中国建设提出了8个方面的具体要求,其中一项是,广泛开展全民健身运动,其中包括加强群众健身活动场地和设施建设,实施青少年体育活动促进计划,培育青少年体育爱好和运动技能,发展群众健身休闲项目,实行科学健身指导。习近平对全民健康十分关注,提出要以普及健康生活、优化健康服务、完善健康保障、建设健康环境、发展健康产业为重点,加快推进健康中国建设,努力全方位、全周期保障人民健康,为实现"两个一百年"奋斗目标、实现中华民族伟大复兴的中国梦打下坚实的健康基础。

案例启思

1. 健康中国战略在实践中有哪些典型做法?
2. 全面建成小康社会、实现中华民族伟大复兴为什么要实施健康中国战略?

教学建议

本案例通过CCTV《焦点访谈》节目《全民健康助力全面小康》中对实施健康中国战略的一些典型做法的解读,可以让学生了解健康中国战略与具体实施,进一步认识全面建成小康社会不仅是解决全面小康在领域、人口、区域、城乡等方面的发展差距,实现发展的平衡性、协调性和可持续性,而且包含着人民生活水平的质量普遍提高、国民素质和社会文明程度显著提高等发展目标,深刻领会习近平的"没有全民健康就没有全面小康"的讲话,不仅可以树立医学生在新时代的神圣使命意识,而且对医疗卫生工作的重心转变有了认识,有利于把握职业走向。

适用于第一节"全面建成小康社会"之"全面建成小康社会的目标要求"。

案例三　克隆猴诞生：生命科学领域的里程碑

2018年年初，一条中国首次成功实现体细胞克隆猴的新闻引起世人关注。相对于全球生物科学界的振奋，普通公众多少有一些疑惑，猴子怎么能人工复制了？克隆猴和普通小猴子一样吗？克隆猴的成功会给我们的未来带来什么？当然，人们更关心的还是这两只克隆出来的猴子现在怎么样了。

在过了出生3个月的敏感期后，中中和华华身体健康吗？它们的发育成长和普通小猴一样吗？不久前经过批准，我们的摄像机走近观察。

面对镜头，中中、华华爬上爬下，充满好奇，而透过镜头，世人对它们同样好奇，因为这对看似普通的两只小猴，不是通过生殖细胞的有性繁殖，而是人类借助普通的猴子体细胞以无性繁殖方式克隆的世界上第一对非人灵长类动物。

对于中中和华华来说，克隆可不仅仅是外表看上去一样，连它们细胞内的基因，这个决定遗传特征的基本单元也是一样的，而在自然界中具有相同基因的例子只有同卵双胞胎。"如果说《西游记》中的孙悟空拔毛变猴是为了降妖灭魔，那么现实中，人们又为什么要人工克隆遗传基因完全一样的动物呢？"作为中科院神经科学研究所克隆猴团队的首席专家，孙强在克隆猴刚刚成功的时候接到这样一个电话。

克隆一只宠物狗，现代生物技术完全可以实现，但是，对于人类医学研究的发展，克隆动物对于医学样本有着更为深远的意义。对大量样本的研究是推动医学发展的一种主要方式，而样本精确的一致化尤为重要。1951年，一位名叫海瑞塔·拉克斯的美国妇女因患癌症不幸去世，去世后，医生提取了她的癌细胞样本，让人吃惊的是，样本细胞继续繁殖，在以后的岁月中，这些无限次繁殖的细胞被提供给了世界各地的科研机构。正是由于这些被称为"海拉细胞"的样本出自同一细胞系，具有精确的一致性，因此，使得在此基础上的各项研究结果更容易找到参照，也更容易彼此验证。67年来，已有5个基于"海拉细胞"的研究成果获得诺贝尔奖。具有一致性的样本细胞意义重大，

而具有相同基因的动物更是如此，因此，各国科研机构在克隆技术上一直在不断尝试。1997年，克隆羊多利在英国诞生，随后，牛、猪、犬等相继克隆成功，时至今日，已经有超过20种哺乳动物的克隆由全球多个生物医学机构相继实现。不过，真正让全世界顶尖科研团队紧紧盯住的目标始终只有一个，那就是灵长类动物——猴。

正因如此，中中和华华的诞生成为生命科学领域里程碑式的事件，1月25日，相关成果在全球生物学顶尖学术期刊《细胞》杂志一经发表，立刻引发了全世界的关注。

为什么克隆领域的金字塔塔尖偏偏是猴呢？

中中和华华的克隆成功让全球生物、医学界为之一振，但既然20年间已经有近20种克隆动物诞生，那为什么作为灵长类动物的猴却直到今天才克隆成功呢？其实，仅从原理上来说，中中和华华的克隆并不复杂。猴子的繁衍本是精子、卵子结合，母亲的遗传物质在卵细胞细胞核里，与父亲精子结合产生受精卵，因此，生出的小猴基因一半来自父亲，一半来自母亲。而体细胞克隆技术是把母猴卵细胞中的细胞核抽掉，用另一只猴身体中普通的体细胞的细胞核注射进这个没有细胞核的卵细胞里，于是，母猴体内的卵细胞误以为受精了，会启动细胞的分裂，开始胚胎发育。而胚胎的遗传物质与母猴的卵细胞完全没有关系，卵细胞只是提供营养物质，于是，提供体细胞的猴子的基因得到了完整的复制，生出的小猴与被克隆的猴子理论上遗传基因是完全一致的，也就是说不通过雌猴和雄猴的交配，仅仅以一只猴子的体细胞直接复制出下一代。而从操作角度讲，最关键的环节就是替换卵细胞中细胞核的过程。

替换细胞核仅仅是一个环节，从卵细胞到活生生的克隆猴，道路漫长。从20世纪末开始，各国科研团队就已经纷纷启程。

各国的科研团队竞相展开研究，克隆浪潮中百舸争流，然而不久，所有的团队都发现原本的快船驶入了一片神秘的暗流区。与其他哺乳动物不同的是，灵长类动物的卵细胞在替换了细胞核后，本应继续发育的胚胎却停止了生长，路走不下去了。

金字塔的塔尖可望而不可即，对于体细胞克隆猴，国际上开始有人提出，这条路或许根本走不通。当时，中国的神经科学研究在国际上默默无闻。是一个猛子扎下去还是转向做其他周期短、见效快的项目，这是中科院神经科学研究所所长蒲慕明当时所面临的抉择。

只靠拍胸脯肯定是拍不出克隆猴的，所长蒲慕明手里还有一个压箱底的筹码。

有了更好的平台，孙强的团队沉下心来埋头做下去，2016年年底，黑暗

之中曙光突现。

　　猴子的克隆之所以如此艰难，除了胚胎难以发育这一原因之外，另一个原因是灵长类动物的卵和细胞核都特别脆弱，轻微的挤压都会导致发育失败，而且替换细胞核的过程要求苛刻，要在最快的时间内完成。

　　从当时失败的记录可以清楚地看到，探针进入后，卵细胞破裂，其中的卵细胞质流失，导致失败。既要快又要准，为此刘真使用了数千枚小鼠卵子进行练习。

　　在经历了近5年理论和技术的摸索后，2017年11月27日，第一只克隆猴中中诞生。

　　1997年，克隆羊多利的首次亮相让世界惊叹不已，而如今，中国科学家对猴这种灵长类动物克隆成功，意味着克隆技术又向前迈进了一大步，意味着中国在这一前沿领域的研究站到了世界前列。像这样的前沿科学领域的研究难度大，周期长，需要科学家沉住气，埋头干，也需要体制机制的支持和辅助，让科学家能够心无旁骛地搞研究，才有可能最终取得成功。

案例出处

《走近克隆猴》，见央视网《焦点访谈》，2018年5月3日，http://tv.cctv.com/2018/05/03/VIDEK837aVhtccTZrhrZbOz2180503.shtml。（有删改）

案例解析

　　当今世界，全球科技创新进入空前密集活跃的时期，新一轮科技革命和产业变革正在重构全球创新版图、重塑全球经济结构，给人类社会发展带来新的机遇，也提出前所未有的挑战。要全面建成小康社会、开启全面建设社会主义现代化强国的新征程，我国必须对准国际科学研究的前沿性、基础性领域不断努力，实现突破。科学技术的现代化是实现中国梦和实现社会主义现代化强国的根本所在，我们必须在科研体制机制、人才培养和科研创新方面进行全面深化改革，让创新人才和科研成果脱颖而出。正如习近平总书记在2018年5月28日召开的中国科学院第19次院士大会、中国工程院第14次院士大会开幕会上的讲话中所说："实现建成社会主义现代化强国的伟大目标，实现中华民族伟大复兴的中国梦，我们必须具有强大的科技实力和创新能力。"因此，全面建成小康社会的目标要求深入实施创新驱动发展战略，使科技与经济深度融合，在重点领域和关键环节，核心技术取得重大突破，自主创新能力全面增强，迈进创新型国家和人才强国行列。

　　如果说20世纪以微电子技术为核心的信息技术成为高技术产业的先锋，

那么 21 世纪生物技术作为高技术产业的后起之秀，将与以人工智能为发展趋势的新的信息技术革命并驾齐驱。本案例中，克隆猴中中和华华的诞生成为生命科学领域里程碑式的事件。在经历了近 5 年理论和技术的摸索后，2017 年 11 月 27 日，第一只克隆猴中中诞生。中国之所以能够在克隆猴领域取得世界领先地位，首先源自国家的重视，其次是中科院神经科学研究所所长蒲慕明在科研决策上的眼光、责任感和科研资金的支持，再次是因为有一个勇于攻关的科研团队。中科院神经科学研究所研究员孙强团队不断攻克难关，最终使克隆猴成为现实。1997 年，克隆羊多利的首次亮相让世界惊叹不已，而如今，中国科学家对猴这种灵长类动物克隆的成功意味着克隆技术又向前迈进了一大步，意味着中国在这一前沿领域的研究站到了世界前列。对于人类医学研究的发展，克隆动物对于医学样本有着更为深远的意义。对大量样本的研究是推动医学发展的一种主要方式，而样本精确的一致化尤为重要。正如孙强所说，灵长类的进化跟我们非常接近，所以对于我们认识人类的大脑，认识脑认知功能和脑疾病，有非常巨大的潜在的应用价值。比如类似我们现在社会比较关注的阿尔茨海默病（老年痴呆症）、帕金森病，这些都没有很好的动物模型，而灵长类动物是解决问题的关键。因此，新时代实施创新驱动发展战略，将会大大加速国家的发展进步，而且将不断提升人民的生活福祉。

案例启思

1. 为什么说克隆猴中中和华华的诞生是生命科学领域里程碑式的事件？
2. 全面建成小康社会为什么要深度实施创新驱动发展战略？

教学建议

本案例通过克隆猴中中和华华的诞生这一成为生命科学领域里程碑式的事件，让学生了解我国生命科学在这一领域已进入世界前列，"在重点领域和关键环节，核心技术取得重大突破"，有助于学生树立"四个自信"，并且使学生对全面建成小康社会中开展的创新驱动发展战略有了进一步的认识，进而增强刻苦学习的动力，在大学阶段了解医学前沿发展状态，努力钻研，树立创新观念。

适用于第一节"全面建成小康社会"之"全面建成小康社会的目标要求"。

——《毛泽东思想和中国特色社会主义理论体系概论》
（2018年版）教学案例集

▶ 案例四　多管齐下共治包虫病

案例

　　四川省甘孜藏族自治州（简称"甘孜州"）石渠县有一个美丽的藏族名字"扎溪卡"，意思是雅砻江旁的部落，许多藏族同胞在这里过着平静的生活。然而这几年，医生在下乡送医时发现，一种叫作包虫病（棘球蚴病）的疾病正在侵害着这里人们的健康。

　　包虫病是一种慢性寄生虫病，感染包虫病后，它的幼虫会在肝脏等器官内繁殖，进而影响器官的正常功能，如果不及时治疗，最终会导致器官衰竭。两年前，四川省卫计委的一份调查报告显示，石渠县整个人群的包虫病发病率已经接近10%。但是，因为包虫病的潜伏期长达5～30年，许多人并不了解，等到肚子疼、肚子变大再就医时已经错过了最佳治疗时机。

　　甘孜州人民医院医生陈颖说，呷依乡有一个大概23岁的女孩儿，"用一种很无神、很伤心的眼睛看着我，就说医生你帮我看一下"。当时，陈颖把她的衣服打开以后，吓坏了，"她的肚子比9个月的孕妇还要大，而且整个静脉都开始曲张了"。

　　让医生痛心的是，包虫病的早期诊断并不复杂，只要B超检查就可以发现，如果发现得早，服用药物就可以治疗。2015年11月，石渠县成为全国包虫病防治试点县，第一个任务就是对全县人口进行全面筛查，教育村民有这样的情况必须来看病。

　　这一次，下乡的医生把B超设备带到了村民家门口，发现了许多早期患者。家住格孟乡的尼泽一家在一次筛查中发现，他和妻子还有女儿都已经感染了包虫病，其中女儿的病情最为严重。

　　让他没想到的是，筛查确诊后，他的女儿通过石渠县包虫病绿色转诊转治通道被转移到县医院进行了手术，他和妻子也开始服药接受治疗。此外，新农合为一家三口的治疗报销了大部分的医药费，另外，还为每个人提供了最多2.5万元的补助。除了来去的路费，他们没有多出一分钱。在手术和药物治疗后，一家人的身体都得到了好转，此前因为得病无法劳作的他也在吃药后有所

第十一章 "四个全面"战略布局

好转,慢慢地又能干活了。

通过州、县、乡三级筛查,石渠县全县8万多人中筛查出了6448名患者,还有700多人等待确认。筛查中发现,晚期患者大部分都是肝脏受损,许多人被发现时,健康肝组织已经所剩无几。

23岁的泽仁拥章就是其中之一。2015年,她刚刚做了妈妈,但生完孩子后不久就觉得肚子不太舒服。县医院检查发现泽仁拥章患有包虫病,已经七八年了。

在此之前,泽仁拥章的妹妹感染了包虫病,当时大家并没有当回事,几经拖延,妹妹的病情变得很复杂,等大家把她送到医院时已经无法手术治疗。这次听到泽仁拥章也得了包虫病,而且已经有七八年,家人都很着急。石渠县医院分析了泽仁拥章的病情后,把她转送到了甘孜州人民医院。医生说,泽仁拥章的病需要肝移植。

肝移植,对于泽仁拥章的家庭来说,不仅手术费用无法想象,而且术后的排异风险也很高。有没有别的办法帮助她恢复健康?医生们也很着急。医生们提出了一个大胆的设想,如果异体肝移植有困难,是否可以用她自己的肝进行移植呢?但是,甘孜州从来没有做过这样的手术。他们联系上了华西医院的专家,几次远程会诊后,医生们确定了手术方案,并且和泽仁拥章的家属进行了仔细沟通。11月25日,护士们给泽仁拥章梳上了吉祥的辫子,然后把她送进了手术室。经过15小时,泽仁拥章的手术成功了,这也为许多其他晚期患者带来了好消息。

从2015年11月到2016年9月,石渠县已经有315名包虫病患者接受了手术治疗。然而要真正减少包虫病的发病率,最重要的还是要弄清为什么包虫病会在石渠县如此高发。

包虫病是一种人畜共得的寄生虫病,主要的传染源是家犬、狐狸、老鼠等动物。在高原牧区,人由于与牲畜接触频繁,或食入被虫卵污染的水,都有可能感染上包虫病。而在石渠县,狗是藏族群众家庭的一分子,平时都和狗亲密接触,从来不觉得有问题。12岁的索朗曲珍就是如此。

5年前,7岁的索朗曲珍被检查出患上了包虫病,医生们来家里检查了狗,发现她家的狗身上也有包虫病,她很可能就是被狗传染的。幸好,索朗曲珍的病情并不严重,做了一次肝脏手术后,她已经恢复了健康。

藏族聚居区的牧民,几乎家家都会养狗,进一步检查后疾控人员发现,石渠县的许多家养犬只都感染了包虫病,他们作为中间宿主,很容易传染给人。

确定了传播源,石渠县把犬只管理列入了包虫病防治工作,并出台规定,每家每户只能养一只狗,每个寺庙最多养两只,所有的家养犬只都要求上户

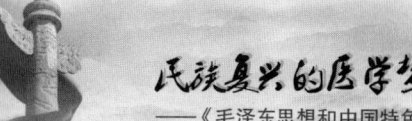

口。每个月10日是定点的"犬驱虫日"。医生们在监督患者按时服药的同时,也要保证给登记备案的犬只按点喂药。而对于许多没有主人的病犬,石渠县也进行了妥善处置,从而减小对村民的影响。

筛查、救治已经得病的村民,管理好犬只,石渠县的包虫病新发病率已经开始慢慢下降。四川省卫计委主任沈骥介绍,近半年来,新发病人数仅是过去的20%~30%,病犬率只是两年前的10%,90%的病犬都得到了处置和医疗恢复。

然而,管理好犬只等动物是否就能切断包虫病传播的链条呢?疾控人员发现,因为藏族聚居区的自然条件和藏族群众特殊的生活习惯,许多食物都是风干后直接食用,还有人处理完牛粪制作的燃料就直接做饭,这也使包虫病容易传播开来。

怎么对村民进行卫生教育?最好的办法是从娃娃抓起。

早上10点,在石渠县色须中心学校里,全校学生都聚集在操场,做起了早操。他们跳的不是普通的体操,而是老师们专门为学生编排的抗虫操。色须中心学校副校长东伟告诉记者,他们把7个洗手的动作编在了舞蹈中,通过舞蹈让学生有一个深刻的认识。

现在,石渠县的老老少少都已经养成了洗手的习惯,防止病从口入。但是,石渠县平均海拔4100米,如果江水里有包虫病卵,别说是生水,即使烧熟,在4000米高的海拔地区也达不到100摄氏度,无法杀死包虫病卵,喝了这样的水也会感染包虫病。因此,从2015年开始,石渠县开展了包虫病区打井供水工程,井深全在35~55米之间。在避开冬季冻土层的同时,还在井管10米以上部位,灌装了水泥,以防病虫卵渗透。2015年至今,石渠县新建安全饮水井184口,全县超过6万群众喝上了放心水。

不过,生态环境是一个整体,因为草场不断沙化,包虫病的重要中间宿主青海田鼠数量激增,他们不仅会污染水源,而且会感染散养的牦牛、犬只。石渠县组织人员在37个牧民聚居点开展草原灭鼠24万余亩,并且发动群众大面积种草,恢复高原生态。

在石渠县,包虫病治疗已经被纳入国家救助,手术治疗基本达到零付费。现在,全县6000多名患者正陆续接受治疗。早发现、早治疗、勤预防是防治包虫病的关键。而要从源头上减少包虫病等疾病的发生,生态环境的优质平衡是重中之重。在其他一些地区,还有很多受包虫病影响的群众。石渠县多管齐下的做法和经验,值得借鉴。

第十一章 "四个全面"战略布局

🔍 案例出处

《多管齐下共治包虫病》,见央视网《焦点访谈》,2016 年 12 月 7 日,http://tv.cctv.com/2016/12/07/VIDEGp3PJeXgOMRVebLgDGmz161207.shtml。(有删改)

✏️ 案例解析

2015 年 1 月 29 日,习近平总书记在国家民委一份简报上批示:全面实现小康,少数民族一个都不能少,一个都不能掉队,要以时不我待的担当精神,创新工作思路,加大扶持力度,因地制宜,精准发力,确保如期啃下少数民族脱贫这块"硬骨头",确保各族群众如期实现全面小康。全面建成小康社会,就是要不分地域、不分群体、不分层级、不分民族,不使一个人掉队,通过全国各族人民的共同努力,所有人群全部实现全面小康。党的十九大明确了从现在到 2020 年是全面建成小康社会决胜期,要求紧扣社会主要矛盾的变化,综合施策、精准发力,突出抓重点、补短板、强弱项,坚决打好"三大攻坚战",赢得全面建成小康社会的最后胜利。

"三大攻坚战"之一就是打好精准扶贫攻坚战,要使全面建成小康社会得到人民认可。本案例中,包虫病在我国的西南、西北等高山草甸区和牧区发病率居高不下,是藏族聚居区的常见地方病。四川省甘孜藏族自治州石渠县出现包虫病,不仅给当地藏族群众带来疾病的危害,而且救治费用昂贵。四川省甘孜藏族自治州通过多管齐下,投入大量人力、物力和财力,对包虫病高发地区的石渠县进行全县人口筛查和统计,通过服药和手术治疗,并且通过国家救助,手术治疗基本达到零付费。同时,为了从根本上解决包虫病的传染与爆发,针对藏族聚居区的饮食条件、卫生习惯、家养犬、水源卫生、草原田鼠激增等多方面因素进行了综合治理,切断了包虫病流行的诸多条件,对疾病进行预防与防治教育,取得了值得借鉴的经验。这是全面建成小康社会过程中在医疗卫生方面的典型案例,也是打赢扶贫攻坚战的重要体现,是"全面建成小康社会,一个民族都不能少"的生动实践,不仅有效保障和提高了少数民族地区、西部地区人民群众的医疗水平,而且有效治理了民族地区的常见地方病、多发传染病,提高了民族地区、西部地域民众的身体健康水平。

🌸 案例启思

1. 针对四川省甘孜藏族自治州石渠县包虫病流行,我国政府采取了哪些治理措施?

民族复兴的医学梦
——《毛泽东思想和中国特色社会主义理论体系概论》
（2018年版）教学案例集

2. 加强卫生医疗事业的区域平衡发展，对全面建成小康社会有什么意义？

教学建议

本案例通过四川省甘孜藏族自治州石渠县尼泽和泽仁拥章两个藏族群众家庭医治包虫病的故事，呈现了包虫病治理的系统性与彻底性，从病人筛查、救治，到针对藏族聚居区的饮食条件、卫生习惯、家养犬、水源卫生、草原田鼠激增等多方面因素进行了预防和生活习惯的健康教育，多管齐下，综合治理，切断包虫病流行的诸多条件，生动地体现了国家对西部地区、藏族聚居区卫生医疗事业的重视。通过这个案例，让学生认识到没有民族地区和各少数民族的现代化，就没有中国的现代化；没有民族地区和各少数民族的全面小康，就没有中国的全面小康。提高学生对全面建设小康社会决胜阶段打赢"三大攻坚战"的认识，了解民族平等和民族共同繁荣的价值观，从而深刻感受到党决胜全面建成小康社会的决心及必胜的信心。

适用于第一节"全面建成小康社会"之"决胜全面建成小康社会"。

案例五　福建三明实行"三医联动"改革

案例

2013年以来，中央全面深化改革领导小组有6次会议都曾聚焦医药卫生体制改革。对于人民群众格外关心的医药卫生问题专门出台了5份文件。2015年年底，更是明确提出要推动实现"三医联动"，就是医改顶层设计的新思路，医疗、医保、医药的联动改革成为关键。福建三明在早些时候就开展了"三医联动"的基层改革探索实践，"三医"之间联动什么？如何联动？如何解决群众关心的看病就医中的突出问题呢？

在福建省三明市将乐县医院，黄林新医生正在做一台骨科手术。三明进行的医改到底改变了什么？先来看看围绕这台手术的三个价格变化：第一个是手术用的耗材——用于固定的髓内钉。医生说："过去耗材是平均17000元左右，现在大概是9500元到9700元。"

第二个数字，来看看医生的手术费有没有变化。医生说："过去这项手术

的费用是1400多元,现在是2000多元,提高了45%的手术费用。"

第三个数字,当然也是老百姓最关心的,那就是全部算下来,患者从自己腰包里掏出来的钱是多了还是少了。医生说:"原来患者自付12000元,现在自付6000元。"

从这些数字上看,耗材的价格降了,医生的劳动比以前值钱了,患者的负担减轻了。虽然不同的患者因为病情不一样,用的药不一样,数据未必都一样,但这样的变化方向却是改革前不可能出现的。曾经,三明市也和全国大多数地方一样躲不开这三个字:看病贵。为什么看病越来越贵?这其中最主要的矛盾就是药价中的水分太高,利益链条太长。

一般情况下,走医院销售途径的药品和耗材出厂后,会经过全国总代—省代—区代—临床代表,最后用于患者。除了各环节层层加价,在各地的招标中,销售方往往还要把药价中的水分留足了,以腾出空间给医生回扣。当然,不是所有药品都有回扣,更不是所有医生都在赚回扣,但是,这种现象在全国却有一定普遍性。药价高了,最终花钱买单的是谁呢?一是医保基金,二是患者的自费部分。负责招标定价的不用买单,买单的这两方却都管不了药价,而对于医院来说,药价高并不会增加成本。相反,基于改革前的工资制度,卖的药越贵、越多,越会增加医院和医生的收入。

在药价的利益链条和不合理的体制机制综合作用下,药价越来越贵,患者和医保基金的负担也越来越重。三明市2010年实行职工医保的全市统筹,当年就收不抵支1.4亿元,第二年更是上升到2.08亿元,还欠了医院1700多万元。问题倒逼改革,三明的思路就是,既然医药、医保、医疗的问题是相互作用的,就必须联动起来改革,而且要先拿政府管理体制开刀。

拿药品来举例,药品出厂价归物价局管,进入医院前的药品招标归卫计委管,在药品支付中涉及医保的归人社部管,药品生产及质量管理又属于食品药品监管部门,等等。"三医"加起来涉及的部门众多。

4年前,时任三明市副市长的詹积富有了一个新职位,三明市深化医药卫生体制改革小组组长。三明医改迈开第一步,这个刚刚成立的新部门,却有着和医改相关的其他部门都望尘莫及的权力。

有了统一的指挥棒,就不怕形不成合力。那么,改革要向何处去呢?中央深改小组第11次会议曾提出,要坚持公立医院公益性的基本定位,破除公立医院逐利机制。福建三明按照"三回归"的目标发力:让公立医院回归公益性质、让医生回归看病角色、让药品回归治病功能。一方面,当地政府明确自身的办医责任,拿出真金白银投入公立医院建设和重点学科发展等;另一方面,向虚高的药价开刀。

看病越来越贵,其中的核心矛盾就是买单的点不了菜。按理说,掏钱的人是最有动力压缩成本的,可他偏偏做不了主。而为你开药的人却可能因为开的药贵、开的量多而受益。这看病的费用怎么能轻易降下来呢?为此,2013年,三明市实行"三保合一",将城镇职工医保、居民医保、新农合三类医保经办机构整合成新的医管中心,并赋予它许多新的权力,包括药品集中采购、医疗服务价格调整、医疗行为监管等。有了采购权以后,医管中心会把市里所有公立医疗机构打包,并联合其他一些城市,统一进行联合限价采购,以量压价,低价中标。药品耗材从出厂到进入医院,中间只有一个物流环节,整个流程只能开两次发票,原有利益链条被切断。同时,实行一个品种两个规格,防止医生在同样的药品下选择有回扣的品种。

在药品流通新的链条中,医院和供药方之间不再有直接的资金往来,它们现在只需要"点菜",也就是我需要哪些药和耗材,把通用名报给医管中心即可。这样的改革到底能挤出多少药价中的水分呢?根据三明提供的数字,目前,药品价格总体下降30%,再加上三明市把药品进入医院后的15%加成也全部取消,患者负担有所减轻。

药价虽然降了,但阻力也随之而来。因为三明的采购体量小,还不到全国采购体量的1‰,议价能力较差。一些药企不愿为了三明放弃全国市场,甚至出现了部分优质药品退出三明市场的情况。

为了打破孤岛效应,三明已与部分城市形成了采购联盟,争取以量换价,但进一步改革的空间会有多大,仍须博弈。药价降了,医院和医生的收入难免降低,这会不会影响到医生的积极性呢?三明医改考虑到这一点,医药和医疗改革联动进行。前面说到,新的医管中心被赋予很多新权力,除了采购权,还有从物价局并过来的调整医疗服务价格的权力。从药价中挤出了水分,实现了扭亏为盈,医管中心就有钱来补贴医疗服务。如手术、诊察护理,所有这些体现医护人员劳动价值的,收费都随着医保基金的结余而陆续提高,他们称之为"腾笼换鸟"。

"腾笼换鸟"让医院的收入结构发生了大幅度变化。以三明市将乐县医院为例,改革前,药品耗材收入占总收入的六成左右,医务性收入只占四成。到2015年,这一比例则颠倒为四六开。2016年1月—11月,医务性收入进一步上升到71.1%。伴随着收入结构的调整,三明市对医务人员的薪酬制度也进行了颠覆式的改革,推行全员目标年薪制,旧有的逐利机制被彻底废除。

破除逐利机制,要砍掉的只是不正当的利益,对医务人员的劳动价值反而要格外尊重。参照国际惯例,三明制订的年薪标准是当地社会岗位平均工资的2~3倍。以尤溪县医院为例,2015年,该院人均年薪11.6万元,相当于尤

溪县事业单位干部职工平均岗位工资的2.5倍。

记者了解到,并不是所有的医生都能全额拿到目标年薪,但总体上,医生的阳光收入平均比改革前翻了一番以上。而收入来源的变化也在直接影响医生的诊疗行为。

从药价中挤出来的水分,除了用来补贴医疗服务价格,医管中心还用来扩大报销范围,提高报销比例等。例如,虽然以前挂号费大多只有几块钱,后来,门诊诊察费提高到18～48元不等,但医保报销标准也相应提高到18元。只挂普通号的话,并不会多花钱。基金有结余的话,还会对部分符合条件的患者进行额外的补助,进一步减轻患者的负担。

福建三明打破原有的医疗管理和运行格局,进行"三医联动"的改革探索,比如改革医保的支付制度,实行按病种付费,医生就不会轻易开出大处方,同时要切断药品与医院的利益链条,这样就会大大减轻患者负担,也使医院、医生、药品向该有的定位逐步回归。目前,三明医改已经开始从市到村进行"四级联推",并在福建省内逐步推广。医药卫生改革涉及的部门很多,涉及的利益主体也很多,如何"握指成拳,合力攻坚",还需要不断深入探索。

案例出处

《"三医联动"向医疗痼疾开刀》,见央视网《焦点访谈》,2016年12月26日,http://tv.cctv.com/2016/12/26/VIDEw8Umm6StFleaxm GdpDns161226.shtml。(有删改)

案例解析

"全面深化改革"是"四个全面"战略布局中具有突破性和先导性的关键环节,因此,在新时代要以巨大的政治勇气和强烈的责任担当,最大限度集中全党全社会智慧,最大限度调动一切积极因素,敢于啃硬骨头,敢于涉险滩,坚决破除一切不合时宜的思想观念和体制机制弊端,突破利益固化的藩篱,坚定不移蹄疾步稳地推进全面深化改革。全面深化改革要坚持党对改革的集中统一领导,坚持社会主义市场经济改革方向,坚持改革往有利于维护社会公平正义、增进人民福祉的方向前进。党的十八大以来,面对艰巨复杂的改革任务,党中央举旗定向、谋篇布局,以前所未有的决心和力度推进全面深化改革;坚持从体制机制层面入手,统筹谋划改革任务,改革涉及范围之广、出台方案之多、触及利益之深、推进力度之大前所未有。

2013年以来,中央全面深化改革领导小组有6次会议都曾聚焦医药卫生

民族复兴的医学梦
——《毛泽东思想和中国特色社会主义理论体系概论》
（2018年版）教学案例集

体制改革，对于人民群众格外关心的医药卫生问题专门出台了5份文件。2015年年底，中央全面深化改革领导小组明确提出要推动实现"三医联动"，确立了医改顶层设计的新思路，医疗、医保、医药的联动改革成为关键。在本案例中，福建三明市根据中国共产党中央全面深化改革委员会（简称"中央深改小组"）提出的要坚持公立医院公益性的基本定位，破除公立医院逐利机制的要求，打破原有的医疗管理和运行格局，进行"三医联动"的改革探索，以医保为突破口，极大地压缩了药品出厂后长长的利益链，挤掉了药价虚高的空间。具体做法是将城镇职工医保、居民医保、新农合三类医保经办机构整合成新的医管中心，并赋予它许多新的权力，包括药品集中采购、医疗服务价格调整、医疗行为监管等。有了采购权以后，医管中心会把市里所有公立医疗机构打包，并联合其他一些城市，统一进行联合限价采购，以量压价，低价中标。药品耗材从出厂到进入医院，中间只有一个物流环节，整个流程只能开两次发票，原有利益链条被切断。同时，实行一个品种两个规格，防止医生在同样的药品下选择有回扣的品种。在药品流通新的链条中，医院和供药方之间不再有直接的资金往来，它们现在只需要"点菜"，也就是我需要哪些药和耗材，把通用名报给医管中心即可。从药价中挤出了水分，实现了扭亏为盈，医管中心就有钱来补贴医疗服务。像手术、诊察护理，所有这些体现医护人员劳动价值的，收费都随着医保基金的结余而陆续提高。福建三明市的改革取得了很大成效，医保大大减轻患者负担，医疗费用降下来了，医生的收入也提高了，医疗服务质量也提升了，医院、医生、药品也向该有的定位逐步回归。福建三明市通过"三医联动"的医疗体制改革，解决了长期以来困扰我国医疗卫生老大难的"看病"问题。这很好地说明了全面深化改革是解决中国现实问题的根本途径。

案例启思

1. 福建三明市是如何进行"三医联动"改革的？
2. 全面深化改革坚持的原则和重要意义是什么？

教学建议

本案例介绍了福建三明市的医疗、医保与医药改革的经验，三明市以医保为突破口，实现了医疗、医保和医药的综合改革，降低了药价的虚高，保障和提高了医生的收入，使广大患者受益，满足了人民对更高水平医疗卫生服务的需要。通过本案例的学习，可以使学生明确全面深化改革在"四个全面"战略布局中的定位，把握全面深化改革的原则和重大意义，较为理性地看待当前困扰中国的现实问题,进一步领悟解决的根本途径是全面深化改革。

适用于第二节"全面深化改革"之"坚定不移地全面深化改革"。

▶ 案例六　广东推进家庭医生签约服务

案例

家庭医生是推动分级诊疗、缓解"看病难"的关键一环。针对推进家庭医生签约服务过程中部分地区存在激励机制不完善、签约服务质量不高等问题,2019年4月9日,广东省卫生健康委员会发布《关于进一步推进家庭医生签约服务政策措施落实的通知》(简称《通知》),将通过建立家庭医生预约诊疗模式、提供中医药服务、建立家庭药师队伍等方式,推进家庭医生签约服务。

亮点一:超七成签约服务费团队可自由支配

为体现对家庭医生团队签约数量与质量的激励,《通知》指出,按政策收取的签约服务费,在核定的绩效工资总量外单列管理,原则上至少70%签约服务费由家庭医生服务团队自主分配。

激励家庭医生团队开展服务,还需要拓展家庭医生职业发展前景。《通知》要求,各地要适当增加基层医疗卫生机构的中高级专业技术岗位比例,重点向经规范化培训合格的全科医生倾斜。

对取得中级职称后在粤东、粤西、粤北地区基层连续工作满10年,符合相关考核要求的全科、儿科、妇产科、精神科、影像科等紧缺专业人才,可直接考核认定为基层副高级职称。

亮点二:建立家庭医生预约诊疗模式

改善服务质量是推进家庭医生签约工作的重中之重。《通知》指出,各基层医疗卫生机构要在显著位置设立家庭医生签约服务宣传咨询台。

各地要以信息化为支撑,优化签约服务流程,建立家庭医生预约诊疗模式。建立家庭医生预约及分诊,确保签约居民在就诊时享受到对应签约的家庭

医生、签约护士"一对一"的医患固定服务，减少随机就诊比例。

在家庭医生门诊排班上，《通知》要求，原则上按照服务1名签约患者不低于8分钟的标准进行医生排班和预约安排，合理设定预约时段，切实体现签约患者预约就诊、优先就诊的便利性。

亮点三：提供中医药服务满足居民需求

药事服务与中医药服务是居民关注的两大问题。《通知》指出，鼓励支持基层医疗卫生机构中医类别执业医师加入家庭医生团队，逐步实现每个家庭医生团队都能够提供中医药服务，满足城乡居民的中医药服务需求。

同时，将基层医疗卫生机构内具备本科及以上学历并持有药师资格证的药师纳入家庭医生团队。若基层医疗卫生机构不具备配备药师条件的，可由二级及以上医疗机构的服务转型药师通过现场指导或者远程方式加入团队，重点为具有2种以上慢性病或需要长期用药超过5种以上的签约居民提供合理用药指导及家庭小药箱管理等服务，并为签约居民建立用药管理档案。

若签约服务对象有需求，家庭医生可以根据病情和上级医疗机构医嘱开具处方。这意味着，签约居民不用到大医院排长队开药了。

亮点四：三级医院要为社区预留一定号源

如何加强家庭医生与综合医院专科医生间的合作，实现全科与专科合作的无缝对接？《通知》提出，二级医院要为基层医疗卫生机构家庭医生开放不低于40%的门诊号源和一定比例的住院床位。

三级医院（不含省部属驻穗医药院校附属医院及委直属医院）要为当地社区卫生服务中心预留一定比例的门诊号源，为经家庭医生转诊的患者提供绿色通道，可采用提前放号、未用号源及时回收至共享"号源池"等方式减少号源浪费。

同时，各地基层医疗卫生机构信息系统平台要提供技术支持，力争在2019年6月前建立统一"号源池"。

案例出处

《广东推进家庭医生签约服务　家庭医生为患者看病不少于8分钟》，《南方日报》网络版，2019年4月10日，https://static.nfapp.southcn.com/content/201904/10/c2099350.html。

案例解析

党的十八届三中全会通过了《中共中央关于全面深化改革若干重大问题的决定》，提出全面深化改革的总目标是完善和发展中国特色社会主义制度，推进国家治理体系和治理能力现代化。推进国家治理体系和治理能力现代化，就是要使各方面制度更加科学、更加完善，为党和国家事业发展、为人民幸福安康、为社会和谐稳定、为国家长治久安提供一整套更完备、更稳定、更管用的制度体系。

在本案例中，家庭医生的推广对于中国来说是个新鲜事物，它的设立主要是针对当前解决"看病难""不方便"而设计的分级诊疗的探索。当前，我们绝大多数人看病取药，还是习惯跑去医院，排队、挂号、看病、交钱、检查、拿药等，费时费力。让看病更方便，甚至随时能得到医生的服务，这是患者的希望，也是有关部门想做的事。在新时代，七部委联合发布了一个指导意见，让医生走进家庭，让人们看病更方便。家庭医生的来源主要是基层医疗卫生机构注册全科医生、乡镇卫生院医师和乡村医生等，同时，一些公立医院的医师特别是内科、妇科、儿科中医医师也包括在内。家庭医生主要是深入基层、社区，服务于家庭，主要针对的是慢性病，提供持续性、连续性的服务。本案例中，广东在推广家庭医生上面采取了许多措施：首先是出台政策，对家庭医生团队签约数量与质量进行激励，超七成签约服务费团队可自由支配；其次，以信息化为支撑，建立家庭医生预约及分诊，优化签约服务流程，确保签约居民在就诊时享受到对应签约家庭医生、签约护士"一对一"的医患固定服务，建立家庭医生预约诊疗模式，减少随机就诊比例；再次，提供中医药服务，满足广东居民对中医药和慢性病治疗的特殊需求；最后，二级医院和三级医院要为基层医疗卫生机构的家庭医生预留一定号源和一定比例的住院床位，加强家庭医生与医院之间的医疗对接。家庭医生对于解决我国"看病难"，尤其是针对人口老龄化过程中出现的慢性病人群是一个有益的尝试，是国家治理体系和治理能力现代化的生动体现。

案例启思

1. 广东在推进家庭医生签约服务中采取了哪些措施？
2. 全面深化改革的总目标是什么？

教学建议

本案例通过广东推动家庭医生签约服务的具体做法，让学生了解家庭医生

民族复兴的医学梦
——《毛泽东思想和中国特色社会主义理论体系概论》
（2018年版）教学案例集

设立的重要意义，对解决"看病难"起到了重要作用，成为医疗卫生领域改革的重要内容，明确全面深化改革和总目标之一是推进国家治理体系和治理能力现代化，目的是为人民幸福安康、社会和谐和国家长治久安提供制度保障。通过本案例的学习，对医学生未来的职业规划有一定的启示作用。

适用于第二节"全面深化改革"之"全面深化改革的总目标和主要内容"。

▶ 案例七　全科医生培养再提速

案例

目前，全科医生面临着数量不足、质量不高的状况。单从数量上看，目前缺口很大，要达到2030年每万名居民拥有5名全科医生的目标，今后每年大概还要培养4万名。而培养全科医生还只是第一步，如何让他们下得去、留得住、干得好，为患者服务好，也是各级政府部门和医疗机构面临的一个全新课题。

北京市新街口社区卫生服务中心的全科医生姚某正在出诊。2012年，姚某考入北京大学医学部，攻读全科医学专业硕士学位。2015年毕业后，姚某选择到基层社区卫生服务中心工作。

全科医生从哪来？我国采用的一个主要途径是国际上通行的本科通科教育，还有全科专业的住院医师规范化培训模式。英美等国都是最早进行全科医生培养的国家，他们采用的培养办法都是学生在医学院校学习临床医学，毕业后再进行全科的住院医师规范化培训。20世纪80年代，全科医学的概念被引进中国内地，直到90年代，开始逐步探索发展。

中国医师协会全科分会副会长、教育部全科医学教学指导委员会副主任郭某介绍："现在专业硕士学位的培养方式和'5+3'住院医师规范化培训的培养方式基本上是接轨的，本科阶段的教育又称在校教育，以临床医学专业为主，在临床医学专业中，我们不再分科，比如不分内科、外科、儿科，而是通科教育，毕业后的教育阶段我们主要采取的是'5+3'的培训模式，这个时候是分科的，比如说要做全科医生就得参加全科住院医师规范化培训。"

除了普通的医学高校培养，我国还有一部分全科医生来源于定向培养。在贵州遵义医学院附属医院，黎某正在接受全科专业住院医师的规范化培训，他是一名农村订单定向免费培养医学生。为了切实解决基层全科医生缺口大的问题，从 2010 年起，国家在高等医学院校开展免费医学生培养工作，重点为乡镇卫生院及以下的医疗卫生机构培养从事全科医疗的卫生人才。

免费医学生主要招收农村生源，学生在校学习期间免学费和住宿费，并且补助生活费。条件是免费医学生必须与培养学校和当地县级卫生行政部门签署定向就业协议，承诺毕业后到农村基层医疗卫生机构服务 6 年。2015 年，黎某从遵义医学院临床医学专业本科毕业。为了提高这批农村订单定向免费培养医学生的医疗水平，国家又决定对他们进行 3 年带薪的全科专业住院医师规范化培训。

2010 年以来，全国农村订单定向医学生已经培养了 4.3 万人，基本实现了平均为中西部地区每个乡镇卫生院培养 1 名本科医学生的目标。近 3 年，顺利毕业并履约的定向医学生已经超过 1.4 万名，他们的工作岗位基本得到落实，并参加了全科专业住院医师规范化培训。

全科医生的来源，还有一种情况就是其他专科的医生经过转岗培训成为全科医生。何某是贵州遵义习水县土城镇卫生院的一名全科医生，也是当地 137 户居民的家庭医生，每个月她都要例行走访签约家庭。何某原来是土城镇卫生院的一名内科医生。2010 年，为了扩大基层全科医生队伍，国家出台了一项政策，凡是基层医疗卫生机构从事临床工作的执业医师，经过免费的转岗培训，可以成为全科医生。经过一年的专门学习和临床培训，何某通过了考试，取得了全科医生资格证。

从 2010 年至今，全国有 13 万名基层医疗卫生机构临床执业医师通过了全科医生的转岗培训。截至 2016 年年底，我国培训合格的全科医生已达 20.9 万人。近年来，我国全科医生的队伍不断壮大，医生质量也在不断提高，这都源于国家对全科医学的顶层设计。国家先后出台了一系列促进全科医生发展的政策和措施。党的十九大报告也明确指出，要加强基层医疗卫生服务体系和全科医生队伍建设。

2017 年 11 月 20 日，十九届中央全面深化改革领导小组第一次会议审议通过了《关于改革完善全科医生培养与使用激励机制的意见》，并于 2018 年 1 月 24 日颁布实施。国家卫计委副主任曾益新指出："这一次的政策要求每一个医学院都要开设全科医学系或者全科医学教研室，把全科医学作为每个医学生的必修课。要加大全科医学师资队伍的建设，必须有一支高水平的师资队伍。"

民族复兴的医学梦
——《毛泽东思想和中国特色社会主义理论体系概论》（2018年版）教学案例集

要建立健全适应行业特点的全科医生培养制度。扩大全科专业住院医师规范化培训招收规模。继续实施助理全科医生培训和农村订单定向免费培养，拓宽全科医生转岗培训实施范围。鼓励部分二级、三级医院的临床医生，经过量身订制的转岗培训，增加注册全科专业。要加强全科医学学科建设。支持认定为住培基地的综合医院独立设置全科医学科，与基层实践基地联合培养全科医生。

其实，近年来，无论是临床医学生的全科医学教育培养，还是全科医生的转岗培训，政府及相关部门都下了很大功夫，除了投入大量的财力，在全科医学的课程设置和临床实践上也都进行了研究，着力解决培养的全科医生"用得上"的问题。比如北京大学医学部在全科医学研究生培养上设置了心理、保健、公共卫生等特色课程。全科学生在各个科室进行规范化培训时，还专门配置了导师，区别于其他专业的学生进行教学。

"首先他们要求掌握的病种是不一样的，全科医生需要掌握的就是社区常见的一些疾病，"北京大学医学部全科医学系主任迟某说，"其次他要掌握、要学的是，这些病种什么时候在社区看就可以了，什么时候在社区看不行，需要转诊。"全科医生的培养，更注重的是基层的实践。迟某介绍："3年时间，有6个月时间是在社区卫生服务中心，我们叫基层实践基地，在那里要学如何看病、管理病人、长期随访、健康教育、预防等。"

国家花大力气培养了全科医生，如何让他们真正下基层，并留在基层，是各级政府和医疗部门面临的新课题。这次，国务院颁布的《关于改革完善全科医生培养与使用激励机制的意见》（简称《意见》），目的就是解决这一难题。

要让全科医生下得去，首先要解决编制问题。黎某本科毕业后，就到他签署就业协议的贵州省铜仁市玉屏县大龙镇卫生院报到，入了编制，成为乡镇卫生院的一名全科医生。

《意见》明文规定，要完善全科医生聘用管理办法。招聘的方式、流程可以简化，创新人事管理政策，可实行"县管乡用"或"乡管村用"。

要让全科医生在基层"留得住"，编制只是一个方面。全科医生在基层工作，任务繁重，但薪酬比较低。姚某所在的新街口社区卫生服务中心尽管是北京市西城区最好的社区卫生服务中心之一，但这里全科医生的待遇依然无法令人满意。

针对基层的困难和实际，《意见》的一个重要内容是提高全科医生的薪酬待遇。按照《意见》要求，将提升基层医疗卫生机构全科医生的工资水平，使其工资水平和当地县区级综合医院同等条件临床医生工资水平相衔接。允许

医疗服务收入扣除成本等之后主要用于人员奖励,完善绩效工资分配,鼓励设立全科医生津贴。要推进家庭医生签约服务,签约服务费可用于基层医疗卫生机构的人员薪酬分配。

全科医生常年在基层工作,除了待遇,他们也担忧自身的职业发展前景。对于全科医生们关心的职业发展前景等问题,《意见》一一做了回应,给出了答案。曾益新说:"职称晋升方面,我们也有一些非常硬性的要求,比如说(经住院医生规范化培训合格的)全科医生,一下到基层工作就可以直接考中级职称,如果通过了就直接聘用为中级职称,这一条的含金量是非常大的,在大医院没有这样的待遇。"

针对基层医生的实际,《意见》还规定,要增加基层医疗卫生机构的中高级专业技术岗位比例,基层全科医生的职称晋升设立单独通道,对外语、论文、科研不做硬性规定,侧重评价临床工作能力和工作业绩。"希望通过这样一个政策,能够实质性地提升全科医生的岗位吸引力,特别是薪酬、职称晋升、事业发展、社会荣誉各个方面,都得有实质性的激励机制,"曾益新表示,"要把全科医生的队伍建设好,只有把这个基础工程给打好了,我们推进分级诊疗、推进签约服务才能快速有效,才能让老百姓感觉到我们的家门口确实有信得过的健康'守门人'。"

"加强基层医疗卫生服务体系和全科医生队伍建设"是党的十九大报告提出的"实施健康中国战略"的一个重要组成部分。近日,国务院办公厅印发的《意见》,针对的就是全科医生在培养和使用中亟待解决的问题。我们也看到,国家正在通过各种办法,加快培养全科医生,用好全科医生,让他们能够下得去、留得住、干得好。时间紧,任务重,要把党的十九大的部署落实到位,实现各项目标和要求,考验着各地和相关部门的智慧与能力,还需要不断探索,大胆创新。

案例出处

《全科医生调查(三)培养再提速》,见央视网《焦点访谈》,2018 年 2 月 5 日,http://tv.cctv.com/2018/02/05/VIDEKPNXm2eEJcPrQg8izqTB180205.shtml。(有删改)

案例解析

全面深化改革要处理好整体推进和重点突破的关系。注重系统性、整体性、协同性是全面深化改革的内在要求,也是推进改革的重要方法。坚持整体推进,统筹谋划,深化改革各个方面、各个层次、各个要素,注重推动各项改革相互促进、良性互动、协同配合，注重改革措施的整体效果，防止畸重畸轻、单兵突进、顾此失彼。整体推进、协同改革不是平均用力、齐头并进，也要注重抓主要矛盾和矛盾的主要方面，注重抓重要领域和关键环节。重要领域"牵一发而动全身"，关系到改革大局，是改革的重中之重；关键环节"一子落而满盘活"，关系到改革成效，是改革的有力支点。以这些重要领域和关键环节为突破口，可以对全面改革起到牵引和推动作用，面对改革的复杂形势和繁重任务，既抓重要领域、重要任务、重要试点，又抓关键主体、关键环节、关键节点。大力培养和使用全科医生，建立下得去、留得住、用得好的全科医生管理体制，就充分体现了医疗卫生体制改革顶层设计中的关键环节。

本案例中，十九届中央全面深化改革领导小组第一次会议于2017年11月20日审议通过了《关于改革完善全科医生培养与使用激励机制的意见》，并于2018年1月24日颁布实施，这其实是针对农村和基层的需要及全科医生相对不足的现状，从顶层设计、整体推进来加速培养全科医生。党的十九大报告明确指出，要加强基层医疗卫生服务体系和全科医生队伍建设。为了增加全科医生的队伍建设，在顶层设计和整体推进方面加大全科医生的来源：一是加强全科医学学科建设，支持认定为住培基地的综合医院独立设置全科医学科，与基层实践基地联合培养全科医生，扩大全科专业住院医师规范化培训招收规模；二是定向培养，实施助理全科医生培训和农村订单定向免费培养；三是拓宽全科医生转岗培训实施范围，鼓励部分二级、三级医院的临床医生，经过量身订制的转岗培训，增加注册全科专业。国家先后出台了一系列促进全科医生发展的政策和措施。为了使基层能够更好地"留得住"全科医生，实行激励机制，不仅要提供有吸引力的待遇，而且要提供职业发展的前景，在职称晋升、高级专业技术岗位设置、社会荣誉等方面都有一些实质性举措，很大程度上能解决面向基层、面向社区、面向家庭的全科医生缺乏的问题。

案例启思

1. 国家在培养全科医生方面采取了哪些措施？
2. 在全面深化改革过程中，要正确处理好哪些关系？

教学建议

本案例通过中央全面深化改革领导小组出台《关于改革完善全科医生培养与使用激励机制的意见》，了解发展壮大全科医生的重要措施及激励机制，从而使学生明晰在全面深化改革中要把握顶层设计、整体推进与重点突破等之间的重大关系，明确全科医生的培养、使用和制度改革对我国医疗事业发展的

第十一章 "四个全面"战略布局

重要意义，也有助于医学生把握未来职业发展的前景。

适用于第二节"全面深化改革"之"正确处理全面深化改革中的重大关系"。

▶ 案例八 "厚德行医"的徐克成

有人把医生分为三重境界：第一重叫治病救人，就是能看好病；第二重叫人文关怀，就是不仅能看好病，还有悲天悯人之心；第三重就是进入病人的灵魂，成为他们的精神支柱。广州复大肿瘤医院总院长徐克成，就是这样一位医生。

彭某是个卵巢癌患者，肿瘤和积液造成她的肚子很大。如今的彭某健康、阳光、快乐。她说，她能有今天，是因为遇到了恩人徐克成，他是"在心里我经常喊他爸爸的一个人，我得病的时候是徐院长给了我重生的机会"。

6年前，在湛江打工的彭某患上了卵巢癌。因为没有钱治病，26岁的彭某放弃了治疗，绝望地等待着死亡的到来。两年间，她的病情不断加重，肚子一天比一天大，只能坐，不能卧，并且开始出现濒死的症状。

2009年12月19日，徐院长到湛江市开展义诊活动，一些好心人把彭某带到了徐院长的面前。了解了彭某的情况后，徐院长做出一个决定：一定要救她。

第二天，广州复大肿瘤医院的救护车把她接到了广州。徐院长请来各方面的专家为她会诊，制订了周密的手术方案。2010年1月12日，彭某被推进了手术室，她做梦都没有想到还会有重生的机会，既紧张又激动。

手术非常成功，医生从彭某的肚子里取出了重达55公斤的肿瘤和积液。这个身无分文的绝症患者，在徐院长的帮助下战胜了病魔，获得了新生。

徐克成是我国著名的消化病专家和肿瘤研究专家，世界冷冻治疗学会主席。他从医半个世纪，始终把厚德行医作为自己的座右铭。他常和身边的人说，医生看到病人，不要先关心他有没有钱看病，而要先看看自己能不能把病人治好。2001年，徐克成创建了广州复大肿瘤医院以后，先后救助了近300

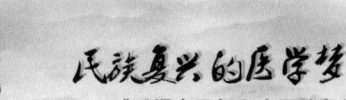

——《毛泽东思想和中国特色社会主义理论体系概论》
（2018年版）教学案例集

名贫困病人，减免治疗费用近 500 万元。

广州复大肿瘤医院李海波说："徐院长经常对我们这些年轻人讲，作为一个医生，一定要有职业的良心，不论病人的身份怎样，是贫贱还是富贵，只要他有一线生的希望，就要付出百分之百的努力去帮助他们。"

江某是广东省一家卫校助产士专业的学生。2006 年 2 月的一天，江某的哥哥带着 12 岁的她来到广州复大肿瘤医院求医。她的右脸上长了一个巨大的瘤子，将右眼完全压住了。

当时，徐院长自己刚刚做了肝癌手术，伤口还没有愈合。他不顾医生护士的劝阻，坚持要亲自给江某做检查，并且让江某立即住院，准备动手术。江某只有 1000 元，住不起院，徐院长说，现在是人命关天，不要讲究钱，钱以后再说。

江某得的是恶性纤维肿瘤，在徐院长的主持下，不但成功地为江某做了肿瘤切除手术，还保住了她的右眼视力。江某出院后，徐院长依然关心着这位小患者。在徐院长的努力下，江某终于圆了上学的梦。2013 年，徐院长又多方募捐了 15 万元，为江某做了整形手术。

广州复大肿瘤医院院长牛立志说："我觉得他内心有一种大爱，有一种对病人深深的感情，他把病人当恩人，因为医生只有通过病人才能提高自己，这是徐院长对我们的告诫。"

2014 年，徐克成 74 岁，8 年前，他患了肝癌，做了手术，但是，他仍然忘我地工作。他觉得，为了患者，他还有很多事情要做，还有很多事情可以做。他说："生命对于我来讲不会太长时间了，我希望在有生之年能把自己的经验、知识贡献给社会，首先带好我医院的团队，其次是不断地给病人做更多的事情，让我这一辈子不感到遗憾。"

徐克成说，他把患者看作是兄弟姐妹，甚至有同病相怜的感觉。在患者眼里，这样的医生是最值得信任和尊敬的。徐克成"厚德行医，医德共济；真心播爱，爱心永存"。如果我们的医患之间，都能像徐克成和他的患者一样，互相理解、支持、感恩，就能共同面对疾病。

案例出处

《厚德行医　医德共济》，见央视网《焦点访谈》，2014 年 5 月 29 日，http://news.cntv.cn/2014/05/30/VIDE1401398642036584.shtml。（有删改）

案例解析

法安天下，德润人心。中国特色社会主义法治道路要坚持依法治国和以德

治国相结合。法律是成文的道路，道德是内心的法律，它们都具有规范社会行为、调节社会关系、维护社会秩序的作用。两者结合是治国理政的真谛，法律的有效实施有赖于道德支持，道路践行也离不开法律约束。治理国家、治理社会必须一手抓法治，一手抓德治，实现法律和道德相辅相成，法治和德治相得益彰。一方面，发挥好法律的规范作用，以法治体现道德理念，强化法律对道德建设的促进作用；另一方面，充分发挥好道德的教化作用，以道德滋养法治精神，强化道德对法治文化的支撑作用。

德法互济是治国理政之道。对于医疗卫生领域的改革，不仅要法治，更要德治。在医院管理中，一方面，发挥好法律的规范作用，以法治体现道德理念，强化法律对道德建设的促进作用；另一方面，充分发挥好道德的教化作用，以道德滋养法治精神，强化道德对法治文化的支撑作用。当前，面对市场经济大潮和金钱至上的负面价值观影响，医院存在着有病没钱莫看病、没钱欠费马上停药、赶出医院等现象。医院救死扶伤、生命至上的公益性有弱化的趋势。在本案例中，徐克成是我国著名的消化病专家和肿瘤研究专家，世界冷冻治疗学会主席。他从医半个世纪，始终把厚德行医作为自己的座右铭。身无分文的打工妹彭某患有绝症，放弃治疗，等待死亡，然而她在徐克成的帮助下战胜了病魔，获得了新生。徐克生还常给穷困患者募捐，先后救助了近300名贫困病人，减免治疗费用近500万元。更难能可贵的是，他自己身患肝癌，还尽力去救助其他患者，把他们当成兄弟姐妹，同病相怜，共同面对疾病。他常说，医生看病人，不要先关心病人有没有钱看病，而要先看看自己能不能把病人治好。他把救死扶伤作为至高价值，体现了他高尚而难能可贵的医德。我国著名医学家、现代外科之父裘法祖说："德不近佛者不可以为医"，"才不近仙者不可以为医"。德要近佛，是说医生职业不应以名利为目标，而应以人的生命健康、救死扶伤为最高职业价值，向善而为；才要近仙，是说医生职业应追求"妙手回春""起死回生"的职业能力。裘法祖的名言对医生职业能力和职业道德都提出了非常高的要求，这对于加强医德医风建设，缓解医患矛盾都具有重要的启示。治病救人、人文关怀和道德示范能使医患关系达到应有的和谐与亲密，能够进一步与依法治国相协调，促进我国医疗卫生事业的良性发展。

案例启思

1. 医生职业的三重境界是什么？这三重境界体现了怎样的医患关系？
2. 依法治国与以德治国的关系是什么？

——《毛泽东思想和中国特色社会主义理论体系概论》
（2018年版）教学案例集

🎤 教学建议

本案例通过广州复大肿瘤医院总院长徐克成的医德故事，揭示医者的三重境界，让医学生深刻感受到一个医学专家"厚德行医，医德共济"的道德垂范作用，深化了对依法治国与以德治国关系的认识，明确医德医风建设既要靠法治外在的力量约束，也要靠内在的道德修为，进而自觉树立正确的世界观、人生观和价值观。

适用于第三节"全面依法治国"之"中国特色社会主义法治道路"。

▶ 案例九　法医秦明：用刑侦小说普法的"网红"

 案例

2016年11月11日，"宪法的精神　法治的力量——CCTV 2016年度法治人物评选活动及颁奖礼"在北京梅地亚中心举行新闻发布会。会上公布了25组2016年度法治人物候选人的个人事迹。从11月11日至12月4日，25组候选人的人物宣传片将在各个平台进行播放。

秦明，1981年1月生于安徽省铜陵市，毕业于皖南医学院，现任安徽省公安厅物证鉴定管理处法医病理损伤检验科科长，副主任法医师。他是《尸语者》系列小说作者，是一名帮网友排忧解难、与网友热情交流的法医"老秦"。从法医先锋到网络作家，他用小说让人们逐渐了解法医乃至整个公安群体，他以科学技术的力量让人们感受到了法律的公平正义。

2005年，获得医学和法学双学士的秦明考入安徽省公安厅，每每走进解剖室和案发现场，秦明与同人都在见识着这个社会不为人知的一面。曾因长期工作在尸菌聚集的空间，患上了角膜溃疡。2010年，蒙城县发生一起灭门案件，那是秦明第一次主持大要案件的法医工作。在师傅的帮助下，他顺利明确了案件性质，提取了两名犯罪嫌疑人的DNA数据，为破案提供了重要线索。

2012年春节，秦明开始在网络上更新小说，把自己经历的通过法医技术指导破案的案例进行改编创作。秦明在写作上定了"四项基本原则"：以真实案例为蓝本、以崇尚科学为基础、不哗众取宠、突出正能量。作者就像一位导

师，告诉读者在日常生活之外，还有另一种真实。到目前为止，秦明已出版法医系列小说 5 部，法医科普图书 1 部，颇受广大读者热捧。

法医的工作繁重且艰辛，但秦明还是会抽出时间通过博客、微博与网友进行沟通和交流。在他的个人微博上，经常有人咨询他很多专业问题，也有人询问他对热点案件的看法。秦明就在网上发帖，论述自己对热点案件的推断。因为他耐心与网友交流，帮助他们解决难题，网友亲切地叫他"老秦"。2016年，随着白银案告破、雷洋案死因鉴定意见公布等重大事件，法医——这个让尸体说话的神圣职业，受到了人们前所未有的关注。在案发现场，嫌犯留下了足印、指纹、精液、DNA 等各种身体特征线索，而仅仅靠着这些线索，在案件侦破进程中，为案件侦破做出巨大贡献的，一定少不了法医。对于法医这个行业，人们大多只知道他们每天和死人打交道，对于工作细节，了解却少之又少。但就是这样一群人，他们让一具具冰冷的尸体"会说话"，说出了自己死亡的真相，揪出幕后黑手。

"法医秦明"个人微博自 2011 年 4 月注册以来，已拥有 341 万粉丝量，这让秦明在新媒体时代有着强大的影响力和号召力。微博和写书给秦明带来了名气，但他从没忘记自己的初衷：让更多人了解法医及广大公安干警的辛苦和卓越，普及法医学知识。

秦明的个人微博被公安部表彰为"成效突出的民警个人工作微博"，还获得"安徽最具影响力政府个人微博"、新浪网"最具影响力的政法公职人员 TOP 20"等称号。

案例出处

《CCTV 2016 年度法治人物候选人：秦明》，央视网，2016 年 11 月 11 日，http://news.cctv.com/2016/11/11/ARTIRelE7nNQqvTvEKrmqz9b161111.shtml。

案例解析

全面依法治国是关系我们党执政兴国、人民幸福安康、党和国家长治久安的重大战略问题，是"四个全面"战略布局的重要组成部分。党的十八大明确提出，"加快建设社会主义法治国家"，把"全面推进依法治国"作为政治改革与政治发展的重要目标和重要任务。党的十九大也提出，全面依法治国是中国特色社会主义的本质要求和重要保障。全面依法治国必须坚持厉行法治，推进科学立法、严格执法、公正司法、全民守法，推进中国特色社会主义法治体系建设，全面深化依法治国实践。党的十九大强调，在全面深化依法治国实践中要让人民群众在法治社会中感受到公平正义，同时要加

民族复兴的医学梦
——《毛泽东思想和中国特色社会主义理论体系概论》
（2018年版）教学案例集

大全民普法力度，建设社会主义法治文化，树立法治观念，任何组织和个人都不得有超越宪法法律的特权，绝不允许以言代法、以权压法、逐利违法、徇私枉法。

  公平正义是人类社会追求的基本价值，如果社会的冤假错案存在并多发，不仅会损害人民群众对公、检、法等司法机关的信任，而且会损害人民群众对法律的信任，进而丧失对党和政府的信任，使法律问题上升为政治问题。当前，由于法治体制还不完善，还存在着司法中忽视证据收集、简化诉讼程序、弱化公检法之间的制约等问题，因此，必须全面推进依法治国，推进中国特色社会主义法治体系建设。在本案例中，通过2016年度法治人物秦明的事迹，从法医的视角生动反映了全面依法治国的实践。法医是维护司法公平正义的"压舱石"。法医通过科学的检测为事实的确定提供了铁证，进而对案例的定罪与量刑提供了科学的依据，在最大程度上避免了冤假错案的发生。法医不仅要通过到现场收集各种物证，还要通过调查走访搜集破案线索、获取人证；不仅要通过尸检发现死者死亡的真正原因，而且要通过细致的观察和缜密的思维进行逻辑推演和合理的想象，进而推动破案工作进展。因此，法医可以称得上是现代的"福尔摩斯"。正是法医在破案中所起的重大作用，让秦明真正明白了"法医"这两个字的含量，不断强化从事法医工作的职业价值与社会责任，正如他所说："一双鬼手，只为沉冤得雪；满怀佛心，唯愿人间太平。"秦明还通过刑侦网络小说和个人博客、微博答疑等方式，吸粉数百万。《法医秦明》被改编为热播电视剧，秦明被带到公众视野之中，成为地道的"网红"，让法医——这个让尸体说话的神圣职业，受到了人们前所未有的关注。秦明利用新媒体强大的影响力和号召力，加大全民普法力度，宣扬社会主义法治文化。到目前为止，他已出版法医系列小说5部，法医科普图书1部，颇受广大读者热捧。秦明在写作上定了"四项基本原则"：以真实案例为蓝本、以崇尚科学为基础、不哗众取宠、突出正能量。他希望更多的人了解法医及广大公安干警的辛苦和卓越，增强守法意识。

案例启思

1. 法医对于实现司法领域的公平正义有什么作用？
2. 深化依法治国实践的重点任务是什么？

教学建议

本案例通过"网红"法医秦明的故事，揭示法医工作在司法工作中的地

位与作用。法医以科学技术作为后盾,为司法工作提供了铁一样的证据和事实,进而为实现司法工作的公平正义提供了科学的基础。通过法医这一职业,让学生了解"以事实为依据,以法律为准绳"的司法原则,领悟司法正义的社会价值及依法治国的重大意义,从而明确全面依法治国的主要内容及深化依法治国实践的重点任务,自觉树立法治观念,并积极开展法治宣传与普及工作。

适用于第三节"全面依法治国"之"深化依法治国实践的重点任务"。

第十二章 全面推进国防和军队现代化

▶ 案例一 海军军医大学用新思想指引转型发展

 案例

党的十九大鲜明确立习近平强军思想,为实现党在新时代的强军目标、把人民军队全面建成世界一流军队提供了根本引领和科学指南,为军队院校在新起点上建设发展指明了方向。

海军军医大学是在改革强军进程中归建海军的院校,面对转型发展、迈向深蓝的历史机遇期,校党委要紧紧抓住、牢牢把握,用习近平强军思想统领办学定位、办学理念、办学思路,加快推进转型发展,向着建设世界一流军事医学名校不断迈进。

人民海军忠于党,舰行万里不迷航。海军军医大学担负着建设强大现代化海军卫勤的光荣使命,培养的是在关键时刻冲得上、救得下、治得好的白衣战士,坚定听党指挥、维护核心的政治自觉,既是培养合格人民军医的根本政治要求,更是建设一流军医大学的根本政治保证。我们要坚决维护习近平核心地位,深刻感悟习近平推进改革强军和领导海军建设取得的巨大成就,带领全校官兵自觉强化"四个意识",主动跟上习近平的思想步伐,始终带着信仰,带着忠诚,带着感情,带着使命,学习领悟习近平系列重要讲话精神。当前要按照学深悟透、细化落实的要求,组织全校各级深入学习贯彻党的十九大精神和习主席强军思想,切实把党的十九大的新理念、新部署、新要求贯穿于办学治校育人的全过程,落实到教学、医疗、科研等各个领域,切实用习近平强军思想武装官兵头脑,坚定全校官兵投身强军征程、矢志建功深蓝的信心,从思想

第十二章 全面推进国防和军队现代化

上、政治上、行动上把好学校建设发展的根本航向。

学习贯彻习近平强军思想,全校上下当前最紧要的是贯彻落实好习近平主席关于海军建设的重要论述和指示要求。我们要以光荣加入海军序列、迎来改革重塑为契机,聚焦服务海军卫勤建设的主责主业,瞄准海军医学人才培养和卫勤保障需求,谋划好学校教、医、研、战"四位一体"的全面转型发展。培养和输送军事医学人才是军医大学的中心任务,校党委要始终围绕培育"绝对忠诚、技术精湛、国际视野、海洋情怀、作风过硬"的军事医学人才下功夫、使长劲。特别是要着眼新型海军医学人才培养需求,深化课程体系改革,健全适应"三位一体"人才培养模式的教学培养体系;着眼现代海战发展新要求,突出新型作战理念卫勤建设的关键重点,加强救治模式创新,提升服务部队战备训练卫勤保障能力;着眼靠拢部队的要求,牢固为兵为战服务理念,主动深入海军一线部队,更加优质高效地做好为兵服务工作;着眼海军转型发展的卫勤需求,加强调研和针对性创新研究,在保障海军官兵方面推出一批实际管用的新成果,积极打造海洋军事医学研究高地,努力将海军军医大学建成逐梦海天的强军先锋。

案例出处

孙颖浩、朱明哲:《迈向世界一流军医大学》,载《光明日报》2017 年 12 月 11 日,http://epaper.gmw.cn/gmrb/html/2017-12/11/nw.D110000gmrb_20171211_2-08.htm。(有删改)

案例解析

习近平强军思想深刻回答了"新时代建设一支什么样的强大人民军队、怎样建设强大人民军队"的时代课题。强国必须强军,巩固国防和强大人民军队是新时代坚持和发展中国特色社会主义,实现"两个一百年"奋斗目标、实现中华民族伟大复兴的战略支撑,必须努力建设与我国国际地位相称、与国家安全和发展利益相适应的坚固国防和强大军队。党在新时代的强军目标是建设一支听党指挥、能打胜仗、作风优良的人民军队,必须同国家现代化进程相一致,全面建设世界一流军队。军队是要准备打仗的,必须聚焦能打仗、打胜仗,创新发展军事战略指导,构建中国特色现代作战体系,全面提高新时代备战打仗能力,有效塑造态势、管控危机、遏制战争、打赢战争。强军必须推进军队组织形态现代化,构建中国特色现代军事力量体系,完善中国特色社会主义军事制度;必须坚持向科技创新要战斗力,统筹推进军事理论、技术、组织、管理、文化等各方面创新,建设创新型人民军队。

民族复兴的医学梦
——《毛泽东思想和中国特色社会主义理论体系概论》
（2018年版）教学案例集

党的十九大鲜明确立习近平强军思想，为实现党在新时代的强军目标、把人民军队全面建成世界一流军队提供了根本引领和科学指南，为军队院校在新起点上的建设发展指明了方向。在本案例中，转型后的海军军医大学在新思想的指引下谋发展，用习近平强军思想武装官兵头脑，担负起现代化海军卫勤的光荣使命，坚定全校官兵投身强军征程，坚定听党指挥，维护政治核心，矢志建功深蓝，培育"绝对忠诚、技术精湛、国际视野、海洋情怀、作风过硬"的军事医学人才，从思想上、政治上、行动上把好学校建设发展的根本航向，谋划好学校教、医、研、战"四位一体"的全面转型发展，积极打造海洋军事医学研究高地，努力将海军军医大学建成逐梦海天的强军先锋。这是习近平强军思想的具体体现。

案例启思

1. 建设世界一流军医大学的根本政治保证是什么？
2. 习近平强军思想的主要内容是什么？

教学建议

本案例通过海军军医大学转型后以习近平强军思想为指导，谋求成为世界一流军医大学的蓝图，使学生明确坚定听党指挥、维护核心的政治自觉，是培养合格人民军医的根本政治要求，也是建设一流军医大学的根本政治保证。通过海军军医大学的蓝图规划，能够具体而深入地理解习近平强军思想的主要内容，对其中的一些重要方面能够较为全面地把握，从而对走中国特色的强军之路有深刻的领悟。

适用于第一节"坚持走中国特色强军之路"之"习近平强军思想"。

▶ 案例二　解放军总医院的"军医院士群"

案例

坐落在京城西郊的解放军总医院是集医疗、保健、教学、科研于一体的现代化综合性医院，是高层次医学人才聚集地，也是诠释允忠允诚、至精至爱、

第十二章 全面推进国防和军队现代化

悬壶济世、杏林春暖等词汇的最佳案例集中地……

作为全国百佳医院、全国百姓放心医院，几十年来，解放军总医院的专家和教授们，行仁爱之医术，倾奉献之大爱，以人民医生的名义捍卫着呵护生命事业的神圣和尊严。在这些专家教授的行列中，7位德高望重、医术精湛的中国工程院院士，挺身站立在排头，扛起救死扶伤的一片蓝天。

他们是耳鼻喉科专家姜泗长（已故）、烧伤整形专家盛志勇、肝胆外科专家黄志强、老年心血管病专家王士雯、骨科专家卢世璧、肾脏病专家陈香美、创伤研究专家付小兵。这个"军医院士群"有着鲜明的特点：他们共同扎根解放军总医院，占全军医院两院院士总和的近半数，是国家医学领域的领军人物，在各自学科领域创造了优异成就，获得数百项国家和军队科技进步一、二等奖，在全国、全军医学领域具有较高的知名度和良好的社会口碑，形成了一个特别有创造力、有号召力、有影响力的院士群体。

"军医院士群"是解放军总医院广大医护工作者的缩影和标兵，是履行当代军人核心价值观的楷模。在他们身上，我们看到的是由党员、军人、院士、医生四种身份共同合力所组成的军医形象，从他们的行动中，我们看到了他们用忠诚、拼搏、大爱、奉献所铸就的一面旗帜、一座高峰、一颗仁心和一架人梯。

共产党人无论在哪里，都应是一面旗帜。军人走到哪里，旗帜就应该插到哪里。"军医院士群"是医生，是院士，但首先是党员，是军人。他们政治坚定，牢记宗旨意识，从医报国信念始终坚定不渝，他们把人生的志向和价值的实现，根植于自己对祖国的深爱之中，以自强不息、勤奋不已、终身奉献的精神，立志要把自己毕生的精力和智慧奉献给祖国的医学事业，这个信念支撑着他们一生的理想和追求。

战场上，他们是最勇敢的战士。信念是人的精神支柱，理想是事业腾飞的翅膀。盛志勇院士先后参加抗美援朝、中印边境作战和对越自卫反击战，不顾个人安危，穿越崇山峻岭、冒着炮火硝烟抢救受伤战士。在前线，他深入达旺等地，在西藏军区总医院不分昼夜接待治疗一批又一批伤员，给前线指战员带去了生命的希望，也给伤员们传递了勇气、信心和关怀……

为了掌握第一手战伤救治的资料并进行深入的研究，1987—1989年，付小兵院士先后四次深入云南、广西前线参加战伤救治和调查。在老山前线，他目睹了一个个鲜活的生命从眼前消失，受到了极大震撼，更体会到了每个人生命的宝贵、医生责任的重大、军人使命的神圣。当一名受伤战士因为清出弹头而失血过多，迫切需要输血，但是，战场救护缺少足量的O型血液储备时，几天忙于救治没有合眼的付小兵撸起了衣袖，他说："我是O型血，抽我的！"

民族复兴的医学梦
——《毛泽东思想和中国特色社会主义理论体系概论》
（2018年版）教学案例集

小战士得救了，欣慰的笑容浮现在付小兵的脸庞上……

危难关头，他们冲在最前沿。2008年5月12日，国殇之时，中华大地遭遇了猝不及防的四川汶川特大地震。在灾区救治一线的白衣战士中，你会发现一位戴着助听器、拄着拐杖的长者。他就是解放军总医院骨科教授卢世璧。卢世璧院士先后参与过1966年河北邢台大地震、1975年辽宁营口大地震、1976年河北唐山大地震的灾后救治工作。在每一次的危难时刻，他总是奋不顾身，没日没夜地抢救伤员，哪里有危险，就出现在哪里，哪里有需要，就战斗在哪里。他说："我虽然是一名院士，但更是一名战士。当国家有灾、人民有难的时候，作为白衣战线上的一名老兵，当然要冲在最前沿。"

同样，在汶川特大地震救灾第一线，还看得见肾脏病学专家陈香美的身影，她亲临都江堰救治病人，每天都要忙到半夜……陈香美院士是在一个会议上接到中央军委和中国人民解放军总后勤部（简称"总后"）命令之后，没有来得及回家，也没有做任何的准备，就直奔机场，立即赶赴四川参加医疗救治工作。作为一名军人，她用行动诠释着"忠诚于党、热爱人民、报效国家、献身使命、崇尚荣誉"的当代革命军人核心价值观。

危险时，他们是迎着危险去的人。医生，是生命的守护神，在危难时刻，医生更是将绝望化为希望的指路明灯。"非典"期间，人们谈"非"色变，尽管王士雯院士患有严重的颈椎病，又刚刚做完中耳修补术，却仍然向医院党委递交了请战书，像战士一样进入了临战状态，她不仅把自己的知识和技术全部贡献了出来，既上报防治"非典"建议，又亲自担任队长，拟定支援一线医疗队、二线医疗队队员的名单，还坚守在治疗"非典"病人的最前线。有个病人咳嗽吐痰，她不畏风险，竟伸手接住，让病人感动不已。有很多次，她是从病房直接到机场，出差归来又从机场到病房。一位患者因多器官衰竭、呼吸、心搏骤停，在来不及插管的危急时刻，王士雯院士立即对患者实施口对口人工呼吸，经过长达一小时的抢救，患者转危为安。这个时候，王士雯院士全然忘记了自己的安危，"因为自己害怕危险而失去赢得患者生命的宝贵机会，作为医务工作者，是不能原谅的，即使自己有危险，为了救人也顾不了这么多了"。在这一时刻，所有人看到了解放军总医院院士的崇高境界，体会到了什么样的医生才是真正的"生命守护神"。

成昆铁路建设时，为了抢救受伤战士，盛志勇院士不顾个人安危，将个人生死置之度外。由于西南山区地质结构复杂，在一次紧急抢救过程中，山洪冲毁了必经的木桥，盛志勇院士只能依靠一条钢索，吊着滑轮，绑上木板，滑过了深涧。

关键时刻，他们的信念与忠诚就是指路的明灯。理想信念点燃生命火花，

第十二章　全面推进国防和军队现代化

一片丹心书写赤诚忠诚。"志向和人生价值，必须根植于对祖国的热爱。"黄志强院士的这句名言是赤子之心的真实写照。"军医院士群"的7位院士以对党的无限热爱，对党的无限忠诚，把自己的一切都奉献给了国家的医疗事业。

作为获得日本北里大学医学博士学位的第一位外国女研究生，陈香美院士毅然婉拒日本方面提供的高薪和优厚条件，执意回到祖国，还把省吃俭用买的及老师赠送的价值10万余元的实验器材和试剂，全部无偿地献给了祖国的肾病事业。她说："人活着就要有信念，就要树立为祖国为人民服务的思想。"

付小兵院士在西班牙做访问学者期间，因其突出的业务能力而被3名著名的西班牙教授联名推荐在职申请西班牙国家医学博士学位。获得博士学位之后，他的导师希望他留在西班牙继续工作。论及科研条件和硬件设施，付小兵深知西班牙的研究条件要高于国内，但是，他更深深明白，祖国的医学事业更需要他，人民的生命安全也更需要他，他婉言谢绝了导师的挽留，按时回到了祖国的怀抱。

1947年，盛志勇院士成为我国第一位在国外专门学习实验外科学的年轻学者。在美国得克萨斯州州立医学院外科研究室进修的他，虽然身处异国他乡，却心系故土、心系祖国，他经常会想起"上医医国、中医医人、下医医病"这句名言，并以此鞭策自己定要以报效祖国之心努力学习钻研西方医学理念。1948年，盛志勇院士的研修期满，美国导师希望他能够留下来，三次询问他："你为什么非要回中国，难道这里不好吗？凭你的本事在这里前途无量！"在婉拒导师的挽留后，他毅然于新中国成立前夕经过十几天的海上颠簸返回了魂牵梦绕的祖国。

案例出处

王继荣、罗国金、王佳斌：《"军医院士群"忠诚精爱铸就"四个一"》，中国广播网，2011年6月19日，http://mil.cnr.cn/ztl/jyysq/zxx/201106/t201106019_508113762.html。（有删改）

案例解析

推进强军事业，必须毫不动摇地坚持党对军队的绝对领导，确保人民军队永远跟党走。人民军队的原则是"党指挥枪"，决不容许"枪指挥党"，这是人民军队完全区别于一切旧军队的政治特质和根本优势。有了党的领导，人民军队前进就有方向、有力量，党的领导是人民军队战无不胜的根本保证，是人民军队本质和宗旨的根本保障，是在血与火的革命岁月中得出的颠扑不破的真理。人民军队必须牢牢坚持党对军队的绝对领导，把这一条当作人民军队永远

民族复兴的医学梦
——《毛泽东思想和中国特色社会主义理论体系概论》
（2018年版）教学案例集

不能变的军魂。任何时候任何情况下都以党的旗帜为旗帜、以党的方向为方向、以党的意志为意志，对党忠诚。党对军队的绝对领导，其基本内容是军队必须完全无条件地置于中国共产党的领导之下，在思想上、政治上、行动上始终与党中央、中央军委保持高度一致，坚决维护党中央、中央军委的权威，任何时候任何情况下都坚决听从党中央、中央军委指挥。

在本案例中，解放军总医院有7位德高望重、医术精湛的中国工程院院士，形成了"军医院士群"，分别是耳鼻喉科专家姜泗长（已故）、烧伤整形专家盛志勇、肝胆外科专家黄志强、老年心血管病专家王士雯、骨科专家卢世璧、肾脏病专家陈香美、创伤研究专家付小兵。他们不仅在各自学科领域创造了优异成绩，而且还是履行当代军人核心价值观的楷模。他们有党员、军人、院士、医生四种身份，但是，党员身份始终是第一位的。他们始终高扬军人党员的本色，政治坚定，牢记宗旨意识，听党指挥，从医报国信念始终坚定不渝，为党和人民终身奉献，用自己毕生的精力和智慧服务于军队和医学事业，用忠诚铸造鲜红的党旗。在战场的前线、在抗洪抢险的危急时刻、在抗击"非典"的第一线、在祖国建设的前哨站，总是会看到他们救死扶伤的身影。当祖国和党的事业需要他们的时候，他们总是能够毅然决然放弃优厚的待遇，投身到党和祖国需要他们的工作中去。"军医院士群"的7位院士以对党的无限热爱，对党的无限忠诚，把自己的一切都奉献给了国家的医疗事业，造就了人民军队为党和人民冲锋陷阵的坚定意志。

案例启思

1. 人民军队战无不胜的根本保证是什么？
2. 党对军队的绝对领导的基本内容是什么？

教学建议

本案例通过解放军总医院7位院士对党忠诚、无私奉献的事迹，使学生了解"党指挥枪"是人民军队的根本原则和制度，其主要内容就是要在思想上、政治上、行动上始终与党中央、中央军委保持高度一致，军队要无条件服从党的领导，以党的意志为意志，从而使学生明确党对军队的绝对领导是人民军队永不能变的军魂，也由此生发出增强"四个意识"、做到"两个维护"的自觉。

适用于第一节"坚持走中国特色强军之路"之"坚持党对人民军队的绝对领导"。

第十二章　全面推进国防和军队现代化

▶ 案例三　陆军军医大学开展核应急医学救援联教联训演练

案例

近日，陆军军医大学在该校陆军卫勤训练基地组织开展实战化核应急医学救援教学演练。核应急医学救援培训班学员、该校国家核应急医学救援分队及技术支持中心、野战医疗所、陆军合成某旅防化连共同开展联教联训。

从严从难，贴近实战。此次演练聚焦"核应急医学救援的组织实施"这一课题，从背景导入、科目设置、伤情演化、装备装具操作、批量伤员投入等方面突出实战化。辐射损伤、冲击伤、烧伤、复合伤……携带疑难伤情的模拟伤员批量"冲击"救援部队，救援人员在紧张的实战氛围中展开各项操作。陆军合成某旅助理员刘前进说："我们从来没有参加过这种带实战背景、紧急救治批量伤员的演练，对于指导我们基层部队，提高核应急条件下的救治能力和保障水平十分必要。"

演练创新运用嵌入式组训方式，教员与学员联合编组，院校与部队联教联训，核应急医学救援分队与野战医疗所联合开设救治机构，共同完成卫生防护与自救互救、伤员现场救治等一级处置阶段科目，带污重伤员早期救治、远程会诊等二级处置阶段科目，后方医院疑难放射复合伤伤员专科救治、国家级核应急医学救援技术支持中心技术指导等三级处置阶段科目。

演练实行静态桌面推演与动态实兵演练相结合、演练评估与教学研讨相结合，根据作业程序、技术操作、实施质量、情况处置等方面的评估情况，开展复盘研讨，进一步总结联教联训经验成果，探索新编制体制下陆军核应急医学救援组织实施的特点规律、模式方法。

据悉，该校拥有国内建立最早、学科专业最齐全的核化生医学学科，并在我国防原医学的奠基人和开拓者程天民院士带领下，创建了我国唯一的复合伤研究所，建成了以国家重点实验室为代表的创新研究平台，在核辐射生物效应、核辐射现场检测与评价、抗辐射新药研究及核突发事件应急处置等领域取得突破性成果。2015年9月，国家核应急医学救援技术支持中心和国家核应

急医学救援分队同时在该校挂牌,成为我国核应急准备与响应国家能力体系的首批成员单位。

案例出处

胡红升、裴希婷:《陆军军医大学开展核应急医学救援联教联训演练》,中国网,2018年4月2日,http://photo.china.com.cn/2018-04/02/content_50795745.htm。(有删改)

案例解析

实现中华民族的伟大复兴,必然要有"强军梦",把人民军队建设成为世界一流军队。新时代强军建设牢固树立战斗力这个唯一的根本标准,紧紧扭住能打仗、打胜仗这个强军之要,把战斗力标准贯彻到部队建设的全过程各领域,按照战斗力标准确立发展思路、实施决策指导、配置力量资源、组织军事训练、选拔任用干部、培树先进典型,切实把战斗力标准在军事、政治、后勤、装备等各项工作中确立起来。要用战斗力标准检验评价各项工作和建设,构建以强军目标为指向、以战斗力标准为核心的评价体系,无论搞建设还是抓准备,都要用战斗力尺子量一量,形成正确的用人导向、工作导向、评价导向、激励导向。尤其要坚决反对与战斗力标准不相符合的做法,切实克服危不施训、险不练兵、消极保安全等思想,要深入推进练兵备战。兵可以千日而不用,不可一日而不备。建设世界一流军队,必须始终聚焦备战打仗,全部心思向打仗聚焦,锻造招之即来、来之能战、战之必胜的精兵劲旅。

本案例中,陆军军医大学作为后期部队,着力建设保障打赢现代化战争、服务部队现代化建设、向信息化转型的后勤,此次在卫勤训练基地组织开展实战化核应急医学救援教学演练就是一次练兵演练活动。核应急医学救援培训班学员、该校国家核应急医学救援分队及技术支持中心、野战医疗所、陆军合成某旅防化连共同开展联教联训,坚持从严从难、贴近实战的原则,从背景导入、科目设置、伤情演化、装备装具操作、批量伤员投入等方面突出实战化。演练创新运用嵌入式组训方式,以国家核心安全需求为导向,树立立足现有条件打胜仗的思想,贯彻战训一致原则,坚持仗怎么打兵就怎么练,什么问题突出就解决什么问题,通过演练进一步总结联教联训经验成果,探索新编制体制下陆军核应急医学救援组织实施的特点规律、模式方法,全面提高军事训练实战化水平。这是真正向战斗力聚焦用力的典型表现。

第十二章 全面推进国防和军队现代化

案例启思

1. 提高军队建设质量效益的唯一根本标准是什么？
2. 为什么要深入推进练兵备战？

教学建议

本案例通过陆军军医大学开展核应急医学救援联教联训演练，让学生明确建设世界一流军队要牢固树立战斗力这个唯一的根本标准，通过深入推进练兵备战，扎实做好军事斗争准备，深刻理解强军建设要牢固树立随时准备打仗的思想，通过深入推进练兵备战来不断提升战斗力，为实现中国梦、强军梦提供强大物质技术支撑。

适用于第一节"坚持走中国特色强军之路"之"建设世界一流军队"。

案例四　让中国的防原医学走在世界前列

案例

程天民是目前国内防原医学领域仅有的两名院士之一，没有留过学，他笑称是土生土长的院士。"我受培养和成长的主要是两个地方，一个是大西南的重庆高滩岩（第三军医大学所在地），一个是在大西北的新疆戈壁滩（核试验现场），都是西部地区。"

防原医学是研究战时核武器与平时核事故等伤害的发生机理与防护救治的一门学科。"我们国家不能没有防原医学。"抱着这样的信念，从1965年至1980年，程天民曾14次远赴戈壁滩参加我国核试验，成为我国著名的防原医学专家，在多方面做出了突出贡献。

程院士告诉记者，核爆炸可产生四种杀伤性因素，即光辐射、冲击波、早期核辐射和放射性沾染。如果同时或先后遭受两种以上的杀伤性因素作用，就会发生复合伤。核爆炸对人体造成的很多是复合伤，即使是常规战争，以及平时严重事故、灾难的情况下，发生复合伤的机会也是很多的。

"我们这么大的国家和军队，如果不搞防原医学，或在防原医学、创伤医

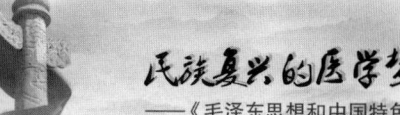

民族复兴的医学梦
——《毛泽东思想和中国特色社会主义理论体系概论》
（2018年版）教学案例集

学中不搞复合伤研究，就会在战略上留下重要缺口，一旦发生战争或严重事故，将付出巨大代价……"程天民动情地说。

如今，程天民所在的第三军医大学复合伤研究室，成为国内唯一的主要研究复合伤的单位。他们正艰难而坚定地坚持复合伤的研究方向，努力在国际复合伤领域占有一席之地。

如果说科研是枯燥的，需要非凡的耐心，那么，搞科研实验所需要的除了耐心之外，更多的还要有常人无法忍受的吃苦耐劳精神。1965年春，程天民作为第三军医大学参试分队的副队长，带领参试人员一同开进了大西北试验基地。他们傍着戈壁沙丘、丛生的骆驼刺和沙漠红柳驻扎下来。

在核爆炸前，参试人员要进行各种各样的严格训练，特别是戴防毒面具的防护训练。戴上面具，满鼻子橡皮味，夏天，汗水淋漓，闷热难耐；冬天，口中呼出的热气沿着面具结成冰凌，搞不好就堵住出气口。从驻地到爆区，要坐大卡车在搓板路上连续颠簸一百多公里，要扛住长途晕车而不发生呕吐，到达爆区还要在现场观察、抢救受伤动物，记录各种数据和变化，有时要奔走搜集被炸得七零八落的肢体，要把受伤和死亡的动物搬上车，运回实验室。

据一些参试人员说："第一次去时心情很激动，第二次感觉还可以，到第三次就不想去了。"但程天民去了14次。

多年以后回顾往事，程院士说："当你把个人的志趣、抱负与祖国、人民的需要结合在一起时，就会形成巨大的、持久的动力。"正因为如此，他们在复合伤研究领域不断取得新的进展，历经20多年，通过对1000多只狗和数千只小动物进行解剖，先后观察6万多张病理切片和其他一系列指标，总结出两类复合伤的基本病理特点，阐明了发病机制，发现了新的病理变化，并为临床诊治提出了系列的病理学依据。"放烧与烧冲复合伤的病理学研究"项目被评为国家科技进步一等奖。

一个国家可以不打核战争，但不能没有防原医学。倘若后继乏人，对于未来可能发生的核战争或核事故，我们将如何应对呢？程天民很早就意识到了这个问题，并开始着力培养接班人。

第三军医大学复合伤研究所所长粟永萍教授是程天民的第一个博士研究生。她读博士期间，爱人出国留学，孩子很小，母亲和婆婆同时病重，学业和生活的困难使她一时不堪重负，几乎想退学了事。

时任大学校长的程天民知道后，两次约她谈心，她都无勇气赴约。谁知程天民亲自找上门去了，让她把心里的苦楚彻底说出来，耐心开导。后来，他又亲自带着自己当医生的女婿给粟永萍的母亲治病，给她的研究课题出主意、找原因，帮助她一步步渡过了难关。粟永萍说："因为他，我才没退学。有人说

第十二章　全面推进国防和军队现代化

人应该有偶像，对我来说，他算是一个。"后来，粟永萍不仅顺利取得博士学位，而且很快成长起来，先后被评为总后科技金星、全国优秀科技工作者、全国有突出贡献的中青年专家。

这些年，程天民院士先后培养了 49 名研究生和博士后，其中很多人已成为新一代学科带头人。

案例出处

李国、罗陶莎、刘胜江等：《让中国的防原医学走在世界前列——记中国防原医学开拓者、第三军医大学程天民院士》，载《工人日报》2006 年 7 月 27 日。（有删改）

案例解析

党的十九大对新时代全面推进国防和军队现代化做出重大战略安排：到 2020 年，国防和军队建设要基本实现机械化，信息化建设取得重大进展，战略能力有大的提升；到 2035 年，基本实现国防和军队现代化；到 21 世纪中叶，把人民军队全面建成世界一流军队。这一部署，明确了国防和军队现代化的发展蓝图。国防和军队现代化的内在要求是科技强军。习近平指出："谁牵住了科技创新这个'牛鼻子'，谁走好了科技创新这步先手棋，谁就能占领先机、赢得优势。"当前，我军在高新技术方面同世界军事强国相比仍有较大差距，为此要坚持科技兴军，依靠科技进步和创新把我军建设模式和战斗力生成模式转到创新驱动发展的轨道上来。要加紧攻克核心关键技术，加紧提高信息网络自主可控水平，加紧在一些战略必争领域形成独特优势。要全面实施科技兴军战略，坚持自主创新的战略基点，瞄准世界军事科技前沿，加快战略性、前沿性、颠覆性技术发展，争取实现弯道超车，不断提高科技创新对人民军队建设和战斗力发展的贡献率。要加强军事人才培养体系建设，造就宏大的高素质创新军事人才队伍，形成各类人才创造活力竞相迸发的生动局面。

在本案例中，程天民是我国防原医学领域仅有的两名院士之一，他认识到科技兴军的重要性，他指出："我们这么大的国家和军队，如果不搞防原医学，或在防原医学、创伤医学中不搞复合伤研究，就会在战略上留下重要缺口，一旦发生战争或严重事故，将付出巨大代价。"他带领科研团队坚持复合伤的研究方向，忍受常人无法忍受的艰苦，发扬了我军的优良作风。为了实现科研目标，他进行了 14 次沙漠之旅，在复合伤研究领域不断取得新的进展，历经 20 多年，通过对 1000 多只狗和数千只小动物进行解剖，先后观察 6 万多张病理切片和其他一系列指标，总结出两类复合伤的基本病理特点，阐明了发

民族复兴的医学梦
——《毛泽东思想和中国特色社会主义理论体系概论》
（2018年版）教学案例集

病机制，发现了新的病理变化，并为临床诊治提出了系列的病理学依据。"放烧与烧冲复合伤的病理学研究"项目被评为国家科技进步一等奖，力争中国的防原医学走在世界的前列。为此，程天民又着力培养接班人，先后培养了49名研究生和博士后，其中很多人已成为新一代学科带头人，努力在国际复合伤领域占有一席之地。程天民院士的事迹正是科技兴军的真实写照。

案例启思

1. 新时代推进国防和军队现代化的战略部署是什么？
2. 科研与强军是怎样的关系？

教学建议

本案例通过程天民院士在防原医学的科研与培养人才的事迹，让学生了解实现国防和军队现代化、建成世界一流军队是强军的目标，科技兴军是重要举措，人才培养关系到科技创新的能力，从而深刻理解建设世界一流军队的重要内容，增强走中国特色强军之路的认识，激发医学生的时代使命感和担当感。

适用于第一节"坚持走中国特色强军之路"之"建设世界一流军队"。

案例五　福建成立首家"军民融合医联体"

案例

南京军区福州总医院与福建省第三人民医院2015年12月22日举行签约仪式，组建福建首家由部队医院与地方医院共建的"军民融合医疗联合体"。

"军民融合医疗联合体"成立后，两所医院将以技术、人才、管理、信息等为纽带，优势互补，资源共享，形成医院间整体共建、临床科室互相渗透和重点专科共同经营的全面深度合作模式。

福建中医药大学党委副书记谭卫星说，今后患者在福建省第三人民医院就可享受到南京军区福州总医院各科室专家的优质医疗服务，同时，在南京军区福州总医院也可以享受到福建省第三人民医院及福建中医药大学中医专家的诊疗服务。

第十二章　全面推进国防和军队现代化

南京军区福州总医院副院长凌小明说，通过两院优质医疗资源的整合，纵向上，省级三甲医院的人才、技术、管理等优质医疗资源向地方流动，拓展医院的服务范围，方便群众就医；横向上，发挥中西医结合的特色和优势，不断满足百姓的健康需求。

福建省第三人民医院院长陈建洪称，目前，医院已开辟100张床位作为医疗联合病区，病区的医护人员由双方共同组成并可实现双向流动，根据实际需要可与总院相关科室统一调配使用，真正实现了医护人员和医疗技术的全面对接。

福建省第三人民医院是一所集医疗、预防、康复和临床、教学、科研于一体的三级中医医院，于2011年6月经福建省卫生厅批准设置，设有国医堂门诊部、中医健康管理中心、急诊科、外科、内科等科室，还承担福建中医药大学的博士、硕士、本科生的临床教学、实习、见习任务。

案例出处

孟昭丽：《福建成立首家"军民融合医联体"》，新华网，2015年12月22日，http://www.xinhuanet.com/2015-12/22/c_1117544857.htm。（有删改）

案例解析

建设强大的国防和军队要坚持富国与强军相统一。党的历届领导人均强调经济建设与国防建设协调发展，习近平明确指出："我们要实现中华民族伟大复兴，必须坚持富国和强军相统一，努力建设巩固国防和强大军队。"富国才能强军，强军才能卫国。富国与强军，如同车之两轮、鸟之双翼，不可或缺。经济建设是国防建设的基本依托，只有国家经济实力增强了，国防建设才能有更大的发展。国防建设是我国现代化建设的战略任务，只有把国防建设搞上去了，经济建设才能有更加坚强的安全保障，同时，加强国防建设对经济社会发展也具有重要拉动作用。实践反复证明，经济建设和国防建设的关系处理不好，就会走弯路、吃苦头。新时代，我国综合国力不断上升，迈向强国之时，更要在国家总体战略中兼顾发展和安全，坚持富国和强军相统一。

走军民融合式发展路子，是实现富国和强军统一的重要途径。在本案例中，福建成立首家由部队医院与地方医院共建的"军民融合医疗联合体"，正是经济建设与国防建设协调发展的体现。军地医院通过"医联体"以技术、人才、管理、信息等为纽带，优势互补，资源共享，形成医院间整体共建、临床科室互相渗透和重点专科共同经营的全面深度合作模式，既促进了地方经济建设的发展，也促进了军队医院的发展，增强了国防建设的实力。

民族复兴的医学梦
——《毛泽东思想和中国特色社会主义理论体系概论》
（2018年版）教学案例集

案例启思

1. 富国与强军之间的关系是什么？
2. 实现富国与强军相统一的重要途径是什么？

教学建议

本案例通过福建成立首家由部队医院与地方医院共建的"军民融合医疗联合体"的详细情况叙述，启发学生思考经济建设与国防建设之间的关系，从而明确富国与强军是不矛盾的，两者之间的关系如车之两轮不可或缺，进而加深理解富国与强军之间的关系，增强走军民融合式发展路子，是实现富国和强军统一的重要途径的认识。

适用于第二节"推动军民融合深度发展"之"坚持富国与强军相统一"。

案例六　军医打造医务社工的"长征模式"

 案例

星期二一大早，第二军医大学长征医院社工部的志愿者徐巧林就来到了门诊大厅。穿上黄色的志愿者马甲，这位老人就仿佛变了一个人，洋溢着热情与爱心。几年来，她每周都会定期来这里，为患者提供医务志愿服务。

2011年成立以来，长征医院社工部带领这个闻名上海滩乃至全国的军人医务社工群体，架起医患沟通的桥梁，使病人满意度明显提升，打造了医务社工的"长征模式"！

长征医院微创外科中心主任仇明清楚记得，社工部刚刚成立后的一段时间里，社工部主任柴双带着医务社工轮番出击，介绍社工介入科室的必要性。慢慢地，他被她们的热情感染。但是，医务社工在实际工作中到底效果如何，是否符合科室实际情况和满足患者需求，他还需要进一步了解情况。

不久后，这些疑虑被一一打消。

一次，科室来了一位女患者。每次，仇明向她了解病情，她却总是避而不谈，甚至情绪激动、哭泣，而她的丈夫也是手足无措。这让他这个做了几十年

第十二章 全面推进国防和军队现代化

医生的科主任甚是尴尬。得知情况后,医务社工开始介入。他们积极与她进行接触,聊他们的家庭生活,聊他们的孩子,等等。经过多次耐心细致的沟通和交谈,女患者表达了对手术的担心和害怕。社工把信息及时反馈给仇明,并和他一起向女患者解释手术的安全性。慢慢地,女患者开始积极配合治疗。

即将出院时,女患者找到仇明,说要加入术后患者支持网络,要用自己的亲身经历来鼓励其他患者积极面对病魔。

患者的变化,让仇明等医务人员和患者们看到了医务社工的重要性,医务社工也开始越来越多地介入医院的各项工作中。

作为我国首家引入社会工作服务部的军队医院,他们从一开始就决定"不走寻常路"。

该院院长郑兴东告诉记者:"只有将社工视为医院正式工作人员,以医院的一个工作部门而存在,才能真正随着医院的建设与发展落地生根、开花结果。基于这样一种思考,我院社工部经上级批准正式纳入编制。同时,我们也成为全国医院唯一一家让医务社工走社工师专业职称的单位。"

家住黄浦区战士赵某的母亲身患直肠癌,在长征医院治疗。志愿者了解到赵某在西藏阿里守防,巡逻执勤任务繁重,就协调该院组织多学科专家联合会诊,实施最佳治疗方案,全程精心护理。手术顺利完成后,志愿者与赵某取得联系。赵某动情地说:"长征志愿者的贴心服务,温暖守防战士的心。"

近年来,该院组织、管理了一支由2000余名专家教授、心理咨询师、大学生、离退休老干部、外籍人士等各界人士组成的志愿者团队,这些志愿者成了医务社工的好帮手。志愿者们开展预防、疏导和化解医疗纠纷,服务部队官兵,营造"健康社区",为特困病患提供医疗救助,缓解医务人员压力等系列活动,提供志愿服务2.3万小时,服务对象达20万余人次。

同时,他们根据突发公共事件的分类,以门诊科工作人员、全院团员骨干青年、大学学员为基础,成立了一级、二级、三级等分级响应志愿者团队,以确保在突发公共事件中,可以有序、高效、优质地投入援助活动中。

外滩踩踏事件发生后,距离现场较近的长征医院承担了最重的抢救任务。医务社工第一时间介入,整合社会爱心资源,启动分级响应志愿者团队。救治过程中,该院没有出现一例伤病员家属因情绪不满,或不了解救治进展而与政府工作人员、警务人员、医务人员发生冲突和争执的情况。这其中,医务社工和志愿者功不可没!

碧海蓝天下,海军航空兵某师飞行员刘某、阎某驾驶战机直冲云霄。而一年多前,他们俩因为夜航训练坠机海上,送入长征医院救治。身体上的创伤治愈了,两位飞行员却出现对未来飞行恐惧等心理问题。社工部及时介入,协调

民族复兴的医学梦
——《毛泽东思想和中国特色社会主义理论体系概论》
（2018年版）教学案例集

心理专家为伤员进行心理疏导，终于使雄鹰重返蓝天。

5年来，围绕"姓军为兵"，社工部不断创新发展，形成了具有鲜明特色的为军服务模式。

"特色体现在四个'专'字上。"该院政委陈军介绍，第一个"专"是成立全国首支由军人专属人才组成的志愿者队伍；第二个"专"指为军队人员设立的专门场所、专门通道和专门的医护团队；第三个"专"是打造了专门服务于基层官兵的"红十字轻骑兵医疗小分队"；第四个"专"是关注军人家属，并为他们开展专项、专线服务。

为了实现军人看病挂号就诊"零预约"、取药住院"零等待"，该院在门诊大楼专门开辟500平方米的军人就诊专区，专家、教授坐诊，志愿者全程陪同。对于住院官兵，该院推行志愿者"一对一"温馨服务。参与服务的志愿者都是现役军人或者有过军队工作经历，能和战士们说说"心里话"的人。患者出院后，医院延伸志愿服务，建立"长征关爱热线"，实施"一对一"跟踪随访，指导治疗康复。

创新还在继续——建立"长征志愿服务关爱热线"，即志愿者对住院患者实施一对一跟踪随访服务，长征医院成为实现患者出院跟踪随访全覆盖的全国首家医院；建立"关爱使者"团队，将医师、医技、护理人员都纳入医务社工团队中，实现医务社工的本岗化、本位化发展……

案例出处

张强、吴莹、汪玉成：《军医创新"长征模式"——走近第二军医大学长征医院医务社工群体》，载《科技日报》数字报，2016年4月26日，http://digitalpaper.stdaily.com/http_www.kjrb.com/kjrb/html/2016-04/26/content_337494.htm?div=-1。（有删改）

案例解析

军民融合式发展，既是兴国之举，又是强军之策，有利于国防和军队现代化建设从经济建设中获得更加深厚的物质支撑和发展后劲，也有利于经济建设从国防和军队现代化建设中获得更加有力的安全保障和技术支持。军民融合，源于我们党的"军民结合、寓军于民"的思想，其目的就是在更广范围、更高层次、更深程度上把国防和军队现代化建设有机融入经济社会发展体系之中，做到一笔投资、双重效益，充分发挥军民融合对国防建设和经济社会发展的双向支撑拉动作用，实现经济建设和国防建设综合效益最大化。

在本案例中，第二军医大学的长征医院是引入社会工作服务部的军队医

第十二章 全面推进国防和军队现代化

院，组织、管理了一支由 2000 余名专家教授、心理咨询师、大学生、离退休老干部、外籍人士等各界人士组成的志愿者团队，这些志愿者成了医务社工的好帮手。医务社工越来越多地介入医院的各项工作中，甘当医患和社会间的润滑剂，志愿者们开展预防、疏导和化解医疗纠纷，同时服务部队官兵，围绕"姓军为兵"，形成了具有鲜明特色的为军服务模式，成立全国首支由军人专属人才组成的志愿者队伍，为军队人员设立专门场所、专门通道和专门的医护团队，打造专门服务于基层官兵的"红十字轻骑兵医疗小分队"，关注军人家属，并为他们开展专项、专线服务，提高了为军服务的质量，关心和爱护军人，也有益于军队建设。"长征模式"是我国积极推动军民融合的生动实践，站在党和国家事业发展全局的高度思考问题，敢于蹚路子、辟新径，防止了"大利大干、小利小干、无利不干"的利益倾向、"愿意融别人，不愿意被别人融"、"共享别人的资源可以，分享自己的资源不行"等不良问题和倾向，使经济建设与国防建设两者协调发展、平衡发展、兼容发展，切实做到应融则融、能融尽融，自觉在大局下行动，是推动军民整合深度发展的典范。

案例启思

1. 如何理解"军民结合，寓军于民"的思想？
2. 如何积极推动军民整合实践？

教学建议

本案例通过上海第二军医大学长征医院成立社工部，引进地方各界志愿者服务军地，打造军民整合的"长征模式"过程的论述，较为形象与直观地诠释了"军民结合，寓军于民"的思想，有助于学生理解军民整合式发展及其重要意义，从而强化对这一国家战略部署的认识，形成全国一盘棋的统一思想，为将来积极投身于军民融合发展的实践做好准备。

适用于第二节"推动军民融合深度发展"之"坚持富国和强军相统一"。

案例七 提升卫勤军民融合保障能力

加快推进军民融合深度发展,是党中央、习主席做出的重大战略部署。军队新的体制结构调整改革后,联勤保障部队特别是卫勤保障力量,作为中国特色现代军事力量体系重要组成部分和军地通用性互补性更强的战略战役支援保障力量,应积极适应新的职能使命,聚焦保障打赢要求,开创卫勤军民融合发展新格局,提升一体化联合卫勤保障能力。

树立卫勤保障军民融合深度发展新理念。中国特色社会主义进入新时代为军民融合深度发展提供了历史机遇,也提出更高的战略要求。强化抢抓机遇意识。卫勤保障建设必须切实把军民深度融合作为争取主动、实现超越的战略途径,促进军民资源一体配置、军民力量一体运用,加快构建世界一流卫勤力量。强化担当作为意识。应对我国由大向强进程中的严峻复杂挑战,需要强大的经济实力做支撑,以提高国防实力。联勤卫勤保障作为军民融合最广泛、最直接、最经常的基本力量,必须把推进军民融合深度发展作为严肃政治任务、长期战略任务,摆上位,抓到位。强化保障打仗意识。信息化战争作战节奏更快、武器威力更大、战斗杀伤面更广、卫勤保障更复杂,更需要依靠军地深度融合,充分聚合医疗卫生资源,实现超前筹划、广泛布局,快速投送、精确保障,才能不辱使命,有力支撑作战行动。

理清卫勤保障军民融合深度发展新思路。习近平主席多次强调要推动军民深度融合发展。贯彻落实习近平主席指示精神,必须深刻领会战略意图,切实理清发展思路。把准方向以引领融合。要从以军为主向军地互动转变,自觉用国防建设与经济建设协调发展思想统一认识;从市场牵引向战场主导转变,着力提高军事卫勤核心保障能力;从依靠人际关系向凭借制度机制转变,确保军地融合发展有章可循。抓住重点以带动融合。军队医疗卫生机构改革后,医疗力量规范调整、卫勤保障任务加重,应着眼结构优化、功能融合、任务衔接、技术互补要求,推动军地之间强与强联姻、精与优耦合,构建战区、责任区和任务部队三级卫勤保障力量体系。紧扣需求以拓展融合。立足平战卫勤保障需

求，建立药品药材和医疗卫生装备等军民融合保障体系，积极探索合同式、采购式、租赁式保障办法，建立社会化保障网络。加强管理以高效融合。构建军民标准化体系，构建网络条件下的医疗规范化管理体系和人财物运营精细化管理模式，增强管理效益。

构建卫勤保障军民融合深度发展新格局。把军民融合深度发展落到实处，关键是要立足共享共赢，统筹战场市场，建立科学有效的制度机制。着眼一体融合构建组织管理体制。加强军地医疗资源深度融合、集中统一领导，建立军民融合日常管理机构与支撑性技术机构。积极融入国家军民融合战略布局，搞好政策研究、规划设计和组织协调。着眼依法融合构建政策制度体系。开展专项法制教育，推动法制化管理。依法规范军队和地方医疗系统军民融合的组织领导、运行机制、责任义务、配套保障，全面提升军民融合法治化水平。着眼主动融合构建成果共享机制。建立和推广使用军民融合标准，提升军地通用程度。要注重转化，畅通军民融合下游转化渠道，合理统筹军用转民用、民用转军用两种方式，充分发挥军地资源聚势效能，促进成果转化共享，推动形成由双方主导、共同参与、依法规范、优质高效的融合局面。

案例出处

任国荃：《提升卫勤军民融合保障能力（金台点兵）》，载《人民日报》2018年6月24日第6版，http://paper.people.com.cn/rmrb/html/2018-06/24/nw.D110000renmrb_20180624_2-06.htm。（有删改）

案例解析

加快推进军民融合深度发展，是国家的重大战略部署。当前，我国军民融合发展刚进入由初步融合向深度融合的过渡阶段，因此，要加快形成军民融合深度发展格局，这就需要站在国家发展的全局高度，自觉在大局下行动，坚持全国一盘棋，切实把军民融合发展任务落实到位。一要健全体制机制，在国家层面，成立中央军民融合发展委员会，建立推动军民融合发展的统一领导，在各省（自治区、直辖市）设置军民融合发展领导机构，完善职能配置和工作机制，为贯彻落实党中央决策部署提供坚强组织保障。二要强化战略规划，把国民经济和社会发展规划、军队建设发展规划统筹起来、同步论证，以便军地各部门衔接规划重大项目；要建立专门资金渠道，落实军民融合发展资金保障；要加强督导检查，建立问责机制，强化规划刚性约束和执行力。三是要突出重点领域。推动军民融合深度发展，必须向重点领域聚焦用力，以点带面推动整体水平提升。

民族复兴的医学梦
——《毛泽东思想和中国特色社会主义理论体系概论》
（2018年版）教学案例集

本案例是解放军总医院院长任国荃少将发表在《人民日报》上关于提升卫勤军民融合保障能力的重要文章，抓住了军民融合式发展的思想精髓，提出了在卫勤领域加快推进军民融合深度发展的思路：一是树立卫勤保障军民融合深度发展新理念，卫勤要在军民融合发展中抢抓机遇、强化担当作为和保障打仗意识；二是理清卫勤保障军民融合深度发展新思路，要抓住重点以带动融合，紧扣需求以拓展融合，加强管理以高效融合；三是构建卫勤保障军民融合深度发展新格局，立足共享共赢，统筹战场市场，建立科学有效的组织管理体制、政策制度体系、成果共享机制。因此，卫勤工作使得军民融合深度发展格局更加具体化。

案例启思

1. 如何加快形成军民融合深度发展格局？
2. 军民融合有哪些重要意义？

教学建议

本案例通过对解放军总医院院长任国荃少将的《提升卫勤军民融合保障能力（金台点兵）》一文的解读，进一步使学生较为全面地理解加快形成军民深度发展格局，以及军民融合这一国家战略的重大意义，进而明晰军政军民团结是实现富国和强军相统一的重要政治保障，是我党我军特有的政治优势，军民融合发展能够进一步加强军政军民关系，促进中华民族强国梦、强军梦的实现。

适用于第二节"推动军民融合深度发展"之"加快形成军民融合深度发展格局"。

第十三章 中国特色大国外交

案例一 电影《刮痧》透视中西方文化的差异

案例

每个国家都有自己的文化,都有自己的价值观,中西方文化在教育观念、家庭观念、婚姻观念、法律观念及友情观念各个方面都存在差异,因此,中西方在行为处事上都有自己不同的方式,不同会产生碰撞,甚至会产生冲突,只有融合、理解、包容才会更好地理解对方的文化。本文以电影《刮痧》为例,剖析了中西方文化在教育、法律、亲情、友情方面存在的差异,从而能够更好地进行跨文化交流,使两种文化能够更好地融合。

电影《刮痧》无疑是中国史上反映中西方文化差异最成功的电影之一,此电影主要围绕是否对儿童有虐待行为这一中心思想展开,北京夫妇许大同和简宁及儿子丹尼斯在美国生活,他们一家很幸福,过得也很体面。但是,幸福随之被打破了,丹尼斯闹肚子,爷爷因为看不懂英文说明书,就采用中国传统的中医治疗方法——刮痧为孙子治病,在一次事故中丹尼斯受伤了,随之送到医院,医生看见丹尼斯背后的伤痕,认为丹尼斯长期受到家人的虐待,随之告知儿童福利局应对丹尼斯进行监护,最后深刻地了解了中国传统文化刮痧,中西方文化得到融合。本片围绕是否对儿童虐待而展开一系列的分析,分析了中西方文化的差异。

一、家庭教育观念

中西方在家庭教育方面有着很大的差异,中国人尊崇传统的儒家思想,

民族复兴的医学梦
——《毛泽东思想和中国特色社会主义理论体系概论》
（2018年版）教学案例集

"三纲五常"是中国古代社会的道德标准，中国人笃信"棍棒底下出孝子""打是亲，骂是爱"的观点，直到现在还有一直被热议的棍棒底下的北大生、清华生，我们中国人认为，严厉是成功的途径。其中，"父为子纲"就是儿子必须听父亲的话，同时父亲也为孩子起榜样作用。记得电影中有一个片段，丹尼斯打了约翰的儿子，许大同让丹尼斯道歉，丹尼斯不肯，他就打了丹尼斯一巴掌。当时，约翰作为一个美国人，根本不能理解为什么许大同要打孩子，这在美国是一种虐待儿童的行为，而许大同解释道：这是为了给约翰面子。中国人认为，抬高别人贬低自己是尊重别人的一种方式；而美国人则认为，这是一种非常愚蠢的行为，因此，约翰当时说道，"什么乱七八糟的中国逻辑"。

西方教育子女时注重他们个人能力的培养、思维方式的培养。美国小孩子如果在画板上胡乱涂鸦，家长肯定不会训斥小孩子，因为那是他们培养思维方式、发散思维的一种表现，而中国家长肯定会手把手教，让孩子画一些已经成型的、具体的东西。美国文化崇尚自由和独立，认为孩子是社会的财富，人人是平等的。西方人认为，孩子有自己的隐私，有他们自己的圈子，而这种隐私神圣不可侵犯。

二、法律观念

法律是保障社会稳定的有力武器，任何国家都有自己明确的法律。中西方文化在法律方面有着很大的差异，中国人面对法律时往往掺杂了许多的个人情感，而美国以亚里士多德和柏拉图的思想为基础，西方文化一直坚持理性的正义，坚持对权力的保证和对自由的追求。西方古希腊文化的理性对西方法律产生了重要而深刻的影响，理性、公平、正义是西方法律的代名词，充分尊重每一个人的权利，而且法律在日常生活中的作用也是很明显的。西方人重视客观事实，喜欢用理性的思维来分析事情。电影中许大同的父亲因为在美国的中国好友老霍的死亡而停留在警察局，许大同着急去接父亲而没有在晚上陪丹尼斯，这种现象在中国是很普遍的；而在美国则认为，这种现象违反法律，没有尽到家长的责任。还有许大同为了他的父亲能顺利拿到美国绿卡，而撒谎说是他给丹尼斯刮痧的。在西方国家，如果一个人不诚实，说明他失去了诚信，他在社会上是不被认可的。当约翰发现许大同为其父亲"顶罪"时，他不能理解地看着简宁，简宁说道，"因为他是中国人"。当然在我们中国，顶罪也是一种不理智、违法的行为，但是，我们会说这是一种亲情，而且说许大同是孝顺的。

三、亲情观念

中西方文化在亲情方面有着很大的差异,西方人重视个人(个人的发展),老人一般与年轻人分开住,而且老年人也不太愿意打扰年轻人,而中国"百善孝为先",不孝顺的骂名一般人是承担不起的。在电影中,许大同为了不让父亲单独一个人留在北京,而将父亲接到美国和他们住在一起,而父亲在中国住惯了,在美国不适应,文化、语言、礼仪、习俗各方面的不同导致父亲最后归国。在西方人看来,各自都有自己的生活,为什么一定要融到一块,住在一起不一定就意味着孝顺。在西方,主流文化的核心价值就是个人主义,在美国人看来每个个体都是独立的。

四、友情观念

中西方文化中,友情呈现的含义是不同的,中国人重视友情,而将友情与其他许多感情混在一起;而在美国,他们的友情建立在一种顺其自然的基础上,同时他们也将友情和其他事情分开,特别理性。在电影中,约翰指证许大同打过儿子,许大同则认为,约翰背叛了他,他们那么好的关系,约翰怎么能那么说。而约翰认为,事实就是事实,不能因为是朋友的关系就去为他做伪证,友情的破裂最终导致许大同的辞职,西方人一般将人、事分开,而我们中国则是人、事在一起,倾向于把友情和权益合二为一。

中西方文化存在许多不同的差异,因为这些差异,我们在中西方文化交流中会产生碰撞,甚至会产生冲突。我们只有相互理解,相互包容,不断了解目的语的文化背景、风土人情、价值观念、礼仪风俗,才能很好地融入对方的文化中,才会减少两种文化之间的冲突,才能避免因风俗差异而造成的交际障碍,兼容并蓄,尊重、理解、接纳,才能更好地进行两种文化之间的交流与融合。

🔍 案例出处

千颖倩:《电影〈刮痧〉反映的中西方文化差异》,载《北方文学》(下旬刊)2013 年第 5 期。(有删改)

✏ 案例解析

当今世界多元多样多变,目前世界上有 200 多个国家和地区、2500 多个民族、6000 多种语言。不同的民族创造了各自独特的文化,不同国家、民族的思想文化各有千秋,每个国家、每个民族不分强弱、不分大小,其思想文化

都应该得到承认和尊重。各国文化虽然无高低优劣之分,但存在着文化差异,因此,在全球化的交流之中,必然会产生碰撞。中国近代自鸦片战争以来,被迫融入世界,一直交织着中与西、东方与西方的文化冲突问题,从最初一直坚守着"中体西用"到后来新文化运动中有极端者主张"全盘西化",然而,"一战"危机暴露西方文明的危机后,一些知识分子又开始将目光转向自身。中国共产党人在走向成熟后,确立了毛泽东思想,把马克思主义中国化,在对待外来文化时,始终强调吸收、借鉴与交流。

全球化时代,世界各国更加紧密联系,美国著名学者亨廷顿在冷战结束后不久就提出了"文明的冲突",21世纪宗教极端分子制造的恐怖冲突似乎也验证了这一观点。然而,中国著名学者费孝通为了应对全球一体化的发展趋势,于1997年提出"文化自觉",解决文化之间的冲突与差异,认为文化自觉建立在对"根"的找寻与继承上,建立在对"真"的批判与发展上,并且在对发展趋向规律的把握的基础上,提出16字方针,即"各美其美,美人之美,美美与共,天下大同"。这是从人类文明的高度,强调文化的互鉴与包容。

本案例通过电影《刮痧》分析了中西方文化的差异所在,从一个中医的治疗手段在美国引起的反响,分析在道德、伦理、法律等方面的中美文化差异,从一个侧面反映了在经济全球化的当今世界,文化与经济、政治的联系日益紧密,中西方文化交流中更会引发冲突与碰撞,从而引人深思:文化多样化是人类文明进步的重要动力,维护和促进世界文化多样化是大多数国家的共同愿望,这是人类文明发展的共同基础。

案例启思

1. 中西方文化差异体现在哪些方面?
2. 文化多样性在经济全球化和世界多极化的当今世界会有哪些表现?

教学建议

本案例中的电影《刮痧》真实再现了中华传统的中医治疗手段。根据刮痧在美国的一个华人家庭里所引发的一连串风波,剖析了中西方文化各方面的差异与表现,使学生明确认识到伴随着经济全球化和世界多极化的推进,也必然引发文化多样性的持续推进,世界范围内各种思想文化交流、交融、交锋更加频繁。同时,让学生进一步领悟文化已成为国家核心竞争力的重要因素,国际思想文化领域斗争依然深刻而复杂,不同意识形态的斗争仍将长期存在,有时会相当复杂、尖锐,要有警觉意识。在保持中华文化自觉的基础上,要树立文化自信,也就是对中华文化的发展前途充满信心,对中国特色社会主义文化

第十三章 中国特色大国外交

发展道路充满信心，对社会主义文化强国充满信心。这样才能找准定位，从而推动文化的交融，促进人类文明的发展。

适用于第一节"坚持和平发展道路"之"世界正处于大发展大变革大调整时期"之"文化多样性持续推进"。

案例二　人工智能在医学领域的应用

案例

日前，日本东京大学医学研究院的科学家利用美国国际商用机器公司（IBM）研发的"沃森"人工智能系统，仅用不到10分钟时间就判断出一名60岁女性患有罕见的白血病，并向研究人员提出了治疗方案，为这名女性的康复做出了重要贡献。

此事再次点燃了人们对将人工智能技术应用于医疗保健领域的热情，但也有科学家担心，医疗隐私数据会被泄露和滥用。

众所周知，"沃森"并非等闲之辈。早在2011年2月，它就在美国智力竞赛节目《危险边缘》中打败过人类对手，展示了强大的学习能力，从而声名大噪。现在，它开始在医学领域发力。

在上述诊断案例中，最初的诊断结果表明，患者得了急髓白血病，但在经历各种疗法后效果并不明显。无奈之下，该研究所东条有信（音译）领导的团队将求助目光投向了"沃森"，希望用它来对病人进行诊断。该系统通过比对2000万份癌症方面的研究论文，在10分钟内即得出了诊断结果：患者得了一种罕见的白血病。这些研究论文由研究团队上传，其中包含疾病症状、治疗方法和治疗效果等信息。

无独有偶。据美国商业内幕（Business Insider）网站8月12日报道，美国纽约纪念斯隆-凯特琳癌症中心也进行了同样的工作。该中心是世界上历史悠久、规模庞大的私立癌症中心之一，这里的医生和数据分析师们用肿瘤学数据来训练"沃森"的机器学习能力，以提高其在癌症诊断方面的预测和分析能力。

此前，"沃森"的前辈——IBM的人工智能"深蓝"机器人，在1996年

的一场比赛中以4:2的战绩打败了俄罗斯象棋选手加里·卡斯帕罗夫,成为第一个打败国际象棋冠军的人工智能。从技术决定论的观点看,20年弹指一挥间,人工智能"发威"的阵地从象棋比赛转移到对抗癌症,似乎是一件顺理成章的事。

实际上,世界上第一个计算机临床决策支持系统AAPhelp在1972年就由提姆·德-多姆巴尔和苏珊·克莱普于英国研制成功。这套系统使用一种朴素的贝叶斯算法来根据病人的症状计算出剧烈腹痛可能的原因。随着科学家向该系统内输入的症状和诊断数据越来越多,它变得日益精确。到了1974年,该系统的诊断精度已经超过资深医生。尽管AAPhelp需要一个晚上的时间才能给出诊断结果,但是不要忘了,那时运行的是20世纪70年代的计算机硬件。

然而,在医疗健康领域使用人工智能、机器学习和大数据等先进技术并非毫无争议。

一方面,有些人满怀热情地认为,在医疗领域利用这些技术可以挽救生命,获得新的医疗突破,为患者提供各种个性化的治疗方案,从而满足不同人的需求。

而另一方面,也有不少人持怀疑态度。他们重视个人隐私,对机器缺乏信任,担心自己的病例被泄露,同时也担忧英国作家奥尔德斯·伦纳德-赫胥黎的科幻作品《美丽新世界》那样的场景在生活中上演。该作品描写了在一个想象的未来新世界中,人类成为严密科学控制下的一群身份和一生命运都被注定的奴隶。

尽管AAPHelp和"沃森"间隔了数十年,但都证明计算机能挽救生命。在健保领域使用大数据,预示着病人的病例和其他私人信息可能被用于训练人工智能进行诊断。在自我保护意识不断增强的今天,人们对私人数据的使用方式日益敏感,期望实行更严格的伦理、管理、隐私和安全标准,谷歌公司就曾因此饱受争议。

据英国《每日邮报》报道,谷歌英国子公司"深度思维"为研发帮助监控肾病的应用,在未经患者同意的情况下,获得了160万份私人医疗记录,其中包含病人的完整医疗史和是否被诊断患有艾滋病、抑郁症、毒品或酒精上瘾及堕胎等信息,此举引发了不少的争议。

"深度思维"资深科学家多米尼克·金表示:"对于寻找病人病情恶化症状的医护人员来说,获得及时和相关临床数据非常重要。肾病专家认为,这套警报系统将改变治疗结果。"但病患协会首席执行官凯瑟琳·墨菲称:"如此多数据若落入坏人之手,将产生可怕的后果。患者隐私必须受到保护。"

因此,将这些技术用于健保领域的最大困难不是创造算法,而是在采取严

格数据保护措施的情况下，仍然保持进行深入研究的耐心和决心。英国利兹大学数据分析研究所的科学家最近使用 IBM 的"沃森"机器内容分析软件，对英国民众的 5000 万份病理学和放射学报告进行了分析。在此过程中，研究人员采用了一系列方法来保护数据安全。

研究人员使用自然语言处理程序，对脑转移、HER－2 乳腺癌及肾积水等诊断进行了复核，正确率超过 90%。在接下来的两年内，为了将机器学习技术应用于常规性的临床护理中，研究人员将研究更好的方法，从而让大众受益。

案例出处

刘霞：《在争议中前行——人工智能用于医学领域前景可期》，载《科技日报》2016 年 8 月 19 日第 2 版。

案例解析

当今世界，以信息技术和生物技术为核心的现代科学技术迅猛发展，信息技术成为率先渗透经济社会生活各领域的先导技术，信息的网络化和数字化，不同学科的交叉融合，科学与技术的不断更新，不断突破地域、组织、技术的界限，不仅影响和改变着国家的经济结构、综合国力，而且会影响国际政治格局，改变人类社会生活。

本案例通过日本东京大学医学研究院的科学家利用美国国际商用机器公司（IBM）研发的"沃森"人工智能系统，通过大数据用 10 分钟的时间就成功诊断出罕见的白血病，看到人工智能应用到医学领域乃至人类全方位的社会生活当中已是必然的发展趋势，它将深刻改变人们的生产生活方式，有力地推动社会发展。

虽然科技的创新不断突破地域、专业、技术的界限，使国际社会联系越来越紧密，但也提出了一系列的问题与挑战，诸如案例中所看到的个人信息的泄密等，以及由此引发的许多伦理问题，可见人工智能、大数据、云计算、移动互联网等日益不断突破发展，也对国家主权、安全、发展利益提出了新的挑战，迫切需要国际社会认真应对、谋求共治、实现共赢。

案例启思

1. 现代科学技术的发展应用到医学领域的趋势是什么？
2. 为什么说科学技术的创新会影响国际政治格局，改变人类社会生活？

民族复兴的医学梦
——《毛泽东思想和中国特色社会主义理论体系概论》
（2018年版）教学案例集

🎤 教学建议

本案例通过人工智能应用于医学领域，分析了人工智能的发展前景，既有期待，也提出了担忧，从一个侧面反映了以人工智能为标识的新一轮科技革命和产业革命正在蓬勃兴起，包括医学在内的几乎人类所有的领域都与人工智能结合，从而认识到科技创新链条更加灵巧，技术更新和成果转化更加迅速，创新在综合国力竞争中的地位日益重要，让学生深刻领悟当今世界正处于大发展大变革大调整时期。

适用于第一节"坚持和平发展道路"之"世界正处于大发展大变革大调整时期"之"科学技术孕育新突破"。

案例三　国际医疗援助：中国外交的一块金字招牌

案例

中国向发展中国家派出援助医疗队始于1963年。当时，社会主义是一个新生的政治制度，受到广大发展中国家的跟随，争取民族独立解放的斗争在发展中国家风起云涌。阿尔及利亚经过长期抗争终于摆脱了法国统治，但随着法国撤走所有的合作项目，阿尔及利亚陷入了缺医少药的社会困境，于是，阿尔及利亚向中国提出增援医疗队的请求。

中国第一支医疗队帮助阿尔及利亚人民解决了看病就医问题。这件事在非洲国家传开，尤其是北非地区，很多国家先后发出请求，请中国派出医疗队。

在随后长达半个多世纪的时间里，中国在自身并不富裕的情况下不断向需要帮助的非洲、拉丁美洲、亚洲等国家派出医疗队，推动了受援国医药事业的发展，彰显了一个大国对国际责任的担当。

数据统计，中国参与国际医疗援助52年来，共派出援外医生23000多名，医疗队的足迹遍布世界67个国家和地区。目前，中国在51个国家派有52支医疗队，其中在非洲42个国家派有43支医疗队。中国援外医生一直奔走在对抗疫情的第一线。

"在历史上,中国参与国际医疗援助持续时间之长,涉及范围之广,没有任何一个国家能够企及。中国在国际医疗援助方面取得的良好效果源于中国医疗援外工作的独特方式。"王立基说。

在中国政府指导下,中国援外医疗队由各医院骨干力量组成,被选派的医生都具有主治医生以上资质,在业务上能够独当一面。根据受援国家的需要,中国选派的援外医生来自不同专科,其中不乏一些很偏的科室,如影像科。在治疗程序上,援外医疗队采取会诊制度,即多位不同专科的主任医师汇总病人情况,经过共同商议,最终确定治疗方案。

这种高水准的援外医疗队在西方国家的医疗体制下是无法实现的。西方国家普遍施行主治医师制,即医生与患者是一对一的关系,经验丰富的好医生会有很多患者,并且他们不能随意离开自己的病人,所以参与国际援助的多是志愿者、民间社团,或无国界组织。

"真正由政府选派优秀医生到非洲、拉丁美洲、亚洲和太平洋一些岛国去支援当地医疗卫生事业的,全球只有中国。"王立基说。

中国不但给需要援助的国家输送医务人员,还带去了必需的药品和医疗器械,既保障了援外医生顺利开展工作,又帮助受援国家医疗机构提高了基础设施水平。这也是中国援外医疗队的一大特色。

"病理分析是对病情确诊的根本依据,但很多非洲、拉丁美洲国家并没有相关设备,于是,中国援外医疗队就带去了影像设备,手把手地教当地医生如何为每位病人建病例。此外,我们还在非洲、拉丁美洲国家援建了一批外科微创伤手术室,把这种对病人损伤小、副作用小、康复快的新技术带了过去。白内障是非洲高发病,中国医生的眼科技术在世界上享有盛誉。'中国光明行'已经去过20多个国家,免费为当地患者进行白内障手术,给这些贫困地区的白内障患者带来光明。"王立基介绍说。

中国援外医疗队不但把现代西方医学的先进技术输送到受援国,还把中国的传统医学带出国门,给受援国人民带来福音。

医生出身的王立基告诉记者中医是一个非常完善的系统,很多西药治不了的病,比如关节疼痛、慢性溃疡、偏头疼、脑血栓等,中医都有很好的效果。另外,中医医疗成本相对便宜,符合发展中国家患者的经济承受能力,所以现在中医在非洲、拉美国家都很有市场,非常受欢迎。

援外医疗队在受援国毫无保留地向当地医生传授推拿、针灸等中医理疗技术,使他们能够中西医结合,为当地民众解除病痛,为当地培养一支带不走的医疗队。

在50多年的援助过程中,中国医疗队不但给当地老百姓看病,还解决了

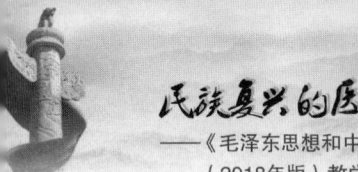

民族复兴的医学梦
——《毛泽东思想和中国特色社会主义理论体系概论》
（2018年版）教学案例集

一些非洲、拉丁美洲国家领导人的健康问题，这不但巩固了双边友谊，也从另一个角度佐证了中国援外医疗队的高超医术。

中国援外医生不但拥有过硬的医治水平，他们的医德、医风也得到了当地民众的充分肯定。

"这些在国内属于专家级的医生们一踏上非洲大陆就立即开展工作，不分级别，全部参加24小时值班，手术随叫随到。"王立基介绍说。此外，中国援外医疗队巡回医疗，医护人员走向基层，走向老百姓需要的地方进行义诊的独特方式也得到了当地人民的赞扬。他们说："只有社会主义国家才可能做到这些。"

然而，援外医生们在收获赞誉的背后是个人利益的巨大割舍。援外医疗队所到之处都是贫穷落后地区，和国内的生活条件相比形成巨大落差。被选派医生一般都正值而立之年，对生活充满憧憬，而两年任期的援外工作使他们根本无法照顾家庭。他们有的人撇下刚刚出生的孩子；有的人家里老人生病、去世无法回去，只能打个电话寄托感情。不仅如此，身处异国他乡的援外医生还要面对各种传统和非传统的安全问题，疾病、战争、社会治安等方面的危险因素随时危及他们的人身安全。"我认识的一位援外医生告诉我，如果他感染了艾滋病他就不回家了，他就在非洲做医生，直到发病。他们的精神真的非常感人。"王立基说。

数据显示，中国已有50位医务人员牺牲在援外的工作岗位上。也门、阿尔及利亚等地建有中国援外队员的陵墓。

习近平总书记在中国援外医疗队派遣50周年表彰会上说："大家不畏艰难、无私奉献、救死扶伤、大爱无疆。你们是我们援外工作中的一块金字招牌，而且再次诠释了援外医疗队的精神。"

近年来，随着中国经济社会快速发展，中国在逐步加大对发展中国家的卫生援助，以提高受援国医疗卫生技术水平和医疗卫生事业发展能力，不断总结经验，创新形式，改革管理机制，实现援外医疗队的可持续发展，支持受援国卫生事业的可持续发展。

王立基介绍说，在今后的援外医疗工作中，正在探索实现"六个结合"，即长期派出和短期派出相结合，常规技术和高端技术相结合，医疗服务和医学教育相结合，"走出去"和"请进来"相结合，现代医学和传统医学相结合，政府与民间相结合。

如今，这六种结合模式正在逐渐落实。通过短期派出与长期派出结合，常规技术和高端技术相结合，在3年里，中国已分派六批次不同专业的医生到特立尼达和多巴哥，帮助他们建立起了神经科这一较为复杂的科室；通过医疗服

第十三章 中国特色大国外交

务和医学教育相结合,调整援外医疗队布局,充分利用有限资源,使技术平台兼顾发展成为培训平台,为受援国培养更多的医疗人才;通过"走出去"和"请进来"相结合,譬如河北对口援助尼泊尔,尼泊尔肿瘤医院的 4 名医生已到河北大学进修肿瘤学;通过现代医学和传统医学相结合,如今援外医疗队已在非洲建起 10 所标准化中医医疗中心,推动中医走出国门,走向世界。

"推动受援国社会和医疗发展是一项长期任务。今后,除了继续做好援助非洲的工作外,中国还要加强对周边国家的援助力度,包括东盟,加勒比海地区的一些小国,配合国家'一带一路'发展战略的需要。"王立基说。

"我们共同居住在一个'地球村',医疗卫生事业没有国界。这次援助西非抗击埃博拉疫情,中国尽了一个大国的责任和义务,其实也是在援助我们自己。要站在全球的高度来看待卫生外交。为全人类生活在健康的环境里做出努力,每个国际公民都责无旁贷。"

案例出处

李媛:《国际医疗援助:中国外交的一块金字招牌——专访国家卫计委国际合作司副司长王立基》,载《今日中国》2015 年第 5 期。(有删改)

案例解析

新中国成立 70 周年特别是改革开放 40 多年来,中国形成了独立自主的和平外交政策,成功地走上了一条与本国国情和时代特征相适应的和平发展道路。中国坚定不移地奉行独立自主的和平外交政策,是由我国的社会主义性质和在国际上的地位所决定的,是从历史、现实、未来的客观判断中得出的结论,是思想自信和实践自觉的有机统一。

本案例回顾了中国援外医疗 50 多年的历史,从卫生外交这一视角反映了我国始终坚持的独立自主的和平外交政策。与西方的援外医疗相比,中国是政府组织,不是一些西方发达国家的个人的志愿行为,而是在政府指导下精选医疗骨干力量对外援助,不仅彰显了社会主义的价值追求,而且也体现了社会主义的制度优势。

在我国国际医疗援助中,不仅输送各科医务人员,还大量援助药品和医疗器械,并且想方设法帮助受援国家医疗机构提高基础设施水平,同时还结合当地的物质条件和生活水平,推广中国传统中医,因此,我们的国际医疗援助具有鲜明的中国特色。中国的医务工作者牺牲个人的利益,秉承着奉献精神,深入基层,不畏艰难,救死扶伤,树立良好的医德医风,彰显着具有中国特色的国际主义精神,给受援国带去光明、健康,传递着大爱无疆,塑造着和平的形

象。因此,我国国际医疗援助被习近平主席称赞为"援外工作的一块金字招牌"。

近些年,中国继续探索国际医疗援助的新模式,还将受援国"请进来",在中国培养各国所需要的医疗人员,提升他们的医疗水平,向世界展现负责任的大国形象,和世界各国一道维护世界和平,有为世界做更大贡献的担当。这就生动诠释了中国走和平发展道路的自信和自觉,来源于中华文明的深厚渊源,来源于对实现中国发展目标条件的认知,来源于对世界发展大势的把握。

案例启思

1. 中国的援外医疗与西方国家有何不同?
2. 中国的卫生外交体现了我国什么样的外交政策?

教学建议

本案例通过中国的援外医疗 50 多年的历史回顾,阐述了独具中国特色的援外医疗的成绩,为世界和平与发展所做出的贡献,从而使学生认识到中国在新时代的大国外交仍然是独立自主的和平外交政策,让学生明确走和平发展道路是中国基于自身国情、社会制度、文化传统做出的战略抉择,是顺应时代潮流,符合中国的根本利益,也符合世界各国的利益,既能在良好的和平的国际环境中发展自己,又能让世界更好地分享中国的机遇,促进中国和世界各国的良性互动、互利共赢。

适用于第一节"坚持和平发展道路"之"坚持独立自主和平外交政策"。

案例四 南非"克隆"艾滋病药无罪

案例

当引起世界舆论密切关注的跨国药品纠纷案的审讯工作在南非重新开始并且进入了关键性阶段的时候,19 日,南非卫生部长鲁西曼宣布说,南非政府与世界上一些知名制药厂商达成了一项庭外和解,39 家制药厂商放弃了对南非政府的指控,诉讼到此结束,同时,这标志着它给艾滋病患者带来了福音。

在比勒陀利亚审讯此案的法庭上，当法官做出上述宣布时，法庭内外传出一片欢呼声。许多人欣喜若狂，因为这一结果对整个人类都极具重大意义。

一、南非大仿进口药

此案得从大约 2 年前说起，当年，南非政府颁布实行的新法律赋予卫生部门进口和生产廉价药物，并在国内出售的权力。于是，一些从国外进口的药物在揭去其外包装之后就被"模仿"生产，之后又被廉价地出售给了艾滋病患者；南非国内自己研制生产的廉价治疗药物就这样分发给了艾滋病患者。这一"土政策"出台之后，立即引起了全球各大药品生产商的强烈不满，特别是西方国家的生产商。他们认为，南非政府如此规定实际上是侵犯了他们公司的产品权。他们认为，生产药物可能药费不大，但是研制和开发的过程却耗资惊人，药品的价格应该反映出其含有研制和开发的劳动成本的基本概念。于是，这些药物生产商联合起来，一纸诉讼将南非政府告上了法庭。

在诉讼请求中，制药厂商代表认为，南非政府允许本国的制药商生产或进口一些没有注册的治疗艾滋病的药物，这种做法大大损害了他们厂商的主权和相应知识产权。南非最高法庭在比勒陀利亚开庭审理。

这一审讯行动顿时引起了全球舆论的关注。

二、跨国制药厂商骑虎难下

尽管一拖就是近 3 年，但是，这桩跨国诉讼案事实上已经成为让跨国制药厂商骑虎难下的案件。一方面，这些跨国制药厂商不断受到种种指责和谩骂，被称为赤裸裸的资本主义。更严重的是，他们还被指责把商业利益放在无数人的生命之上，因为发展中国家的上千万患者，甚至更多的艾滋病患者会因为购买不起昂贵的药品而失去医疗的机会。在南非，当此案开庭时，这些制药厂商代表下榻的地方总能看到许多的示威者静坐抗议。在诉讼期间，制药厂商不断出面否认这些指称，但仍然是徒劳的，南非人开始敌视这些世界上知名的制药厂商。制药厂商们最终明白了，他们损失的还不仅仅是利益和利润。

另一方面，制药厂商认为，公司因此而不断蒙受损失，这的确是一桩令他们感到骑虎难下的特别案件。

为了尽量挽回一些影响，在过去半年中，全球生产治疗艾滋病药物的主要制药厂商，其中绝大多数分布在西方国家，表示愿意降低药品的价格，以低价出售给广大的发展中国家。不过，南非政府和一些国际组织均认为，跨国制药厂商所提供的廉价药物并非廉价药，仍非一般人能够购买。因此，针对其诉讼，南非政府始终不愿服输，而是要将这桩跨国官司打下去。

三、突然提出和解要求

4月19日,由全球39家制药厂商联合控告南非政府的这桩马拉松跨国诉讼案继续在比勒陀利亚开庭审理,但是,就在开庭之后不久,制药厂商方面的律师代表突然主动提出了和解的要求,这让许多人感到意外。就在再次开庭审讯时,一批关注艾滋病问题的人在法庭外示威,抗议药品制造商只在意自己的经济利益,而置社会效益及病人的利益于不顾。另外,成千上万的艾滋病患者在南非药剂生产商位于约翰内斯堡的总部门外举行示威,要求制药厂商调低治疗艾滋病的药物价格。

就在和解要求提出之后,一个名为"让发展中国家广泛享受廉价药物"的国际组织的负责人阿瑟朗公开呼吁南非政府要挺住,决不能向制药厂商做出任何让步。阿瑟朗说,根据他个人获得的内部消息,他认为,39家制药厂商代表的内部已经出现了明显的裂缝,有可能会无条件地撤销对南非政府的侵权诉讼案。

果然,在经过紧张的谈判之后,南非政府的卫生部长鲁西曼宣布,世界上这些知名的制药厂商决定放弃针对南非政府的法律诉讼,同时宣布支付此次诉讼的法律费用。39家制药厂商180度的大转弯的确令人感到意外。其实,这也是不得已而为之的结果。如果继续与南非政府诉讼下去,那么制药厂商的损失更大,而且绝不局限在经济利益方面。

南非政府取得了胜利,因为南非政府有权从国外继续进口抗艾滋病的一系列药物。这一结果还包括,南非卫生部长可以不必遵守世界贸易组织在这方面的有关规定,以低廉的价格进口治艾滋病的药物,然后在国内以更低的价格出售。

南非是世界上艾滋病人数最多的国家,带有HIV的人数也相当多。无国界医生组织认为,南非政府将会很快实行强制许可证制度,以便那些不受商标注册保护的药物能够顺利地进口到南非。沙巴夫在18岁那年染上了艾滋病,现在诉讼撤销给他带来了新的希望。

四、法庭判决意义重大

当法庭宣布这一决定时,法庭内外爆出了经久不息的欢呼声,旁听席上的旁听者们兴奋地拥抱跳跃。南非政府发表声明说,政府方面并没有与制药厂商的代表达成任何暗中的交易。不过,更重要的恐怕还是这一结果对今后类似诉讼所能产生的影响。

毫无疑问,这将会令其他发展中国家对此表示关注,如泰国等国,就一直

第十三章　中国特色大国外交

希望能够自己生产抗艾滋病的药物。巴西说服了美国一家制药厂商，希望其降低抗艾滋病药物的一半价格。

英国防范艾滋病协会的负责人之一诺兰亚说，现在，经过艰苦的努力，南非政府终于在此案中获胜了，那么，其他国家也会采取类似的行动。

这样，发展中国家获得药物将更加容易，而且不仅仅是有关艾滋病的药物，还有治疗肺结核和疟疾等病的药物。这起官司将会成为未来世界各大医药公司与各国政府之间解决此类纠纷的版本和模式。

案例出处

《南非仿造艾滋病药案获和解给艾滋病患者带来了福音》，载《解放日报》2001年4月20日。（有删改）

案例解析

当今世界政治、经济发展不平衡，始终存在着霸权主义，一些发达国家通过经济、法律等手段始终操控着发展中国家的命运。对此，反对霸权主义、维护世界和平、促进共同发展，始终是中国外交政策的宗旨。新时代，中国外交一直积极推动建设相互尊重、公平正义、合作共赢的"新"型国际关系，"新"在相互尊重，"新"在公平正义，特别是"新"在合作共赢，强调把本国利益同各国共同利益结合起来，努力扩大各方共同利益的汇合点，积极树立双赢、多赢、共赢的新理念，摒弃赢者通吃的旧思维。

本案例中，南非政府通过仿制进口的治疗艾滋病的药物，以十分低廉的价格出售给艾滋病患者，损坏了跨国制药厂商的利益，这是侵权行为，因此，被世界知名的39家跨国制药厂商告上法庭。然而这起很明显的侵权案却引起国际社会的广泛关注，一批关注艾滋病问题的人群、组织及成千上万的艾滋病患者在法庭外示威抗议，指责跨国制药厂商为了赚取高额利润而致使艾滋病患者吃不起昂贵的高价药，置社会效益及病人的利益于不顾。在国际社会和强大舆论的压力之下，最终39家跨国制药厂商撤诉。这一结果将使拥有大量艾滋病患者的南非从此可以不必遵守世界贸易组织在这方面的有关规定，以低廉的价格在国内向艾滋病患者出售治疗艾滋病的药物。

这一案件具有重大意义，不仅使南非的大量艾滋病患者可以得到有效的治疗，而且给当今许多发展中国家一定的启示。这背后的法律原则就是公平正义，不把商业利益放在无数人的生命之上，反对各种形式的霸权主义表现。这一案例形象诠释了我们一贯强调的要建立相互尊重、公平正义、合作共赢的新型国际关系，倡导国际关系民主化，反对以大欺小、以强凌弱，坚持国家不分大小、强弱、贫富，一律平等，特别要支持广大发展中国家在国际事务中的代表性和发言权。因此，各国要积极参与全球治理体系的改革和建设，推动建立新型国际关系，这是人类社会和平、进步、发展的永恒追求。

案例启思

1. 国际社会为什么会支持南非政府允许本国的制药商生产或进口一些没有注册的治疗艾滋病的药物这一侵权行为？
2. 39家跨国制药厂商放弃了对南非政府的指控，这背后的法律原则是什么？

教学建议

本案例通过39家跨国制药厂商诉讼南非"克隆"艾滋病药最终因国际社会舆论的压力而撤诉一案，让学生明白这一案例背后的法律原则就是公平正义，侵权而廉价生产治疗艾滋病的药品是以尊重生命及扶危救助为第一准则的，也是当今国际社会所公认的主题，从而使学生认识当今世界经济、政治发展的不平衡及一些发达国家的霸权主义，加深理解我国致力于推动的新型国际关系是相互尊重、公平正义、合作共赢的内涵。

适用于第一节"坚持和平发展道路"之"推动建立新型国际关系"。

案例五 埃博拉病毒肆虐全球

案例

世界卫生组织在2014年最后一天公布了最新的埃博拉疫情统计报告，此轮埃博拉疫情已导致疑似或确诊感染病例超过2万人，死亡人数近8000人。时值新年之际，相关国家仍不忘严防死守，杜绝疫情在节日期间扩散。

据世界卫生组织统计，截至2014年12月28日，9个国家共报告20206例疑似或确诊感染病例，其中，7905人死亡。塞拉利昂仍是感染病例最多的国家，9446人疑似或确诊感染，其中，2758人死亡。利比里亚8018人疑似或确诊感染，其中死亡3423人，是死亡人数最多的国家。最早报告此轮疫情的几内亚，感染人数为 2707 人，1708 人死亡。此外，尼日利亚 20 人感染 8 人死亡，马里 8 人感染 6 人死亡，美国 4 人感染 1 人死亡。英国新报告 1 个病例，西班牙、塞内加尔各有 1 个病例。

在 2014 年 12 月的 4 周中，各周新增感染病例分别为 797 人、661 人、894 人和 709 人，新增死亡人数为 318 人、527 人、673 人和 317 人，疫情较之前月份有所趋缓。不过，西非主要疫区国家在元旦期间仍不敢放松警惕，随时注意防控疫情进一步蔓延。利比里亚在新年前夜宣布宵禁，以防止人们在参加公共活动时传播病毒。"总统指示司法部长今天实施宵禁。"该国一位官员说。这名官员还透露，违者将被逮捕。

另据媒体报道，美国一个研究团队的最新研究成果显示，2014 年 2 月的埃博拉疫情，应为蝙蝠传染给人类。该研究机构还还原了当时的情形：一年前，几内亚南部一名 2 岁的小男孩埃米尔·奥瓦穆诺到一个树洞里玩耍时，惊动了里面的蝙蝠，被其中一只咬伤，感染了埃博拉病毒。此后，这名男孩表现出生病的症状，成为此轮疫情的第一位受害者。

研究人员试图从当地找到携带病毒的蝙蝠，不过虽然检测了 169 只蝙蝠，但都一无所获。研究人员表示，即便如此，他们仍坚信始作俑者是蝙蝠。但此说也引起了一些人士的质疑，哥伦比亚大学的传染病专家斯蒂芬·莫斯就表示："他们并没有发现冒烟的枪。"

案例出处

《埃博拉疫情趋于平稳　疫区国宵禁中过新年》，中国新闻网，2015 年 1 月 2 日，http://www.chinanews.com/gj/2015/01-02/6929965.shtml。（有删改）

案例解析

经济全球化使各国相互联系、相互依存、相互合作、相互促进的程度空前加深，国际社会日益成为一个你中有我、我中有你的命运共同体。人类生活在同一个地球村，会共同面对全球性的挑战，没有哪个国家可以置身事外、独善其身，世界各国需要以负责任的精神同舟共济、协调行动，构建人类命运共同体。

本案例通过埃博拉病毒肆虐全球给世界造成的危害，从中可以看出类似流行性疾病、恐怖主义、难民潮等都是我们当今面临的全球性问题，要解决这些全球性问题，必须各国相互依存，休戚与共，同舟共济。正是在这样的一个国际背景下，习近平总书记提出构建人类命运共同体。

案例启思

1. 埃博拉病毒为什么会肆虐全球？给世界造成了哪些危害？
2. 要树立什么样的观念才能打赢这场抗击埃博拉病毒的全球性战役？

教学建议

本案例通过 2014 年肆虐全球的埃博拉病毒的疫情，让学生准确把握当今时代是全球化的时代，国际社会的联系日益紧密，世界各国休戚与共，需要共同面对类似流行性疾病等的挑战，没有一国能够置身事外，因此，只有构建人类命运共同体，才能相互合作来应对问题、化解危机，开辟人类更加美好的发展前景。

适用于第二节"推动构建人类命运共同体"之"构建人类命运共同体思想的内涵"。

案例六　南苏丹战乱中的中国维和医疗队

案例

"你们的卓越工作是联南苏团的骄傲，真诚感谢你们在南苏丹战乱期间所做的巨大贡献，请允许我代表联南苏团向你们授予特别嘉奖！"当地时间 7 月 2 日，在联合国南苏丹特派团（简称"联南苏团"）组织召开的战区任务调整研讨会上，我第十二批赴南苏丹维和医疗队的工作再次得到了联合国的肯定。

2014 年 3 月 28 日，中国第十二批赴南苏丹维和医疗队与上一批圆满完成轮换交接。从部署任务区的第二天就紧急实施首例外科手术到跨战区护送联合国重症患者，从首次大规模抢救 18 名枪伤平民到紧急开设难民庇护所，从接到联南苏团调整维和任务区命令到大规模转送 11 名枪伤平民……中国医疗队在维和战场上不断磨炼、成长，世界的目光已然更为频繁地聚焦于这支身处异国他乡的中国军队。

2014 年 4 月 18 日中午，维和医疗队值班室接到了联南苏团瓦乌基地司令部的紧急通知："16 时左右，将有 18 名因战乱而受重伤的平民从联合国博尔

（Bor）基地空运至瓦乌基地，请做好救治准备！"

医疗队队长刘晓斌立即下令启动紧急医疗救治预案，并按照预案分配收治任务，医疗队政委孙世浩做了简短有力的战斗动员。短短几分钟，我维和二级医院就做好了充分的紧急救援准备。

然而，按照联合国《谅解备忘录》《出兵国指南》等规定，当地平民不属于我维和二级医院正常保障范围。"怎么办？"刘晓斌和孙世浩决定：伤情就是命令，边实施人道主义救治，边向军区请示汇报。

消毒、抽血、检查……队员们全员全负荷运转，打响了一场与死神的战斗。

这18名重伤平民中，既有青年和老人，也有孕妇；既有颌面部、胸腹部贯通伤，也有脑外伤，还有多发性、粉碎性骨折……病房里不时传出撕心裂肺的哭喊声，身体和心灵的双重创伤正在吞噬着这些已饱受磨难的生命。

凌晨3点55分，战备值班室收到了济南军区维和办的报文，军区首长批示：在不干涉他国内政的前提下，充分发扬人道主义救援精神，尽最大努力实施抢救，向世界展现我军精湛的医疗技术！

此时，那名开放性脑外伤并已怀孕27周的患者已经做完手术，正在逐渐恢复之中。从机场接回这名患者时，她已处于重度昏迷，生命体征十分微弱。当许多人都认为她没救了时，医疗队员们却没有放弃，他们成功实施了我国参加维和行动以来在任务区的首例开颅手术。术后第二天，这名重伤孕妇奇迹般醒来了。联南苏团瓦乌基地的军事官惊叹不已："真没想到中国医生的技术竟如此精湛，是中国医护人员给了她和她的孩子第二次生命！"

经过医护人员的全力救治，18名伤员终于全部战胜了死神，但由于伤势过重，他们无法生活自理。"这些难民饱受战乱的折磨，此刻，我们医护工作者就是他们的亲人，要做他们最信任的人。"孙世浩政委引导全体官兵自觉担负起照顾18名伤员饮食起居的任务。

无论是输液、换药，还是送水、送饭；无论是打扫病房卫生，还是为伤者换洗衣物，队员们细致入微，毫无怨言。为了能让这些伤员吃上可口的营养餐早日康复，炊事员还专程去学习当地的烹饪技术。伤员大部分不能用英语交流，但目光中时刻流露着感动。一位懂英语的伤员曾对给他送水喝的护士闵霞说："战争带走了我的亲人，但中国医生像天使一般，比我的亲人还亲。"

维和官兵远离祖国，来到战乱、疾病肆虐的南苏丹，面对眼前这一切，深感责任重大。

2014年4月27日凌晨，瓦乌爆发武装冲突。上午10时许，数百名难民聚集在联合国瓦乌基地门口，寻求紧急庇护。正在救治18名枪伤难民的中国维

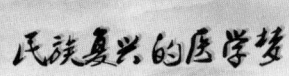

民族复兴的医学梦
——《毛泽东思想和中国特色社会主义理论体系概论》
（2018年版）教学案例集

和部队再次接到联南苏团的通知，要求紧急开设难民庇护所，随时做好救治难民的准备。100多名官兵连续奋战了40多个小时后，终于建成一个能容纳1000余名难民的临时庇护所。

2014年5月17日晚，一场突如其来的特大暴雨降临在南苏丹瓦乌。短短数分钟，整个瓦乌基地就一片汪洋。这时，我维和部队指挥部值班室接到了当地的紧急求助电话："UN 城难民临时庇护所因地势较低，受灾十分严重，请求你们立即援助。"

此时已是深夜，暴雨如注，雷电交加，难民营多为妇女儿童。维和指挥部主任刘瑞江一声令下，队员们顶着狂风暴雨火速赶到难民营地，展开营救。

维和部队官兵赶到时，积水已近半米，部分帐篷坍塌，妇女儿童哭喊声一片。"工兵一中队、二中队和医疗分队负责转移被困难民，三中队立即开挖转水工程设法排水！"刘瑞江迅速下令。维和队员们风雨中喊着口号砸坑运土，几个小时下来，每个人身上都沾满了泥浆……

2014年5月18日凌晨3点，1000余名难民全部转移到安全地域，险情得到缓解。

事后，当南苏丹西加扎勒河州长助理维尼女士将一封难民们共同签名的感谢信，送到中国维和部队营地的时候，孙世浩政委平和地一笑，说："只要难民平安无事，我们再苦再累也值了。"

自2011年7月9日正式宣布独立，南苏丹已在磕磕绊绊中走过了整整三个春秋。据来自联合国的数据，这个世界上最年轻的国家，饱受战乱、疾病和贫穷的煎熬，迄今已有近150万人流离失所，37万人逃到周边国家沦为难民。

面对众多等待救援的生命，仅靠维和医疗队63名医护人员是远远不够的，队员们在展开救治工作的同时，还与当地学校、医院进行交流合作，把医疗技术传授给当地医务人员。

2014年6月12日，南苏丹瓦乌市健康培训学院即将毕业的24名学生在校长和老师的带领下，来到我维和二级医院见习。维和医疗队专门提前安排各专业骨干精心备课，以集中讲解、操作演示等方式在医疗急救、护理技术、设备使用等方面对他们进行了一次现场教学。短短一天里，学生们就掌握了部分常规急救技术及急救设备的基本操作，初步具备了救援保障的力量。

带队老师安妮女士是一位印度人，在南苏丹义务教学已经16年，对中国军人这种无私传医授道的行为非常感动。在培训结束时，安妮激动地说："感谢中国军人给南苏丹人民带来福音！"

当前，南苏丹安全形势日益严峻，这些孩子毕业后将立即投入南苏丹医疗救治工作中，或是奔赴战乱最为频繁的地域，或是深入医务人员紧缺的难民营……中国维和医疗队为提高当地医疗技术水平和促进当地医疗事业发展点燃了星星之火。

🔎 案例出处

沈宇杰：《南苏丹：战乱中的中国维和医疗队》，载《解放军报》2014年7月14日。（有删改）

✍ 案例解析

构建人类命运共同体思想，是一个科学完整、内涵丰富、意义深远的思想体系，其核心就是"建设持久和平、普遍安全、共同繁荣、开放包容、清洁美丽的世界"。在政治上，要建设一个持久和平的世界；在安全上，要反对一切形式的恐怖主义；在经济上，要合作共赢，实现共同发展；在文化上，要互鉴包容，尊重世界文明多样性；在生态上，要实现世界的可持续发展，构筑绿色全球生态体系。习近平构建人类命运共同体思想顺应了历史潮流，回应了时代要求，凝聚了各国共识，为人类社会实现共同发展、持续繁荣、长治久安绘制了蓝图。

当前，国际安全形势动荡复杂，传统安全威胁和非传统安全威胁相互交织，安全问题的内涵和外延都在进一步拓展，同时人类越来越利益交融、安危与共。在这种新形势下，各国应树立共同、综合、合作、可持续的新安全观。国家不论大小、强弱、贫富，以及历史文化传统、社会制度存在多大差异，都要尊重和照顾其合理安全关切。

在本案例中，处于非洲的南苏丹是2011年才刚独立的，这个世界上最年轻的国家，仍然充满着动荡战乱、疾病和贫穷；到2014年，有近150万人流离失所，37万人逃到周边国家沦为难民。南苏丹是当今世界不安全的典型国家，缺乏和平、安定、富裕及良好的生活环境。正是如此，中国派驻到南苏丹的维和部队开展的救助活动全面体现了我国打造人类命运共同体的思想。南苏丹战乱中的中国维和医疗队在战火中不仅救助伤病人员，而且担负救助难民及维护安全的职责，同时帮助当地改善医疗技术水平，这些都赢得了南苏丹人民的感激与信任。维和医疗队用良好的和平形象生动诠释了为建设持久和平、维护地区安全所做出的努力与贡献，以实际行动表达了要和平不要战争的各国人民的真实愿望，在不干涉他国内政的前提下，充分发扬人道主义救援精神，这也是切实维护地区安全、实现和平、共同发展的重要体现。

民族复兴的医学梦
——《毛泽东思想和中国特色社会主义理论体系概论》
（2018年版）教学案例集

案例启思

1. 在南苏丹战乱中，中国的维和医疗队的作用是什么？
2. 维护世界和平与构建人类命运共同体有什么关系？

教学建议

本案例通过中国维和医疗队在 2014 年南苏丹战乱中帮助当地进行医疗救助的行动，使学生深刻体会到中国维和医疗队对维护世界和平、维护地区安全、促进文明发展所做出的努力与贡献，从而准确把握构建人类命运共同体思想的丰富内涵及其核心要义，明确构建人类命运共同体思想顺应了历史潮流，回应了时代要求，继承和发展了新中国不同时期的重大外交思想和主张，成为中国引领时代潮流和人类文明进步方向的鲜明旗帜，对中国的和平发展、世界的繁荣进步都具有重大和深远的意义。

适用于第二节"推动构建人类命运共同体"之"构建人类命运共同体思想的内涵"。

案例七　打造"健康丝绸之路"

案例

2013 年，国家主席习近平首次提出共建"丝绸之路经济带"和"21 世纪海上丝绸之路"的重大倡议；2015 年，国家卫生和计划生育委员会（简称"国家卫生计生委"）发布《关于推进"一带一路"卫生交流合作三年实施方案（2015—2017）》；2016 年，习近平主席提出打造"健康丝绸之路"；2017 年 8 月 18 日，"一带一路"暨"健康丝绸之路"高级别研讨会将在京召开。近年来，我国与"一带一路"沿线国家和地区在卫生领域开展了一系列务实合作，用健康牵起并系紧沿线人民的情感。

一、卫生交流，共建全球健康新机制

2017 年 5 月 13 日，国家卫生计生委与世界卫生组织在京联合签署《中华

人民共和国政府与世界卫生组织关于"一带一路"卫生领域合作的执行计划》,双方约定加强合作,促进我国及沿线国家和地区卫生事业发展,携手打造"健康丝绸之路"。

这只是近年来我国"健康丝绸之路"的一个缩影。2015年以来,国家卫生计生委围绕"健康丝绸之路"建设,专门研究制定《国家卫生计生委关于推进"一带一路"卫生交流合作三年实施方案(2015—2017)》(简称《方案》),统筹规划、整合资源,加强与"一带一路"沿线国家卫生领域高层互访,推动与"一带一路"沿线国家和地区签署卫生合作协议。无论是"丝绸之路经济带"方向举办的"丝绸之路卫生合作论坛""中国—中东欧国家卫生部长论坛""中阿卫生合作论坛",还是"21世纪海上丝绸之路"方向举办的"中国—东盟卫生合作论坛"等,都结出了丰硕成果。

《方案》实施以来,我国已在传染病防控、能力建设与人才培养、卫生应急和紧急医疗援助、传统医药等八大重点领域与"一带一路"沿线国家开展38项重点项目。截至2017年2月,已完结25项,8项滚动项目继续实施,5项正按计划稳步推进。一套集政府间政策合作、机构间技术交流和健康产业展会于一体的上下联动立体卫生合作新机制,已逐步建立。

二、疾控先行,共筑防病大屏障

随着"一带一路"建设不断推进,人员交流往来日益频繁,我国同沿线国家和地区传染性疾病暴发与传播等风险不断升高。强化我国与沿线国家和地区的卫生交流合作,提高联合应对突发公共卫生事件的能力,将为维护我国同沿线国家和地区卫生安全、社会稳定、人民健康提供有力支撑,为"一带一路"建设保驾护航。

基于此,"健康丝绸之路"的建设,疾控、公卫先行。从加强大湄公河次区域国家在艾滋病、疟疾、登革热、鼠疫、禽流感、流感和结核病等防控方面的合作,到加强与中亚国家在包虫病、鼠疫等人畜共患病防控方面的合作,与西亚国家开展脊髓灰质炎消除等方面的合作,近年来,我国逐步建立起与"一带一路"周边及沿线国家和地区的常见和突发急性传染病信息沟通机制,强化与周边国家的传染病跨境联防联控机制,建立并强化重大传染病疫情通报制度和卫生应急处置协调机制,加强传染病防治技术交流合作,提高传染病防控快速响应能力。

在遥远的非洲,饱受疟疾、艾滋病、登革热等传染病侵袭的非洲同胞,提起我国的白衣天使,一样跷起大拇指。特别是2014年,非洲遭遇埃博拉疫情,我国迅速组建疾控公卫队伍,紧急驰援疫情最严重地区,倾囊相授中国急性传

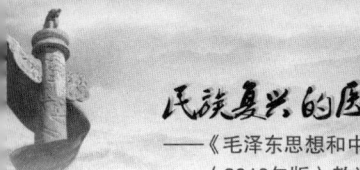

民族复兴的医学梦
—— 《毛泽东思想和中国特色社会主义理论体系概论》
（2018年版）教学案例集

染病防控经验。

三、医疗援助，共享健康大福祉

令"一带一路"沿线国家和地区人民感动的，还不仅仅是中国医生在疫情面前的爱心无畏，更包括多年来绵绵不断的医疗援助。近两年来，我国先后派出多支眼科医疗队赴柬埔寨、缅甸、老挝、斯里兰卡、马尔代夫等国开展"光明行"活动，累计为5200余名白内障患者实施免费复明手术；广东省开展"送医上岛"活动，派遣短期医疗队赴斐济、汤加、密克罗尼西亚联邦、瓦努阿图等太平洋岛国开展"光明行"等义诊、巡诊活动；常年通过开展妇幼健康工程、口腔义诊等活动，帮助相关沿线国家和地区提升妇幼健康保障能力。

远离祖国，条件艰苦，援非医疗队员身体力行，用精湛医术和高尚医德播下中非友谊的种子。"大约每4个非洲人就有1人看过中国医生，他们太爱中国了。"我国外交部前部长李肇星曾表示。

四、广泛交流，共担医改大工程

我国还在推进"一带一路"卫生交流合作中，真诚分享卫生政策制定和卫生体制改革中的经验，推动建立与沿线国家和地区卫生体制和政策交流的长效合作机制，增进与沿线国家和地区在全民健康覆盖、医药卫生体制改革、卫生法制建设、卫生执法和监督、健康促进、人口与发展、家庭发展和人口老龄化等方面的相互了解和交流。这不仅仅是中国卫生发展理念的传播，更是旨在从顶层设计和可持续发展视角，助推沿线健康事业整体发展。

以此为前提，我国着力加强与沿线国家和地区卫生领域专业人才培养合作。据悉，依托新疆、广西、云南、黑龙江、内蒙古和福建等省（自治区）建立高层次医疗卫生人才培养基地，我国持续为沿线国家开展多种形式、长短期结合的进修和培训项目。此外，我国还积极投入建设中国—中东欧国家医院和公共卫生机构合作网络和中俄医科大学联盟，鼓励学术机构、医学院校及民间团体开展教学、科研和人员交流活动。

医疗卫生是各国政府重点关注的民生问题。牵准这个民生"牛鼻子"，就是牵紧各国民心相通相亲的重要纽带，也就为我国"一带一路"整体战略实施、深化与周边多领域合作打下坚实的民意基础。正是有了"健康丝绸之路"的优势、基础，我国的政治、经济、文化等领域"一带一路"合作才有了"压舱石"和"润滑剂"，才能与其他领域合作优势互补，进入互利多赢的良性循环。

第十三章 中国特色大国外交

🔑 案例出处

崔芳：《卫生合作牵起"一带一路"民心》，载《健康报》2017年8月16日第3版。(有删改)

🖋 案例解析

推进"一带一路"建设是习近平深刻思考人类前途命运及中国和世界发展大势所提出的宏伟构想和中国方案。习近平指出："以'一带一路'建设为契机，开展跨国互联互通，提高贸易和投资合作水平，推动国际产能和装备制造合作，本质上是通过提高有效供给来催生新的需求，实现世界经济再平衡……有利于稳定当前世界经济形势。"共建"一带一路"符合国际社会的根本利益，彰显人类社会共同理想和美好追求，是对国际合作及全球治理新模式的积极探索，将为世界和平发展增添新的正能量。"一带一路"建设秉持和平合作、开放包容、互学互鉴、互利共赢的理念，全方位推进务实合作，打造政治互信、经济融合、文化包容的利益共同体、命运共同体和责任共同体，以政策沟通、设施联通、贸易畅通、资金融通、民心相通为主要内容加强合作。

本案例打造"健康丝绸之路"就是在"一带一路"沿线国家和地区推进卫生医疗合作，是一种务实的合作，通过卫生交流共建全球健康新机制、疾控先行共筑防病大屏障、医疗援助共享健康大福祉、广泛交流共担医改大工程。这些具体内容，既有"一带一路"沿线国家和地区在医疗方面所面临的共同问题，也有务实的合作解决方案，通过与各国真诚合作来赢得民心，进而加深对"一带一路"的理解、参与与支持。可以说本案例从医疗合作这一方面反映共建"一带一路"的务实、原则、理念及主要内容，因此，打造"健康丝绸之路"既是"一带一路"整体战略实施的具体内容之一，也进一步促进了"一带一路"沿线国家和地区在政治、经济、文化等领域合作的深化，更是构建人类命运共同体的重要体现。

💡 案例启思

1. 习近平主席提出打造"健康丝绸之路"有哪些具体做法？
2. 打造"健康丝绸之路"对推进"一带一路"的国际合作有何重要作用？

📋 教学建议

本案例通过推进"一带一路"沿线国家和地区的卫生合作，打造"健康丝绸之路"的四个方面,从卫生的视角明确了合作的共建、共筑、共享、共担的具体内容,进一步使学生了解这是共建"一带一路"建设的务实合作,从而准确把握"一带一路"的宗旨、主要内容和原则,明确"一带一路"倡议顺应时代潮流,适应发展规律,符合各国人民利益,具有广阔前景。"健康丝绸之路"能够较为深刻理解"一带一路"的重要意义,它是对建成和平之路、繁荣之路、开放之路、创新之路、文明之路的具体诠释,进而加强"一带一路"建设对推动构建人类命运共同体的重要意义和作用的认识。

适用于第二节"推动构建人类命运共同体"之"促进'一带一路'国际合作"。

案例八 中国携手哈佛大学医学院培养顶尖医疗人才

 案例

"中美医疗合作共建暨中美医疗顶尖人才培养计划"8日正式在上海启动。该计划将全面配合"健康中国2020"战略,哈佛大学医学院将为中国培养大量医护人员等。美国麻省医疗国际集团董事长吴功雄接受采访时表示,引进哈佛大学医学院的先进医疗技术和管理模式,或将掀起中国优秀医疗机构与国际一流医疗、教学、科研等机构的全方位合作新高潮;同时,将有助于促进中国医改的快速实施,带动中国医疗相关产业的创新发展,为其带来发展机遇。

据悉,"健康中国2020"战略,即在五年内为中国医疗界"培养一百名学科带头人,建设一百所先进实验室(中心);培养一千名博士后,建设一千个优势专科;培养一万名骨干科主任,建设一万个国际远程医学中心,完成十万名优秀医护人员哈佛临床实训任务"。

"中美医疗合作共建暨中美医疗顶尖人才培养计划"由美国麻省医疗国际集团与哈佛大学医学院及其所属各知名医院联合发起,将与中国各级卫生计生委、医师协会、医院协会、医药协会及各地医学院校、医疗机构密切合作,在全中国范围内推行"中美医疗顶尖人才培养计划"项目,全面配合"健康中国2020"战略。

第十三章 中国特色大国外交

"中美医疗合作共建暨中美医疗顶尖人才培养计划"医疗协作签约仪式当日在此间举行。美国麻省医疗国际集团与山西省卫生和计划生育委员会、南京医科大学第二附属医院的项目合作同日签约。

美国哈佛大学医学院副院长 Ajay 率美方代表团,美国麻省医疗国际集团董事长吴功雄、山西省卫生和计划生育委员会巡视员梅志强、南京医科大学第二附属医院院长季国忠等出席签约仪式。

从即日起,美国哈佛大学医学院全球教育部将举办为期两周的医院管理培训项目,让中国的医院负责人可直接与美国哈佛大学医学院全球教育部的负责人、专家交流医院管理方式、现代的医疗方法及当前医疗高科技。据了解,此次医院管理培训的主题包括医院组织结构及医院信息技术等。

美国麻省医疗国际集团总部位于美国波士顿哈佛大学医学院内,由哈佛大学医学院资深医生、专家、教授共同创建,致力中国医院院长、医生的教育培训事务,同时致力帮助中国患者拓展国际医疗服务范围。

案例出处

陈静:《中国携手美国哈佛大学医学院培养顶尖医疗人才》,中国青年网,2016 年 3 月 8 日,转引自中国新闻网,http://news.youth.cn/jsxw/201603/t20160308_7720305.htm。

案例解析

构建人类命运共同体既是中国外交的崇高目标,也是世界各国的共同责任和历史使命。世界各国应携手合作,共同努力构建人类命运共同体,建设一个更加美好的世界。为此,就要坚持和平发展道路,推动建设新型国际关系;不断完善外交布局,打造全球伙伴关系网络;深度参与全球治理,积极引导国际秩序变革方向;推动国际社会从伙伴关系、安全格局、经济发展、文明交流、生态建设等方面为建立人类命运共同体做出努力。

本案例中,2016 年 3 月在上海启动的"中美医疗合作共建暨中美医疗顶尖人才培养计划"是引进哈佛大学医学院的先进医疗技术和管理模式,使中国优秀医疗机构与国际一流医疗、教学、科研等机构进行的一次全方位合作。这一培养计划旨在加强合作,展开深入交流,不仅促进中国的医疗发展,而且能够推动全球医疗卫生事业发展,为增进人类健康福祉贡献智慧和力量。世界卫生组织前总干事陈冯富珍曾说过,从卫生领域来看,全人类同属一个命运共同体。健康是全人类的共同利益,中美携手培养医疗人才就是共商共建人类命运共同体的典型诠释。

案例启思

1. "中美医疗合作共建暨中美医疗顶尖人才培养计划"是个什么项目,其合作者涉及中国哪些组织与单位?
2. 中美联合培养顶尖医疗人才如何生动体现了构建人类命运共同体?

教学建议

本案例通过"中美医疗合作共建暨中美医疗顶尖人才培养计划"的启动与介绍,使学生明确发展医疗卫生事业,提高人民健康水平,是全人类的共同利益,是人类命运共同体的重要内容。中美携手培养顶尖医疗人才是共商共建人类命运共同体的具体体现,从一个侧面反映了发展全球伙伴关系、积极参与全球治理、促进和平发展、共商共建人类命运共同体的内容。只有世界各国携手合作,共同努力打造人类命运共同体,才能建设一个更加美好的世界。

适用于第二节"推动构建人类命运共同体"之"共商共建人类命运共同体"。

第十四章　坚持和加强党的领导

▶ 案例一　北京治理龙须沟

 案例

看过电影《龙须沟》的人对开头的一段都会有深刻印象：一场大雨过后，龙须沟附近水漫金山，各种臭猫臭狗、垃圾和漂浮物直接涌进居民家中，老百姓或怨天尤人，或逆来顺受，却于事无补。剧中一个三轮车夫家的女孩"小妞子"，在一场暴风雨之后被龙须沟吞没，更是让观众难以忘怀。这正是新中国成立前龙须沟地区生存环境和生活场景的真实写照。新中国成立之前，北京的许多街道，尤其是劳动人民聚居的地区都没有下水道。肮脏程度最严重的就是龙须沟，离半里路就可闻到臭味。生活在这一地区的人们要么逃离，要么就只能忍受恶劣环境对健康的侵袭。

针对当年这一迫切的环境和卫生问题，北京市人民政府一份关于1950年的工作计划指出：下水道在北京是很严重的问题，经过去年的调查，不能不想办法，即或财政再困难，也要解决这个问题。因为关系几百万人民的健康，所以把这项列为市政建设最重要的一项。1950年2月，北京市第二届第二次各界人民代表会议决议，决定修建龙须沟下水道工程。

龙须沟工程分两期进行：第一期是1950年5月—7月，重点是将天坛大街至天坛北坛根的明沟改为暗沟；第二期是1950年10月—11月，重点是将红桥至太阳宫的明沟改为暗沟。工程进行中，有关部门克服了地下水水位过高、雨水太多、土质太坏、街道很窄、两旁房屋不坚固及施工技术上的很多困难，7月底完成了全长约12华里（即6千米）的新沟，基本上解决了龙须沟

民族复兴的医学梦
——《毛泽东思想和中国特色社会主义理论体系概论》
（2018年版）教学案例集

地区的积水问题。经过几个月后，龙须沟铺设了下水管线，沟上铺了柏油路，马路两边树起了路灯，这一带的居民从此用上了电灯、自来水。

治理龙须沟不啻一声惊雷，惊动了整个北京城的老百姓。新中国刚刚成立，好多人不了解共产党是怎么回事。通过这件事，老百姓了解了共产党。社会各界人士对治理龙须沟也予以广泛关注。北京是作家老舍生于斯长于斯的地方，1949年12月老舍回京以后，面对北京城翻天覆地的变化，受到极大鼓舞。周恩来总理鼓励他多为人民写作，多写北京城的变化。为了写龙须沟，老舍不顾自己的腿疾和盛夏的炎热，亲自前往龙须沟察看，为《龙须沟》的写作奠定了现实基础。虽然如此，老舍认为，在自己20多年的写作经验中，写《龙须沟》是个最大的冒险。龙须沟治理最使人感动。在老舍眼中，在建设新北京的许多事项里，治理龙须沟特别值得歌颂，因为政府经济上并不宽裕，可是还下决心为人民除污去害。政府不像先前的反动统治者那么只管给达官贵人修路盖楼房，也不那么只管修整通衢大路，粉饰太平，而是先找最迫切的事情做。尽管龙须沟是在偏僻的地方，政府并不因其偏僻而忽视。人民政府是真给人民服务。

新中国成立初期的环境整治，一个重要的特点，就是劳动人民的居住区受到格外的关注，他们的居住和生活环境得到明显的改善。不仅于此，劳动人民和其他各阶层民众一起，在城市建设、医疗卫生、教育各方面，分享到很大的实惠。针对历史上自来水、下水道设施、学校、医院等多半局限于内城的情况，党和政府坚决采取"为劳动人民服务"的方针。在下水道问题上，暂时放弃内城一些下水道的修理，把主要力量放在修浚龙须沟等卫生工程上；在医院问题上，普遍设立诊疗所，便利人民就医；在教育问题上，把重点放在改进学校教育与发展工人业余教育方面。在财政支出上，亦向人民群众倾斜。1950年，北京全市计划支出的67.92%用于与普通百姓直接相关的事业费支出，市政建设费重点用于在人口密度最高、道路最坏的劳动人民密集地区修筑道路，卫生工程费则主要用在整修下水道，填平臭水沟，疏浚河湖，开发水源，修建秽水池、渗水井和公共厕所，解决劳动人民聚居地区排水问题，增进市民健康。

在决议治理龙须沟前不久，时任市委书记彭真在一次党的会议上指出我们的政权是人民的勤务，首长、各局局长、各区区长都是人民的勤务，要使人民进到我们的办公室来感到亲切，做到这个地步的政权人员才够格。他要求各级领导干部要以"人民的勤务"五个字来要求和检验我们的政权。彭真还很形象地指出人民政府和历史上其他政府的区别，他说在像龙须沟那样恶劣的卫生环境下，历史上的统治者是用一块手绢把口鼻一捂的办法来解决问题，而人民

第十四章 坚持和加强党的领导

政府不是靠小小的手绢和口罩,人民政府要普遍改善人民的卫生环境。这些话并不是说说而已,很快就落实为具体的行动。龙须沟治理彰显了新中国成立初期党的执政取向。

案例出处

翟宛林:《龙须沟治理:一个新时代的象征》,载《前线》2009 年第 6 期。(有删改)

案例解析

中国共产党是中国工人阶级的先锋队,是中国人民和中华民族的先锋队,是中国特色社会主义事业的领导核心。中国共产党成立以后,团结带领中国人民,打败日本帝国主义,推翻国民党反动统治,完成新民主主义革命,建立了中华人民共和国。

本案例中,北京的龙须沟在新中国成立前"臭名昭著",附近居住的是底层劳动人民,不为历代政府所关注,他们对待像龙须沟那样恶劣的卫生环境,"是用一块手绢把口鼻一捂的办法来解决问题"。因此,附近老百姓的健康状况受到了严重的影响。新中国成立后,中国共产党坚持"以人民为中心",下大力气改造贫苦民众恶劣的居住环境,龙须沟得到了彻底的治理,龙须沟和北京一起获得了新生,沟旁的民众过上了幸福的生活。当时北京市委书记彭真要求各级领导干部要以"人民的勤务"五个字来要求和检验我们的政权,在城市建设、医疗卫生、教育各方面,让人民有获得感,分享到很大的实惠。1950 年,北京全市计划支出的 67.92% 用于与普通百姓直接相关的事业费支出,市政建设费重点用于在人口密度最高、道路最坏的劳动人民密集地区修筑道路,卫生工程费则主要用在整修下水道,填平臭水沟,疏浚河湖,开发水源,修建秽水池、渗水井和公共厕所,解决劳动人民聚居地区的排水问题,增进市民健康。这一系列举措充分体现了中国共产党的"为劳动人民服务"的方针。中国共产党通过对最底层百姓生活与生存环境的改善,赢得了民心,获得了穷苦大众的鼎力支持,激发了他们建设新国家的热情。正如毛泽东所言:"真正的铜墙铁壁是什么?是群众,是千百万真心实意地拥护革命的群众。这是真正的铜墙铁壁,什么力量也打不破的,完全打不破的。"龙须沟的治理彰显了中国共产党的执政宗旨和执政方向,也说明中国共产党的领导地位是历史和人民的选择。

案例启思

1. 党和政府为什么在新中国成立初期就急于对龙须沟进行治理？
2. 为什么说中国共产党的领导地位是历史和人民的选择？

教学建议

本案例通过新中国成立初期党和政府对北京龙须沟的有效治理，极大地改善了人民的卫生环境，生动地说明中国共产党的领导地位是历史和人民的选择。让学生明确中国共产党的性质与宗旨，认识到中国共产党领导中国人民取得的伟大胜利，使具有5000多年文明历史的中华民族全面迈向现代化，让中华文明在现代化进程中焕发出新的蓬勃生机；使具有500年历史的社会主义主张在世界上人口最多的国家成功开辟出具有高度现实性和可行性的正确道路，让科学社会主义在21世纪焕发出新的蓬勃生机；使具有近70年历史的新中国建设取得举世瞩目的成就。中国这个世界上最大的发展中国家在短短40年里摆脱贫困并跃升为世界第二大经济体，创造了人类社会发展史上惊天动地的发展奇迹，使中华民族焕发出新的蓬勃生机，从而坚定只有中国共产党的领导才能实现中华民族的伟大复兴的信心。

适用于第一节"实现中华民族伟大复兴关键在党"之"中国共产党的领导地位是历史和人民的选择"。

案例二 沙漠边缘迎来了"国家医疗队"

 案例

诺鲁孜节带来了春意，也预示着南疆扬尘天气的到来。阿克苏市空气中弥漫着沙子味，街头行人寥寥。一支远道而来的医疗队却让市人民医院变得格外热闹。

"她需要做胃镜评估和核磁评估，要看网膜腹膜以及其他器官是否有转移情况。"中国医学科学院肿瘤医院综合科副主任医师边志民身体前倾，目不转睛地盯着电脑屏幕上病人的CT影像，与围在他身边的当地医生讨论病例。

"建议她积极治疗,再拖延可能导致病情进一步恶化。"

当地医生边听边记,频频点头,不时追问细节。边志民仍不放心,主动要求去见卧床的病人。

"大娘,您还需要做胃镜和肠镜,查清目前病情状况。还是值得治疗的,一定要积极配合医生。"叮嘱完,他才放心地去看下一个病例。

边志民是本次国家卫生健康委员会(简称"国家卫健委")"名医走基层"活动医疗专家队的一员。本次队伍人选从"中国好医生、中国好护士"的月度人物和团队中选取,还邀请了武警新疆总队医院庄仕华小分队的 7 位医疗专家。

类似的带教场景还发生在很多病房。一位女孩的眼疾引起了眼科医生们的注意:年仅 13 岁的她,双目视力急剧下降。此前多次求医问诊,可病情并无改善,家长的眼神和语言中都饱含焦虑。中山大学中山眼科中心附属眼科医院主任医师陈伟蓉在仔细研究后,做出了 Stargardt 病(眼底黄色斑点症)的判断,告诉家长及时改变治疗方向。

作为南疆绿洲上的城市,这里交通不便,居民收入微薄,长期以来就是深度贫困地区,饮食结构、干旱、风沙、强日照等原因又使得心脏病、白内障、糖尿病、慢性呼吸疾病、胆囊炎等疾病多发。因病致贫、返贫成为贫困的主要原因之一。而贫困地区群众的健康,是许多人一直以来的牵挂。

"在慢性病管理方面,民众健康素养是目前的薄弱环节。"参与活动的中日友好医院呼吸科主任医师刘国梁说,健康素养应该从基础教育抓起,让人们从小养成良好的健康习惯。

"同学们看,一手握成拳,另一手包裹住,放到肚脐与剑突中间的位置,快速有力地向后向上冲击,帮助异物排出。"在阿克苏市第四中学,首都医科大学附属北京儿童医院急诊科主任王荃正为台下 300 多位中学生进行一次别开生面的授课,教授儿童健康知识和急救技巧。

在演示环节,几位中学生在王荃的指导下做演示,激起阵阵笑声。"如果身边的小伙伴气道被异物噎住,呼吸困难,用这套海姆里克急救法就可以救命。"经过讲座,她发现孩子们愿意主动参与到培训的互动中,同时对自己的健康状况也很关心,需要更多的健康科普。

此前"名医走基层"走进和田地区皮山县时,也曾到乡镇中学进行科普讲座。上海中医药大学附属曙光医院心内科主任医师崔松说:"孩子应该是科普的重点人群,良好习惯的养成,并非一蹴而就,应当从小就埋下一颗种子。"

去往尤喀克巴里当村义诊现场的路有些颠簸,小面包车趁机抖了抖身上的扬尘，就让车内喷嚏声四起。

扬尘天气使得原本安排在室外的义诊换到了室内，狭窄的空间里前来问诊的村民摩肩接踵。一位患者使重庆陆军大学新桥医院心外科主任肖颖彬意识到了边疆地区严峻的健康现状：64岁的居麦汗·托合提时常头晕，测量后发现，她的血压收缩压达到了180毫米汞柱，是典型的高危高血压症状，而在此之前她从未量过血压。

"这里成人心血管病发病率比较高，以高血压和冠心病为常见。并且高血压病人对疾病的知晓率很低，基本没有很好用药控制。在下乡义诊的短时间内，就发现6例高危高血压病人，都没有明确诊断和正规专业的治疗。"肖颖彬说。

"当地村民健康科普知识仍然很缺乏，出现问题不知该怎么办，"参加义诊的解放军总医院第五医学中心妇产科护士长王新华说，"而名医走基层体现了党和国家对贫困地区人民健康的关怀，把优质医疗资源下沉到基层，实实在在地为当地老百姓排忧解难。"

人处疾则贵医。学校里孩子们的笑脸，诉说着他们获得新知的喜悦，义诊现场患者们一声声的"艾合买提"（谢谢），也表达着对前来义诊医生的感激。

部分专家跨越4000公里，辗转来到阿克苏。一些人还因为气候干燥鼻腔发痒、流鼻血。"为了贫困地区群众的健康，我觉得再累再辛苦也是值得的。"边志民对此行毫不后悔。

"没有全民健康，就没有全面小康。"国家卫健委宣传司副司长米锋表示，"名医走基层活动是为了帮助基层医院和医生提高技术水平，同时大力宣传健康知识，倡导健康的生活方式，体现了把人民健康放在优先发展的战略位置，加快推进健康中国建设的扎实作为和责任担当。"

案例出处

王秉阳：《沙漠边缘迎来了"国家医疗队"》，新华社，2019年3月26日，http://www.xinhuanet.com/politics/2019-03/26/c_1124285183.htm。（有删改）

案例解析

党的领导是中国特色社会主义最本质的特征，这是党的十八大以来习近平提出的一个重要论断。这一论断符合科学社会主义的基本原则，反映中国特色社会主义的历史经验，适应新时代历史使命的实践要求。第一，这是由科学社会主义的理论逻辑所决定的。第二，这是由中国特色社会主义产生与发展的历

史逻辑所决定的。第三，这是由中国特色社会主义迈向新征程的实践逻辑所决定的。中国特色社会主义制度是中国共产党领导人民创建的，党的领导是中国特色社会主义制度优势发挥的根本保障，党的优势是中国特色社会主义制度优势的主要来源，因此，党的领导是中国特色社会主义制度的最大优势。中国共产党始终关注全民健康，新时代实施健康中国战略是坚持和发展中国特色社会主义的一项重要战略安排。

    本案例中，党和国家开展"名医走基层"活动，来到了南疆地区。南疆长期以来就是深度贫困地区，饮食结构、干旱、风沙、强日照等原因又使得心脏病、白内障、糖尿病、慢性呼吸疾病、胆囊炎等疾病多发。贫困地区群众的健康一直是习近平总书记的牵挂，他在2014年12月13日来到镇江市丹徒区世业镇卫生院，了解农村医疗卫生事业发展和村民看病就医情况，他指出，没有全民健康，就没有全面小康。要真正实现全民健康，最重要的就是关心贫困地区人民的健康，因此，要推动医疗卫生工作重心下移、医疗卫生资源下沉，推动城乡基本公共服务均等化，为群众提供安全、有效、方便、价廉的公共卫生和基本医疗服务，真正解决好基层群众看病难、看病贵问题。此次"名医走基层"活动，不仅帮助南疆人民治疗疾病，而且还开展医疗科普活动，教授儿童健康知识和急救技巧。"名医走基层"活动实实在在体现了党和国家对贫困地区人民健康的关怀，使人民群众有巨大的获得感。

案例启思

1. "名医走基层"活动的目的是什么？
2. 如何理解中国共产党领导是中国特色社会主义最本质的特征？

教学建议

    本案例通过"国家医疗队"来到贫困地区的南疆帮助当地人民治疗疾病，开展医疗科普讲座，让医学生了解"名医进基层"活动，是党和国家实施健康中国战略的重要行动之一，使其认清党和国家始终关怀穷困地区人民的健康，"在小康之路上一个都不能少"，进而把握实施健康中国战略在新时代中国特色社会主义事业中的重要意义和作用，深化党的领导是中国特色社会主义最本质特征的理解，从而牢固树立"两个维护"。

    适用于第一节"实现中华民族伟大复兴关键在党"之"中国特色社会主义最本质的特征"之"党的领导是中国特色社会主义最本质的特征"。

案例三 "中国肝胆外科之父"吴孟超

案例

2018年7月14日播出的《朗读者》中,96岁高龄的中国科学院院士、国家最高科学技术奖获得者、"中国肝胆外科之父"吴孟超如此自白:"治病救人是我的天职。"

吴孟超也借读本寄语后来者:"孩子们,让别人去享受'人上人'的荣耀,我只祈求你们善尽'人中人'的天职。某些医生永远只能收到医疗费。我愿你们收到的更多的是别人的感念。"

2005年,吴孟超被推荐为国家最高科学技术奖候选人。数据可以佐证他在专业领域的成就。全世界每年约有百万人死于肝癌,在我国,每年被肝癌吞噬的病人达40万之多。吴孟超从1956年进军肝胆外科直到2005年评奖之际,他已用手术刀为13600多个病人切除肿瘤,创造98.5%的肝癌手术成功率。而他组建的国际上规模最大的肝脏外科专业研究所,创建的世界上规模最大的肝脏疾病研究和诊疗中心,以及由他奠定的中国肝脏外科理论基础等一系列成就,令中国肝脏外科处于国际领先地位。在奖项委员会对他进行考核时,考核组成员想约他上午谈话,他说上午有手术,建议安排在下午。起初有人猜想,这肯定是位特别重要的病人。后来才知道,那是位与吴孟超素昧平生的河南农民,病情重,家里穷,吴孟超只想尽早为他手术,早半天解除痛苦,也能少交一天住院费。

把吴孟超院士请进演播室,董卿的感慨是从一双手开始的。这双手天赋异禀,它在肝脏的方寸之地创造生的希望;这双手又异常细腻,它以截然不同于同龄人的敏锐与稳定,将万千病患托出病魔的沼泽地。可任谁都能目测出,这双手变形了。右手食指、无名指的关节,因经年累月与手术刀并肩战斗,它们都异于常人。

其实,观众看不见的还有吴孟超的脚趾,因为长时间站立,它们也变形了。

80多岁时,吴孟超还在长达十余小时的手术里主刀。这两年,平均每台

手术时长三小时。

比起脸上的褶皱,比起脚下的变化,吴孟超更在意自己的这双手。他在节目里说:"手比脸重要。脸老了无所谓,但是这手所有的感觉要保护好。我有时候开刀眼睛往下看,底下手就在操作,利用手感做手术。"他身边的护士长很清楚,那是一双"长了眼睛的手",了解肿瘤的位置和它的解剖关系。有时候满腹腔的血,"长眼睛的手"一伸进去,一摸在这儿,对这根血管一掐,血就止住了。

《朗读者》现场请来了吴孟超曾经的病人甜某。很难想象,风华正茂的姑娘在14年前是个辗转多家医院都被"限定了时间"的重病患者。她肚子里的肝脏肿瘤足有一个篮球大小,许多医生给她建议:除了肝移植,别无他法。肝移植费用高昂,走投无路之时,姑娘和家里人来到上海,求助于吴孟超。吴孟超发现,姑娘的肿瘤可以切除,肝移植不是百分百必需的。2004年,吴孟超已经82岁了。当时,有些年轻同事劝他:"这么大瘤子,人家都不敢做。你做了,万一出了事,你的名誉就没有了。"吴孟超回答:"名誉算什么,我不过就是一个吴孟超嘛!救治病人是我的天职。"

"吴老从不会告诉病人'时间'。"许多时候,辗转找上吴孟超的患者已经病入膏肓,还不乏已被其他医生划下过"最后大限"的人。即便再绝望的人坐到吴孟超面前,都不会听到"不治"。吴孟超的医者辞典里不设人生倒计时,他常会笑着与病人说:"我们一起努力好不好,争取再活五年!"

与之相呼应的,还有许多融于日常的细节——他的问诊常常很细致,半个多小时是家常便饭;他查房时总会随手替病人拉上屏风,检查完后又顺手掖好被角,再弯腰把病人的鞋子摆整齐;他经常告诫自己的学生,为医者要替病人做好成本把关,让病人看得起病,用得起药;他有时还会对一些病例的肝移植发表不同看法,觉得有些病人值得更善意、更以人为本的治疗方案……

成为一名医者,正是一个苦行僧的过程。吴孟超甘之如饴,不舍昼夜。他甚至说,倒在工作中,也是一种幸福。国之大医,终会得到许许多多人的感念。留在人们心底的,将是他在手术台上的叱咤风云,是他对病人的春风十里,更是他眼神中的清澈透亮。

案例出处

王彦:《〈朗读者〉吴孟超:愿善尽治病救人的天职,愿收到更多"别人的感念"》,文汇网,2018年7月15日,http://www.whb.cn/zhuzhan/xinwen/20180715/204093.html。(有删减)

民族复兴的医学梦
——《毛泽东思想和中国特色社会主义理论体系概论》
（2018年版）教学案例集

案例解析

习近平总书记指出："只要每个基层党组织和每个共产党员都有强烈的宗旨意识和责任意识，都能发挥战斗堡垒作用、先锋模范作用，我们党就会很有力量，我们国家就会很有力量，我们人民就会很有力量，党的执政基础就能坚如磐石。"只有共产党员发挥先锋模范作用，才能真正体现出中国共产党是工人阶级的先锋队，是中国人民和中华民族的先锋队，是中国特色社会主义事业的领导核心，才能真正实现新时代中国共产党的历史使命，在全面建成小康社会的基础上全面建成社会主义现代化强国，实现中华民族伟大复兴的中国梦。

本案例中，被称为"中国肝胆外科之父"吴孟超院士是一个走过97载沧桑岁月的老人，一个有着63年军龄的老兵，一个入党63年的老党员，一个获得国家最高科学技术奖的医学家。吴孟超说："三个正确的选择决定了我一辈子的幸福。如果我不选择回国，也许会很有钱，但不会有我的事业；如果我不选择参军，我可能是个普通的医生，但不会有我的今天；如果不选择入党，我可能会做个好人，但不会成为无产阶级先锋队的一分子。"他认为，这是他人生最幸福的事，"选择回国，理想有了深厚的土壤；选择从医，追求有了奋斗的平台；选择入党，人生有了崇高的信仰；选择参军，成长有了一所伟大的学校"。他在井冈山红军烈士墓前，曾流着眼泪说："共产党人心中的圣火永远不能熄灭！"他十分认可，也十分坚定共产党员的身份。1956年3月，他被批准加入中国共产党；同年6月，他正式参军，被授予大尉军衔。穿上军装的那一刻，他泪流满面。他一生中，始终身体力行地发挥着共产党员的先锋作用，实践着共产党人的品格。吴孟超88岁时，曾一年主刀190台手术，创造了吉尼斯世界纪录；89岁时，能在4小时内主刀做2台手术；获得国家最高科技奖后，他将奖励给他的600万元全部捐给单位用于培养人才；90岁后，他牵头建成了国家肝癌科学中心。至今，他培养研究生260多名，主刀和参与救治了近16000个肝胆疾病的病人。他心里始终装着病人，为了让他们能够少花治疗费，总是尽早为他们动手术，甚至不顾及自己的名誉损失，选择风险很大的手术。高龄岁数还始终发挥着坚强的战斗堡垒作用，他说："我是党的人，有63年党龄；我也是部队的人，也有63年军龄。党和部队培养我这么多年，其他的不敢说，但政治意识、大局意识、号令意识早就融进我的生命里了。所以说，无论进退，不管去留，坚决听党的号令，坚决听部队的命令。"从这名共产党员的身上，我们能够真正感到党的伟大、光荣与正确。

第十四章　坚持和加强党的领导

案例启思

1. 共产党员吴孟超院士在工作中是如何体现党的性质与宗旨的？
2. 共产党员为什么要发挥先锋模范作用？

教学建议

本案例讲述了好医生、优秀的研究者、我国肝脏外科医学奠基人——吴孟超令人瞩目、敬佩的行医事迹。他被评为"感动中国2011年度人物"的颁奖词这样说道："60年前，他搭建了第一张手术台，到今天也没有离开。手中一把刀，游刃肝胆，依然精准；心中一团火，守着誓言，从未熄灭。他是不知疲倦的老马，要把病人一个一个驮过河。"通过该案例，学生可了解中国共产党优秀的医务工作者的先锋作用：他们如何以无尽赤忱善待病人，如何以赤子之爱对待医学事业，如何坚持做到"手中一把刀，游刃肝胆，依然精准；心中一团火，守着誓言，从未熄灭"。通过此案例，可以让医学生以吴孟超院士为榜样，积极向党组织靠拢，成为入党积极分子。

适用于第一节"实现中华民族伟大复兴关键在党"之"新时代中国共产党的历史使命"。

案例四　雄安新区：让群众家门口享受优质医疗资源

案例

《河北雄安新区总体规划（2018—2035年）》（简称《总体规划》）提出，"坚持以人民为中心，注重保障和改善民生，引入京津优质教育、医疗卫生、文化体育等资源，建设优质共享的公共服务设施，提升公共服务水平"。这些鼓舞人心的表述，让人们对未来充分享受新区带来的医疗红利充满期待。

《总体规划》明确要高标准配置医疗卫生资源。引进京津及国内外优质医疗资源，建设集临床服务、医疗教育、医学科研和成果转化于一体的医疗综合体。

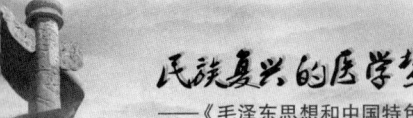

民族复兴的医学梦
——《毛泽东思想和中国特色社会主义理论体系概论》
（2018年版）教学案例集

2018年11月22日，《首都医科大学宣武医院与容城县人民医院医疗帮扶合作协议书》签署，双方将通过共同开展以医疗卫生服务为主体的密切合作，进一步实现互利互惠、功能互补的分级就诊模式。当天，首都医科大学宣武医院技术合作医院举行揭牌仪式。

"提供优质、高效、公平的医疗卫生服务是《总体规划》的重要内容，是新区承接北京非首都功能疏解的重要支撑，也是坚持以人民为中心的发展思想的具体体现。"省疾控中心副主任、雄安新区公共服务局医疗卫生组副组长李建国表示，目前，新区三县医疗保障和公共卫生服务能力、服务水平与新区规划建设目标要求尚有很大差距，快速提升现有三县医疗保障和公共卫生服务能力是当务之急。

首都医科大学宣武医院还将对雄安新区第一家新建现代化医院——雄安新区宣武医院提供办医支持。根据协议，北京市卫生计生委支持新区医疗卫生建设，采取"交钥匙"方式支持雄安新区建设1所高水平综合医院，由首都医科大学宣武医院托管办医。

"雄安宣武医院新建项目就是新区医疗卫生规划建设的典型项目。"北京市医院管理局副局长刘建民表示，希望通过帮扶，充分发挥宣武医院在医疗、教学、科研等方面的管理理念、品牌优势和技术实力，重点在神经内科、神经外科、心内科方面共同打造技术过硬、特色鲜明、服务同质、水平领先的区域优势学科，专业提升雄安新区特别是容城县人民医院的服务能力、技术水平和人才梯队建设水平，更好地为广大人民群众的身心健康服务。

"三帮"模式，有望使三县现有医疗卫生机构快速实现提升，保障新区医疗卫生服务供应和公共卫生安全。为此，新区公共服务局与国家卫健委相关司局多次深入调研，并与京津冀卫生部门反复协商，最终确定了帮建、帮提、帮教的帮扶工作形式。

帮建，即派遣专家团队进驻，帮助受援机构开展常见病及多发病学科、重点学科或紧缺学科建设。

帮提，即通过专家现场或远程指导、人员培训等方式提升现有学科的专业技术水平。

帮教，即帮助受援机构培养学科专业人才和业务骨干。以3年为期，目标为"达到京津冀区级先进水平"。

三县所有15家县直医疗卫生机构均在被帮扶范围内。

雄安新区公共服务局副局长贺晓新表示，雄安新区对口帮扶的全面实施，将在雄安新区汇集京津冀55家顶级医疗卫生机构，同时也将有120多位专家入驻新区三县开展对口帮扶和能力提升，其中雄县目前入驻机构12家，入驻

专家34人。新区医疗卫生事业即将在京津冀的帮助下，实现帮扶全覆盖，进入快速提升期。

"在帮扶对接中，进行人才培养，着手建立并提升全科、专科医疗水平，着力向智能医疗、健康医疗大数据应用方向发展，切实提升新区整体医疗水平。"贺晓新表示，《总体规划》明确加快应急救援、全科、儿科、妇产科等领域建设，建设国际一流、国内领先的区域卫生应急体系和专科医院。

"我们已经与北京妇产医院进行了充分对接，目前三位专家长期在我院坐诊，解决了很多疑难问题。"容城县妇幼保健院院长牛涛说，根据北京方面专家建议，该院正打算开设高危孕妇专科门诊，预防胎源性疾病的发生。

对口帮扶显著提高了受援地的医疗卫生服务水平。通过对口帮扶，能够建立一支不走的专家队伍，实现新区医疗卫生事业的可持续发展。

省中医院与雄县中医院在2018年年初展开对接，目前省中医院普外科的巩子星、血液科的王永敏、肾病科的马赟三位青年骨干已经长期驻留帮扶。他们制订了医联体对口帮扶计划，针对当地医生"一岗多职"缺少专业化理论的特点，定期开展专科学术交流和业务培训，促进特色科室专业细分，提升医疗的专业化水平。

贺晓新表示，新区建设发展进入新的阶段，充分发挥京津冀优质医疗卫生资源的帮扶作用，提升雄安新区现有医疗卫生服务能力，既是满足新区三县现有100多万群众医疗卫生服务获得感的需要，也是新区进入建设发展新阶段，保障建设大军职业健康、公共卫生安全的需要。

目前，新区正在规划、调研全民健康信息平台建设，大力发展智能医疗，建设健康医疗大数据应用中心，逐步构建体系完整、分工明确、功能互补、密切协作的医疗卫生服务体系。新区设立近两年来，无论是在新区起步区医疗卫生服务体系规划研究编制，还是在京津冀对口帮扶新区三县医疗卫生事业发展方面，均取得突破性进展。

案例出处

张亚伟：《让群众家门口享受优质医疗资源——雄安新区保障和改善民生政策举措解读（二）》，载《河北日报》，2019年3月26日第5版。（有删改）

案例解析

党是最高政治领导力量，这是马克思主义政党学说的基本原则，是对历史经验的深刻总结，是推进伟大事业的根本保证。这是马克思主义政党的基本要求，这是对党领导革命、建设和改革历史经验的深刻总结，这是推进伟大事业

民族复兴的医学梦
——《毛泽东思想和中国特色社会主义理论体系概论》
（2018年版）教学案例集

的根本保证。无产阶级执政党必须坚持党对国家政权的最高领导权，这是马克思主义政党学说的基本原则。无产阶级夺取政权后，列宁曾多次强调："党是直接执政的无产阶级先锋队，是领导者。"党的十八大以来，以习近平同志为核心的党中央强化了党的领导，带领全党全国人民解决了许多长期想解决而没有解决的难题，办成了许多过去想办成而没有办成的大事，推动党和国家事业发生历史性变革。习近平指出："如果没有中国共产党领导，我们的国家、我们的民族不可能取得今天的成就，也不可能具有今天这样的国际地位。在坚持党的领导这个重大原则问题上，我们脑子要特别清醒、眼睛要特别明亮、立场要特别坚定，绝不能有任何含糊和动摇。"党的十九大描绘了决胜全面建成小康社会、夺取新时代中国特色社会主义伟大胜利的宏伟蓝图，进一步指明了党和国家事业的前进方向，为建设社会主义现代化强国、实现中华民族伟大复兴提供了行动纲领。要把宏伟蓝图变成现实，要把行动纲领落到实处，就要加强党中央权威和集中统一领导，把党的领导体现和落实到经济、政治、文化、社会、生态文明建设与国防军队、祖国统一、外交、党的建设等各个方面。

本案例中，中共中央、国务院决定设立国家级新区——雄安新区。雄安新区的设立对于疏解北京非首都功能、调整京津冀空间结构、培育创新驱动发展新引擎等具有重大现实意义。对于雄安新区的建设，除了政治、经济、文化、城市、教育、交通等层面外，医疗卫生更是不可忽视的重要组成部分。国家卫健委相关司局多次深入调研，并与京津冀卫生部门反复协商，最终确定了对雄安新区的医疗卫生进行帮建、帮提、帮教的帮扶工作形式。"三帮"模式，有望使雄安新区医疗卫生机构快速实现提升，保障新区医疗卫生服务供应和公共卫生安全。这是党作为最高政治力量在治国理政中的重要体现，能够做到总揽全局、协调各方。正如习近平总书记形象地概括说，这就像"众星捧月"，这个"月"就是中国共产党。在国家治理体系的大棋局中，党中央是坐镇中军帐的"帅"，"车""马""炮"各展其长，一盘棋大局分明。各个领域、各个方面都必须自觉坚持党的领导，突出党的核心领导地位，发挥好领导核心作用。

案例启思

1. 京津冀对口帮扶雄安新区的"三帮"模式的作用是什么？
2. 如何理解党是最高政治领导力量？

教学建议

本案例解读了《河北雄安新区总体规划（2018—2035年）》及国家卫健

第十四章 坚持和加强党的领导

委对雄安新区的帮扶政策，让学生了解"三帮"模式对发展雄安新区的医疗卫生的重大作用，有助于学生理解中国共产党是最高政治领导力量的表现，以及在总揽全局、协调各方中起到的核心作用，进一步增加学生的"四个意识"，自觉维护党中央权威和集中统一领导，自觉在思想上、政治上、行动上同党中央保持高度一致。

适用于第二节"坚持党对一切工作的领导"。

案例五 "网红大医"骆抗先

 案例

"太惭愧了，太惭愧了，我做得太少了！"2017年11月17日，北京人民大会堂，全国精神文明建设表彰大会现场，一位耄耋老人频频对向他送上祝贺的人们这么说。

他叫骆抗先，今年86岁，我国著名传染病学专家、南方医科大学南方医院感染内科教授。他一辈子都在与乙型病毒性肝炎搏斗，矢志摘掉中国"乙肝大国"的帽子。

在同事眼中，骆抗先是一位爱"折腾"的倔老头。11年前，年逾古稀的他"折腾"着学电脑，开了乙肝知识科普博客，为患者答疑释惑。如今，博客访问量超过1300万，他也成了深受病友尊敬的"网红"爷爷。2017年夏天起，很少出门的他又"折腾"着出差，把"骆抗先工作室"建到广东多个基层医院，面对面指导基层医生。

2017年11月17日，他被授予第六届全国道德模范荣誉称号，受到习近平总书记的亲切会见。从北京领奖回来，一下飞机，他就直奔医院诊室——有几位病人在等他。

"网红"医生75岁学打字开博客为患者提供乙肝防治科普

年逾古稀，对很多人来说，已在坐着摇椅，颐养天年。

而骆抗先在他75岁那年却选择了"折腾"，开通了"骆抗先新浪博客"，当上了"博主"。

这缘于一位患者的建议。2006年,患者在求诊时对骆抗先说:"您出一天门诊只能看几十个病人,如果能开博客就能帮到更多的人。"

骆抗先记在了心里。可他普通话不标准,没学过拼音,连手机短信都不会发。怎么办?

这可难不倒爱"折腾"的他。在学生、朋友的帮助下,他找了一台旧式电脑,从零开始学习打字,每天凌晨3点左右就起床工作。

网络文章讲究"快",骆抗先却很"慢"。他以对待学术论文的严谨态度来对待每一篇博客文章,写完一篇先"放一放",确定无误才正式发布。"错一点可是要误导几万人,千万不能错啊!"骆老有骆老的坚持。

从75岁写到80多岁,电脑换了4台,从自己写博客到带着学生写……忙是更忙,累也更累,但看到网友评论"如果我早点认识骆抗先,一定会少走弯路",访问量不断往上涨,更多病友得到帮助,骆抗先打心眼儿里高兴。

如今,骆抗先工作室的博客访问量超过1300万,每天约2万人次浏览,每篇文章有超过1万次转载,相当于组建了1支万人科普志愿者队伍。例如,一些初出茅庐的"博友"提了个"入门级"问题,久病成医的"铁杆粉"会引用骆抗先此前深入解释多遍的标准答案,主动互帮互助。

除了写博客,骆抗先还坚持每周平均出3次门诊,每次早到1小时、晚走1小时。每次看完病人,总是中午一两点。

此次到北京参加表彰大会,骆老非要"折腾"着坐当天最晚一班航班回广州。这可急坏了学生刘志华,他心想:"毕竟是80多岁的老人了,身体哪受得了!"一问,骆抗先说,有几位外地的患者在广州等他,他们多住一晚就得多花钱。

身在北京,骆抗先的心已经"飞"到了患者那儿。

大医初心,坚守初心,一生奋斗誓摘"乙肝大国"帽子

耄耋之年功成名就,骆抗先为什么还这么拼?

骆抗先向《南方日报》记者敞开了心扉:他在抗日烽火中度过了颠沛流亡的青少年时代,在新中国成立前夕考入大学。毕业后,他率先响应国家的号召,投入病毒性肝炎研究。这些经历,让他牢牢树立了报效国家、竭诚为民的坚定理想信念。

"老人家入党56年,有浓厚的家国情怀,始终不忘初心——尽早摘掉我国'乙肝大国'的帽子。"与骆抗先相交多年的南方医院党委书记朱宏说,骆老为了这份共产党人的初心,用生命在践行大医精诚的精神。

为了攻克乙肝,骆抗先一手创办了南方医院肝炎基础实验室。他带领团队

在国内最早将分子生物技术引入乙肝研究,发现了中国乙型肝炎病毒表面抗原阴性感染者的病毒变异;率先进行了病毒性肝炎细胞凋亡的发病机制研究;提出了"无症状慢性活动性肝炎"新论点,为乙肝防治工作提供了重要理论依据……

初心,需要传承。骆抗先深知"一个人的力量有限",用心培养出了一批优秀学生。他的高徒——南方医院感染内科主任、国家重大传染病乙肝防治项目首席科学家侯金林说:"我们这些学生都自称是'骆驼队'的,骆老就是我们的'赶驼人'。"

如今,86岁的"老赶驼人"还在奔跑。这次上京,骆抗先一路上都和同事们商量,刚成立不久的骆抗先工作室该怎么建设;见到同为全国道德模范的"农民工司令"张全收,又马上探讨起农民工的乙肝防治问题。

"我与乙肝防治结下了'今生缘',缘分仍在继续。"最近,十多年来都很少出门的骆抗先总是跑到广东博罗、阳山等偏远地区,开展乙肝流行病学调查,并将"骆抗先工作室"建到基层医院,面对面培训基层医生,希望让更多患者接受规范治疗……

"我要把剩下的生命都留给病人,直至最后一刻。"骆抗先说。

案例出处

曹斯、李秀婷、陈枫等:《"网红大医"骆抗先》,载《南方日报》2017年11月20日第8版。(有删改)

案例解析

中国共产党自成立以来始终将增强党的执政本领置于重要位置。早在延安时期,毛泽东同志就提出,"我们队伍里面有一种恐慌,不是经济恐慌,也不是政治恐慌,而是本领恐慌"。2013年,习近平同志在中央党校80周年庆祝大会上指出,全党面临着和延安时期同样的本领恐慌。党的十九大报告指出:"领导十三亿多人的社会主义大国,我们党既要政治过硬,也要本领高强。"习近平总书记要求我们党"全面增强执政本领",并从增强学习本领、增强政治领导本领、增强改革创新本领、增强科学发展本领、增强依法执政本领、增强群众工作本领、增强狠抓落实本领、增强驾驭风险本领等8个方面,提出了具体要求。

本案例中,中共党员骆抗先是我国著名的传染病学专家,我国乙肝治疗领域的"泰斗级"人物。他编写的125万字的专著《乙型肝炎基础与临床》是医生们的"红宝书"。一位患者向骆抗先提议:"您出一天门诊只能看几

——《毛泽东思想和中国特色社会主义理论体系概论》
（2018年版）教学案例集

十个病人，如果能开博客就能帮到更多人。"说者无心，听者有意。作为有着56年党龄的老党员，有着浓厚的家国情怀，始终不忘初心，将人民的利益摆在首位。他常说："我是一名医生，也是一名党员，自己的时间已经不多，可想做的事情还很多，我要把剩下的生命都留给病人，直至生命的最后一刻。"为此，没学过拼音、不会打字的他，抱着为病人服务的心态，从零开始学习电脑、学习打字，每天凌晨3点就起床工作。通过不懈努力，骆抗先开通了"骆抗先新浪博客"，当上了"博主"。开通博客十几年来，他坚持每周更新文章，电脑用坏了两三台，不经意间成了名副其实的"网红"。骆抗先十几年如一日地坚持，不畏困难、勇于学习、勇于创新的精神，是新时代每个共产党员在增强本领方面学习的楷模。75岁的老党员骆抗先懂得学习本领是党员干部必须具备的第一位本领，重视学习是中国共产党人一以贯之的优秀品格。从延安时期的"改造我们的学习"，到改革开放初期的"全党同志一定要善于学习，善于重新学习"，再到新时代"建设马克思主义学习型政党，推动建设学习大国"，都需要每位党员干部善于学习、勇于学习，将学习摆在首位。学得多了，服务人民的能力提高了，应对挑战的意识增强了，恐慌感也就少了。骆抗先晚年学习计算机、互联网和新媒体，发文对防治乙肝进行科普，是党员增强改革创新的本领的体现，在75岁高龄时啃下了"计算机"这块硬骨头，将网络、计算机运用得得心应手，运用现代化新手段为人民群众服务，他的博客访问量超过1300万，每天约2万人次浏览，每篇文章有超过1万次转载，相当于组建了一支万人科普志愿者队伍，还使得久病成医的"铁杆粉"会引用骆抗先此前深入解释多遍的标准答案，主动互帮互助，从中也可以看到老党员骆抗先始终"想群众之所想，急群众之所急，解群众之所忧"。骆抗先用实践来诠释毛泽东在《纪念白求恩》一文中讲到的"一个有益于人民的人"。这也是他增强群众工作本领的体现。

案例启思

1. 为何骆抗先75岁还要学打字、开博客，为患者提供乙肝防治科普？
2. 如何全面增强党的执政本领？

教学建议

本案例讲述了我国著名的传染病学专家、乙肝治疗领域的"泰斗级"人物——骆抗先在75岁高龄时为方便病人看病，排除一切困难开博客，耄耋之年不忘初心、用生命践行大医精诚的故事。本案例通过老党员、老专家骆抗先

的事迹,帮助学生了解全面增强党的执政本领的具体背景,如新时代提出的新要求及世情、国情、党情发生的新变化和新挑战,使学生明确全面增强党的执政本领的8个方面的具体要求。

适用于第二节"坚持党对一切工作的领导"之"全面增强党的执政本领"。

后 记

2019年是新中国成立70周年，70年的中华人民共和国经历了新民主主义社会、社会主义建设和改革开放，中国特色社会主义也迎来了新时代。中国人民在中国共产党的领导下，由"站起来""富起来"开始迈向"强起来"，再也不是近代以来的"东亚病夫"形象，开始以昂扬的姿态屹立于世界民族之林。在习近平新时代中国特色社会主义思想的指引下，健康强国的医学梦在中华民族伟大复兴的实践中，在中国特色社会主义伟大事业中放飞。

2019年3月18日，习近平总书记主持召开学校思想政治理论课教师座谈会并发表重要讲话，他特别指出，青少年是祖国的未来、民族的希望。我们党立志于中华民族千秋伟业，必须培养一代又一代拥护中国共产党领导和我国社会主义制度、立志为中国特色社会主义事业奋斗终生的有用人才。因此，他明确强调："我们办中国特色社会主义教育，就是要理直气壮开好思政课，用新时代中国特色社会主义思想铸魂育人，引导学生增强中国特色社会主义道路自信、理论自信、制度自信、文化自信，厚植爱国主义情怀，把爱国情、强国志、报国行自觉融入坚持和发展中国特色社会主义事业、建设社会主义现代化强国、实现中华民族伟大复兴的奋斗之中。思政课作用不可替代，思政课教师队伍责任重大。"对于如何上好思政课，他强调要认真研究大学生的规律和接受特点，因地制宜、因时制宜、因材施教，挖掘其他课程和教学方式中蕴含的思想政治教育资源，实现全员全程全方位育人。

这本《民族复兴的医学梦——〈毛泽东思想和中国特色社会主义理论体系概论〉（2018年版）教学案例集》是针对医学院校的医学生专业特点，按照"毛泽东思想和中国特色社会主义理论体系概论"课的教材体系编写的一本医学案例集，从医学有关的案例中挖掘思想政治教育资源，让新时代医学生加深对民族复兴的医学梦的认识，从而自觉投入逐梦与圆梦的实践中去。

这本教学案例集编写的基本思路是通过与医学有关的案例，启发学生思考一些问题，在案例解析中用教材的知识点进一步回答这些问题，在教学建议中明确要掌握的知识点及教学目的，实现知识体系向价值体系的提升。参与编写的人员分工如下：第一章傅义强，第二章王微，第三章王静雅，第四章王微，

后 记

第五章王静雅，第六章杨林，第七章傅义强，第八章宋剑，第九章宋剑，第十章杨林，第十一章宋剑，第十二章王静雅，第十三章傅义强，第十四章王微。主编负责对全书的写作思路、总体架构进行设计，对书稿进行修改、完善与把关。

本书可作为《毛泽东思想和中国特色社会主义理论体系概论》（2018 年版）的辅助教材，特别适用于医科院校，希望能够为广大医科院校思政课教师教学和医学生思政课学习提供一定的帮助，也希望对推动医学院校的"课程思政"的建设做出贡献。要说明的是，由于编撰人员水平及时间有限，本书难免存在不足和错漏之处，恳请广大读者批评指正。

编者

2019 年 5 月